(Mein ♥ Star)

Aka Akasaka × Mengo Yokoyari

13

【Mein♥Star】 13

Inhalt

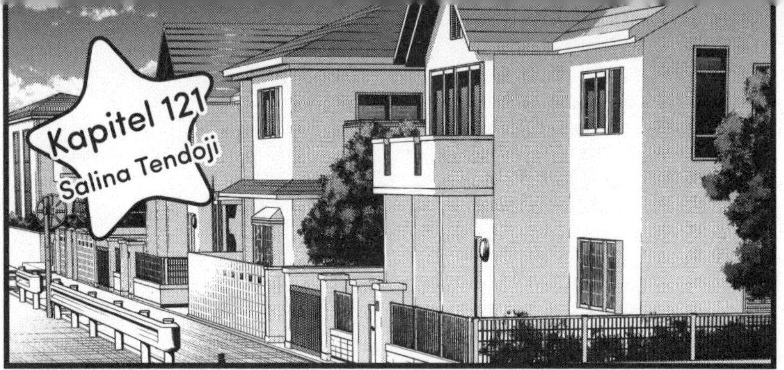
Kapitel 121
Salina Tendoji

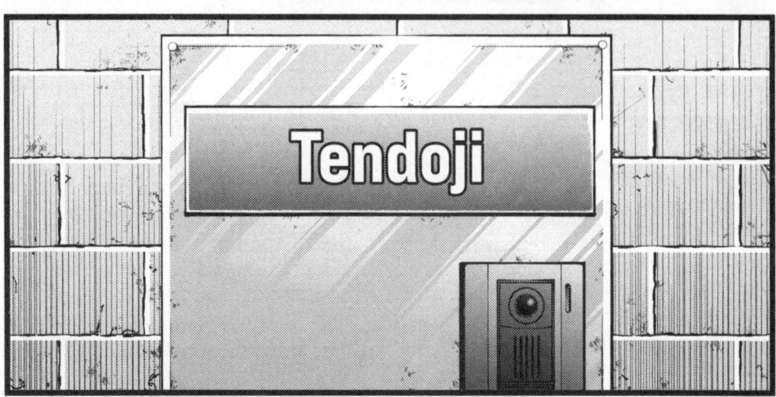
Tendoji

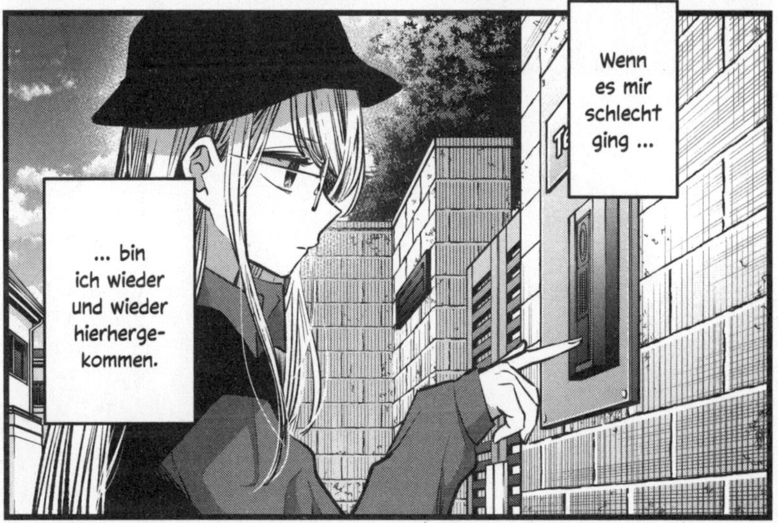
Wenn es mir schlecht ging ...
... bin ich wieder und wieder hierhergekommen.

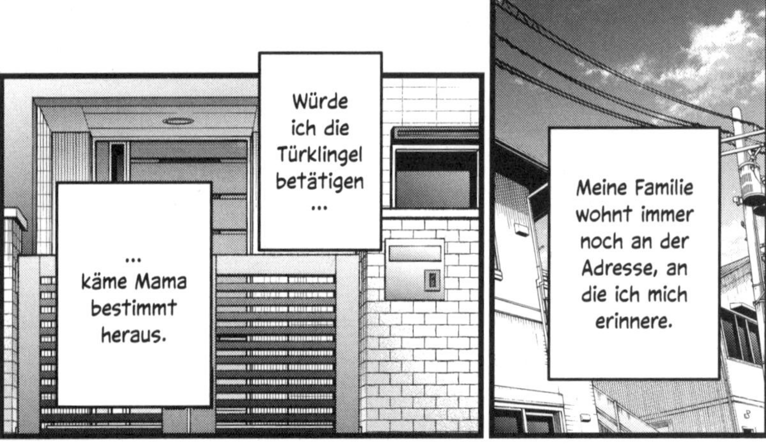

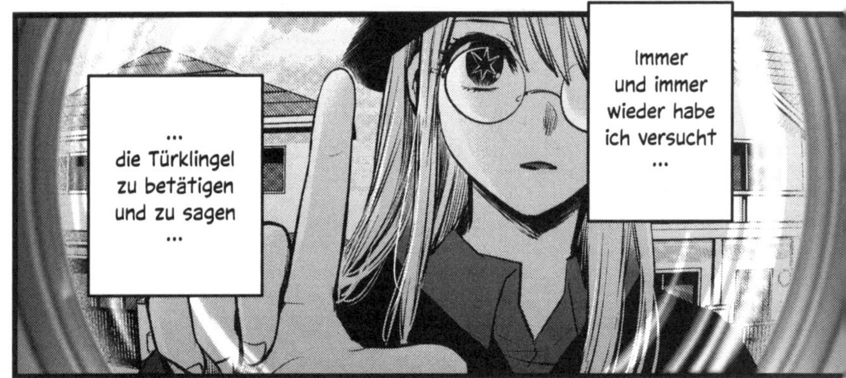

»Mutter, ich bin’s.«

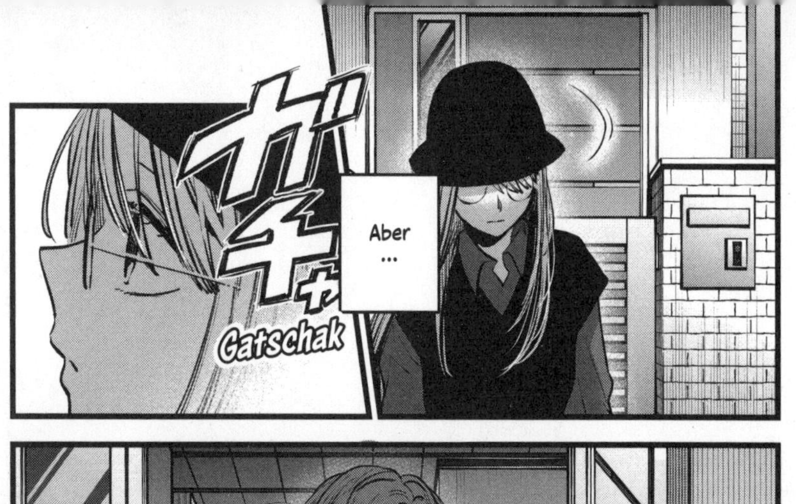
ガチャ
Gatschak
Aber
...

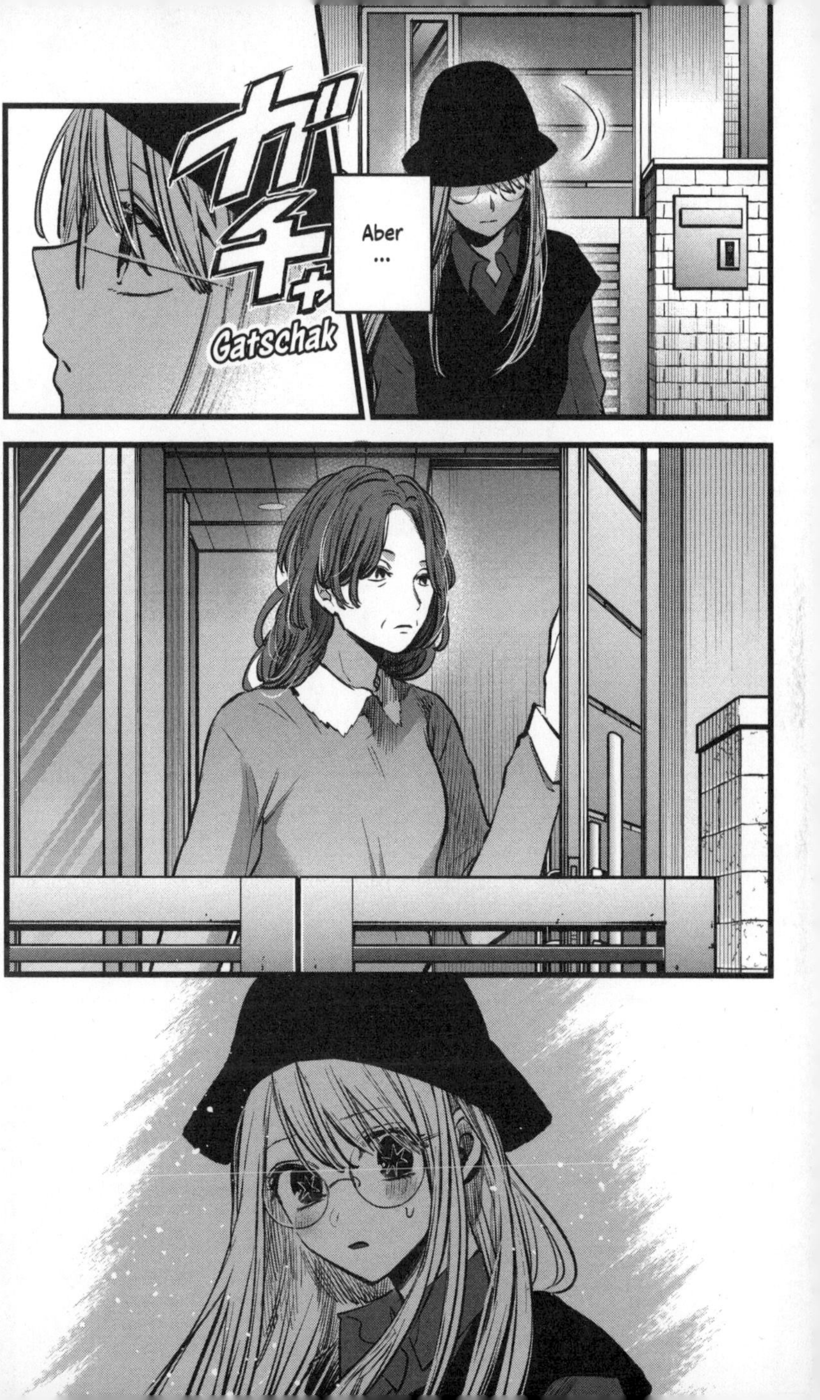

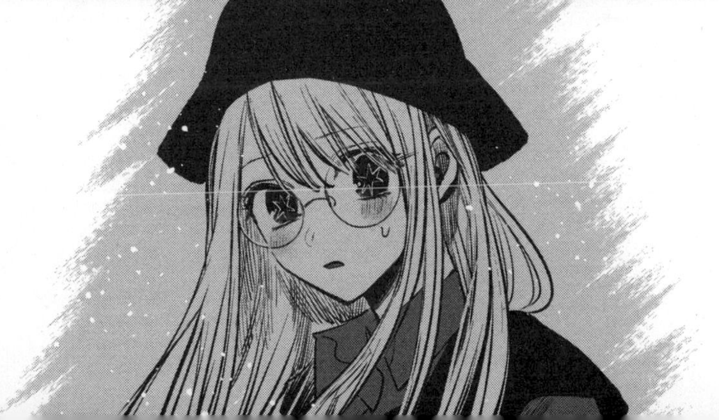

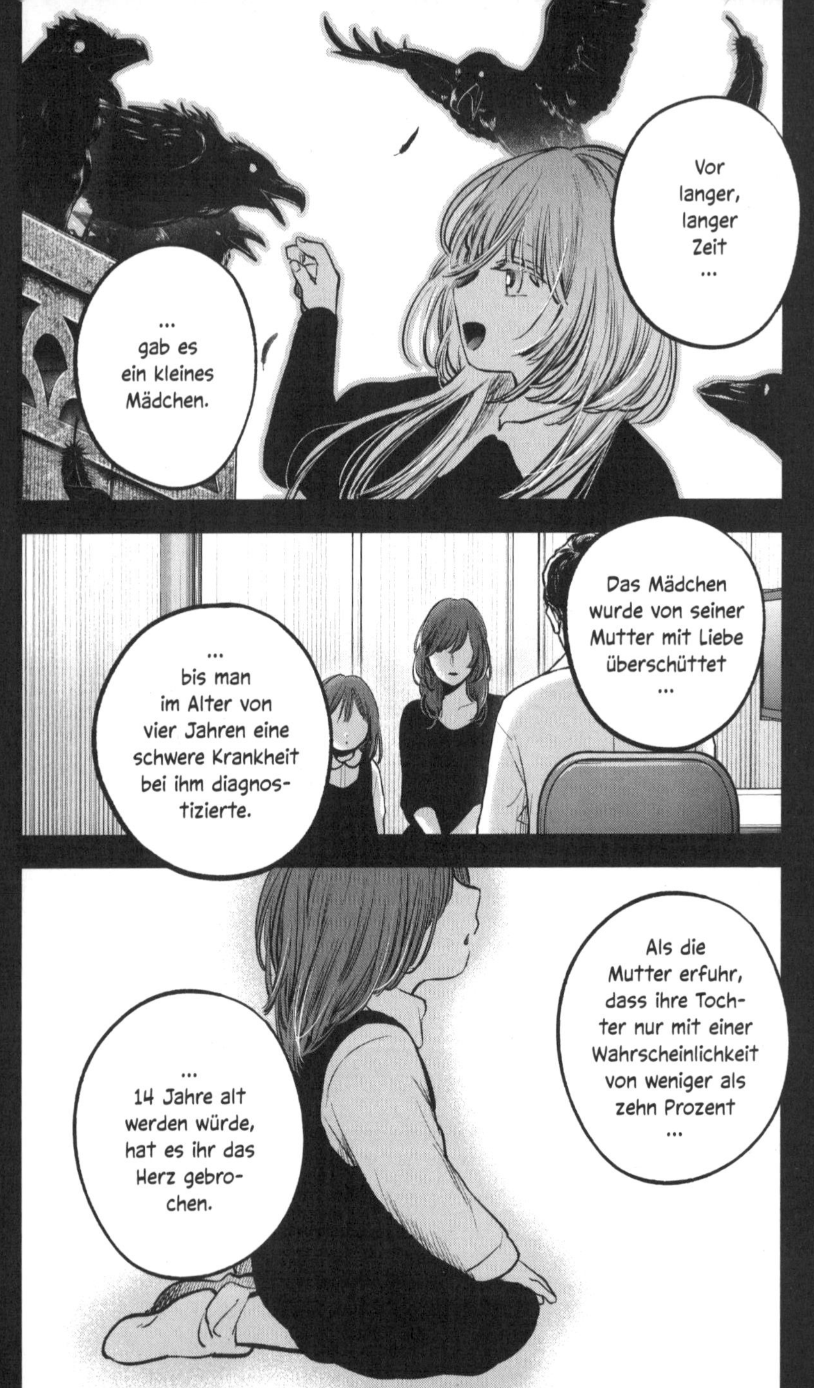
Vor langer, langer Zeit ...
... gab es ein kleines Mädchen.
Das Mädchen wurde von seiner Mutter mit Liebe überschüttet ...
... bis man im Alter von vier Jahren eine schwere Krankheit bei ihm diagnostizierte.
Als die Mutter erfuhr, dass ihre Tochter nur mit einer Wahrscheinlichkeit von weniger als zehn Prozent ...
... 14 Jahre alt werden würde, hat es ihr das Herz gebrochen.

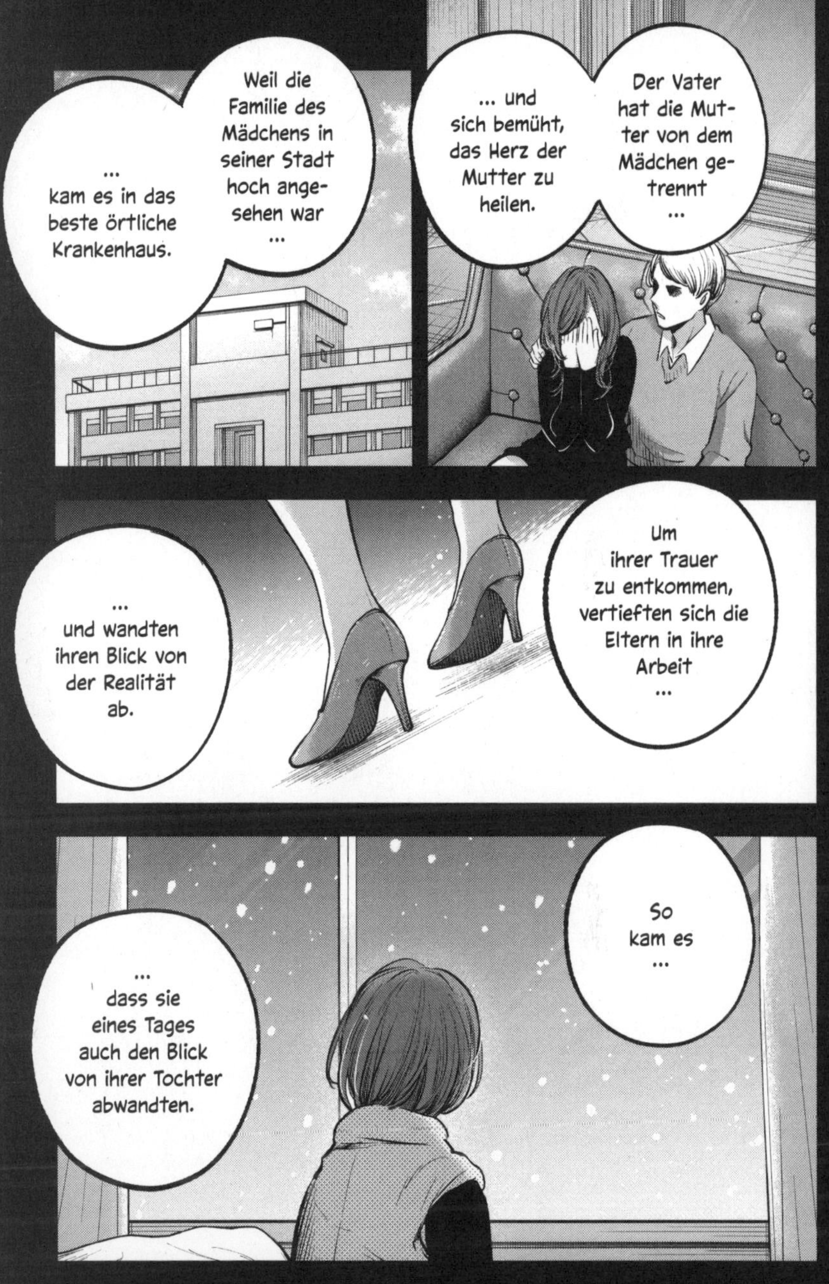
Der Vater hat die Mutter von dem Mädchen getrennt …
… und sich bemüht, das Herz der Mutter zu heilen.
Weil die Familie des Mädchens in seiner Stadt hoch angesehen war …
… kam es in das beste örtliche Krankenhaus.
Um ihrer Trauer zu entkommen, vertieften sich die Eltern in ihre Arbeit …
… und wandten ihren Blick von der Realität ab.
So kam es …
… dass sie eines Tages auch den Blick von ihrer Tochter abwandten.

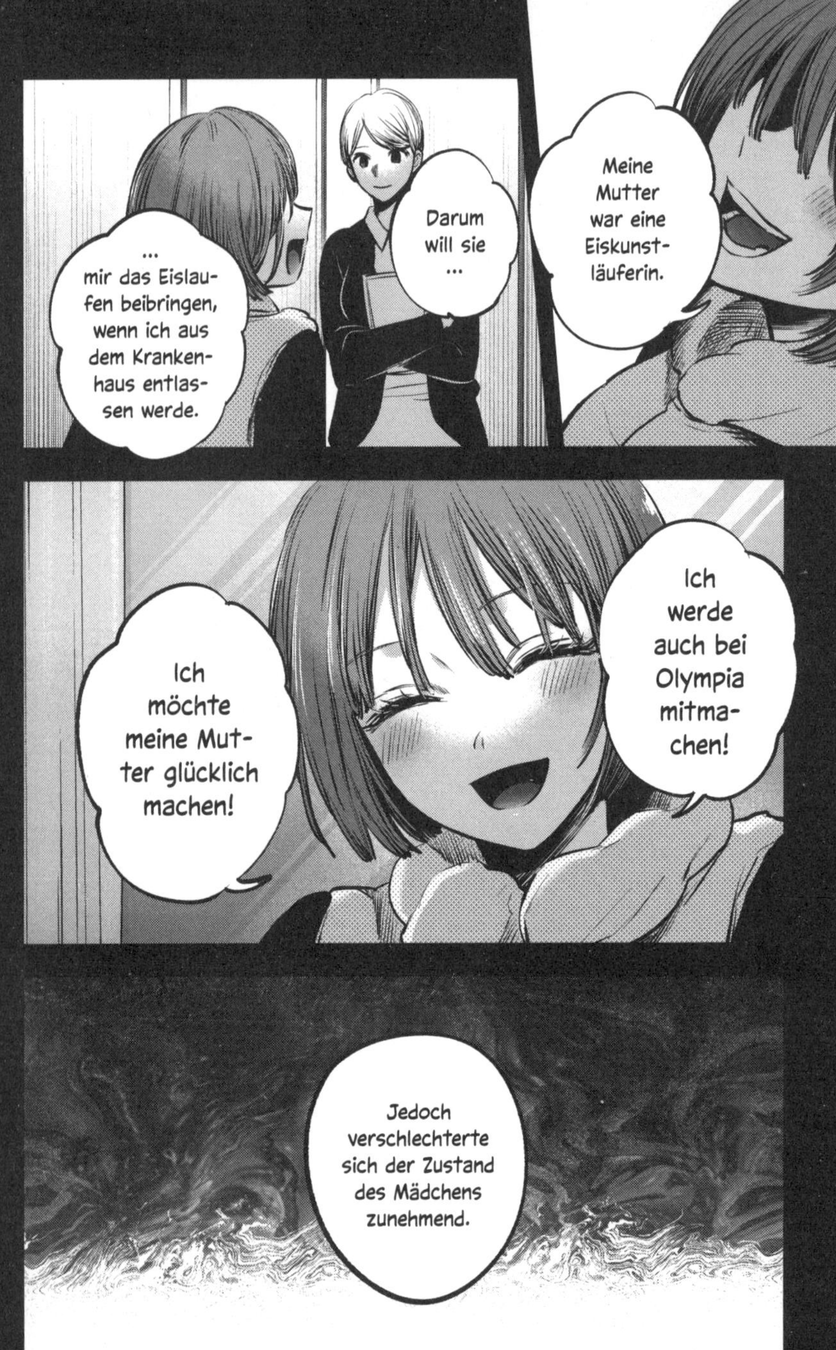
Meine Mutter war eine Eiskunstläuferin.
Darum will sie …
… mir das Eislaufen beibringen, wenn ich aus dem Krankenhaus entlassen werde.
Ich werde auch bei Olympia mitmachen!
Ich möchte meine Mutter glücklich machen!
Jedoch verschlechterte sich der Zustand des Mädchens zunehmend.

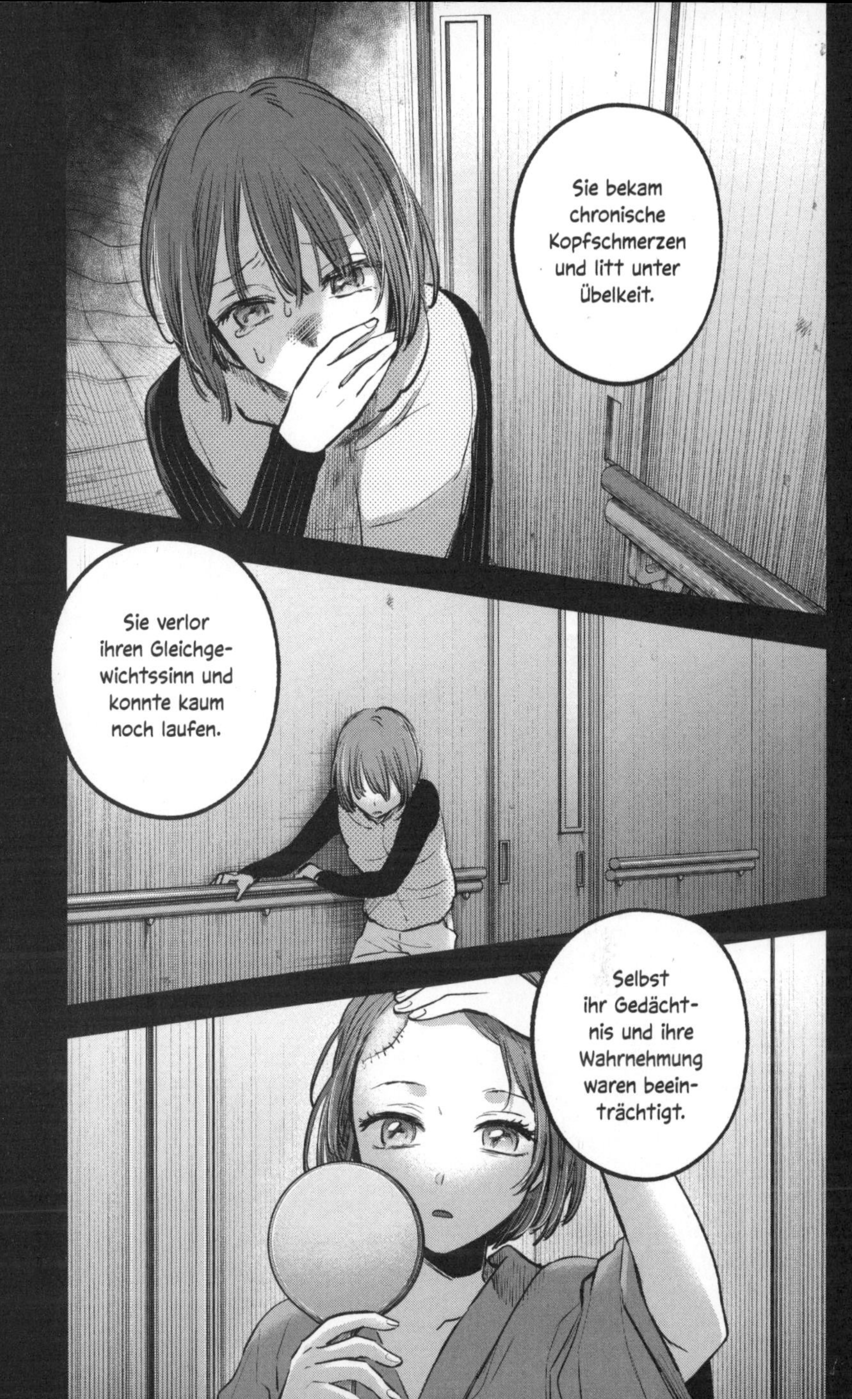
Sie bekam chronische Kopfschmerzen und litt unter Übelkeit.
Sie verlor ihren Gleichgewichtssinn und konnte kaum noch laufen.
Selbst ihr Gedächtnis und ihre Wahrnehmung waren beeinträchtigt.

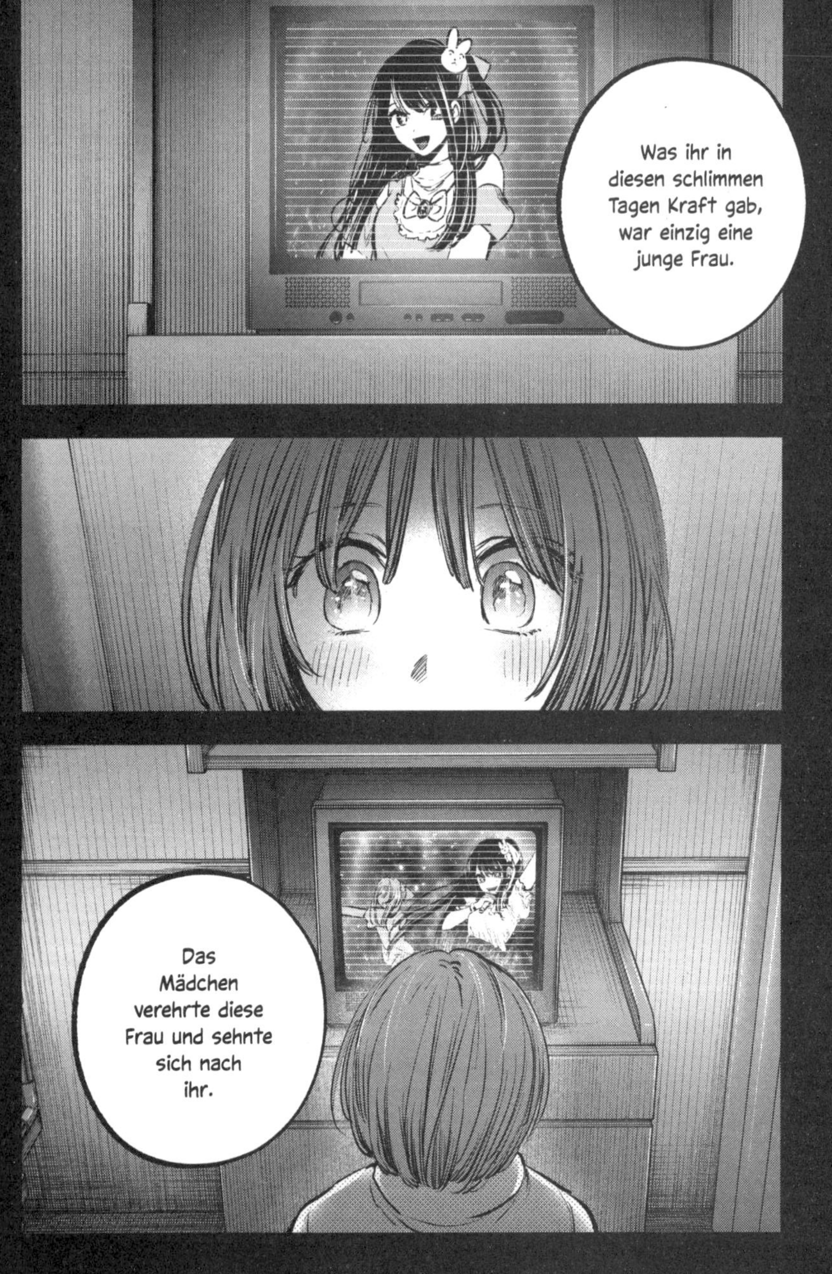
Was ihr in diesen schlimmen Tagen Kraft gab, war einzig eine junge Frau.
Das Mädchen verehrte diese Frau und sehnte sich nach ihr.

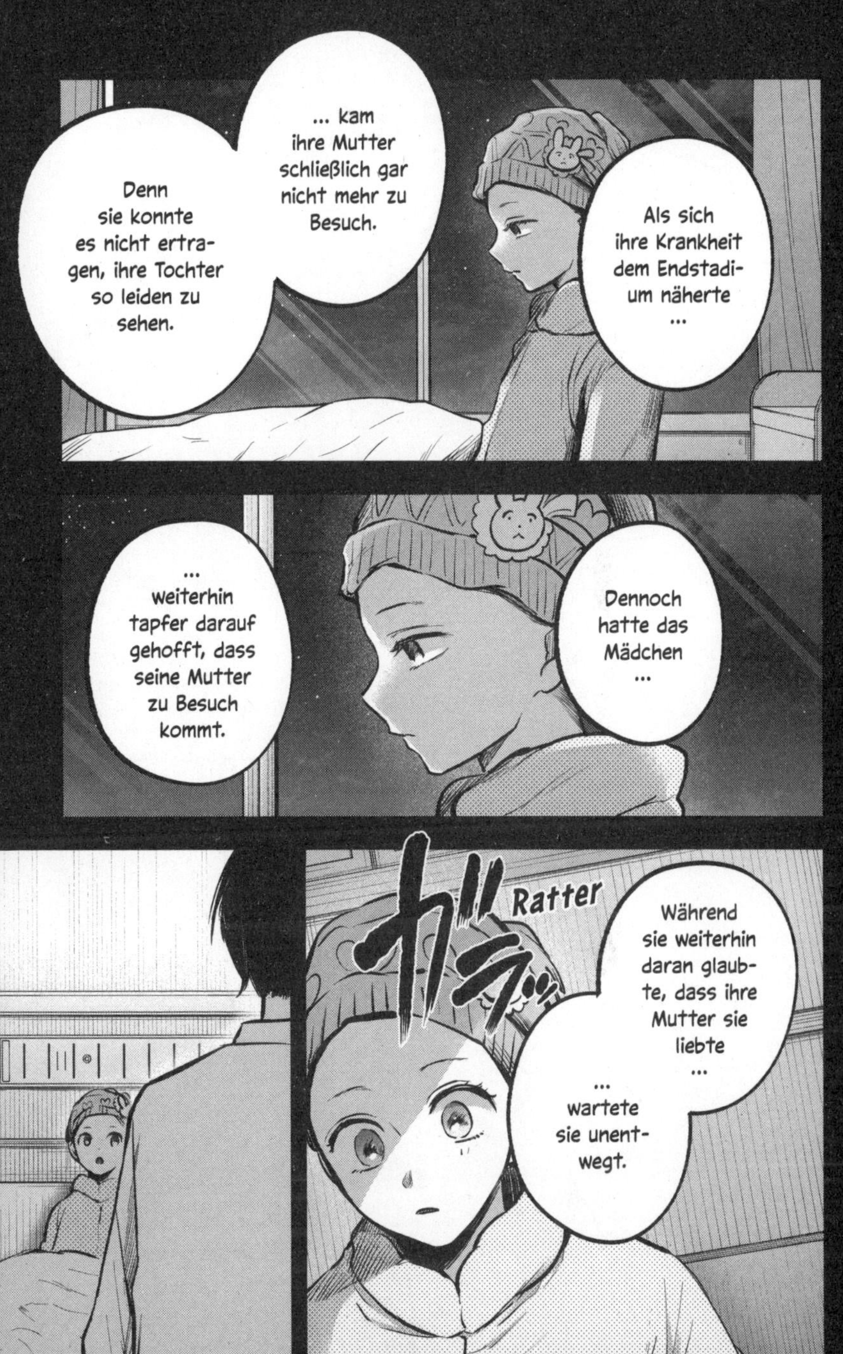
Als sich ihre Krankheit dem Endstadium näherte ...
... kam ihre Mutter schließlich gar nicht mehr zu Besuch.
Denn sie konnte es nicht ertragen, ihre Tochter so leiden zu sehen.
Dennoch hatte das Mädchen ...
... weiterhin tapfer darauf gehofft, dass seine Mutter zu Besuch kommt.
Ratter
Während sie weiterhin daran glaubte, dass ihre Mutter sie liebte ...
... wartete sie unentwegt.

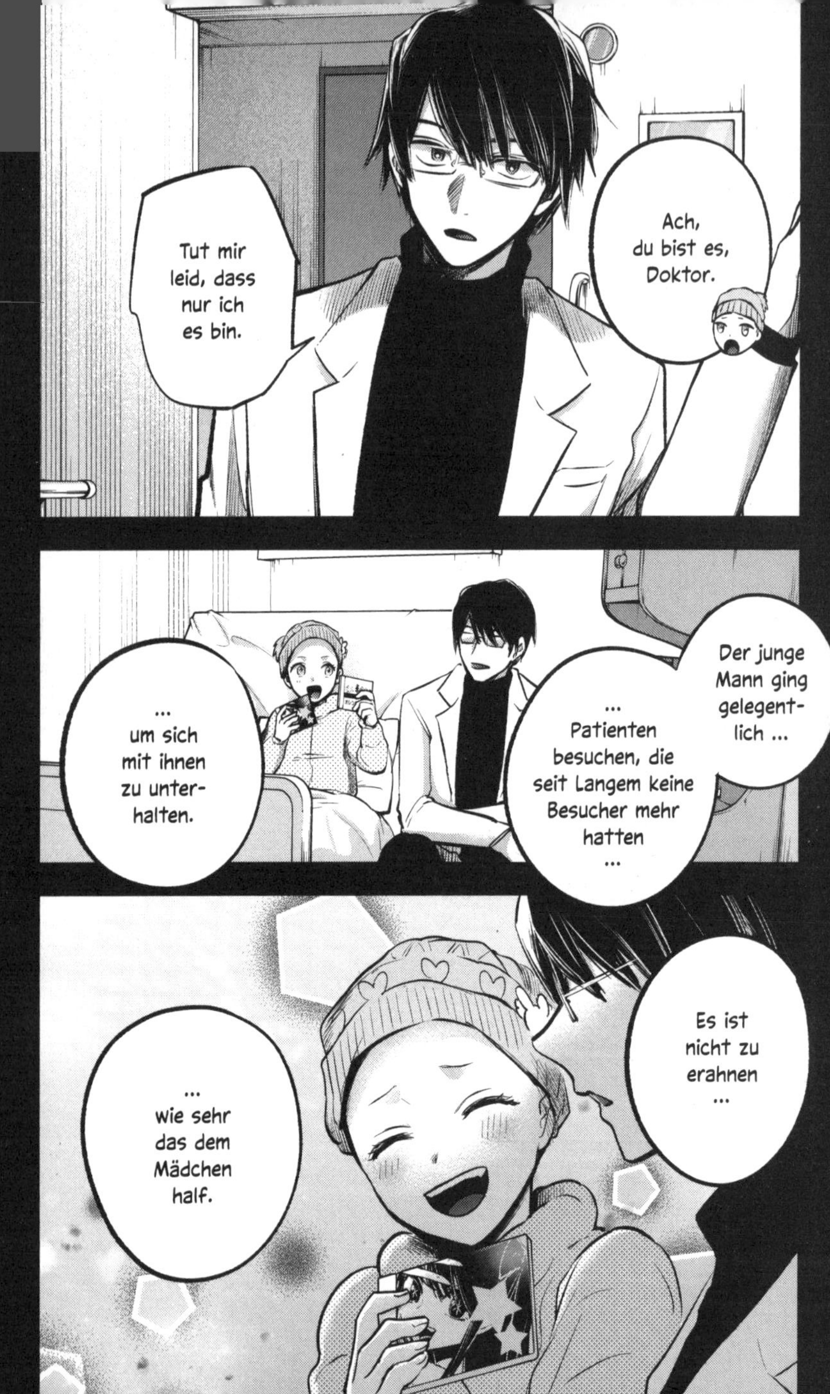
Ach, du bist es, Doktor.
Tut mir leid, dass nur ich es bin.
Der junge Mann ging gelegentlich ...
... Patienten besuchen, die seit Langem keine Besucher mehr hatten ...
... um sich mit ihnen zu unterhalten.
Es ist nicht zu erahnen ...
... wie sehr das dem Mädchen half.

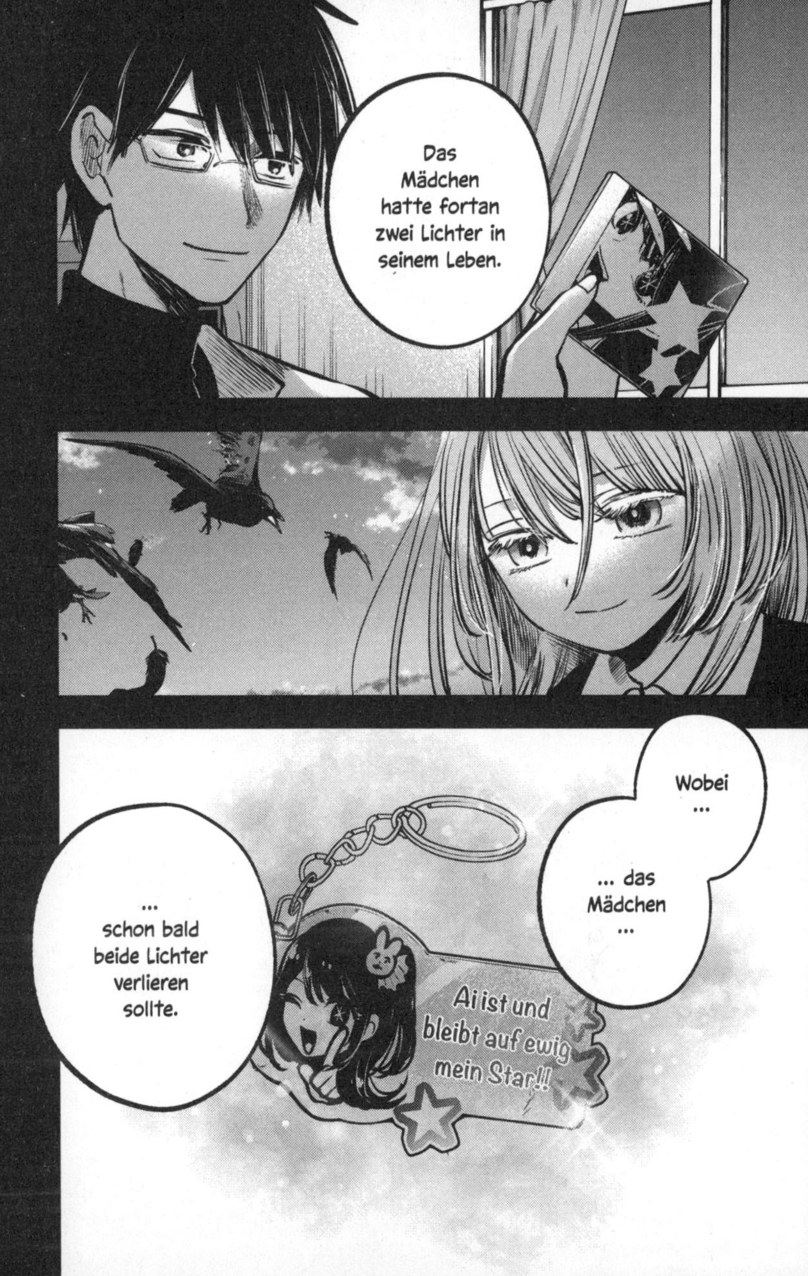
Das Mädchen hatte fortan zwei Lichter in seinem Leben.
Wobei ...
... das Mädchen ...
... schon bald beide Lichter verlieren sollte.
Ai ist und bleibt auf ewig mein Star!!

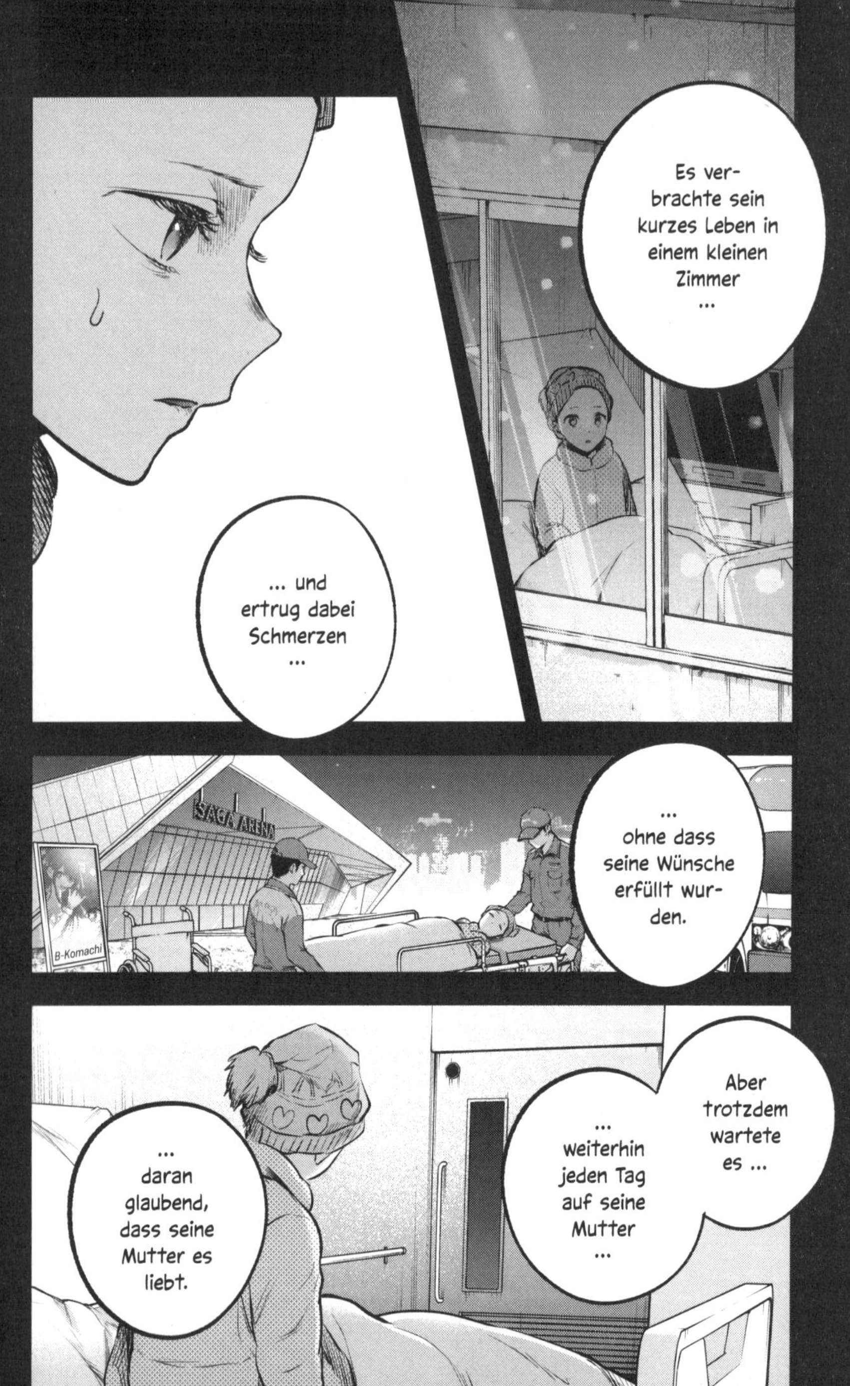
Es verbrachte sein kurzes Leben in einem kleinen Zimmer ...
... und ertrug dabei Schmerzen ...
SAGA ARENA
B-Komachi
... ohne dass seine Wünsche erfüllt wurden.
Aber trotzdem wartete es ...
... weiterhin jeden Tag auf seine Mutter ...
... daran glaubend, dass seine Mutter es liebt.

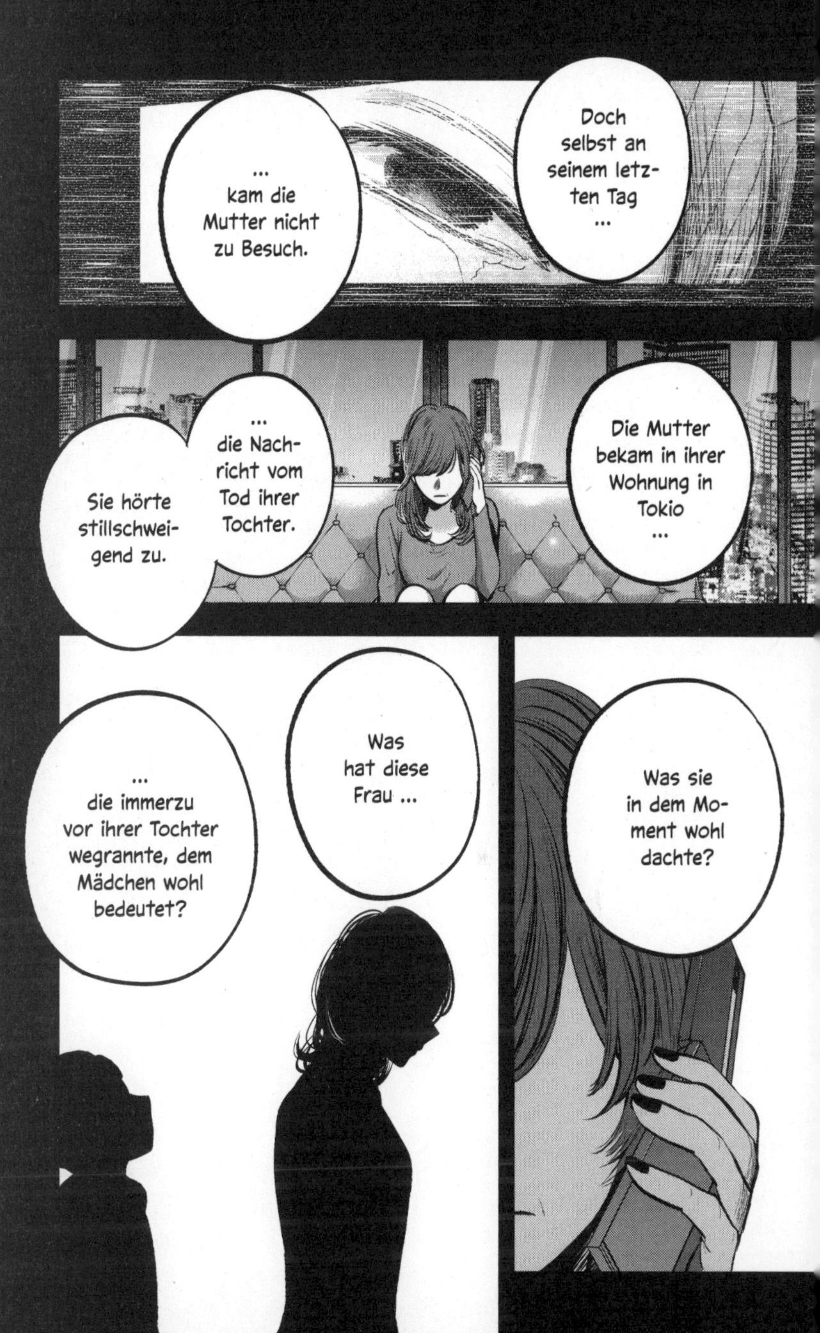
Doch selbst an seinem letzten Tag ...
... kam die Mutter nicht zu Besuch.
Die Mutter bekam in ihrer Wohnung in Tokio ...
... die Nachricht vom Tod ihrer Tochter.
Sie hörte stillschweigend zu.
Was sie in dem Moment wohl dachte?
Was hat diese Frau ...
... die immerzu vor ihrer Tochter wegrannte, dem Mädchen wohl bedeutet?

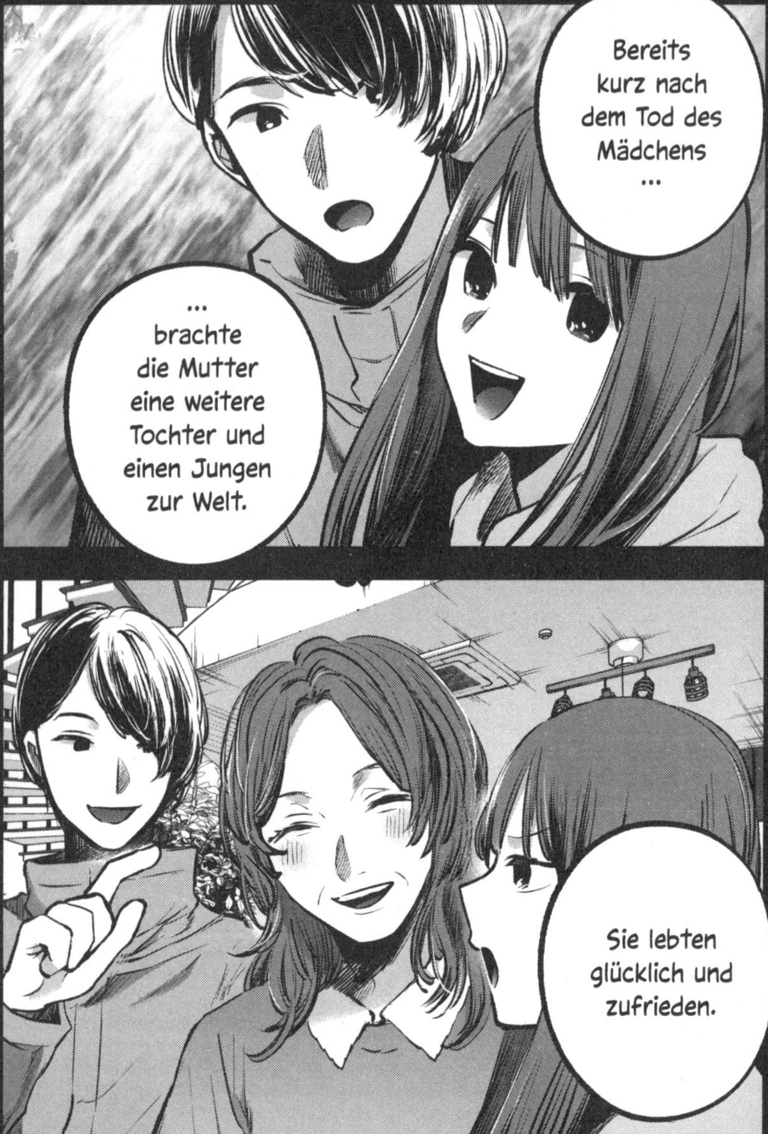

Bereits kurz nach dem Tod des Mädchens ...

... brachte die Mutter eine weitere Tochter und einen Jungen zur Welt.

Sie lebten glücklich und zufrieden.

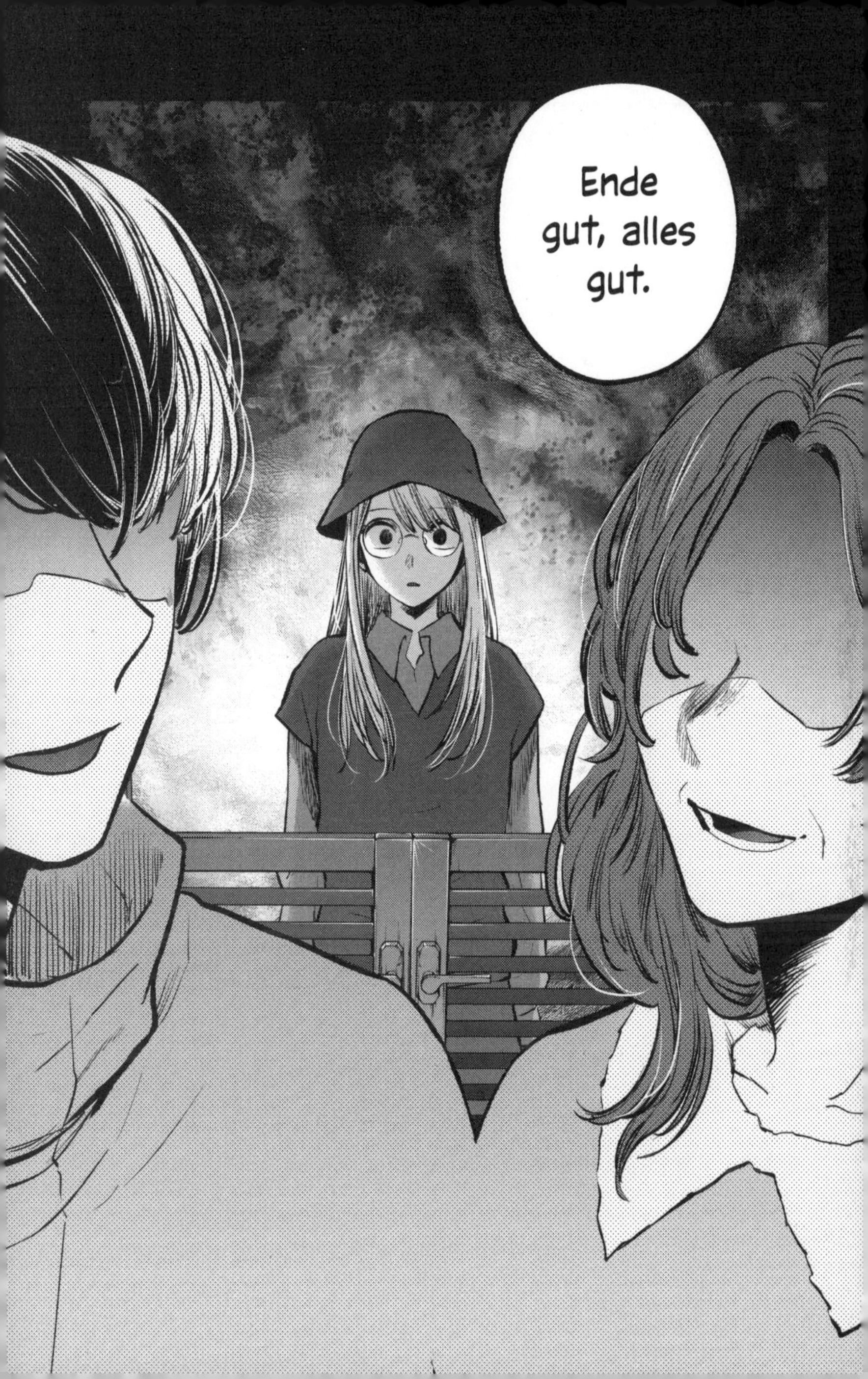
Ende
gut, alles
gut.

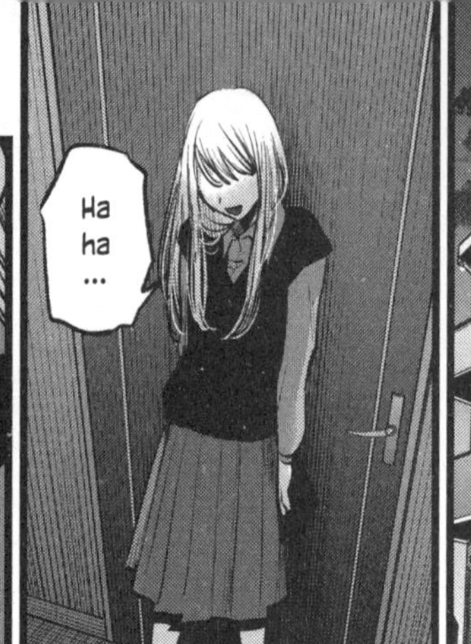
Ha ha ...

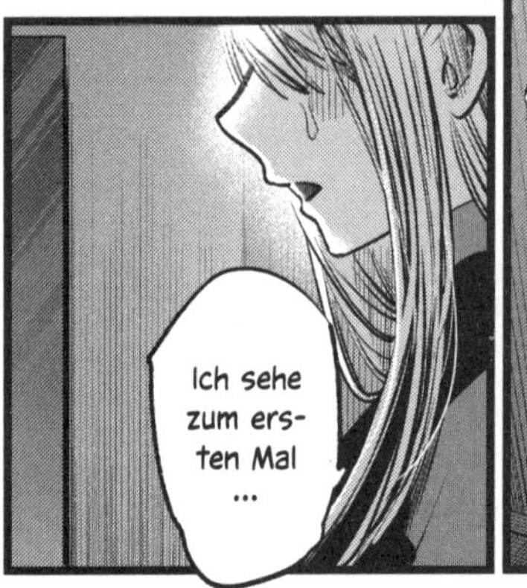
Ich sehe zum ersten Mal ...

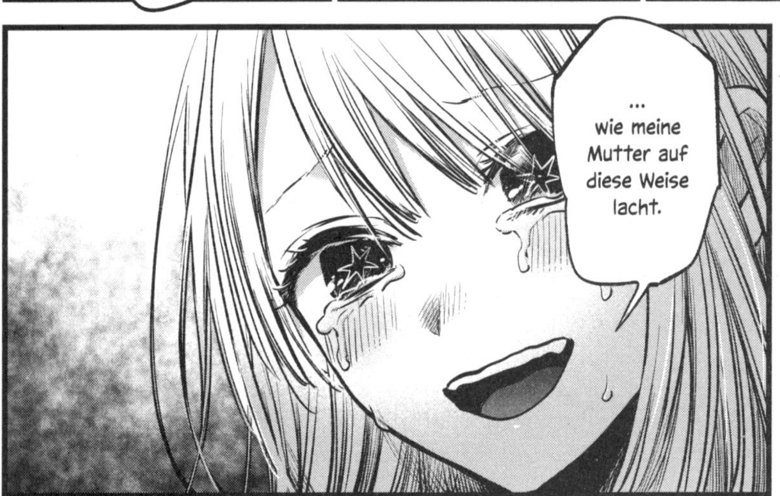
... wie meine Mutter auf diese Weise lacht.

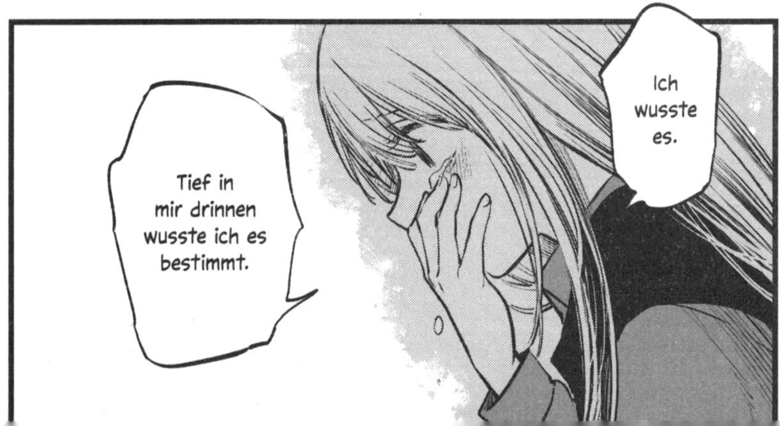
Ich wusste es.
Tief in mir drinnen wusste ich es bestimmt.

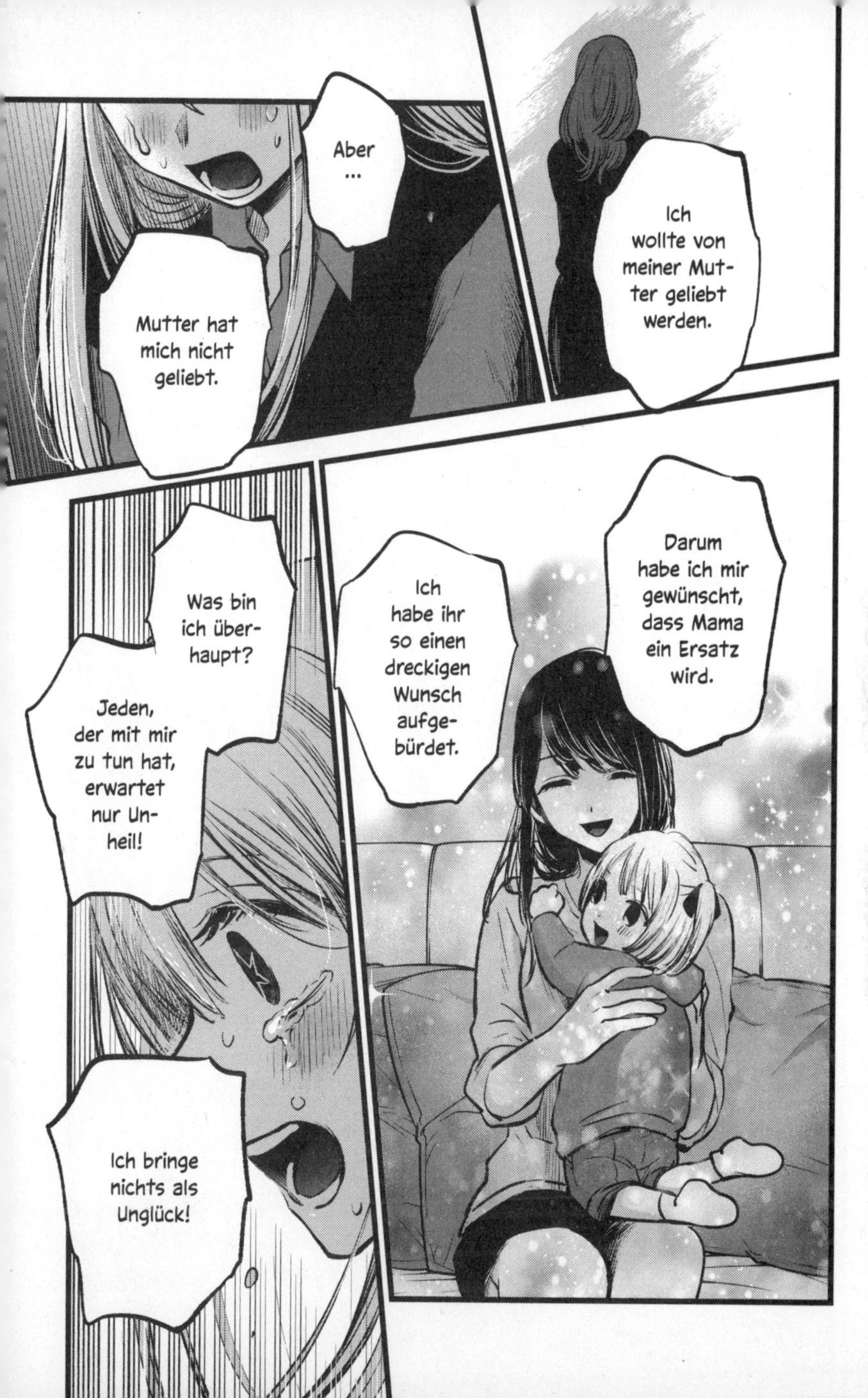
Ich wollte von meiner Mutter geliebt werden.
Aber ...
Mutter hat mich nicht geliebt.
Darum habe ich mir gewünscht, dass Mama ein Ersatz wird.
Ich habe ihr so einen dreckigen Wunsch aufgebürdet.
Was bin ich überhaupt?
Jeden, der mit mir zu tun hat, erwartet nur Unheil!
Ich bringe nichts als Unglück!

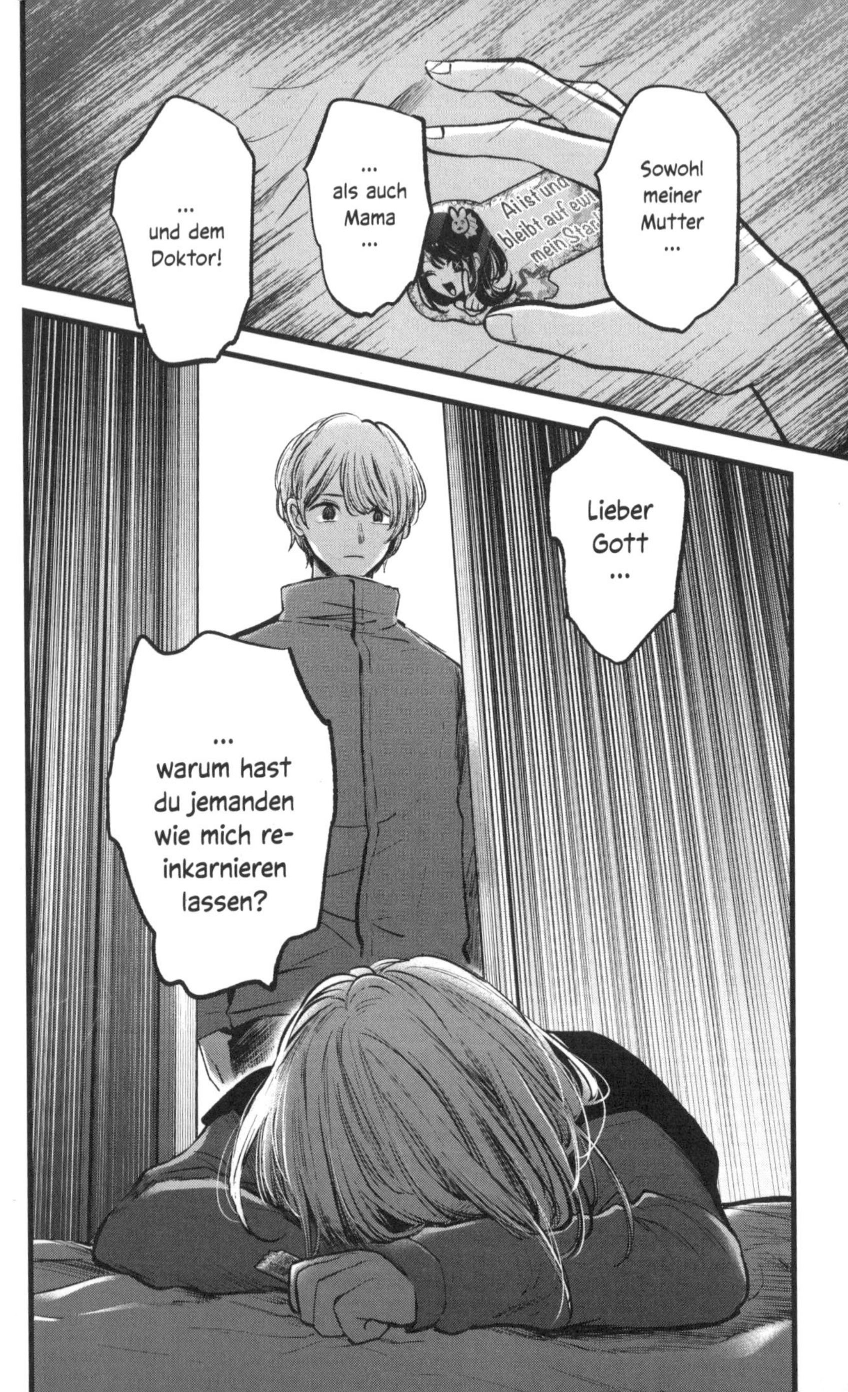
Sowohl meiner Mutter ...
... als auch Mama ...
... und dem Doktor!
Lieber Gott ...
... warum hast du jemanden wie mich re-inkarnieren lassen?

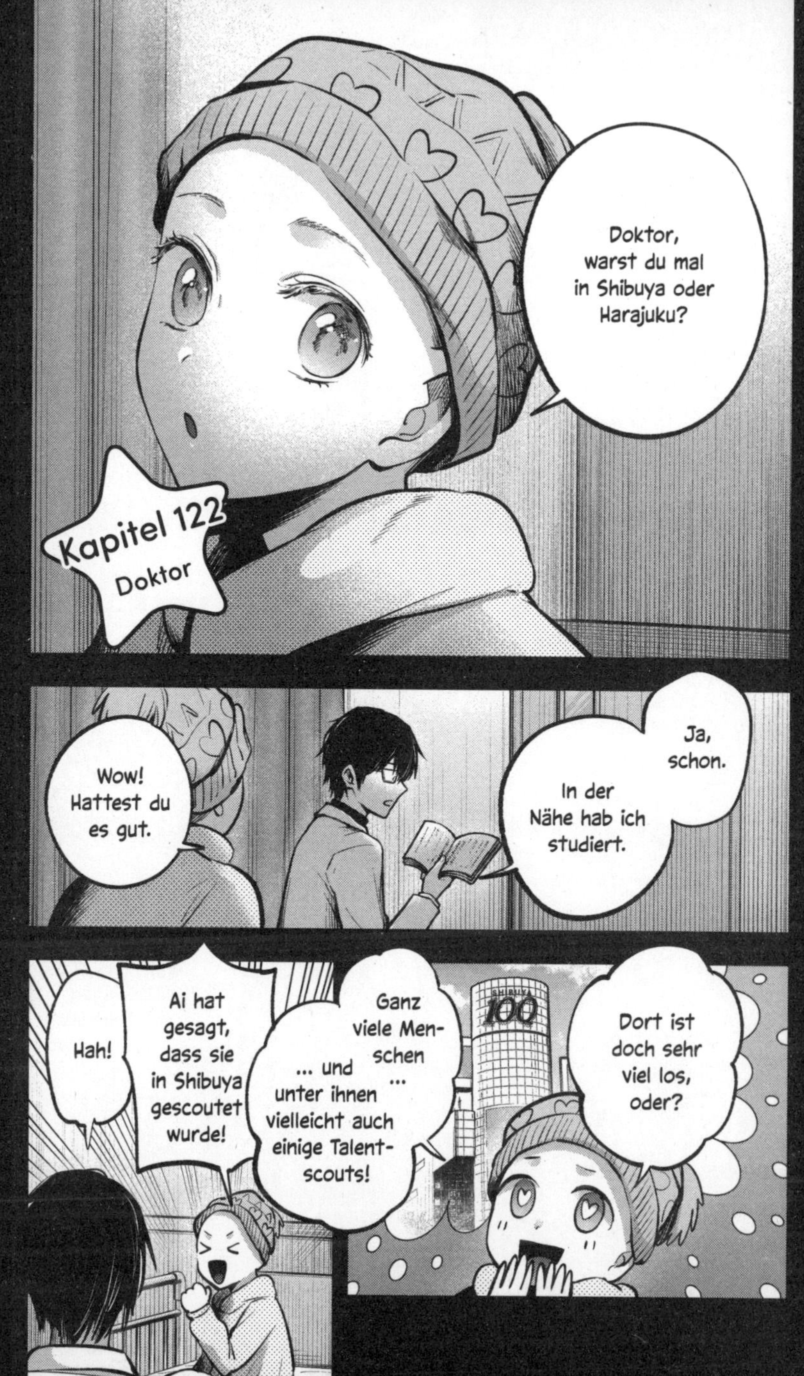
Doktor, warst du mal in Shibuya oder Harajuku?
Kapitel 122
Doktor
Ja, schon.
In der Nähe hab ich studiert.
Wow! Hattest du es gut.
Dort ist doch sehr viel los, oder?
SHIBUYA 109
Ganz viele Menschen ...
... und unter ihnen vielleicht auch einige Talentscouts!
Ai hat gesagt, dass sie in Shibuya gescoutet wurde!
Hah!

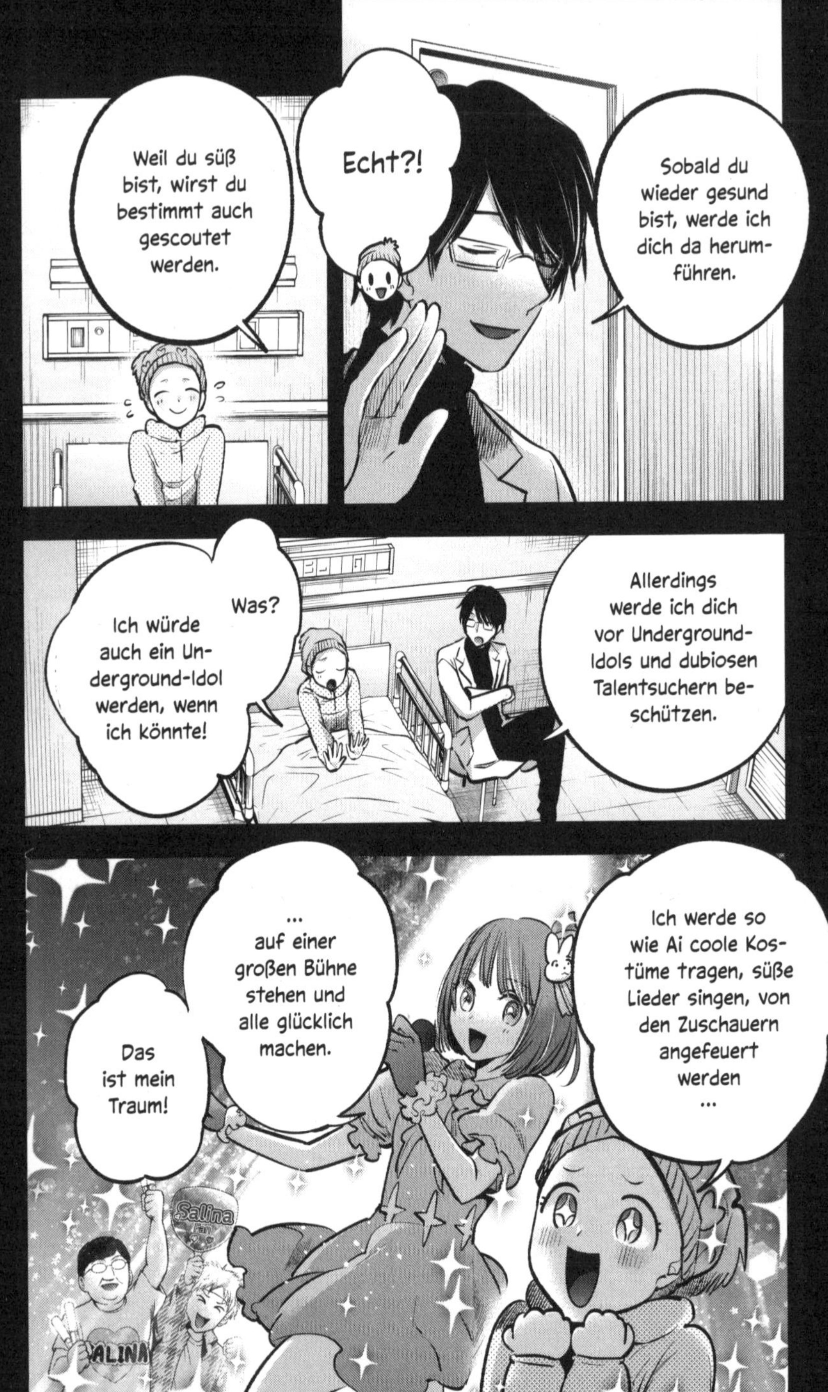
Sobald du wieder gesund bist, werde ich dich da herumführen.
Echt?!
Weil du süß bist, wirst du bestimmt auch gescoutet werden.
Allerdings werde ich dich vor Underground-Idols und dubiosen Talentsuchern beschützen.
Was?
Ich würde auch ein Underground-Idol werden, wenn ich könnte!
Ich werde so wie Ai coole Kostüme tragen, süße Lieder singen, von den Zuschauern angefeuert werden …
… auf einer großen Bühne stehen und alle glücklich machen.
Das ist mein Traum!
Salina Fan
ALINA

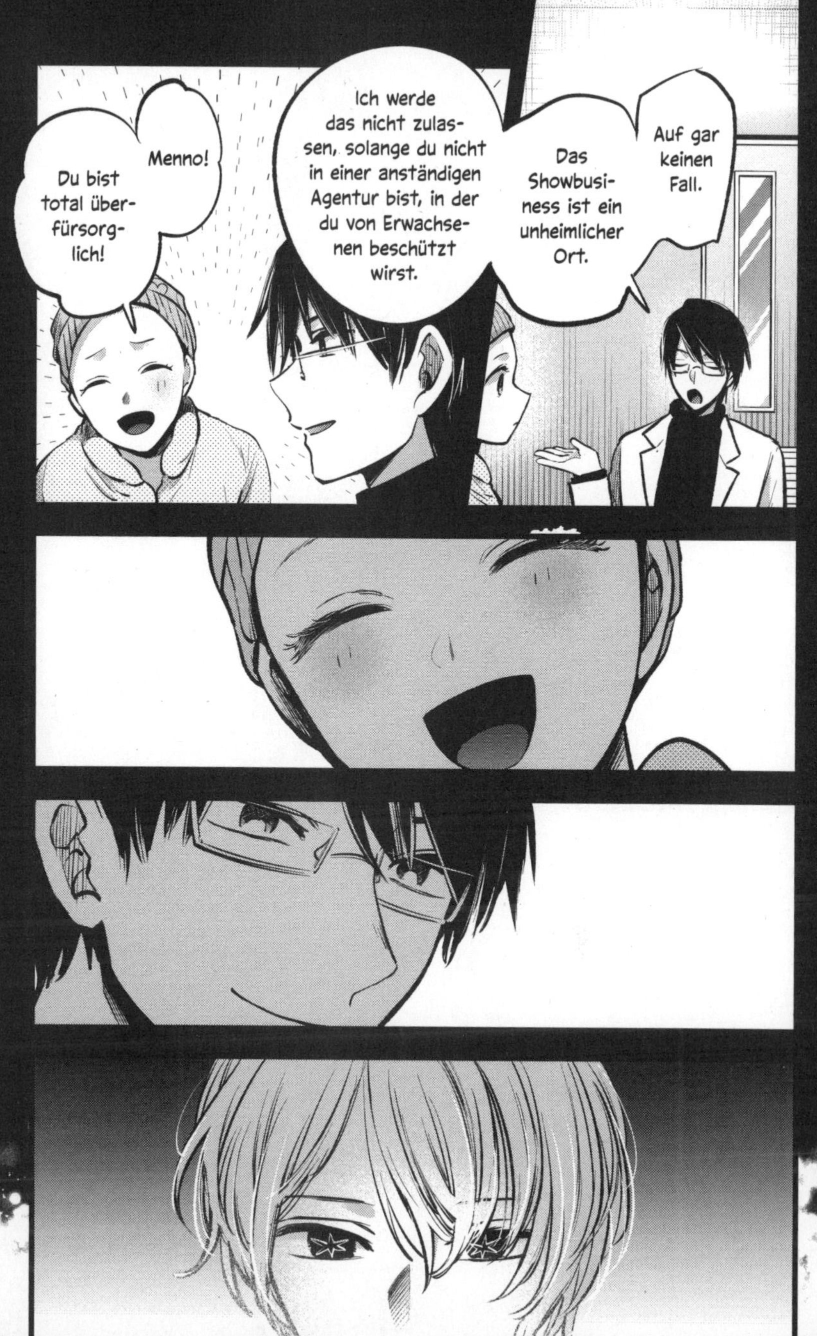
Auf gar keinen Fall.
Das Showbusiness ist ein unheimlicher Ort.
Ich werde das nicht zulassen, solange du nicht in einer anständigen Agentur bist, in der du von Erwachsenen beschützt wirst.
Menno!
Du bist total überfürsorglich!

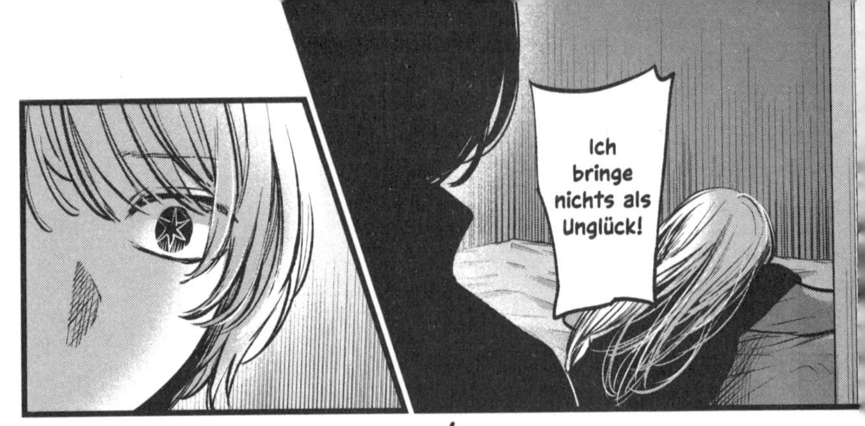

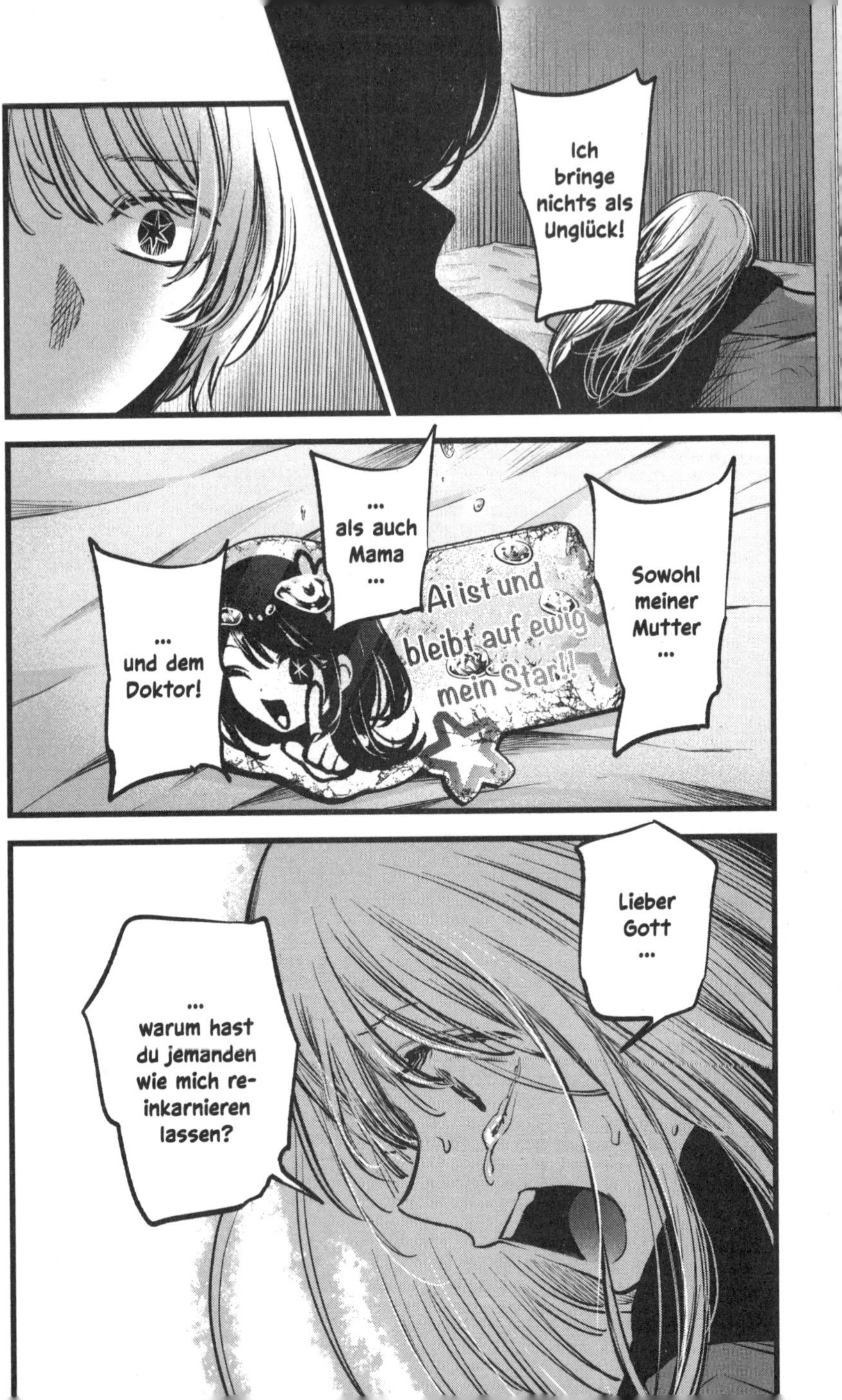

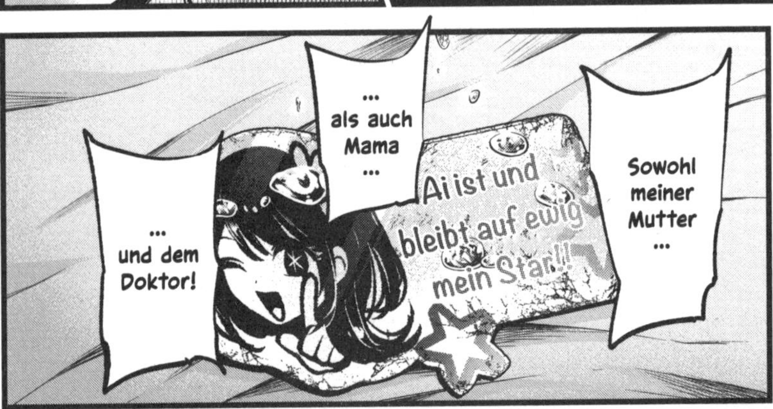

Lieber Gott …

… warum hast du jemanden wie mich re-inkarnieren lassen?

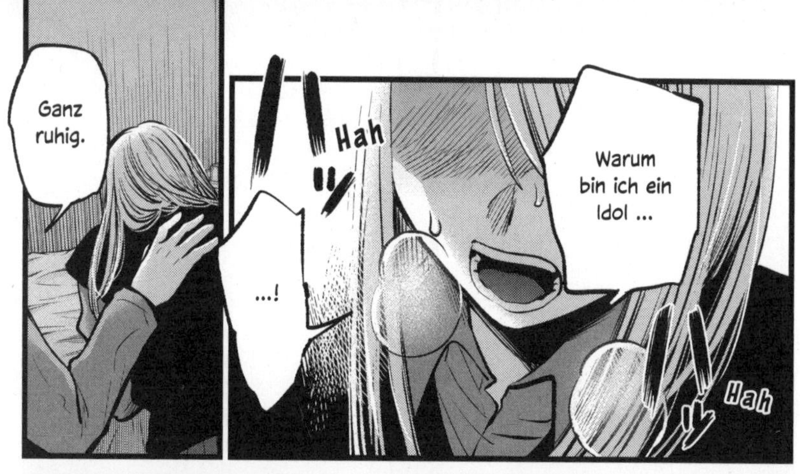
Warum bin ich ein Idol ...
Hah
...!
Hah
Ganz ruhig.

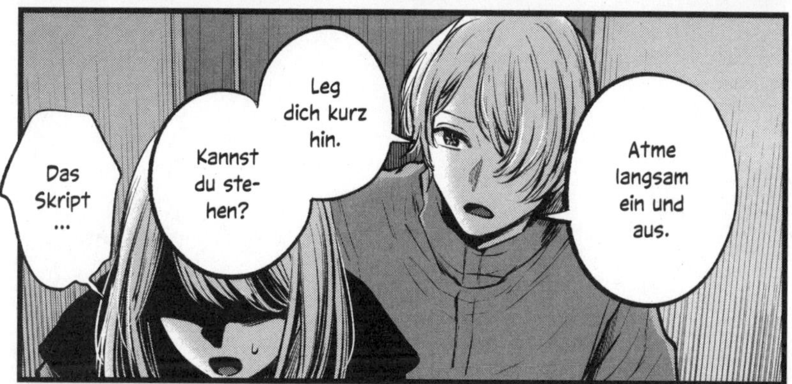
Atme langsam ein und aus.
Leg dich kurz hin.
Kannst du ste-hen?
Das Skript ...

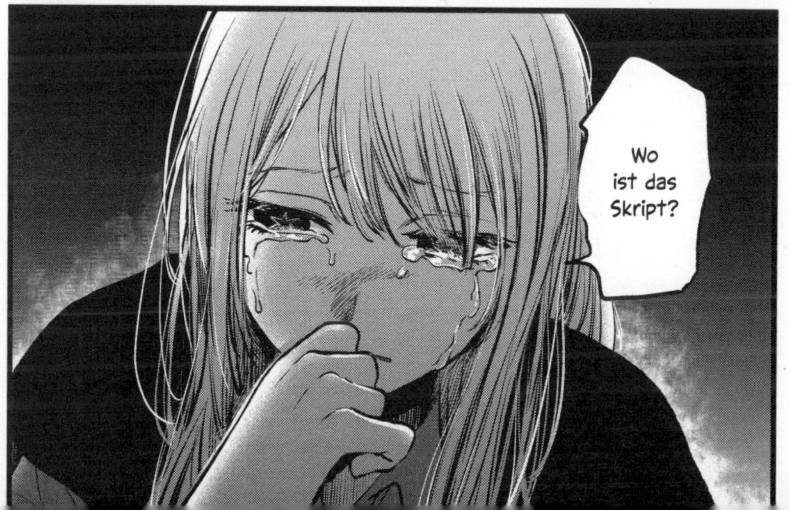
Wo ist das Skript?

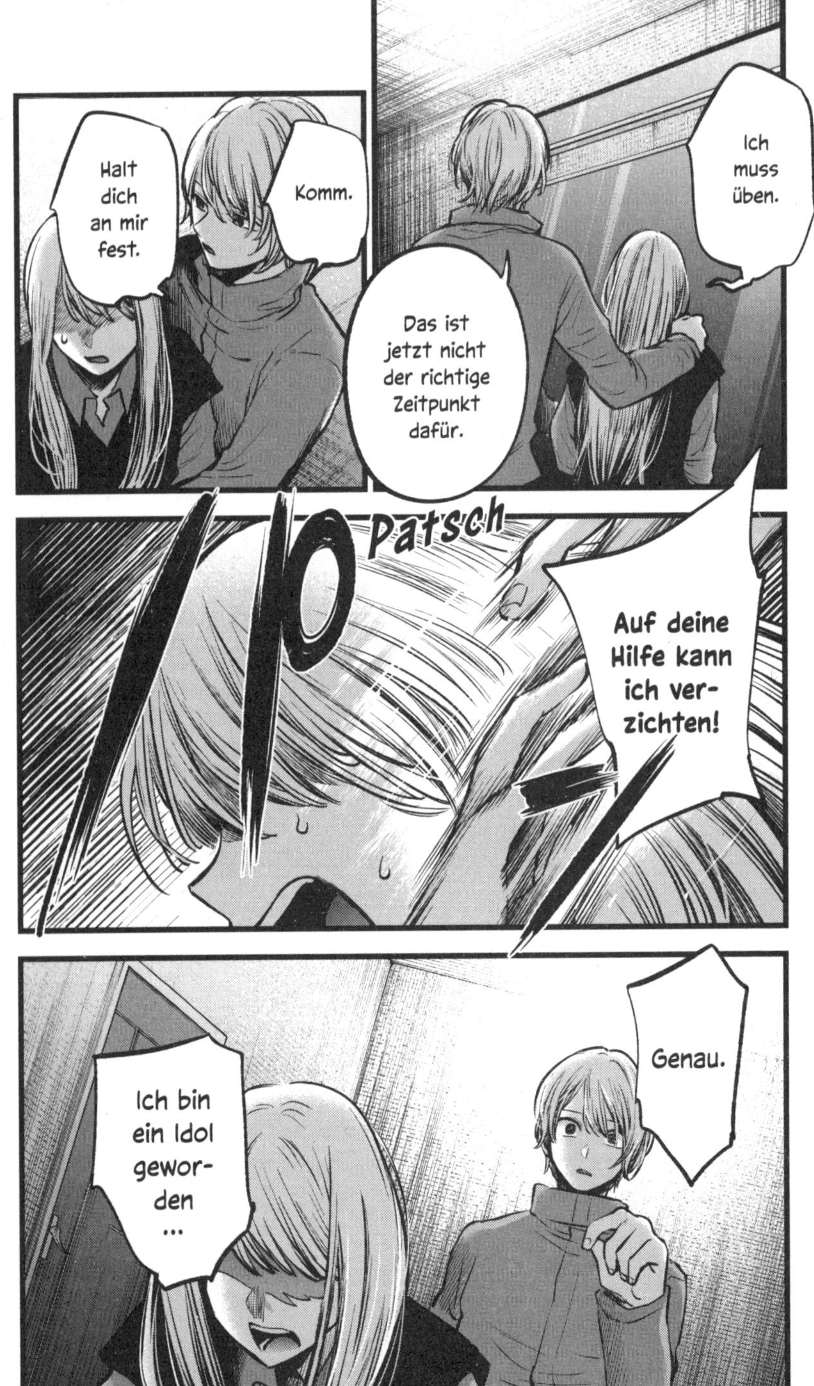
Ich muss üben.
Das ist jetzt nicht der richtige Zeitpunkt dafür.
Komm.
Halt dich an mir fest.
Patsch
Auf deine Hilfe kann ich ver-zichten!
Genau.
Ich bin ein Idol gewor-den ...

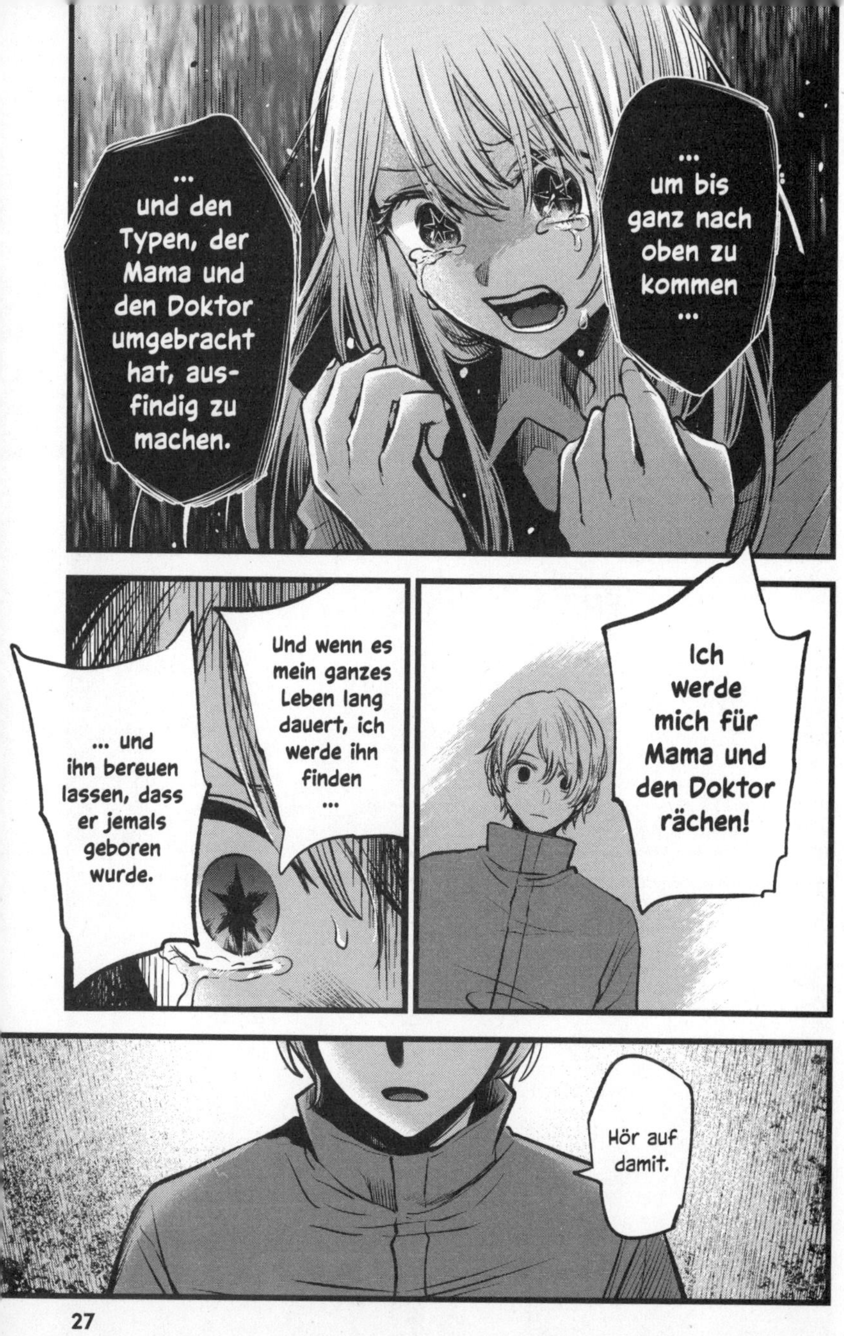

... um bis ganz nach oben zu kommen ...

... und den Typen, der Mama und den Doktor umgebracht hat, ausfindig zu machen.

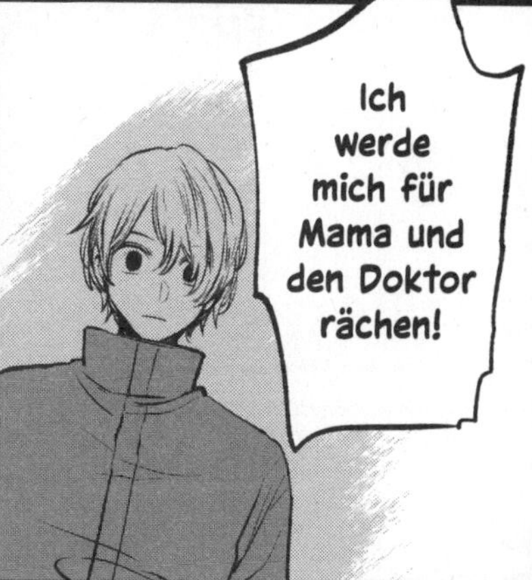

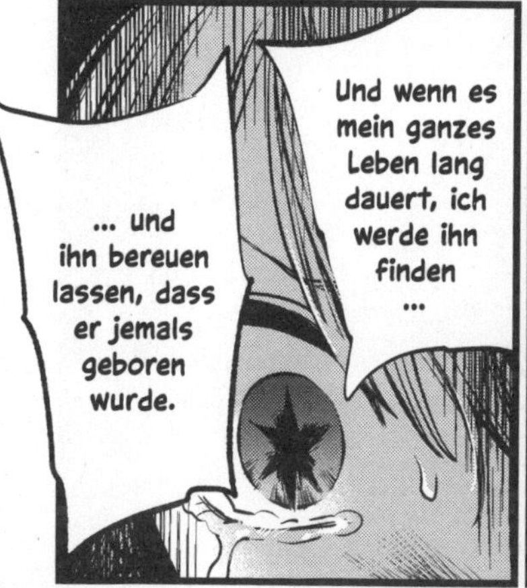

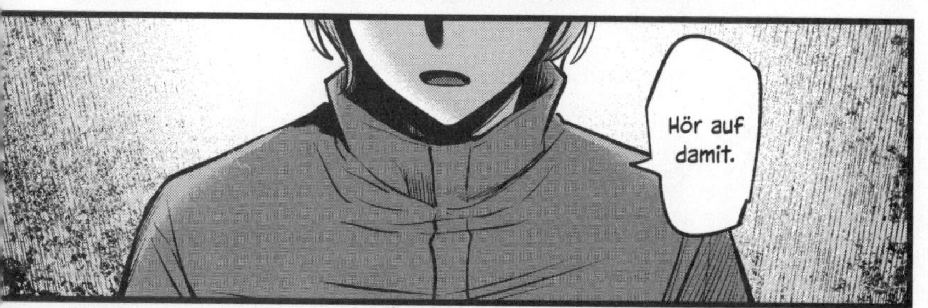

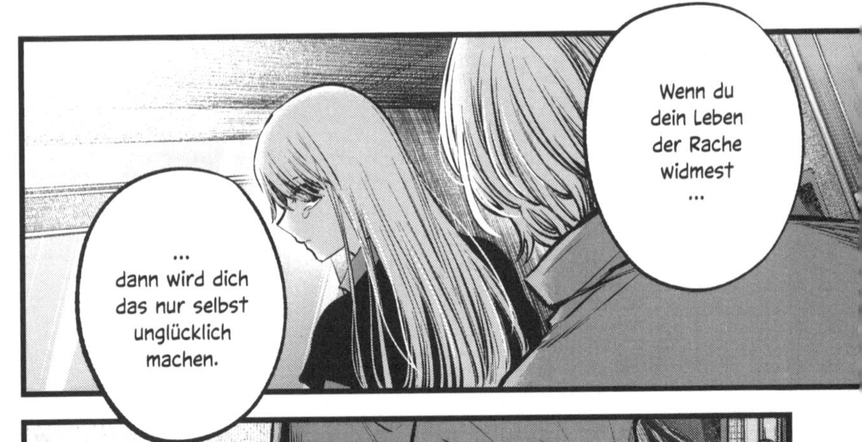
Wenn du dein Leben der Rache widmest ...
... dann wird dich das nur selbst unglücklich machen.

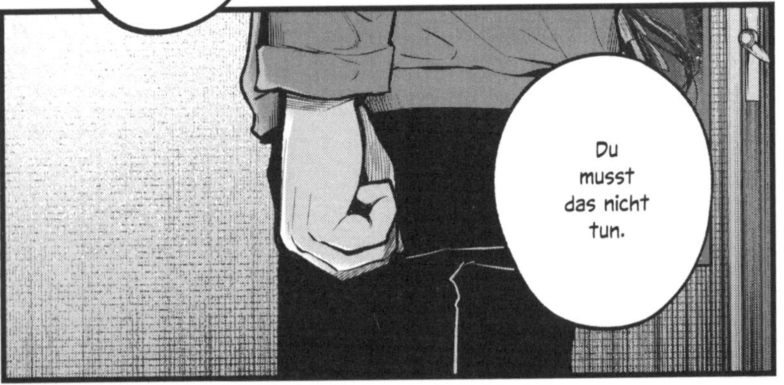
Du musst das nicht tun.

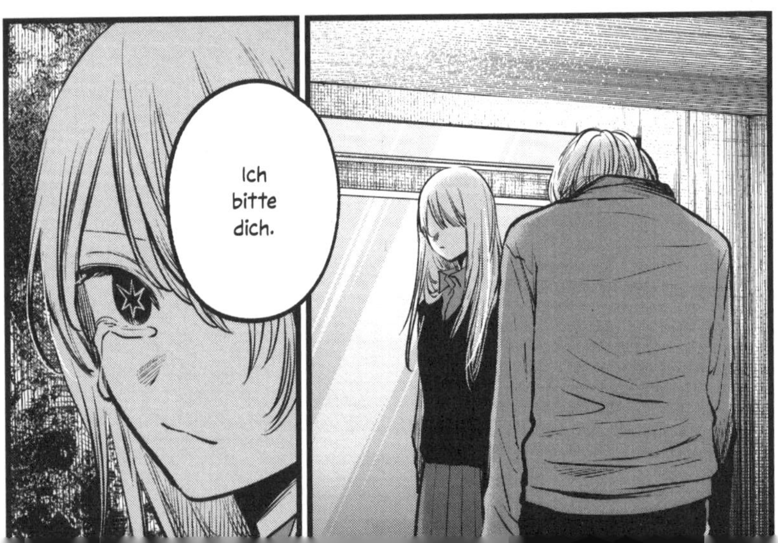
Ich bitte dich.

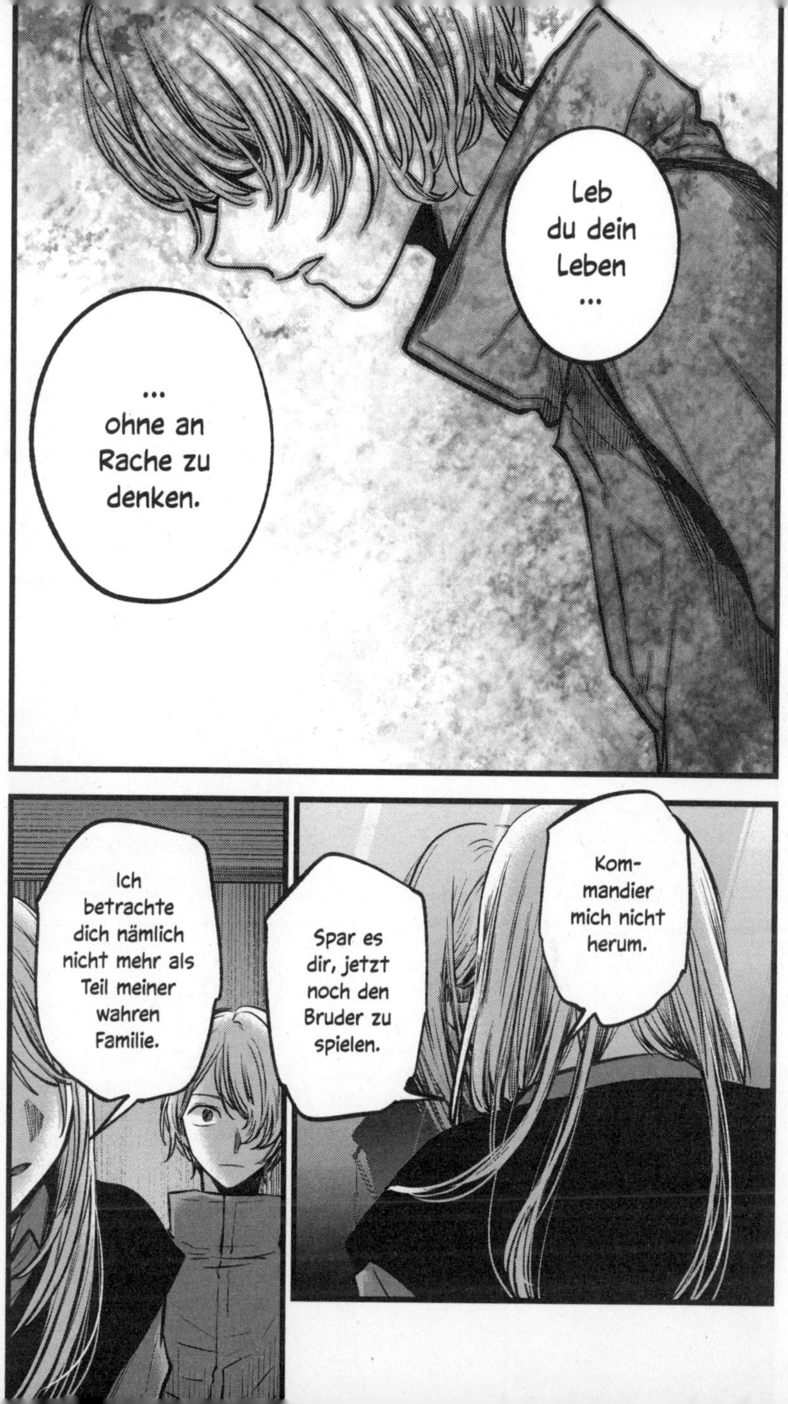

Leb du dein Leben ...

... ohne an Rache zu denken.

Kommandier mich nicht herum.

Spar es dir, jetzt noch den Bruder zu spielen.

Ich betrachte dich nämlich nicht mehr als Teil meiner wahren Familie.

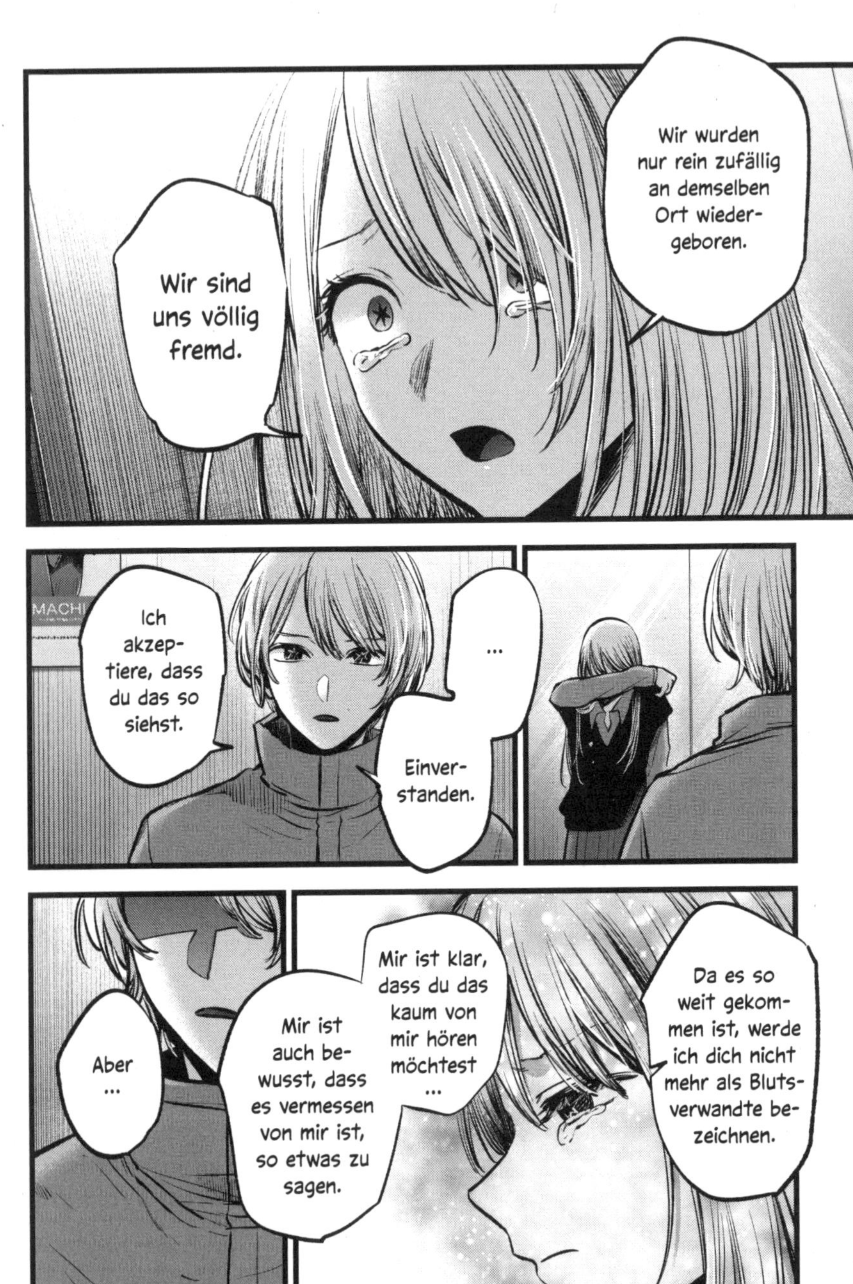
Wir wurden nur rein zufällig an demselben Ort wieder-geboren.
Wir sind uns völlig fremd.
...
Einver-standen.
Ich akzep-tiere, dass du das so siehst.
MACHI
Da es so weit gekom-men ist, werde ich dich nicht mehr als Bluts-verwandte be-zeichnen.
Mir ist klar, dass du das kaum von mir hören möchtest ...
Mir ist auch be-wusst, dass es vermessen von mir ist, so etwas zu sagen.
Aber ...

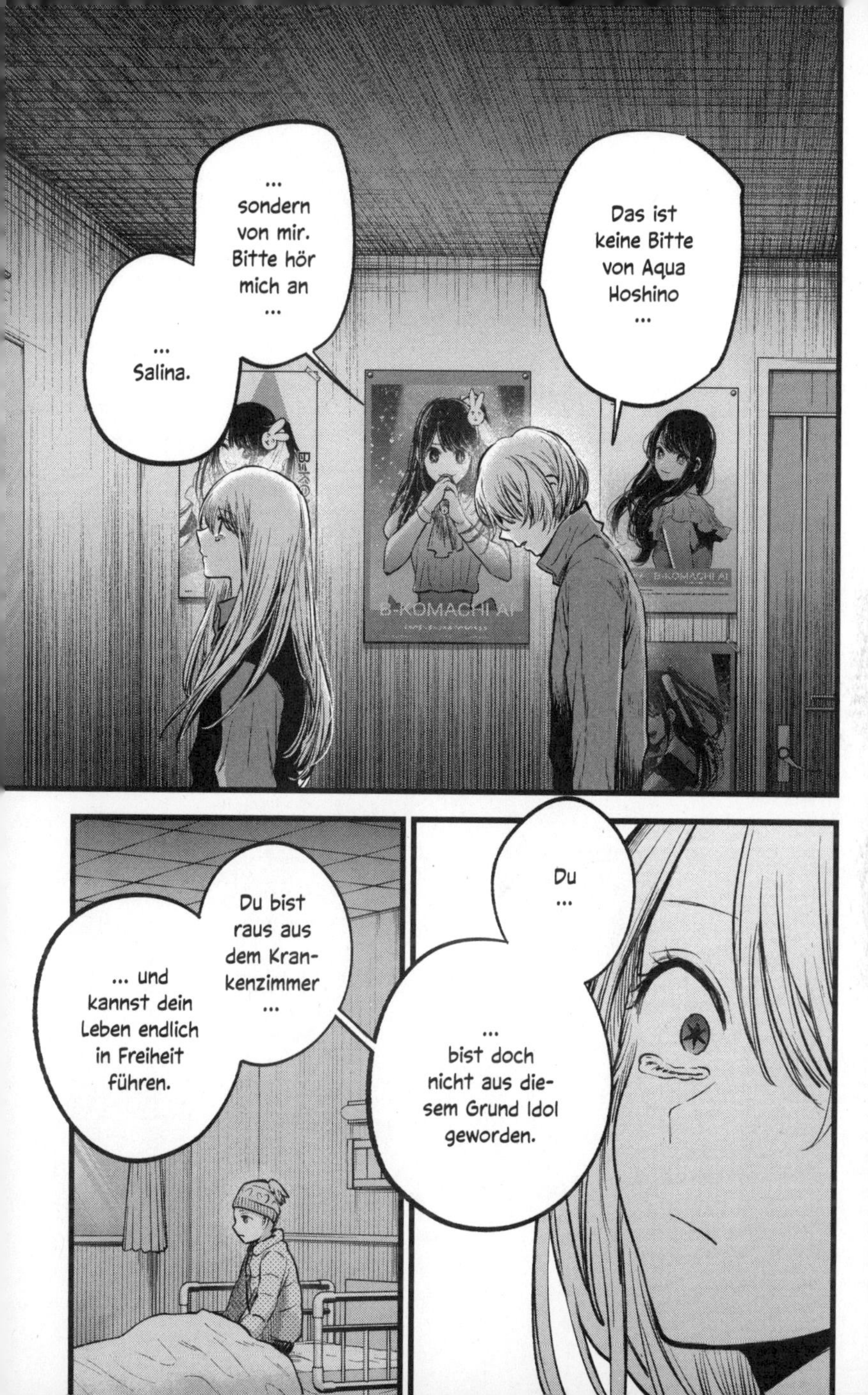

Das ist keine Bitte von Aqua Hoshino ...
... sondern von mir. Bitte hör mich an ...
... Salina.
B-KOMACHI AI
B-KOMACHI AI
Du ...
... bist doch nicht aus diesem Grund Idol geworden.
Du bist raus aus dem Krankenzimmer ...
... und kannst dein Leben endlich in Freiheit führen.

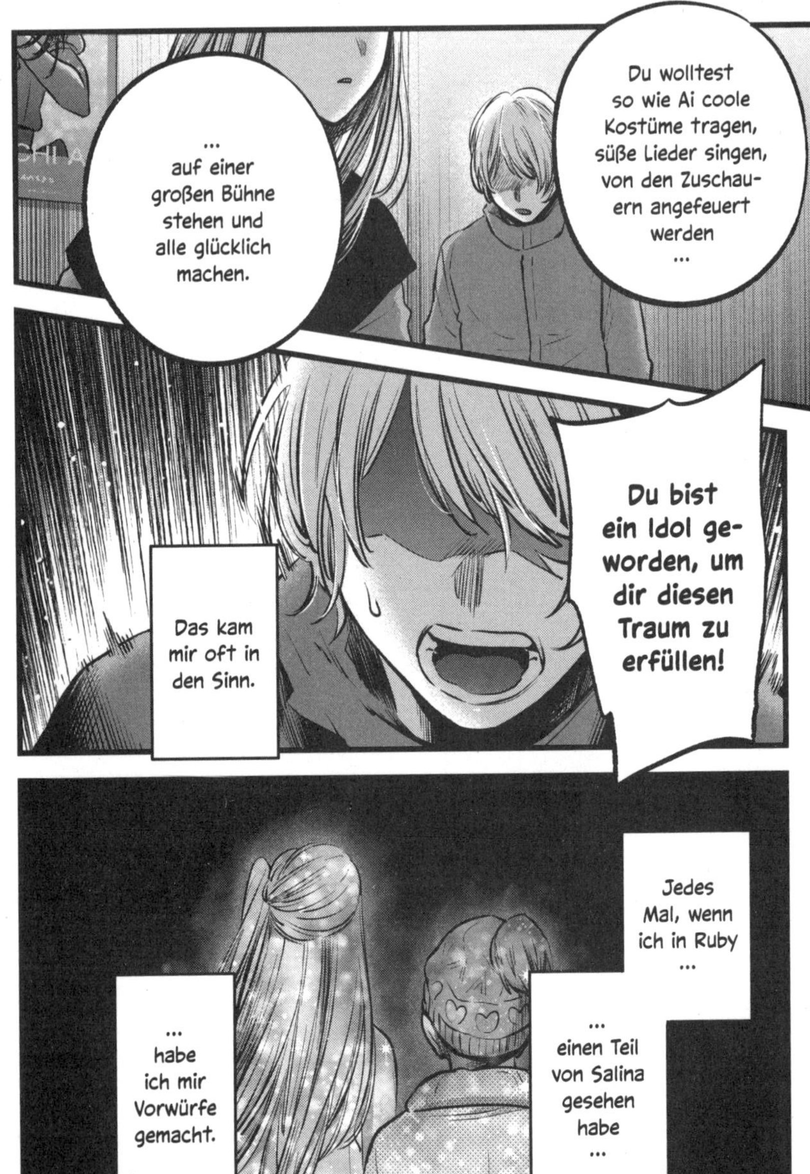
Du wolltest so wie Ai coole Kostüme tragen, süße Lieder singen, von den Zuschauern angefeuert werden ...
... auf einer großen Bühne stehen und alle glücklich machen.
Du bist ein Idol geworden, um dir diesen Traum zu erfüllen!
Das kam mir oft in den Sinn.
Jedes Mal, wenn ich in Ruby ...
... einen Teil von Salina gesehen habe ...
... habe ich mir Vorwürfe gemacht.

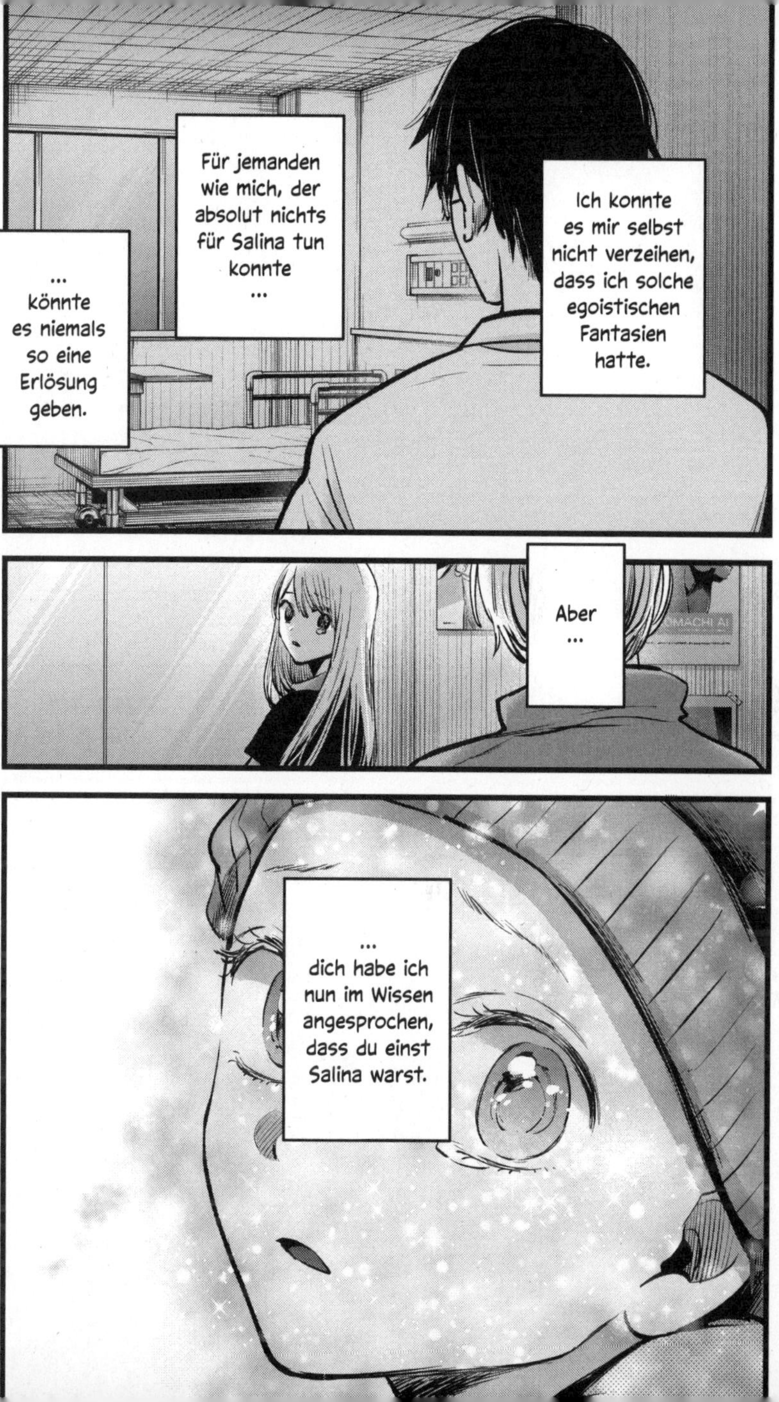

Ich konnte es mir selbst nicht verzeihen, dass ich solche egoistischen Fantasien hatte.

Für jemanden wie mich, der absolut nichts für Salina tun konnte ...

... könnte es niemals so eine Erlösung geben.

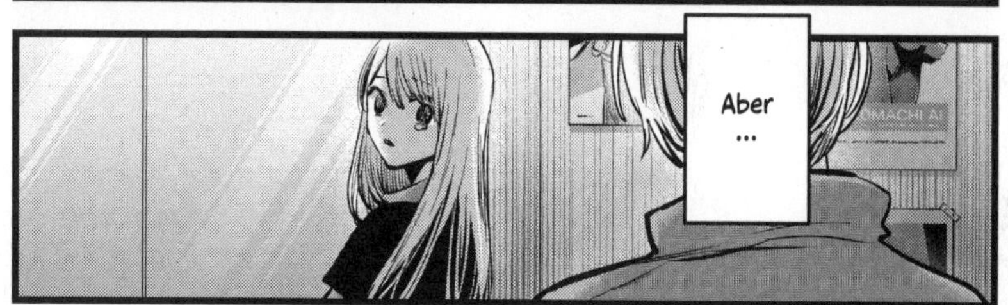

... dich habe ich nun im Wissen angesprochen, dass du einst Salina warst.

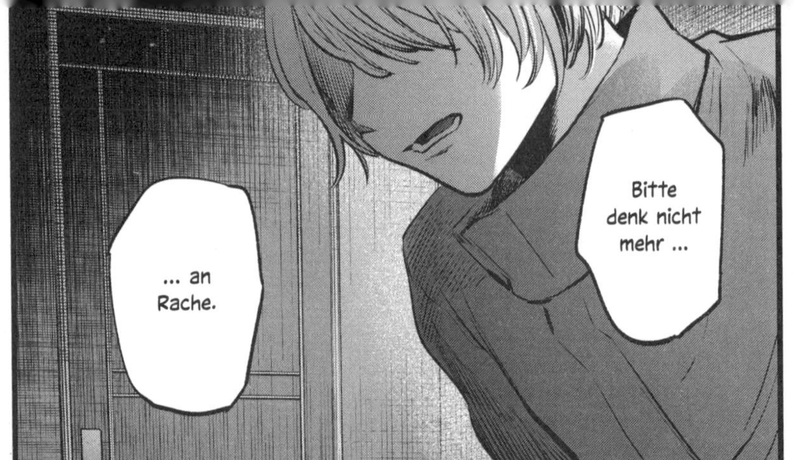

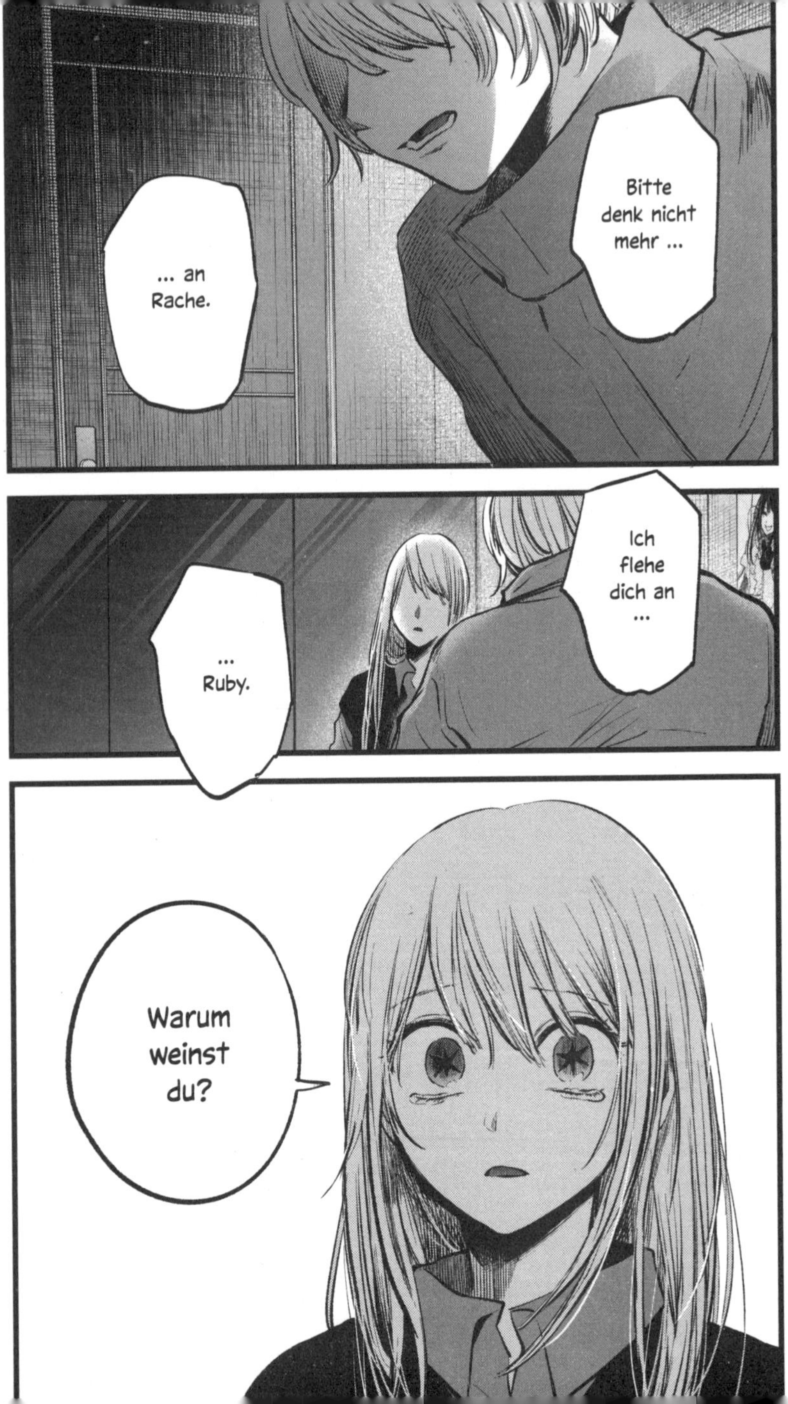

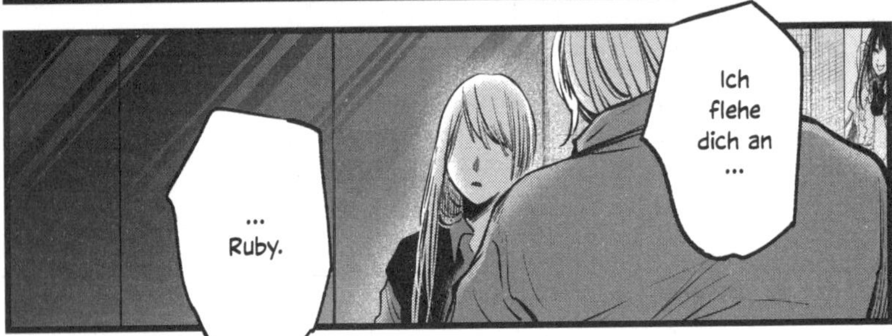

Warum weinst du?

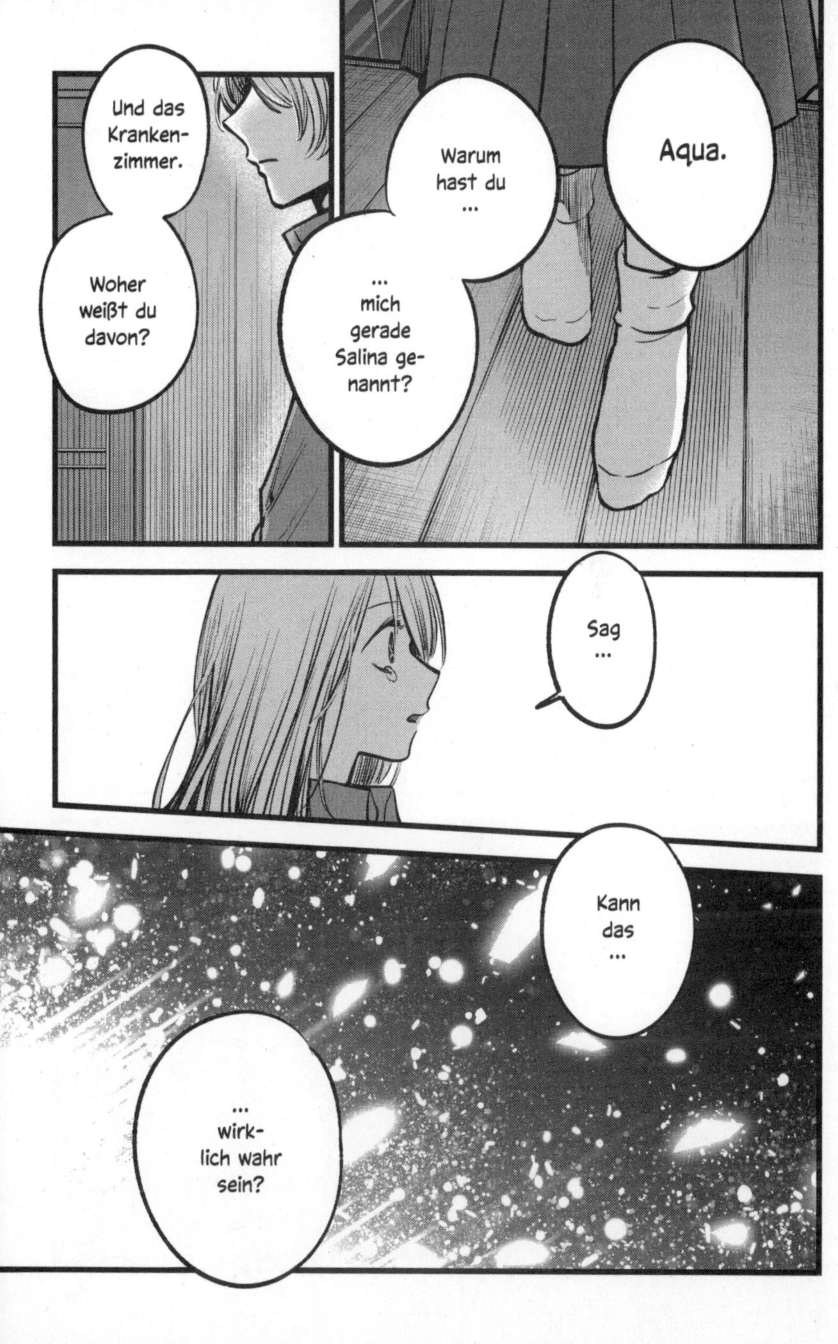
Aqua.
Warum hast du ...
... mich gerade Salina genannt?
Und das Kranken-zimmer.
Woher weißt du davon?
Sag ...
Kann das ...
... wirk-lich wahr sein?

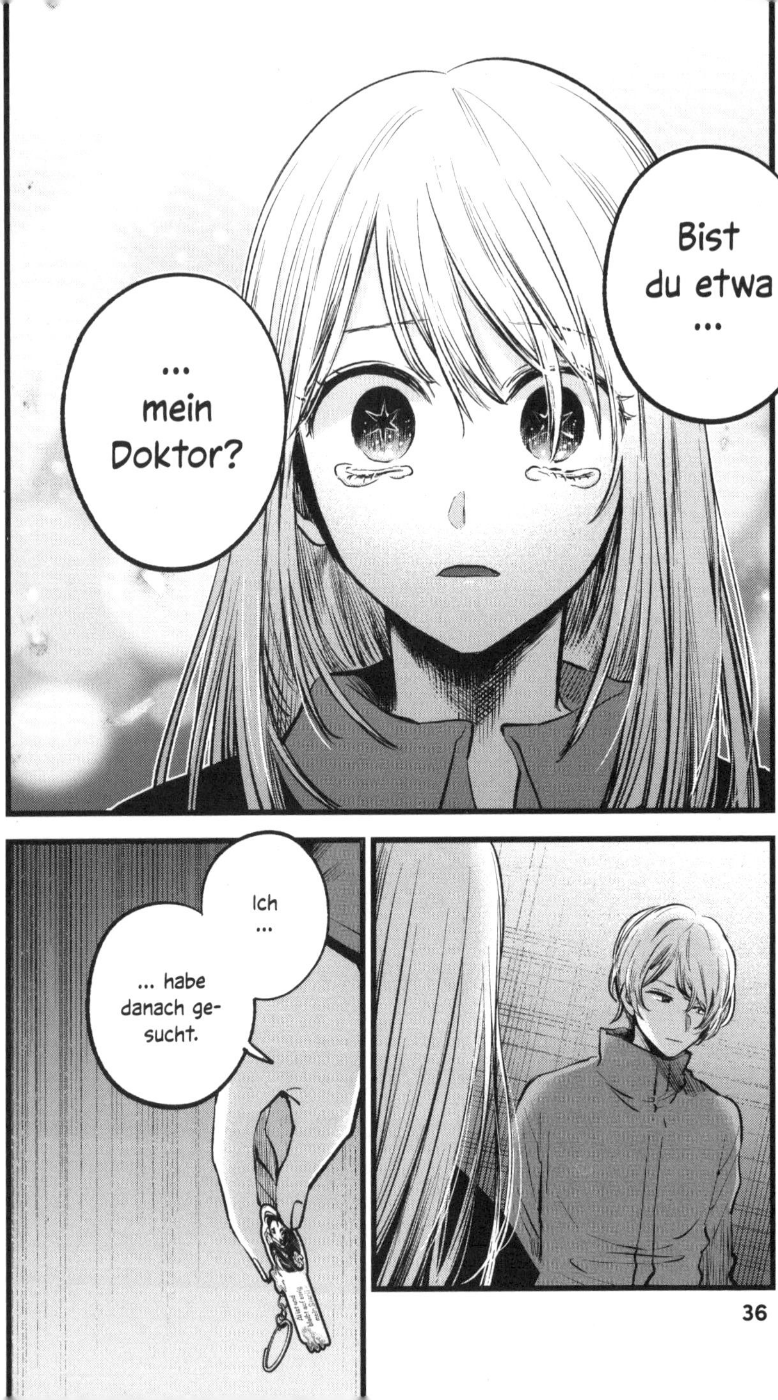

Bist du etwa ...

... mein Doktor?

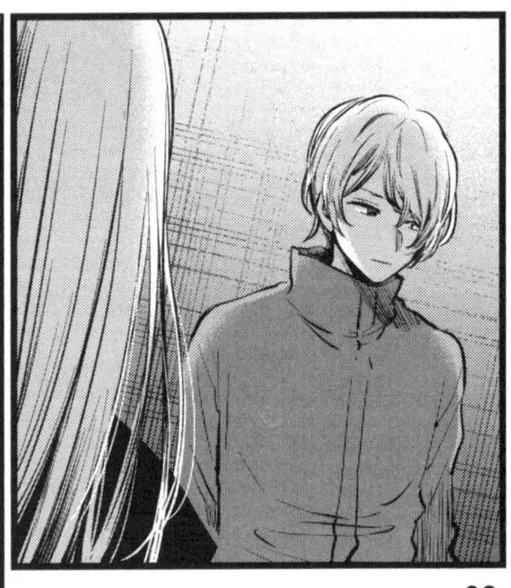

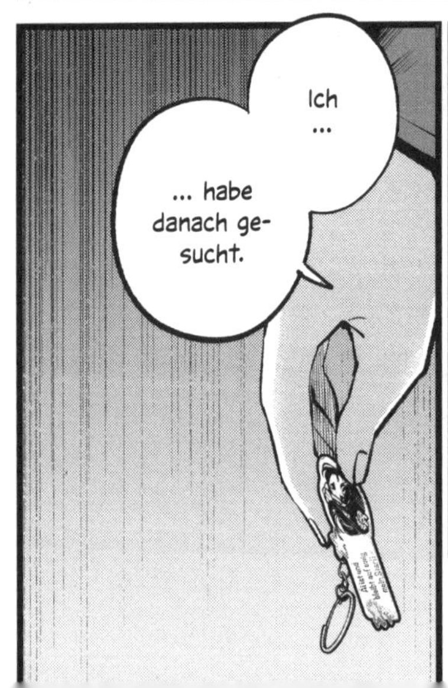

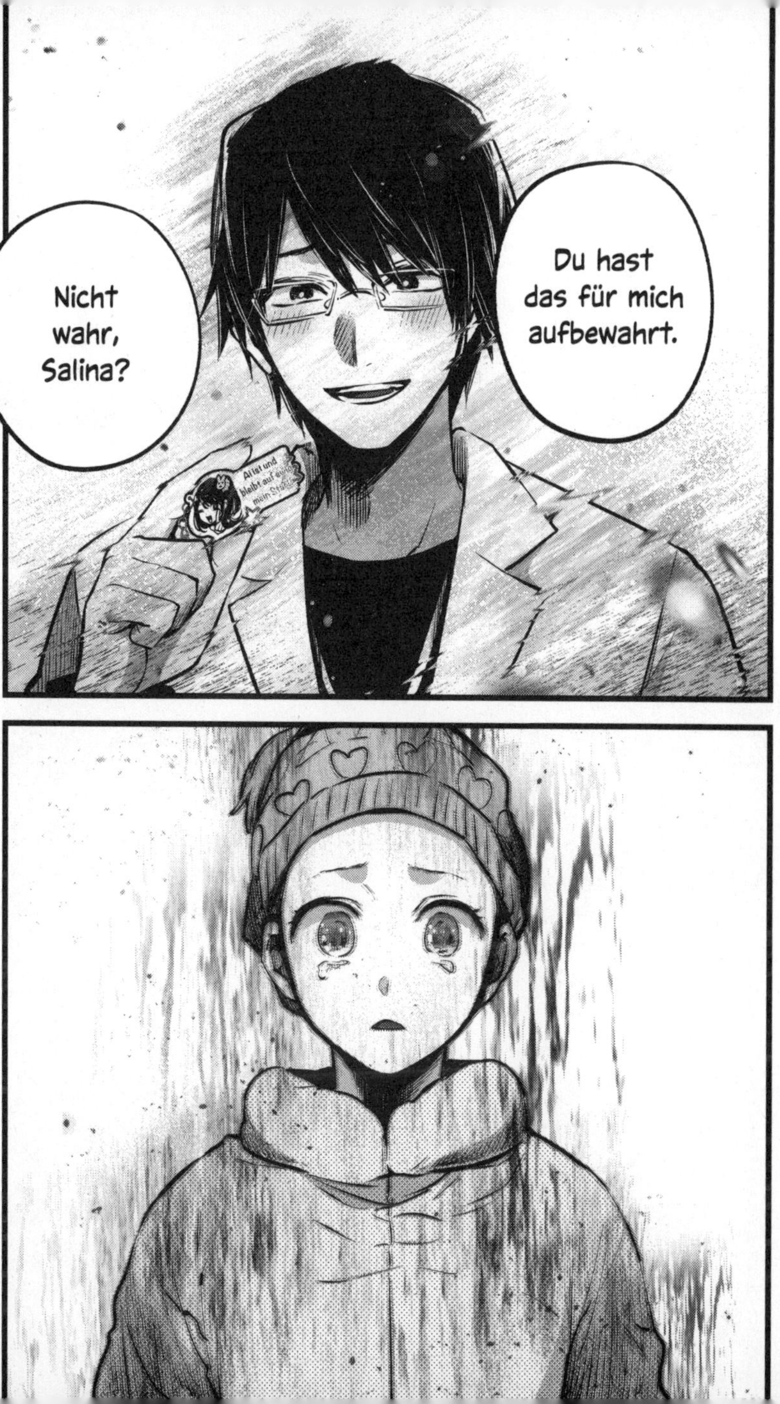

Du hast das für mich aufbewahrt.

Nicht wahr, Salina?

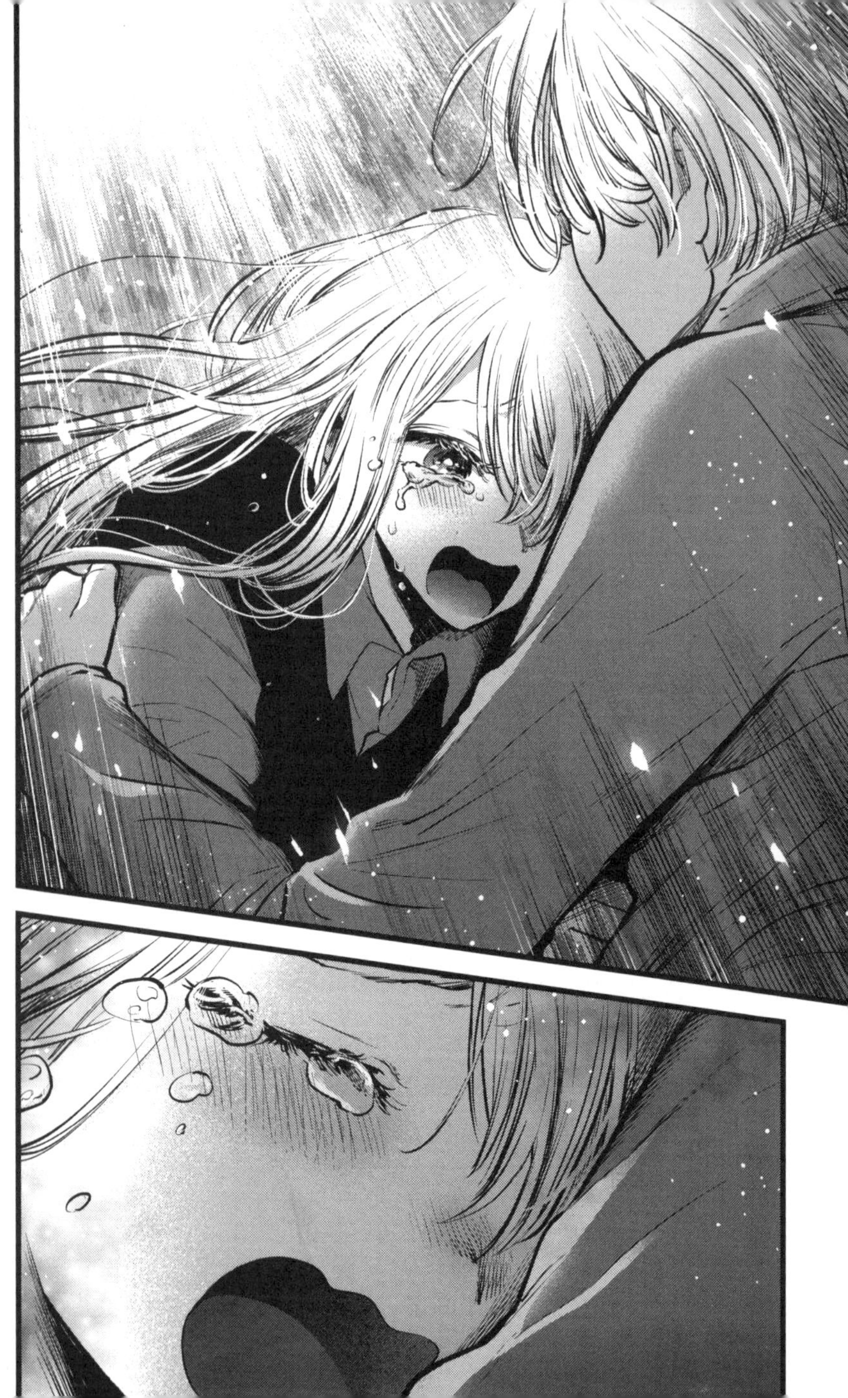

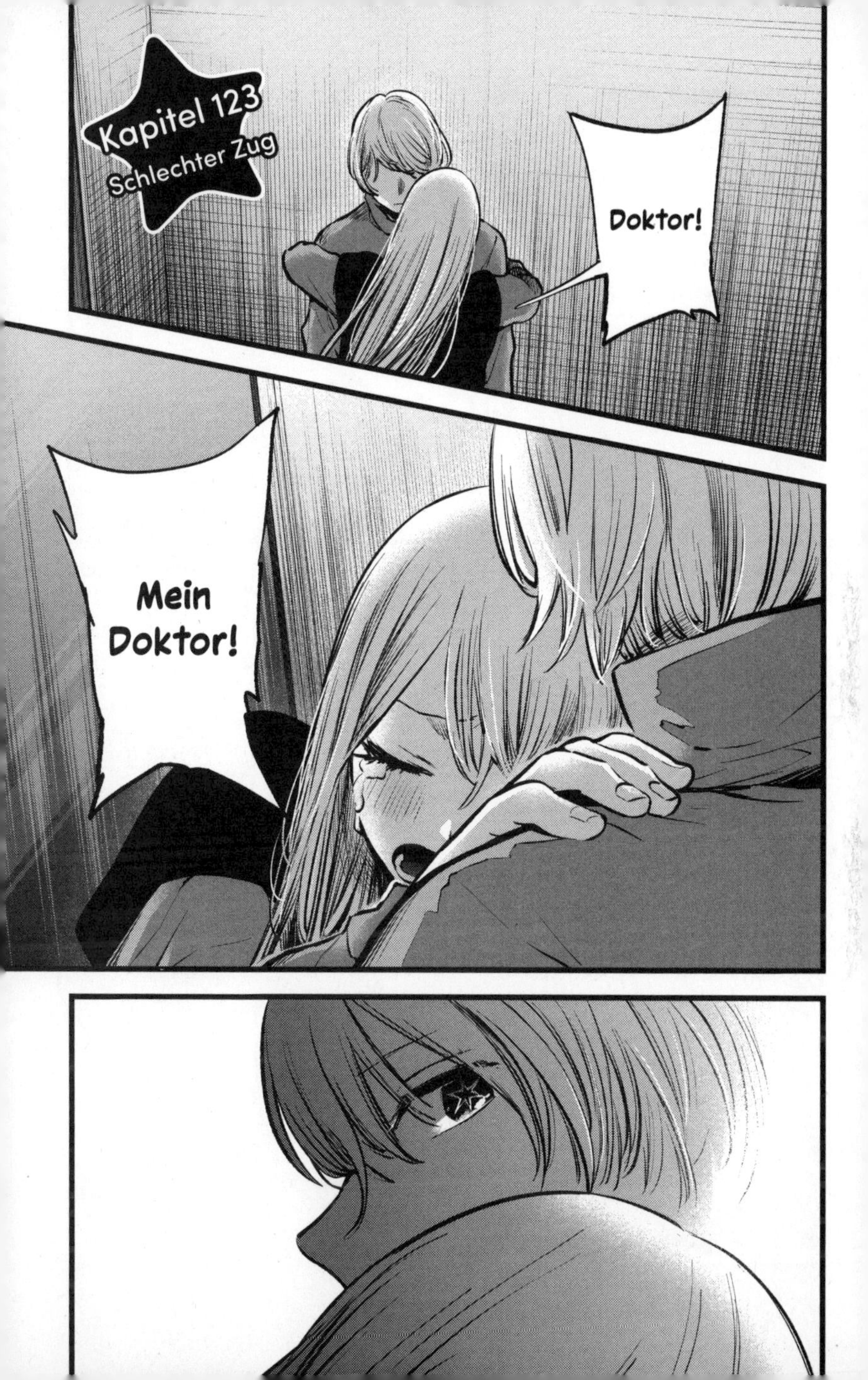

Kapitel 123
Schlechter Zug

Doktor!

Mein Doktor!

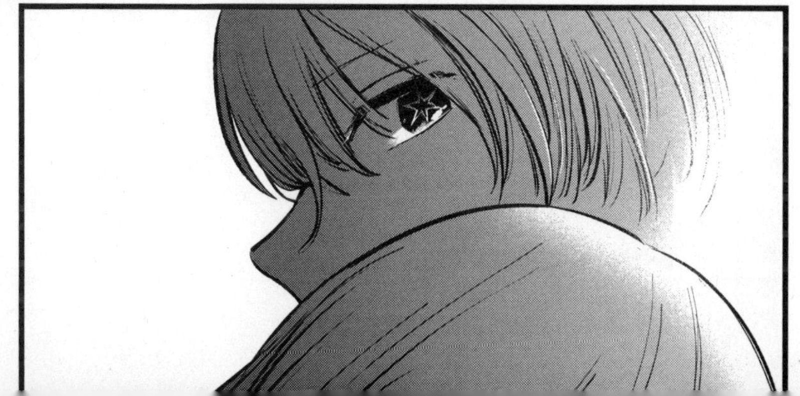

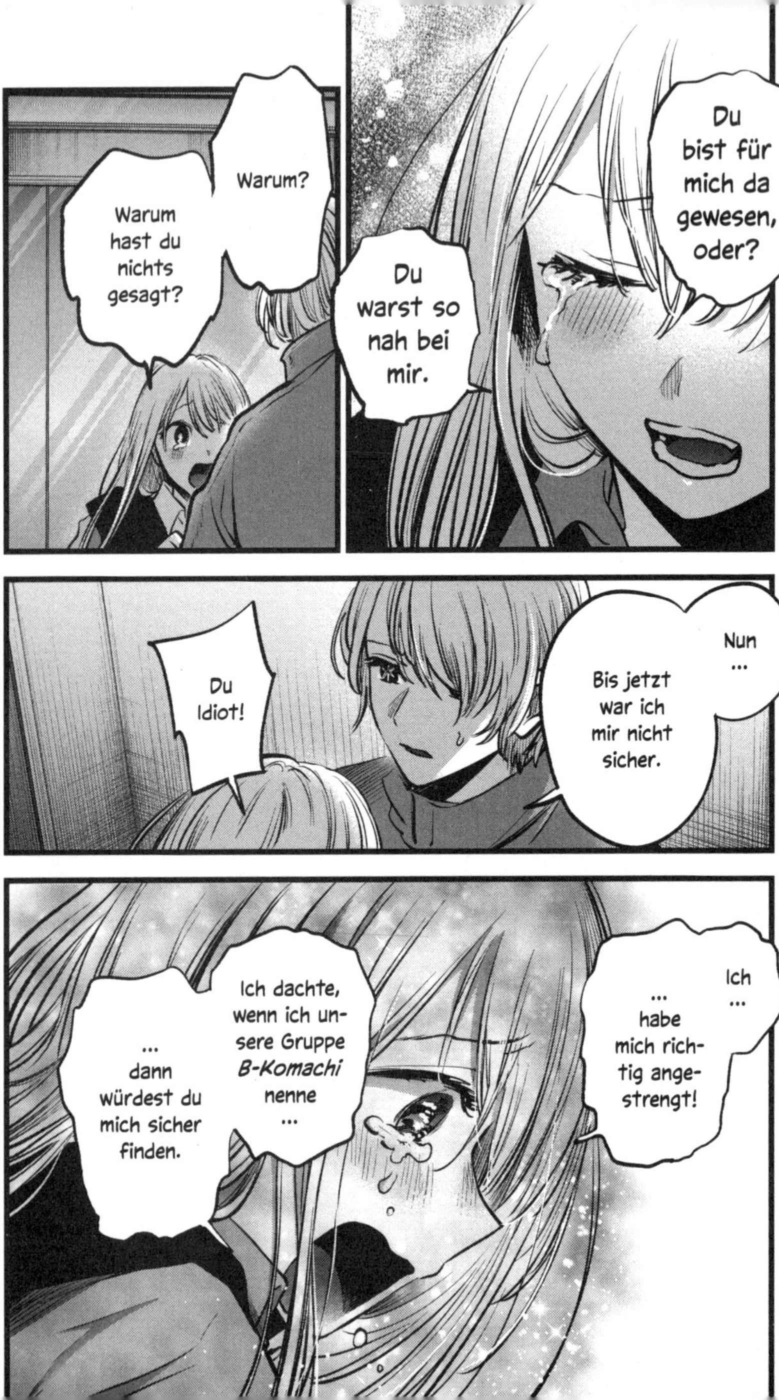

Du bist für mich da gewesen, oder?
Du warst so nah bei mir.
Warum?
Warum hast du nichts gesagt?

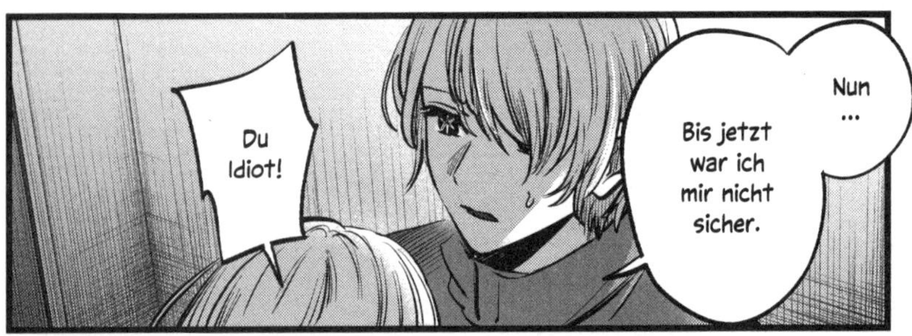

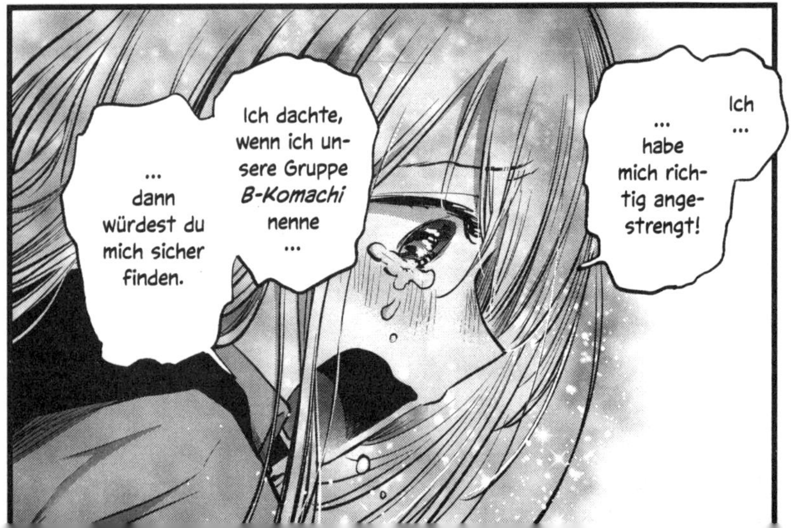

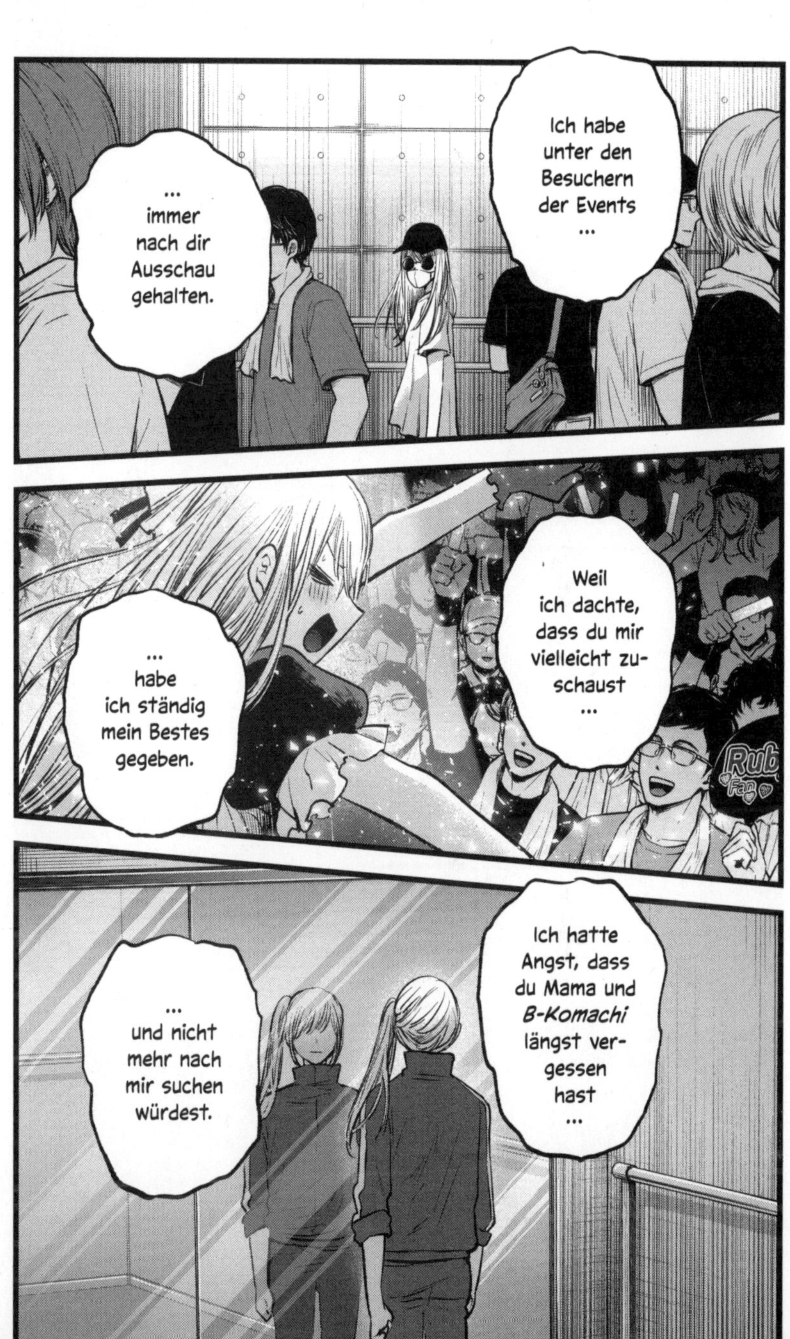
Ich habe unter den Besuchern der Events ...
... immer nach dir Ausschau gehalten.
Weil ich dachte, dass du mir vielleicht zuschaust ...
... habe ich ständig mein Bestes gegeben.
Rub
Fan
Ich hatte Angst, dass du Mama und *B-Komachi* längst vergessen hast ...
... und nicht mehr nach mir suchen würdest.

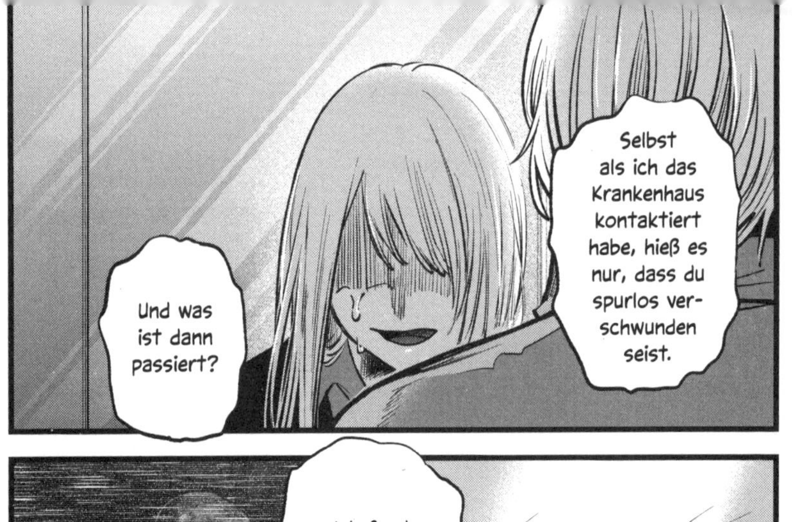
Selbst als ich das Krankenhaus kontaktiert habe, hieß es nur, dass du spurlos verschwunden seist.
Und was ist dann passiert?

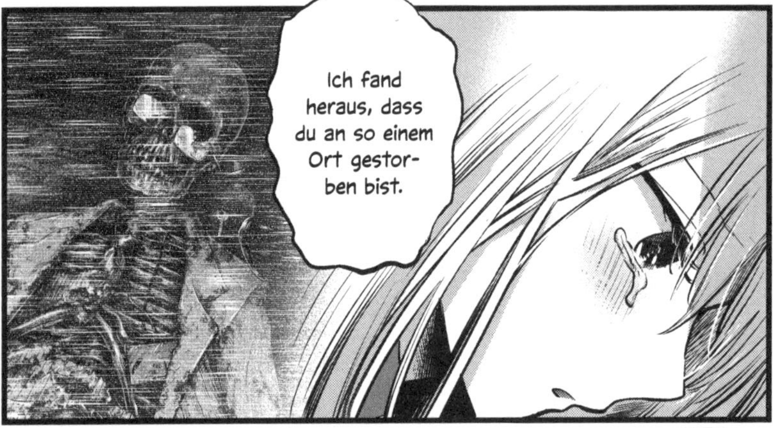
Ich fand heraus, dass du an so einem Ort gestorben bist.

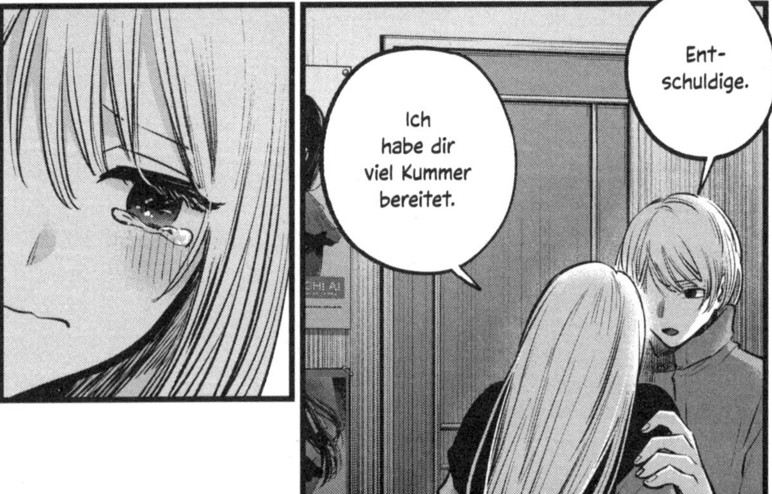
Entschuldige.
Ich habe dir viel Kummer bereitet.

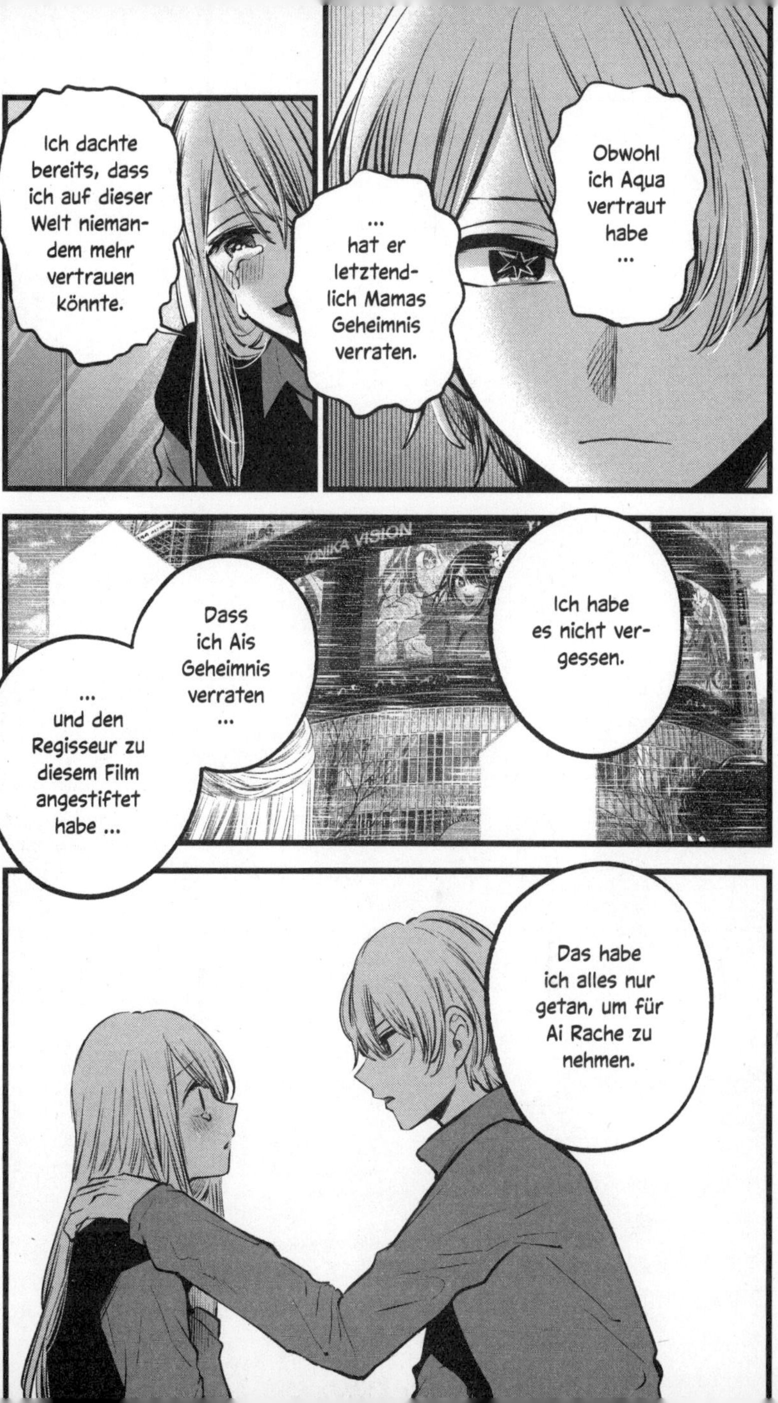

Obwohl ich Aqua vertraut habe ...

... hat er letztendlich Mamas Geheimnis verraten.

Ich dachte bereits, dass ich auf dieser Welt niemandem mehr vertrauen könnte.

YONIKA VISION

Ich habe es nicht vergessen.

Dass ich Ais Geheimnis verraten ...

... und den Regisseur zu diesem Film angestiftet habe ...

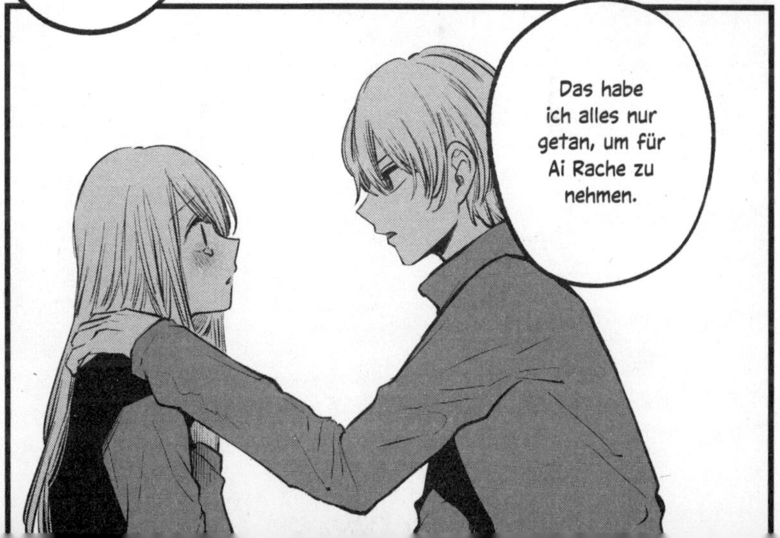

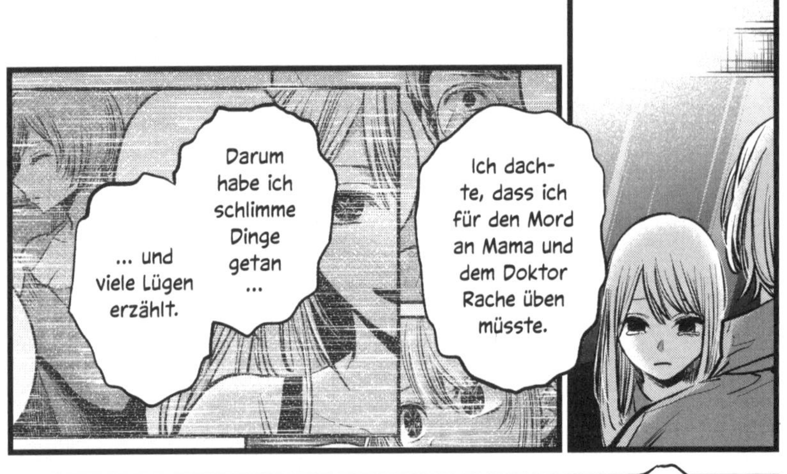

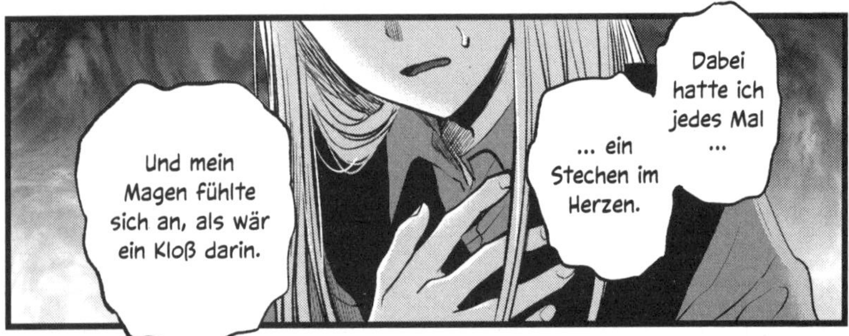

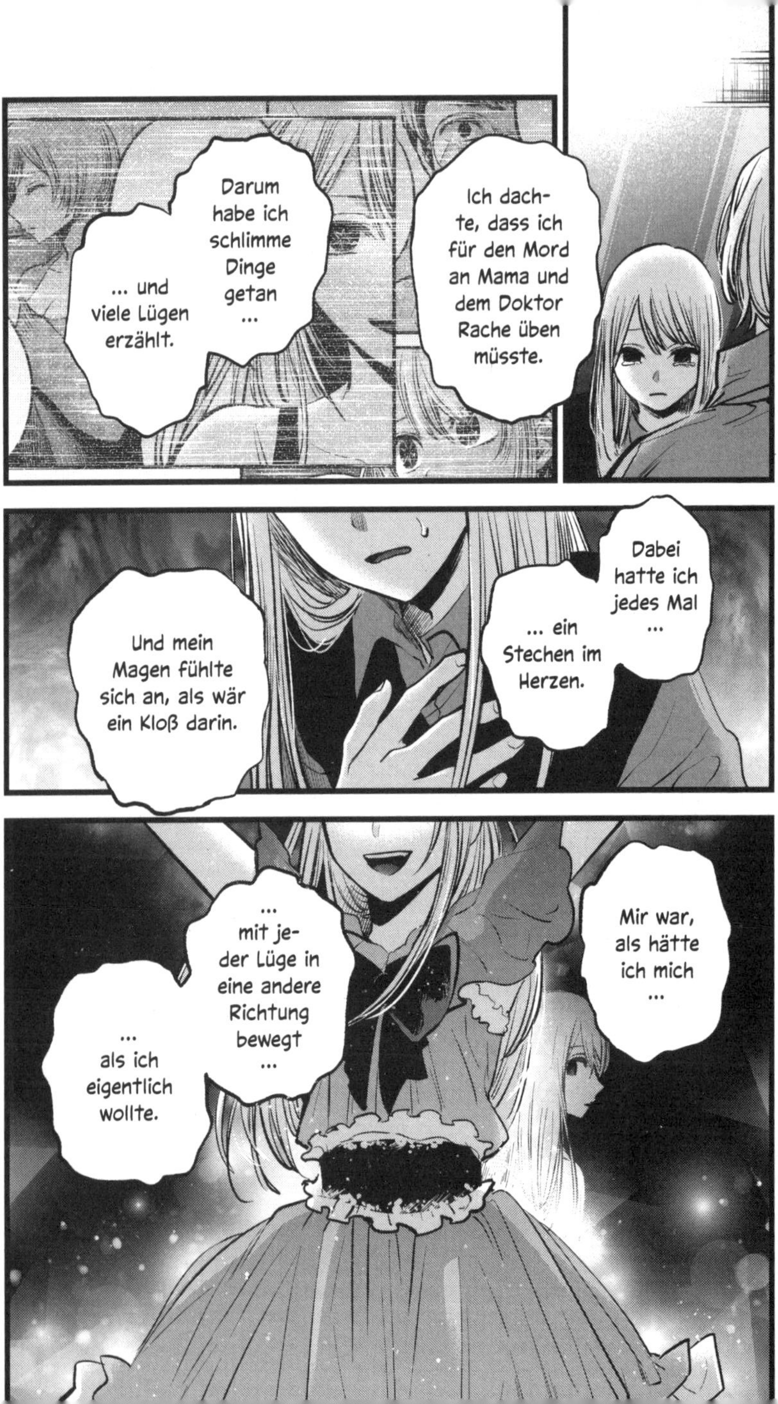

Mir war, als hätte ich mich ...

... mit jeder Lüge in eine andere Richtung bewegt ...

... als ich eigentlich wollte.

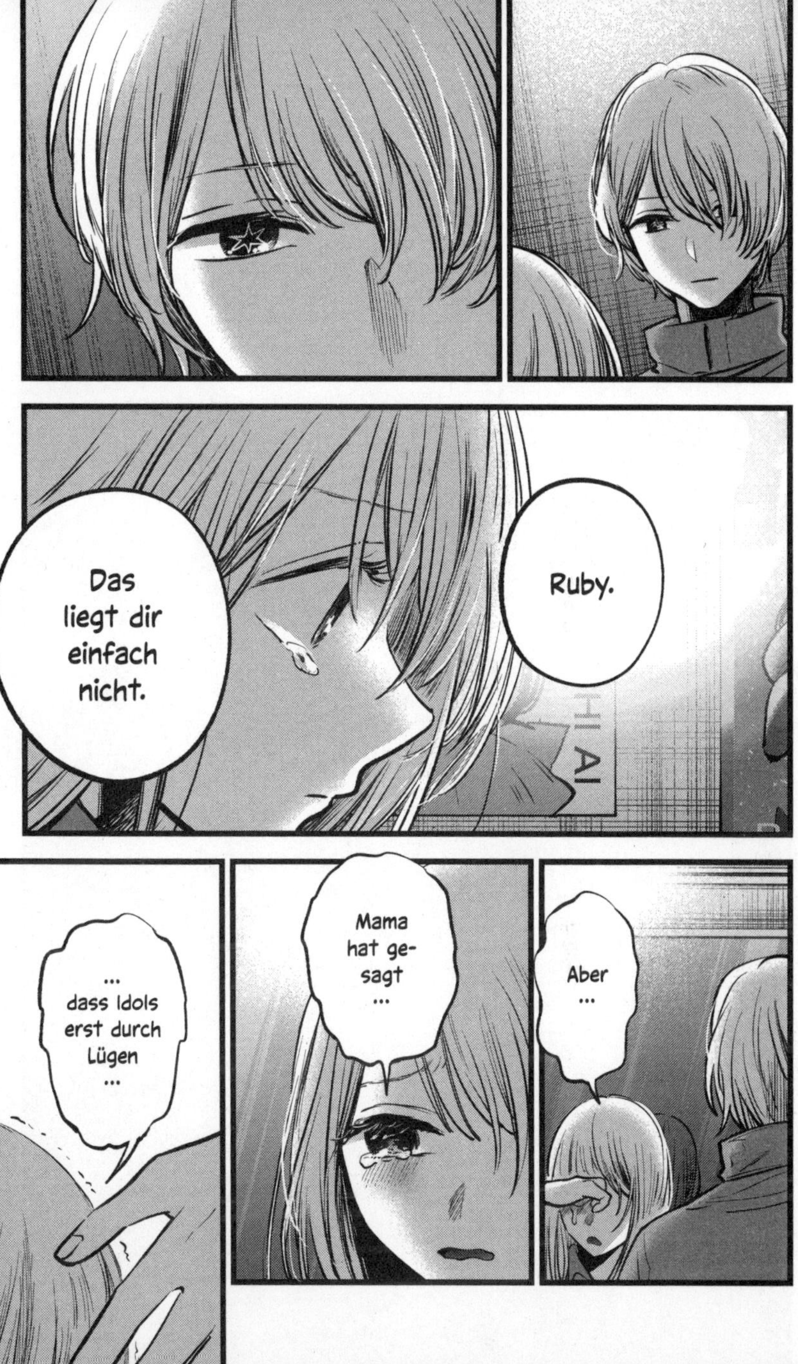
Ruby.
Das liegt dir einfach nicht.
Aber ...
Mama hat gesagt ...
... dass Idols erst durch Lügen ...

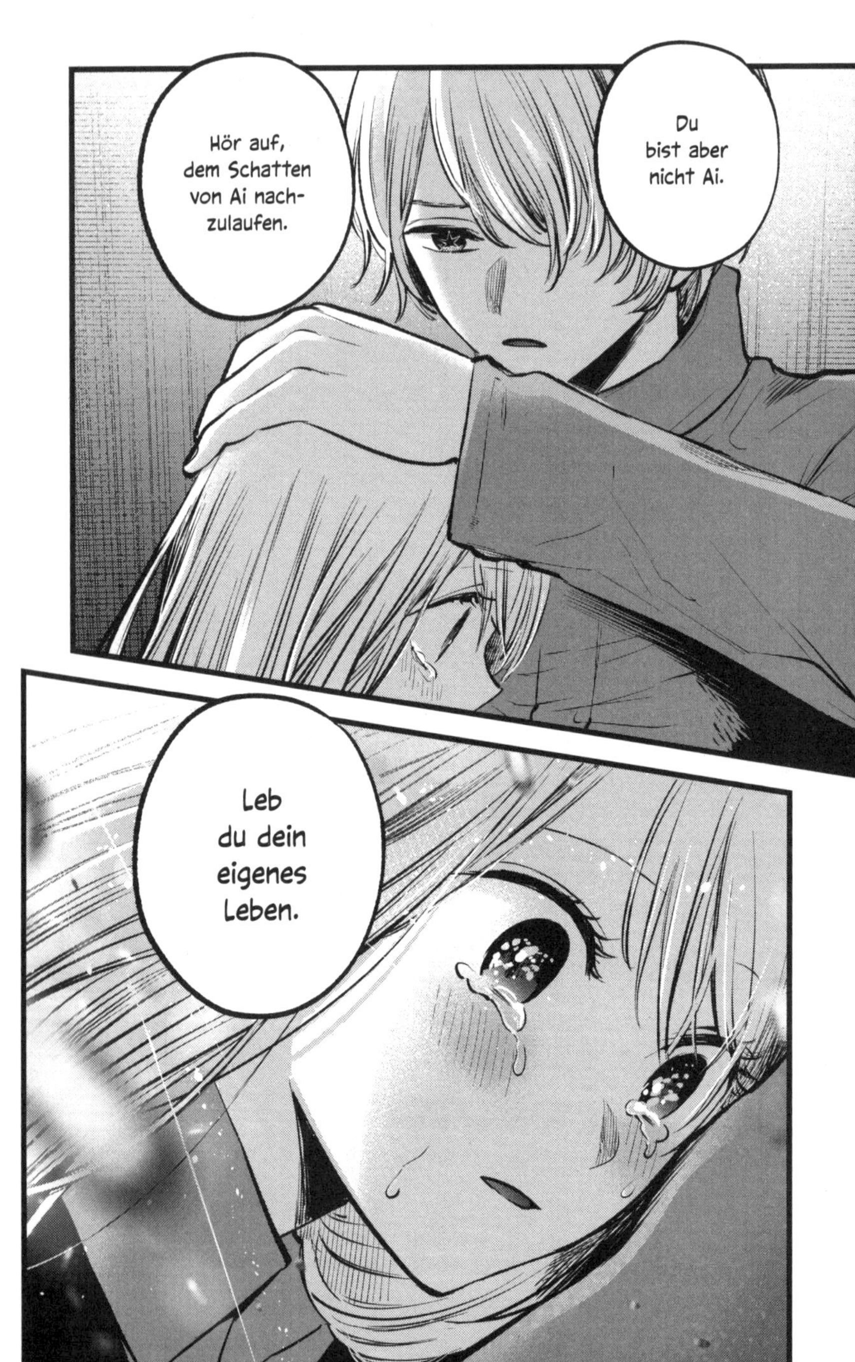
Du bist aber nicht Ai.
Hör auf, dem Schatten von Ai nach-zulaufen.
Leb du dein eigenes Leben.

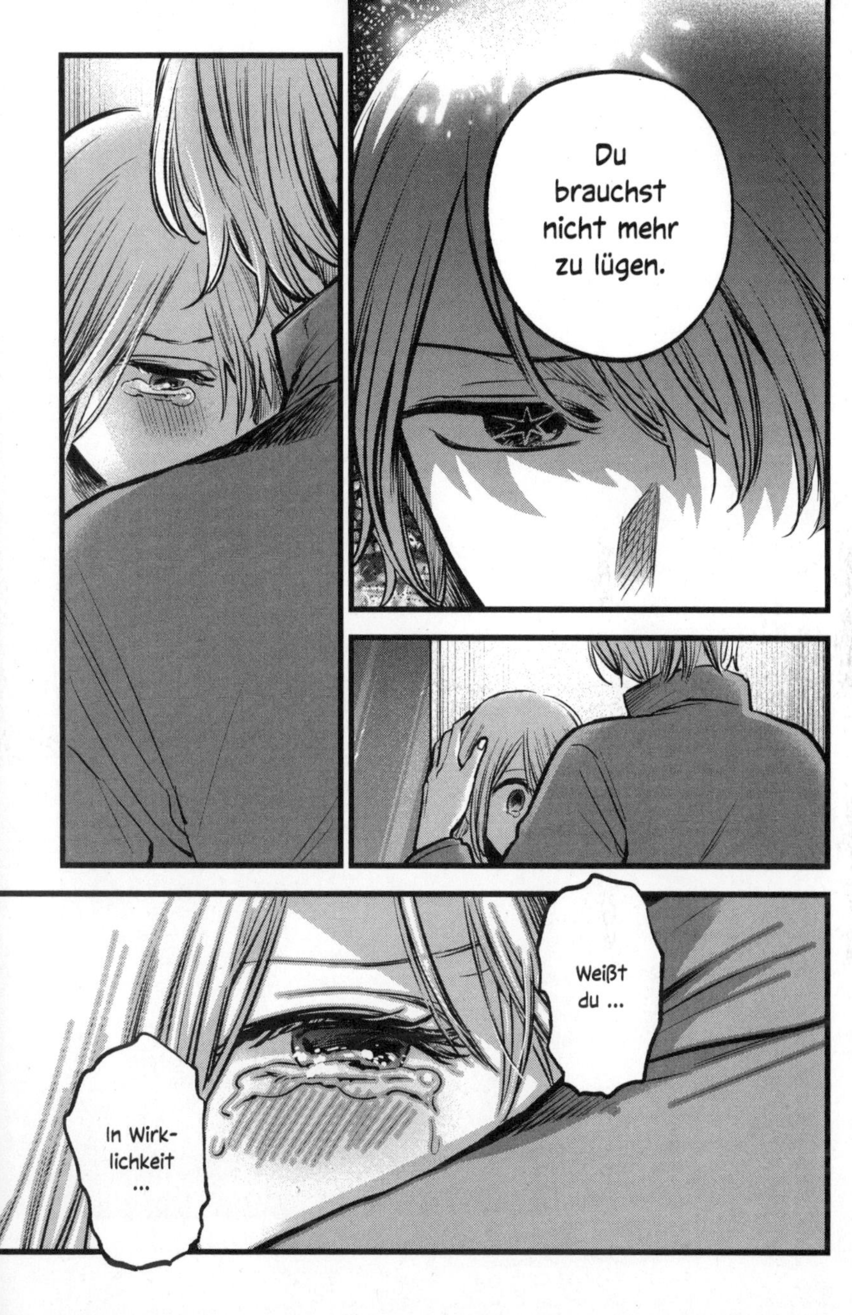
Du brauchst nicht mehr zu lügen.
Weißt du ...
In Wirklichkeit ...

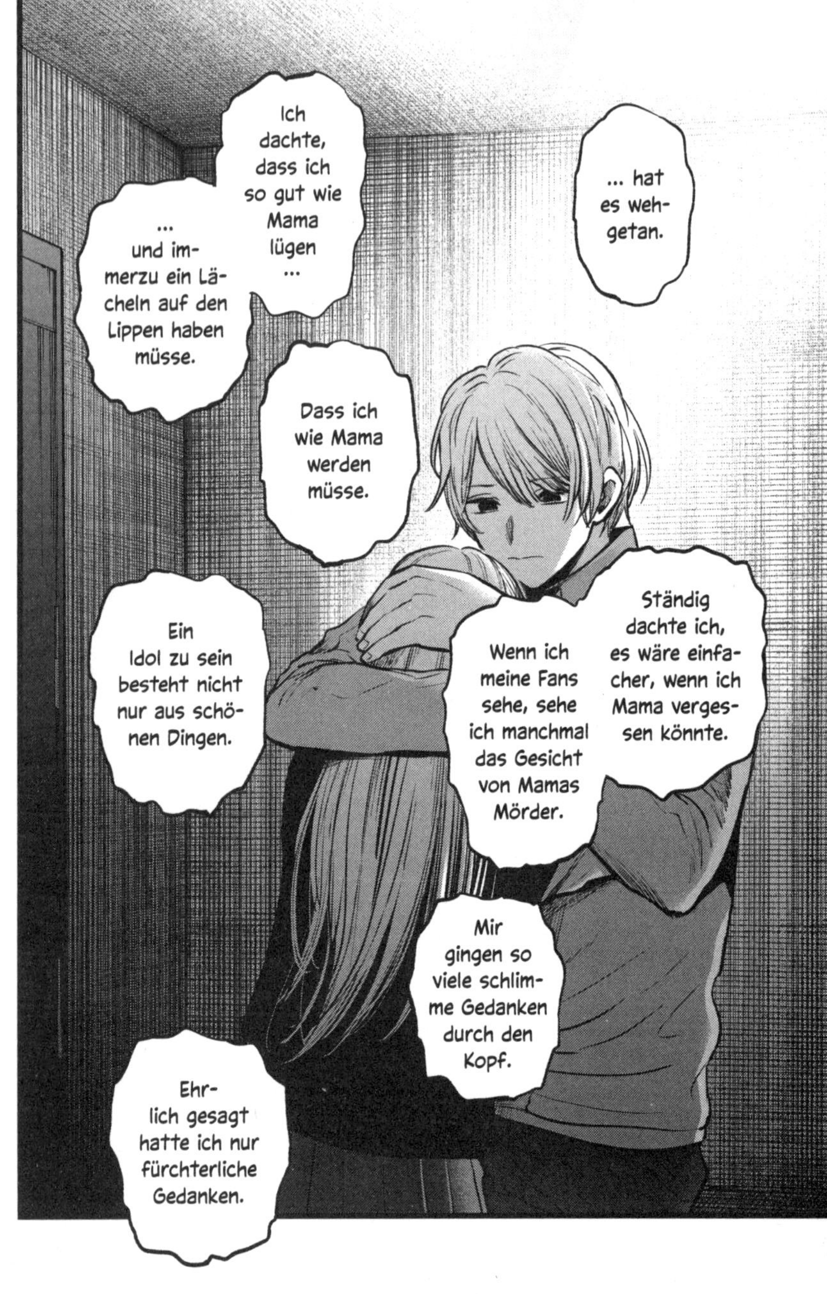
... hat es wehgetan.
Ich dachte, dass ich so gut wie Mama lügen ...
... und immerzu ein Lächeln auf den Lippen haben müsse.
Dass ich wie Mama werden müsse.
Ständig dachte ich, es wäre einfacher, wenn ich Mama vergessen könnte.
Wenn ich meine Fans sehe, sehe ich manchmal das Gesicht von Mamas Mörder.
Ein Idol zu sein besteht nicht nur aus schönen Dingen.
Mir gingen so viele schlimme Gedanken durch den Kopf.
Ehrlich gesagt hatte ich nur fürchterliche Gedanken.

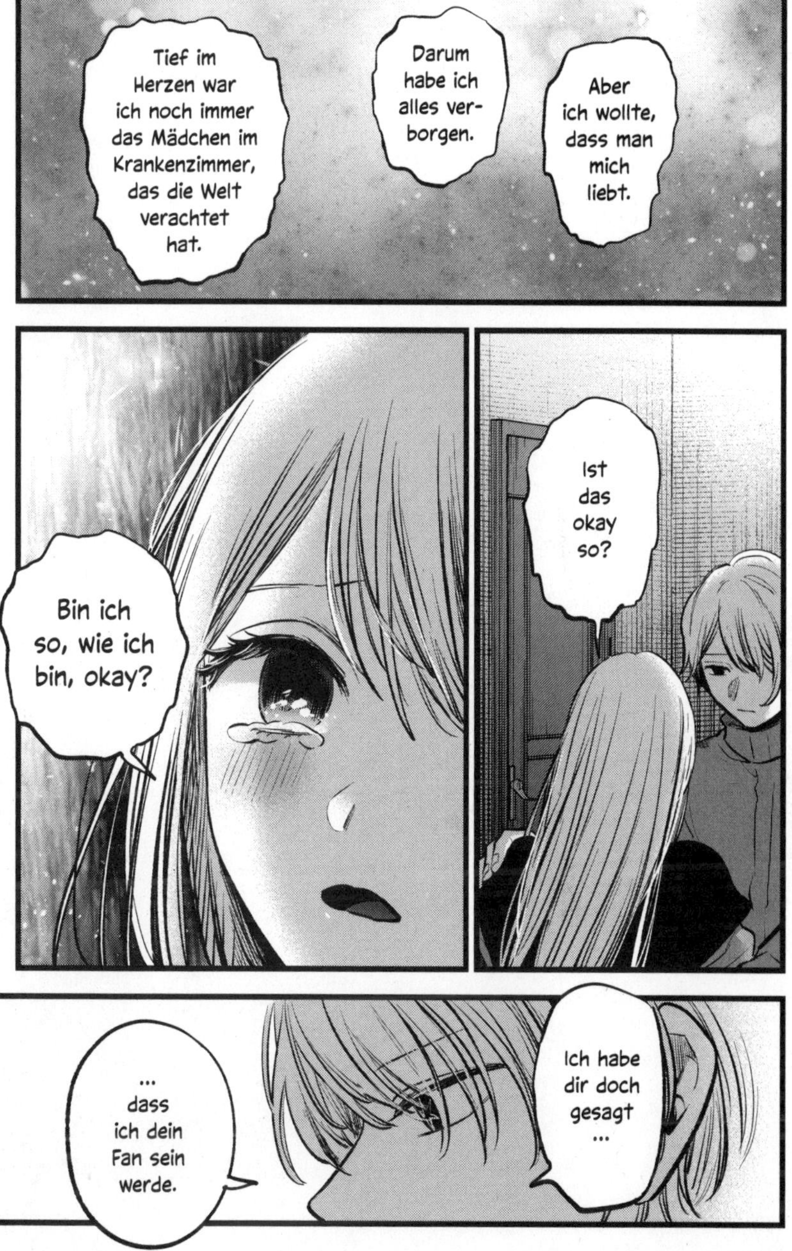
Aber ich wollte, dass man mich liebt.
Darum habe ich alles verborgen.
Tief im Herzen war ich noch immer das Mädchen im Krankenzimmer, das die Welt verachtet hat.
Ist das okay so?
Bin ich so, wie ich bin, okay?
Ich habe dir doch gesagt ...
... dass ich dein Fan sein werde.

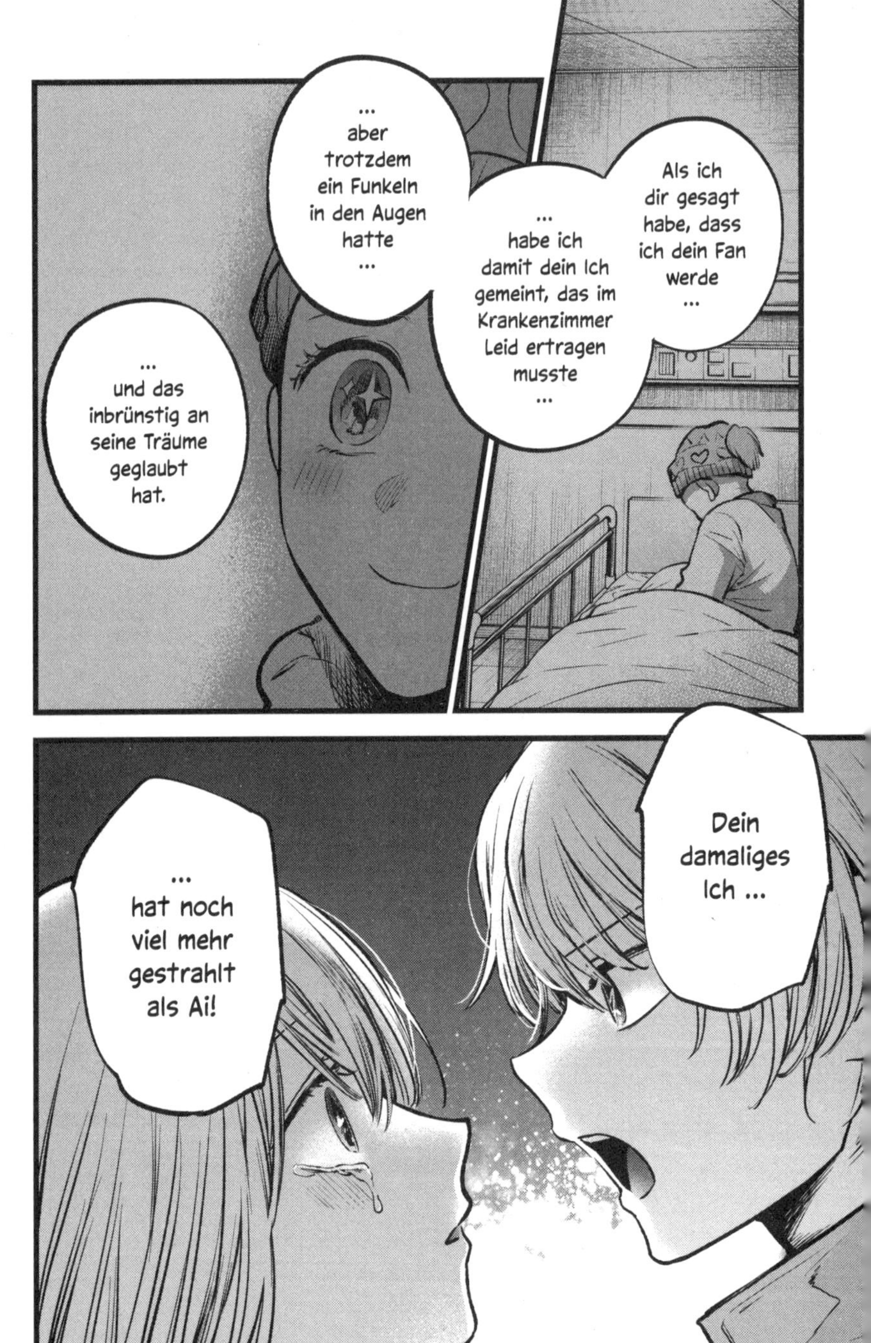
Als ich dir gesagt habe, dass ich dein Fan werde ...
... habe ich damit dein Ich gemeint, das im Krankenzimmer Leid ertragen musste ...
... aber trotzdem ein Funkeln in den Augen hatte ...
... und das inbrünstig an seine Träume geglaubt hat.
Dein damaliges Ich ...
... hat noch viel mehr gestrahlt als Ai!

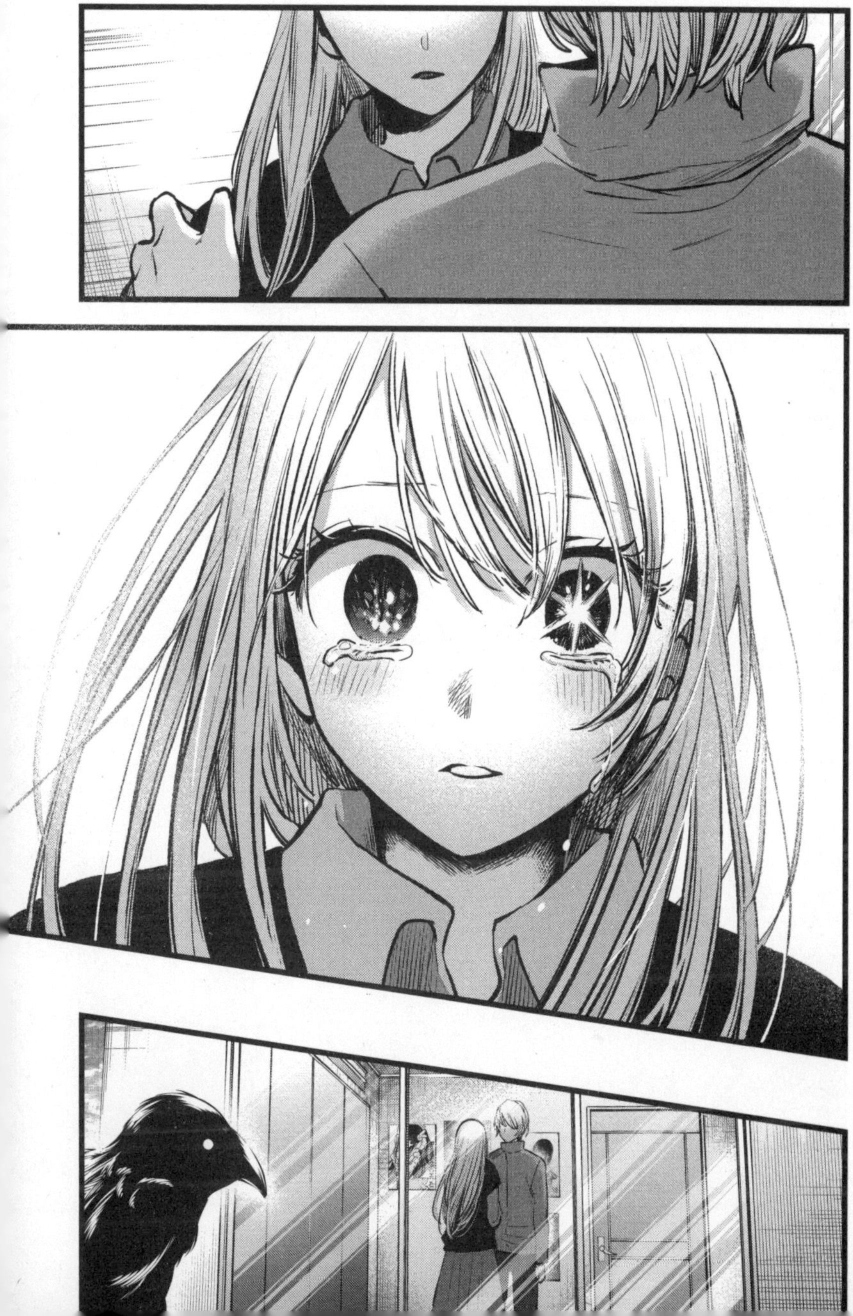

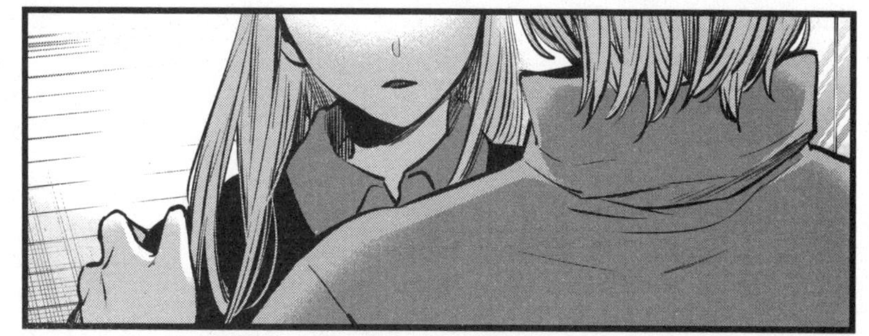

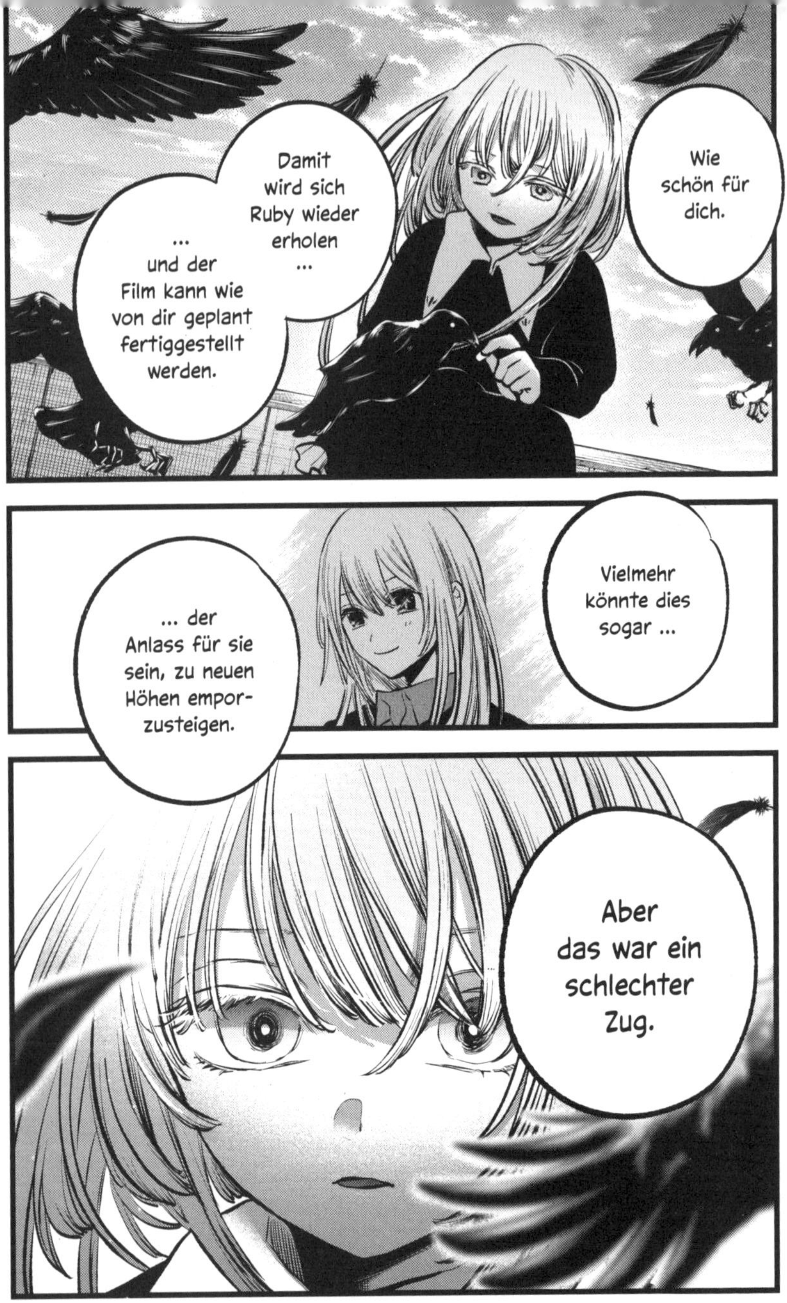

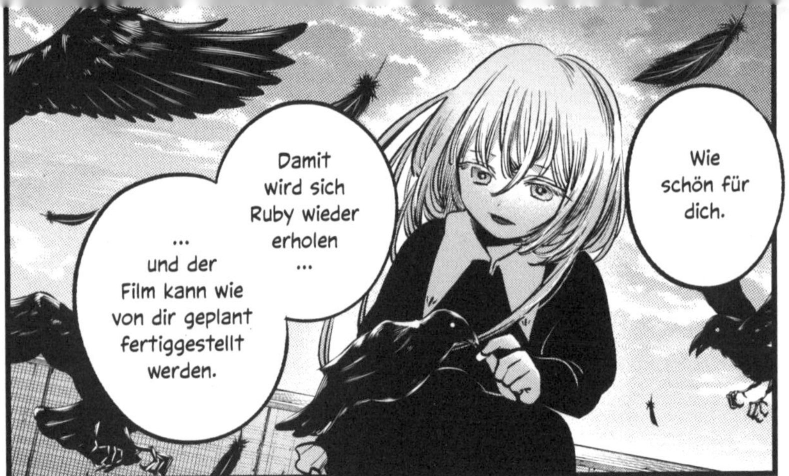

Vielmehr könnte dies sogar ...

... der Anlass für sie sein, zu neuen Höhen emporzusteigen.

Aber das war ein schlechter Zug.

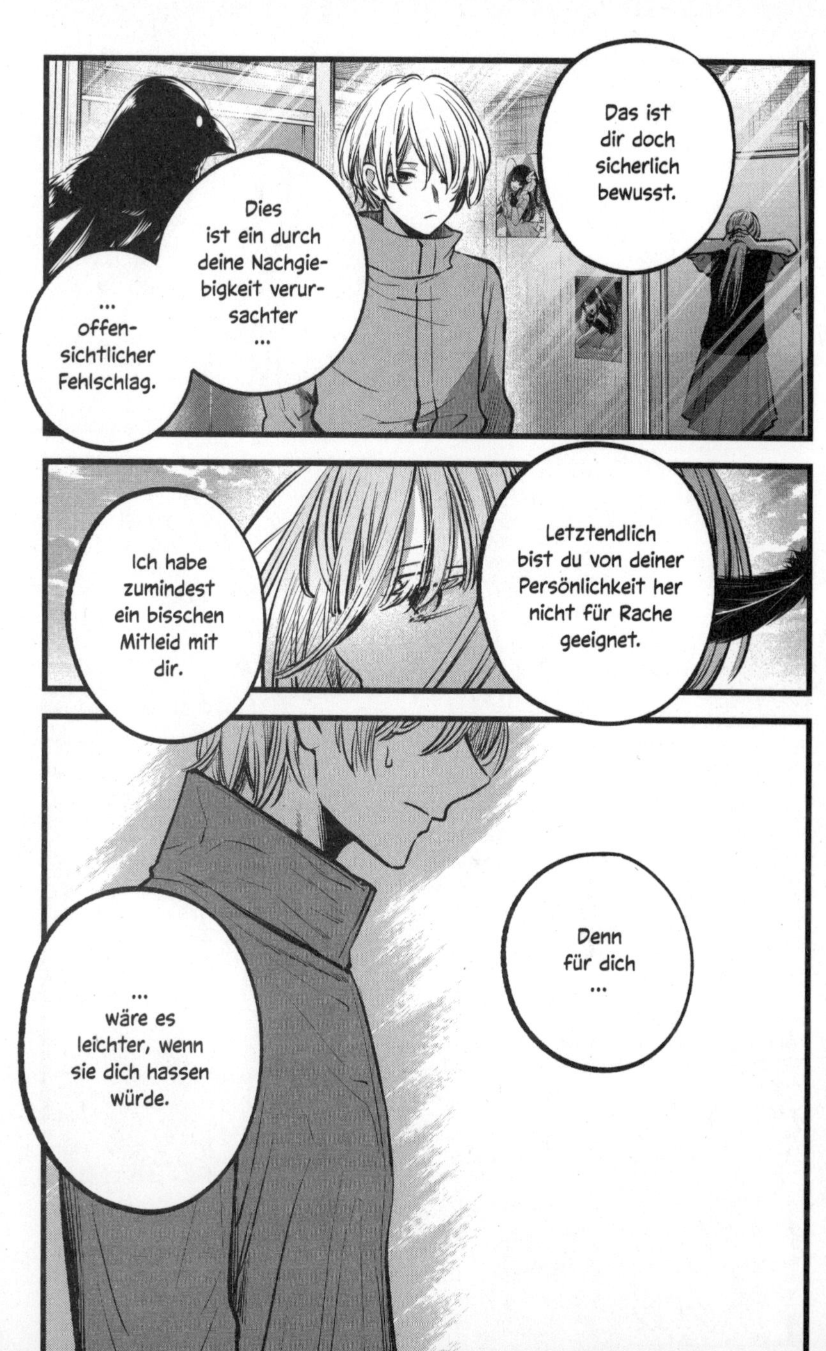
Das ist dir doch sicherlich bewusst.
Dies ist ein durch deine Nachgiebigkeit verursachter ...
... offensichtlicher Fehlschlag.
Letztendlich bist du von deiner Persönlichkeit her nicht für Rache geeignet.
Ich habe zumindest ein bisschen Mitleid mit dir.
Denn für dich ...
... wäre es leichter, wenn sie dich hassen würde.

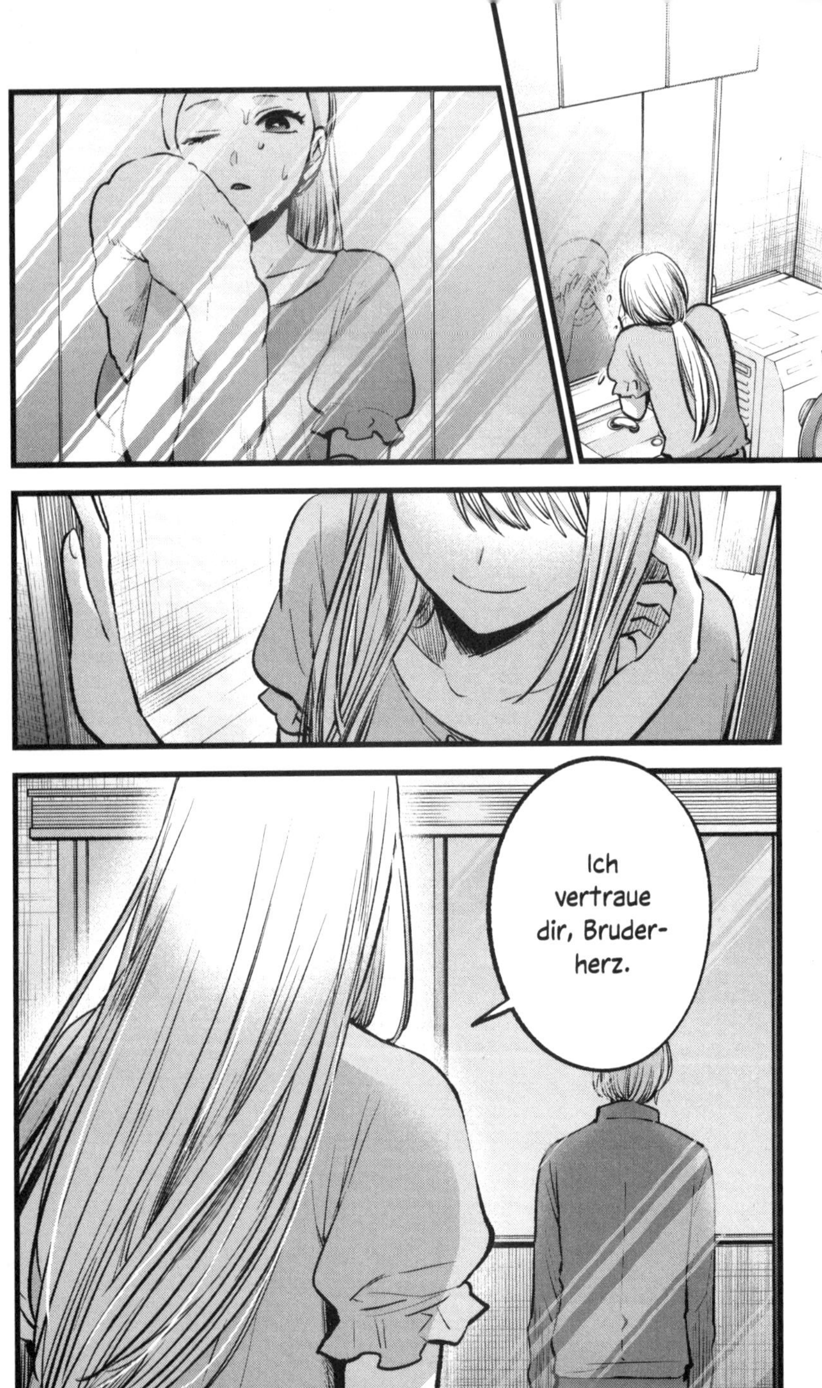
Ich vertraue dir, Bruder-herz.

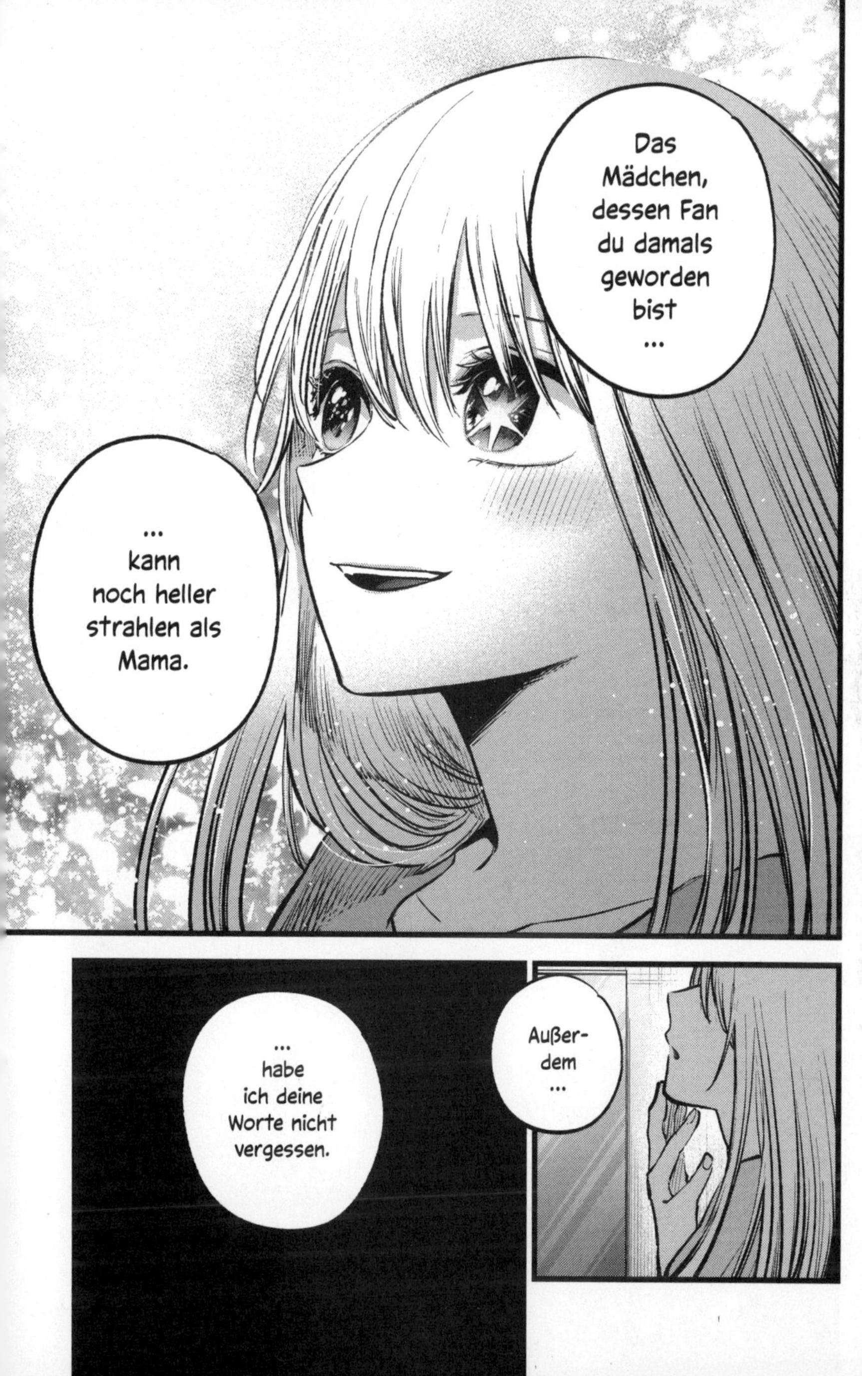
Das Mädchen, dessen Fan du damals geworden bist ...
... kann noch heller strahlen als Mama.
Außer-dem ...
... habe ich deine Worte nicht vergessen.

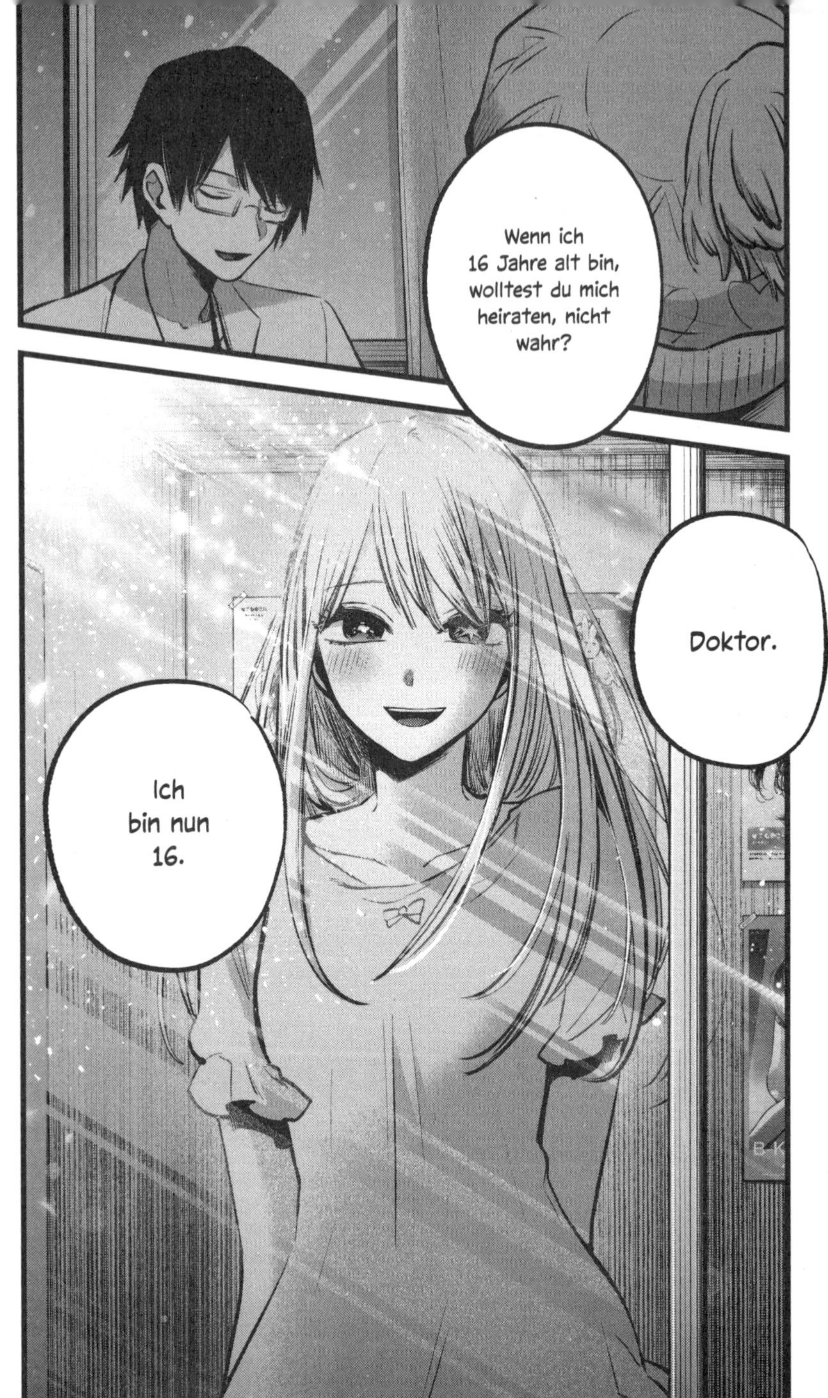
Wenn ich 16 Jahre alt bin, wolltest du mich heiraten, nicht wahr?
Doktor.
Ich bin nun 16.

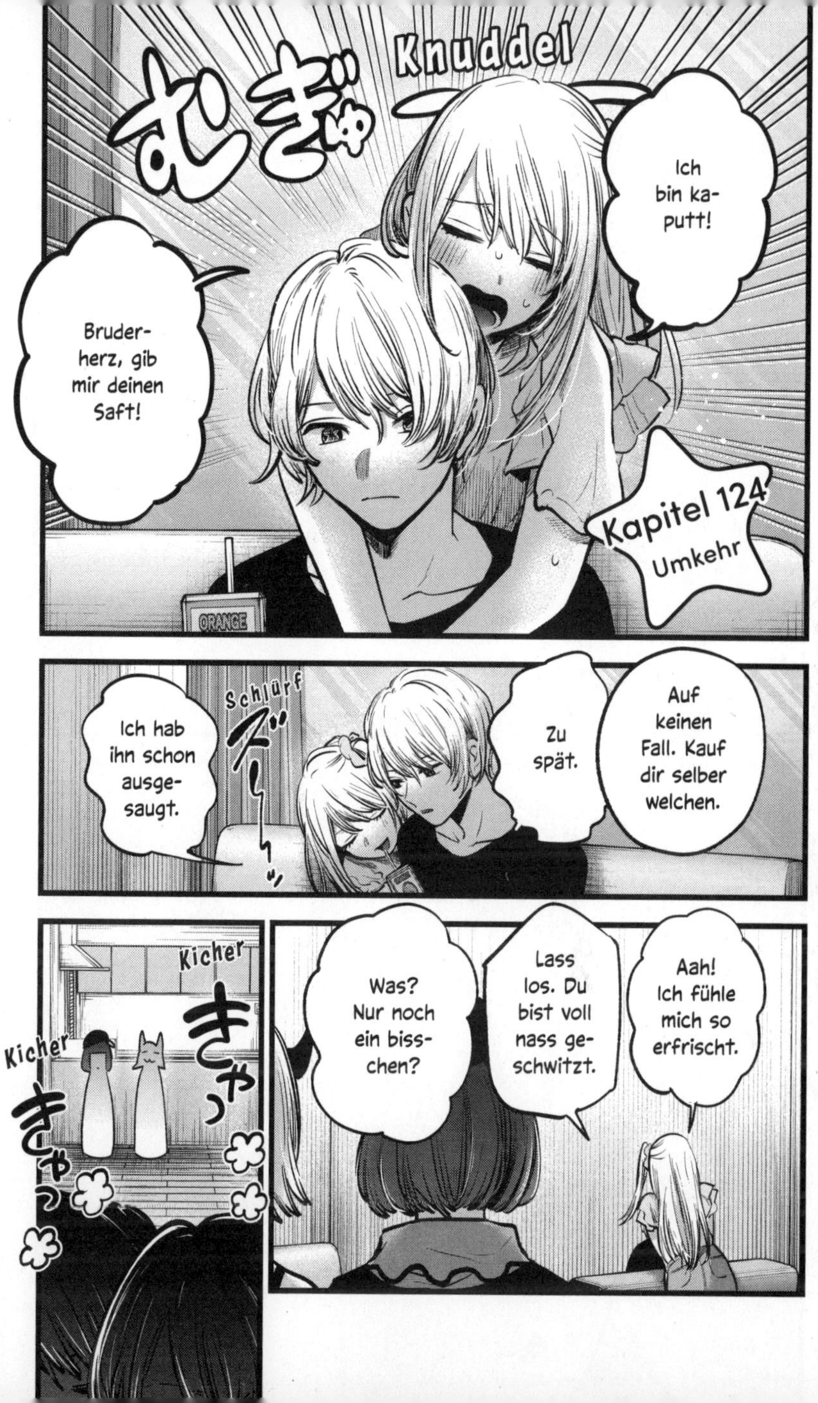

むぎゅ
Knuddel
Ich bin kaputt!
Bruderherz, gib mir deinen Saft!
Kapitel 124
Umkehr
ORANGE

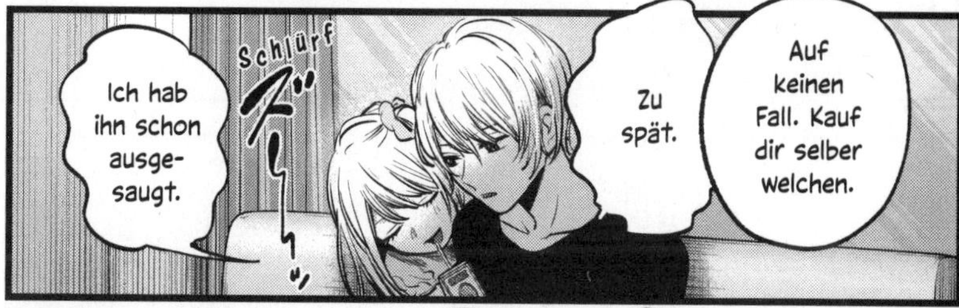

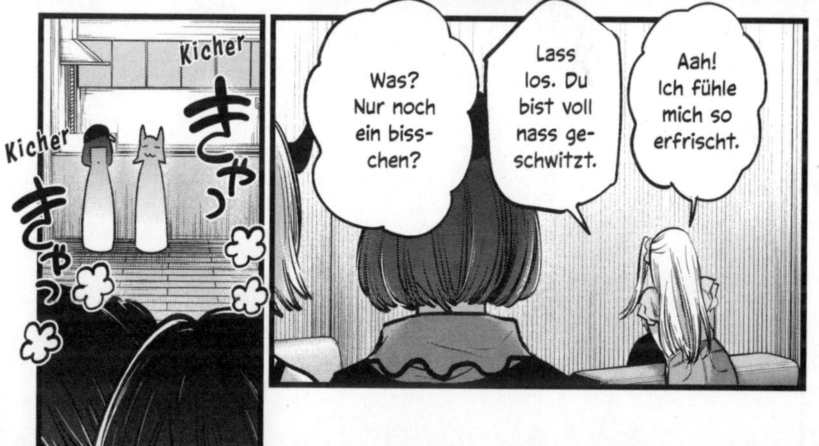

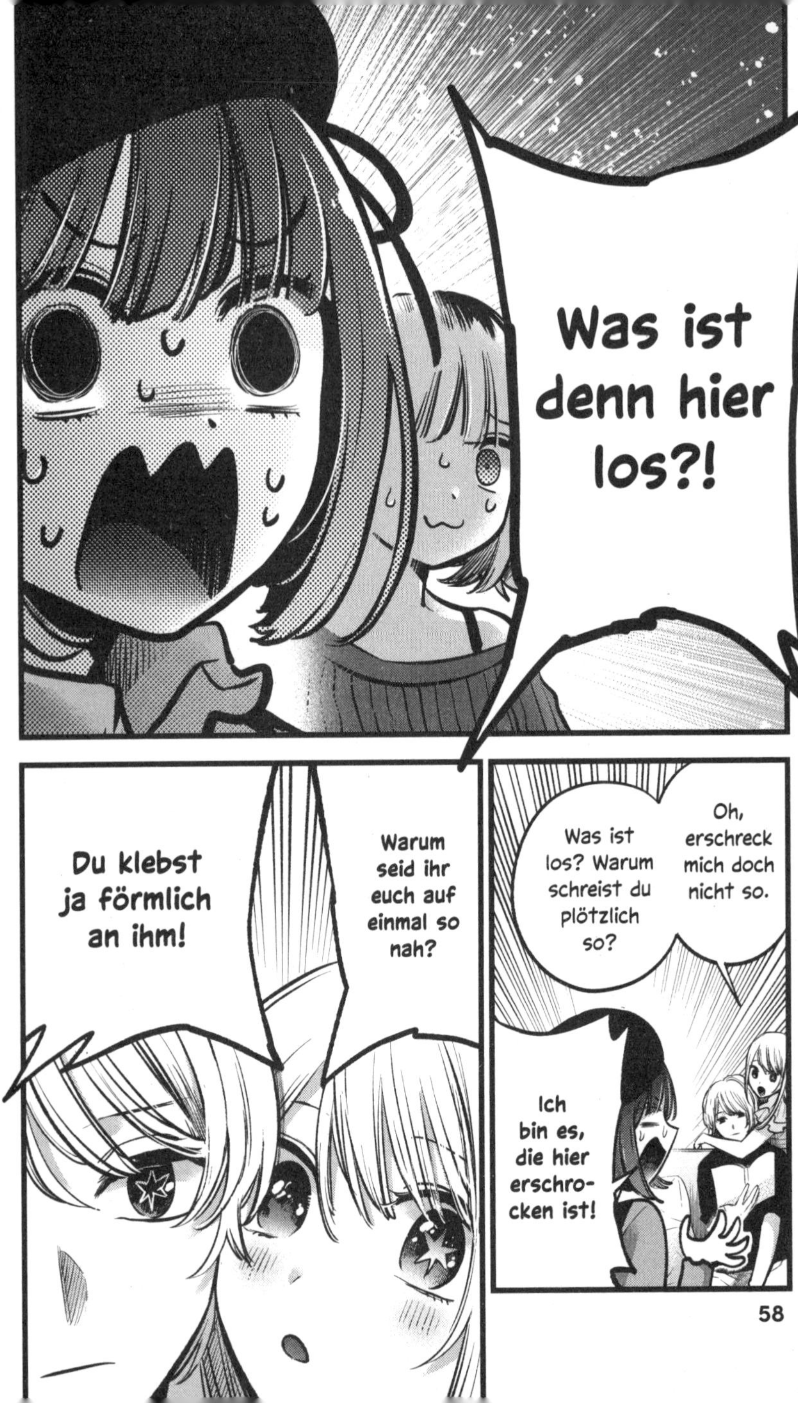

Was ist denn hier los?!

Oh, erschreck mich doch nicht so.

Was ist los? Warum schreist du plötzlich so?

Ich bin es, die hier erschro-cken ist!

Warum seid ihr euch auf einmal so nah?

Du klebst ja förmlich an ihm!

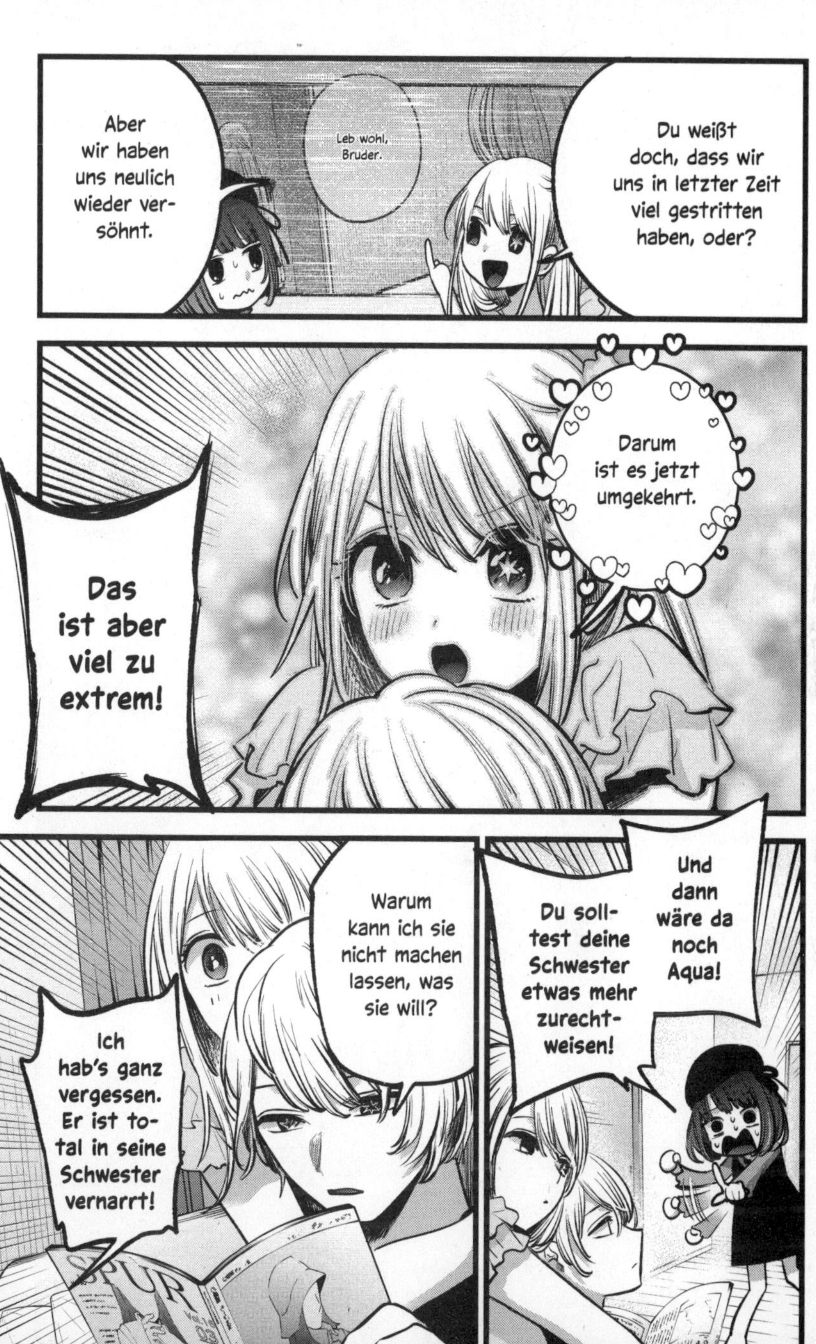

Du weißt doch, dass wir uns in letzter Zeit viel gestritten haben, oder?
Leb wohl, Bruder.
Aber wir haben uns neulich wieder versöhnt.
Darum ist es jetzt umgekehrt.
Das ist aber viel zu extrem!
Und dann wäre da noch Aqua!
Du solltest deine Schwester etwas mehr zurechtweisen!
Warum kann ich sie nicht machen lassen, was sie will?
Ich hab's ganz vergessen. Er ist total in seine Schwester vernarrt!
SPUR

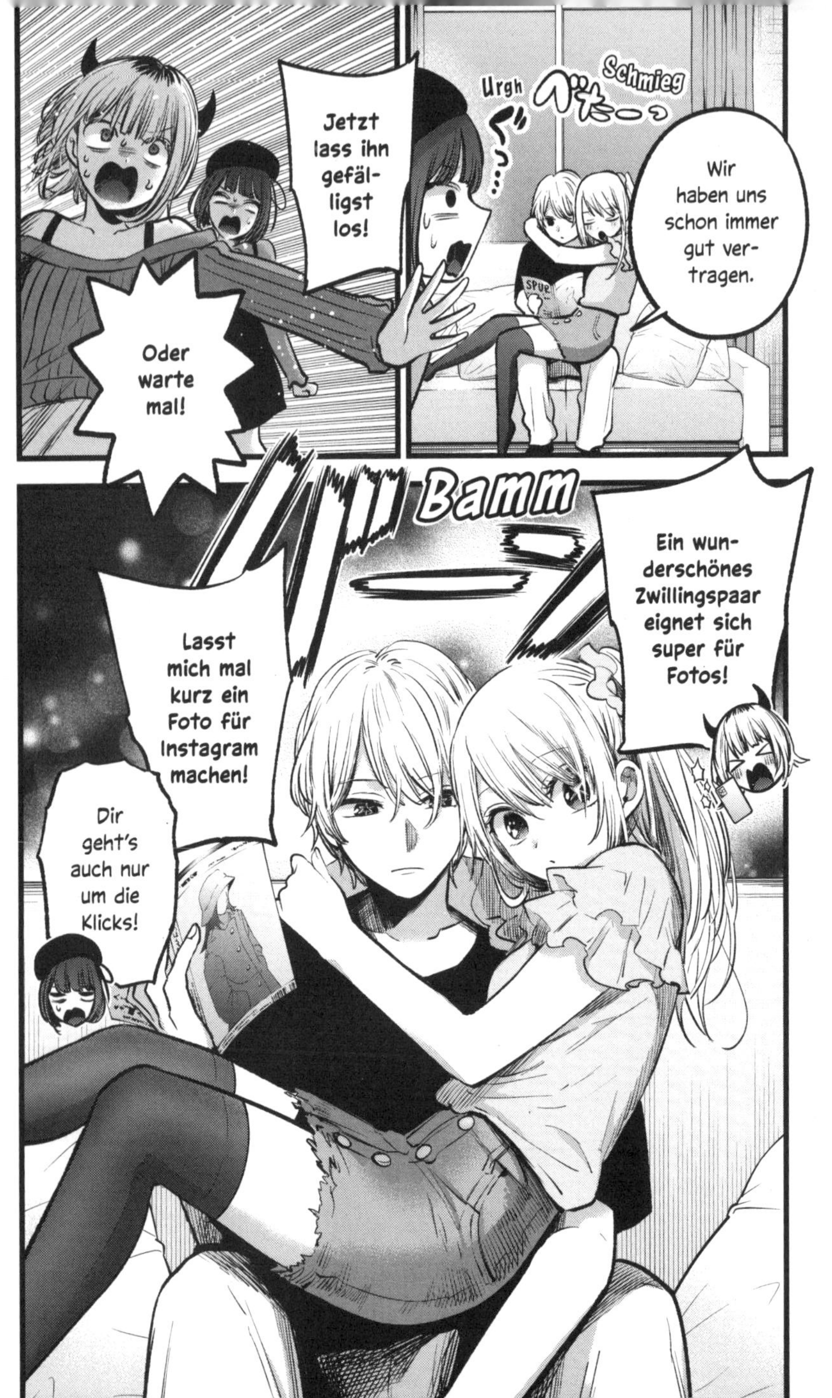
Schmieg
Urgh
Wir haben uns schon immer gut vertragen.
Jetzt lass ihn gefälligst los!
Oder warte mal!
Bamm
Ein wunderschönes Zwillingspaar eignet sich super für Fotos!
Lasst mich mal kurz ein Foto für Instagram machen!
Dir geht's auch nur um die Klicks!

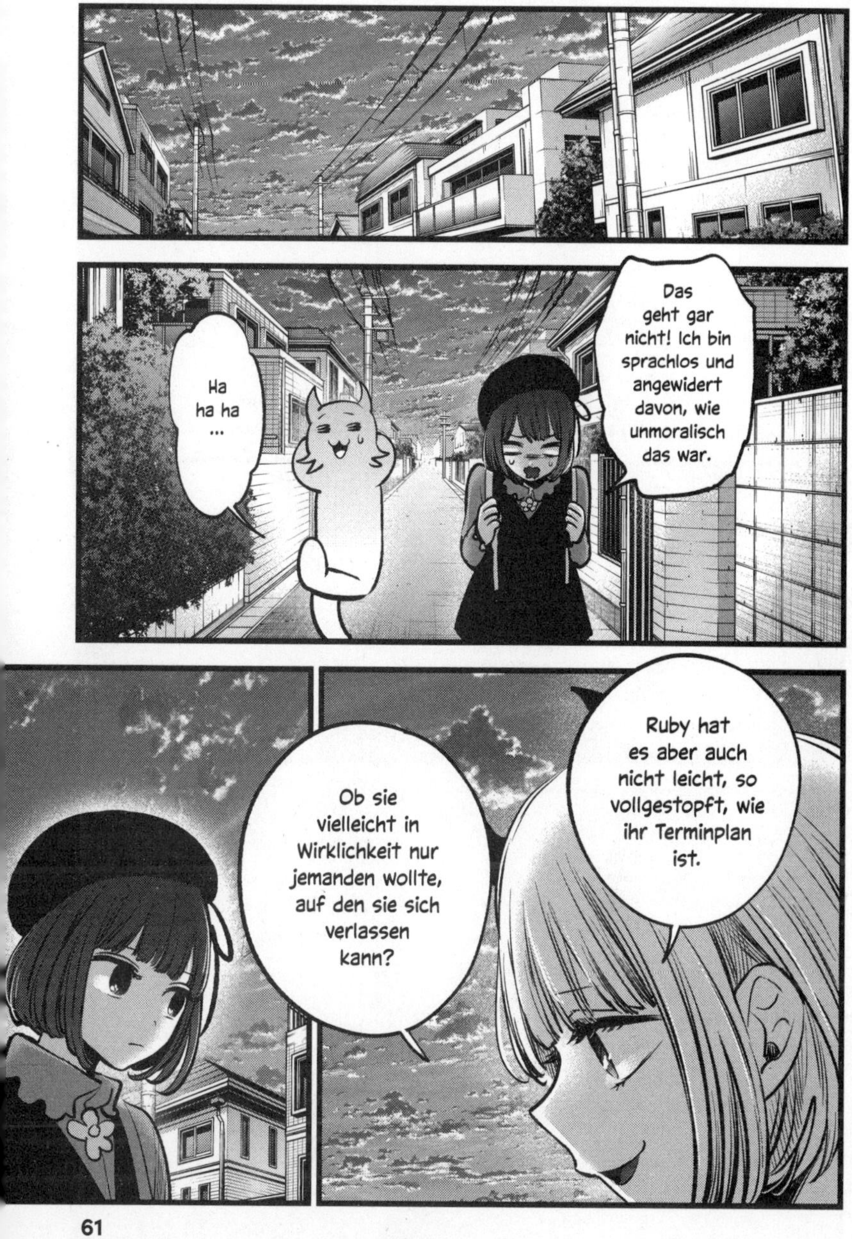

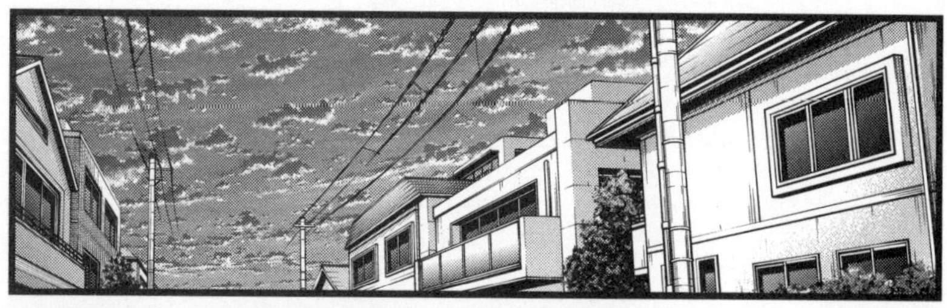

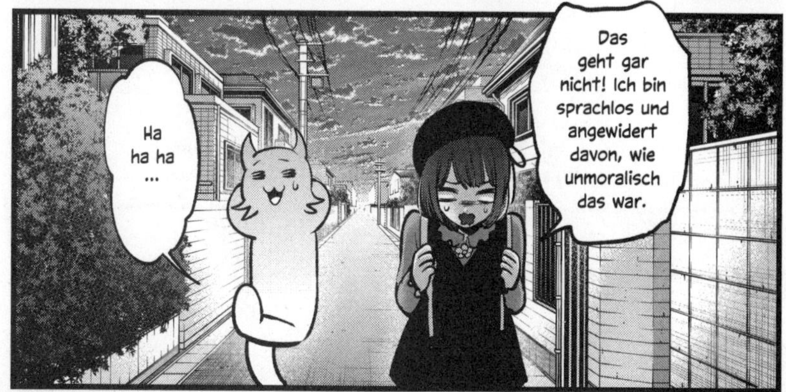

Ruby hat es aber auch nicht leicht, so vollgestopft, wie ihr Terminplan ist.

Ob sie vielleicht in Wirklichkeit nur jemanden wollte, auf den sie sich verlassen kann?

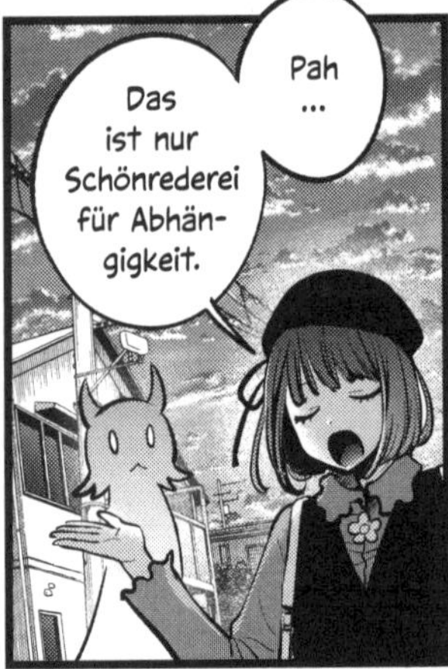
Pah ...
Das ist nur Schönrederei für Abhängigkeit.

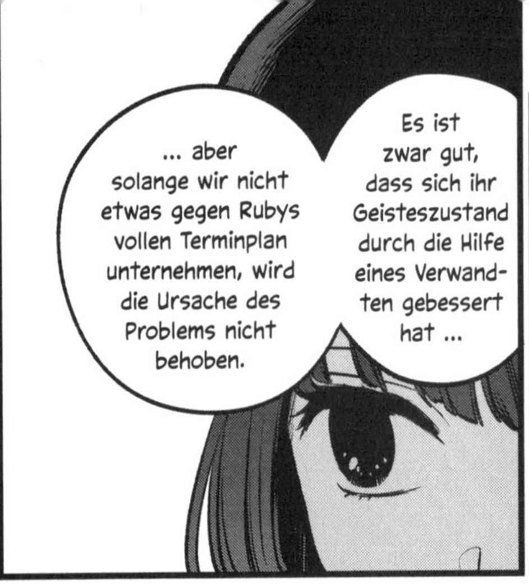
Es ist zwar gut, dass sich ihr Geisteszustand durch die Hilfe eines Verwandten gebessert hat ...
... aber solange wir nicht etwas gegen Rubys vollen Terminplan unternehmen, wird die Ursache des Problems nicht behoben.

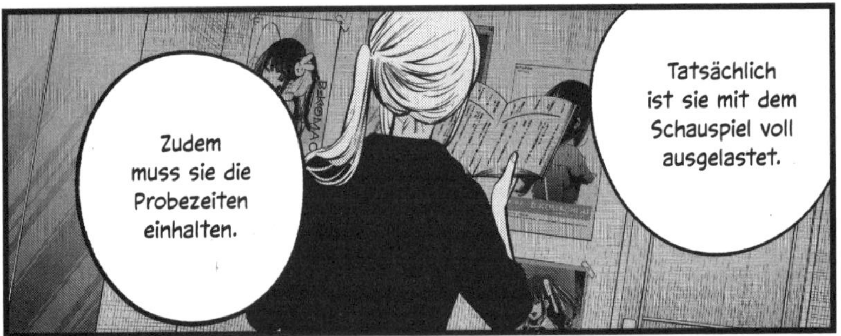
Tatsächlich ist sie mit dem Schauspiel voll ausgelastet.
Zudem muss sie die Probezeiten einhalten.

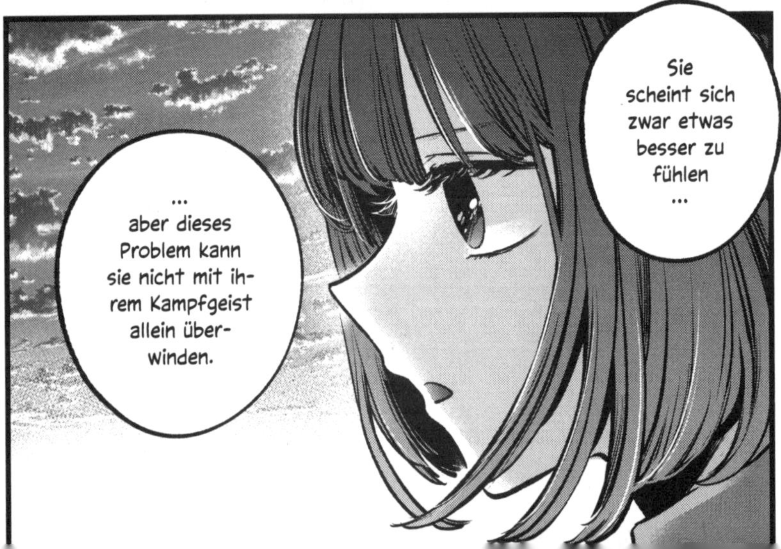
Sie scheint sich zwar etwas besser zu fühlen ...
... aber dieses Problem kann sie nicht mit ihrem Kampfgeist allein überwinden.

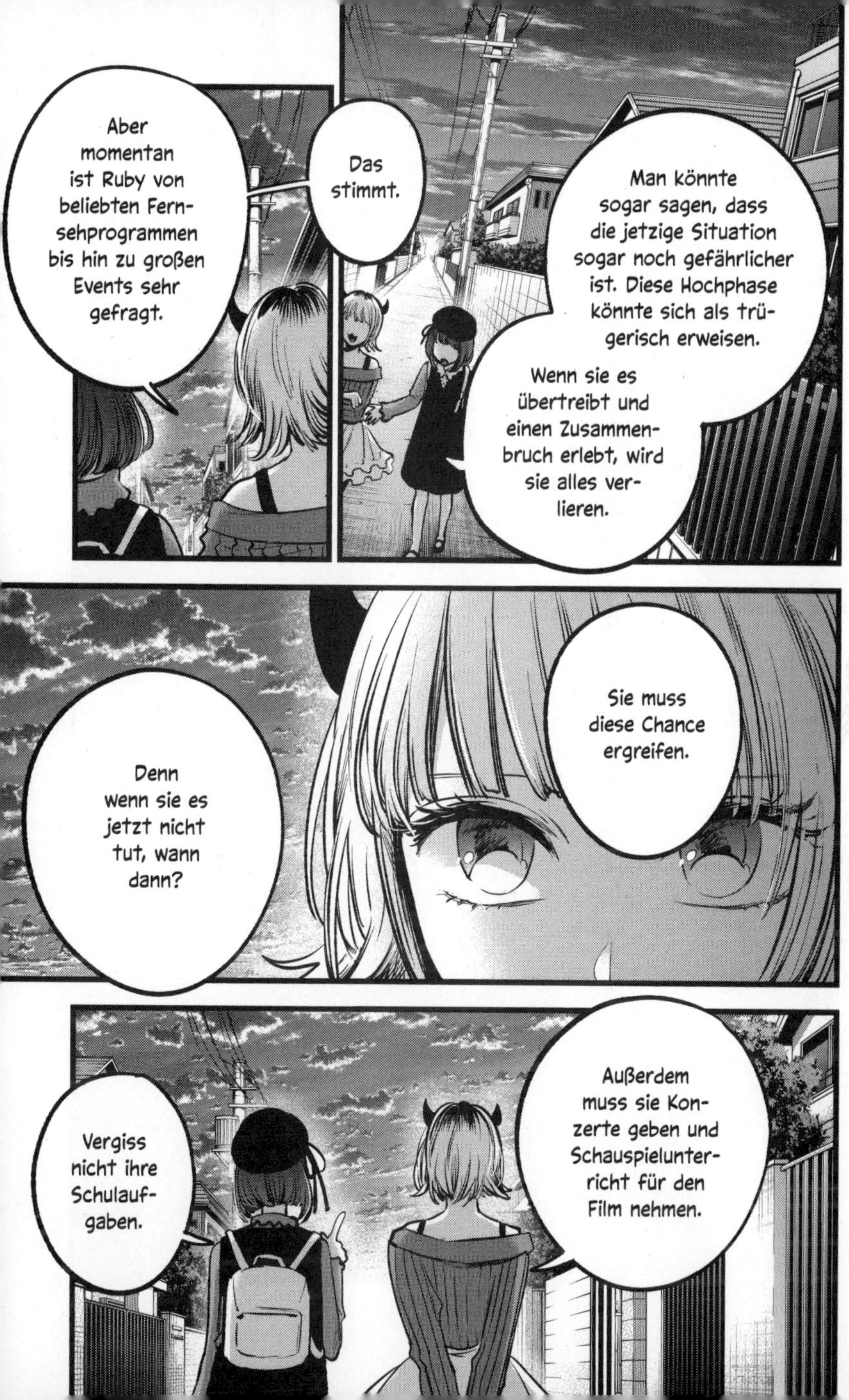

Aber momentan ist Ruby von beliebten Fernsehprogrammen bis hin zu großen Events sehr gefragt.

Das stimmt.

Man könnte sogar sagen, dass die jetzige Situation sogar noch gefährlicher ist. Diese Hochphase könnte sich als trügerisch erweisen.

Wenn sie es übertreibt und einen Zusammenbruch erlebt, wird sie alles verlieren.

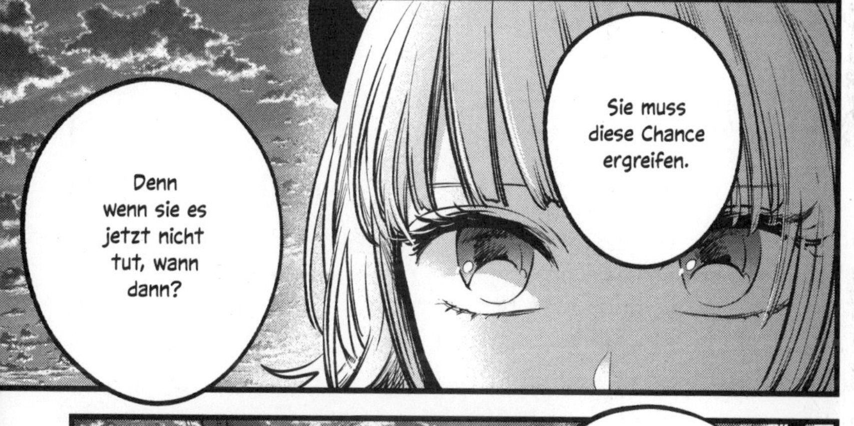

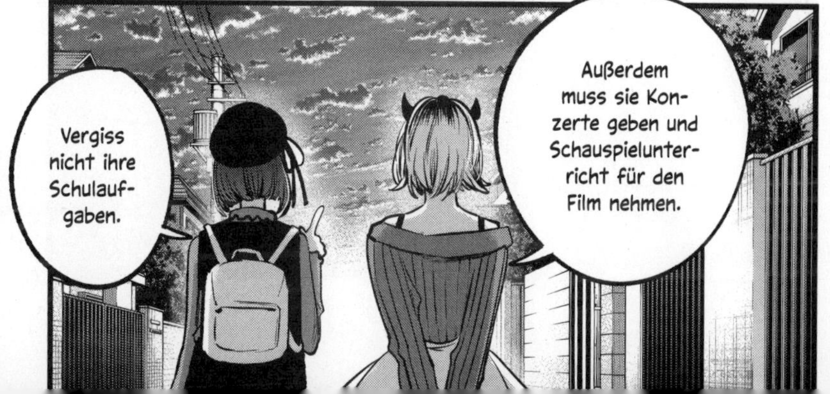

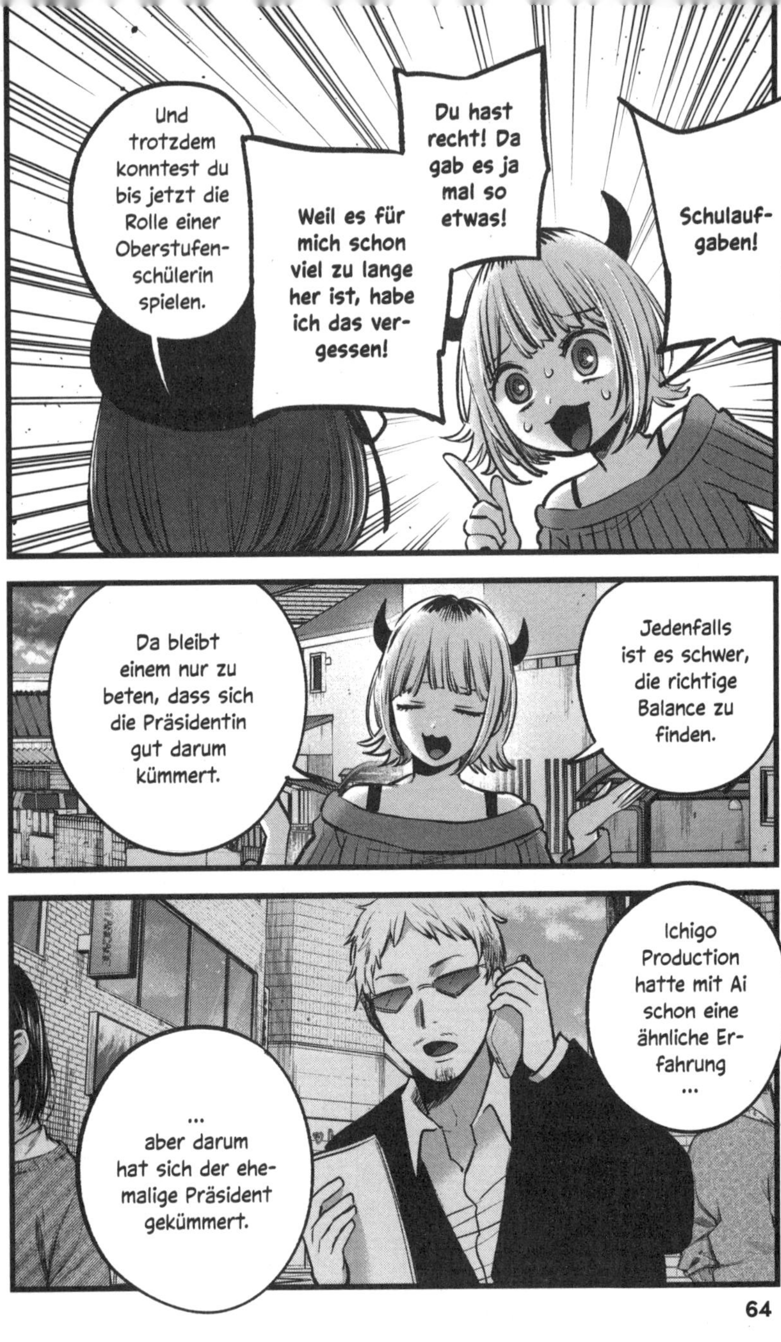

Schulaufgaben!
Du hast recht! Da gab es ja mal so etwas!
Weil es für mich schon viel zu lange her ist, habe ich das vergessen!
Und trotzdem konntest du bis jetzt die Rolle einer Oberstufenschülerin spielen.

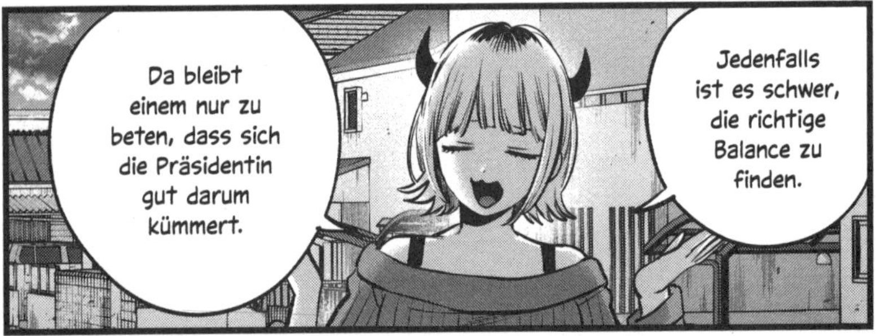

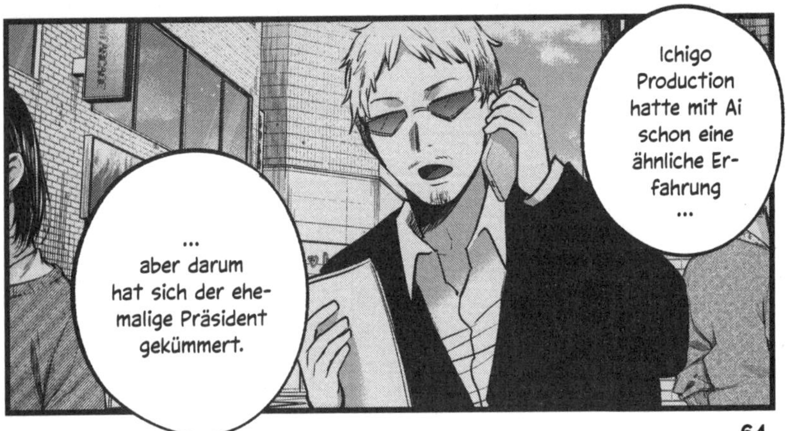

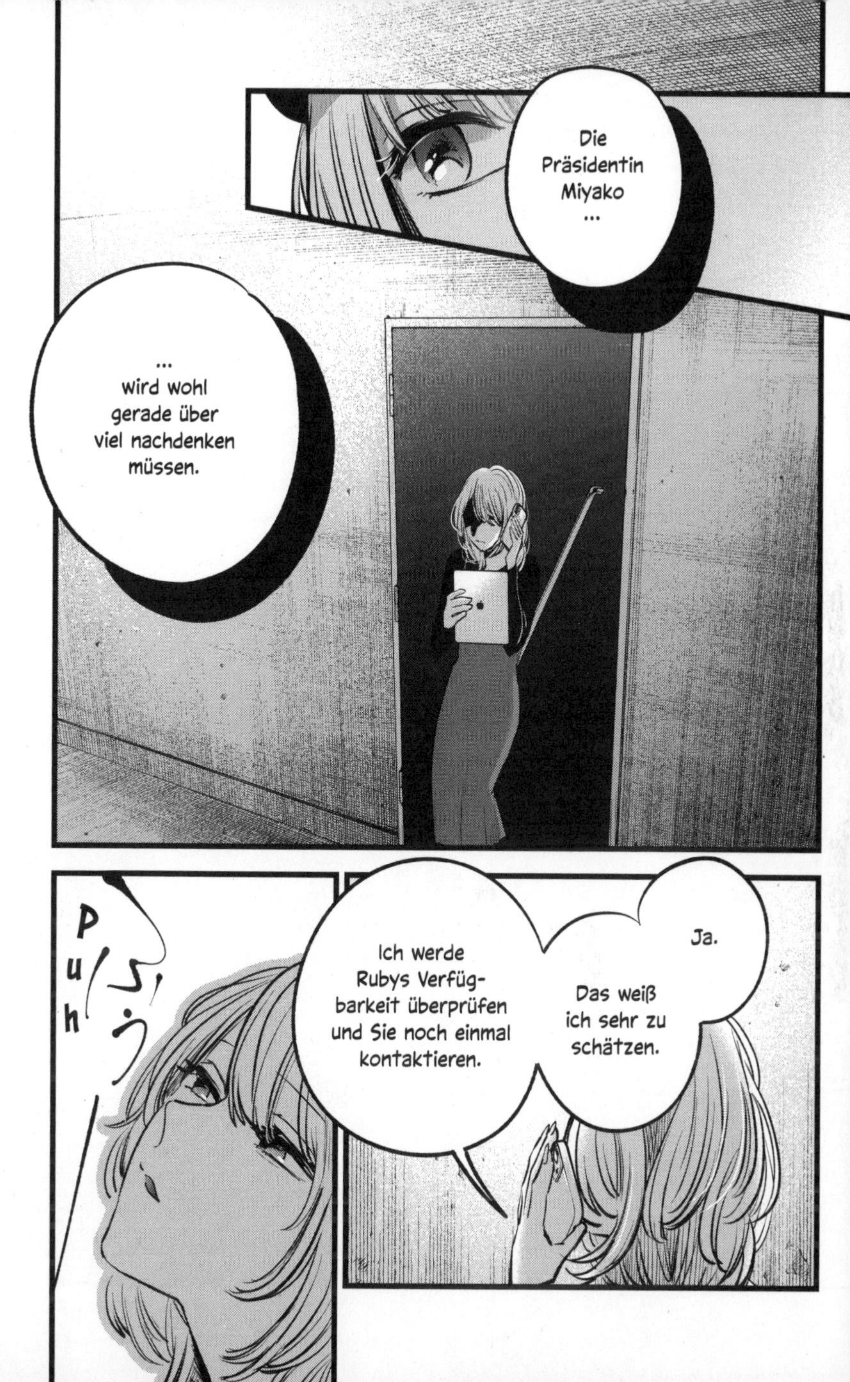
Die Präsidentin Miyako ...
... wird wohl gerade über viel nachdenken müssen.
Ja.
Das weiß ich sehr zu schätzen.
Ich werde Rubys Verfügbarkeit überprüfen und Sie noch einmal kontaktieren.
Puh

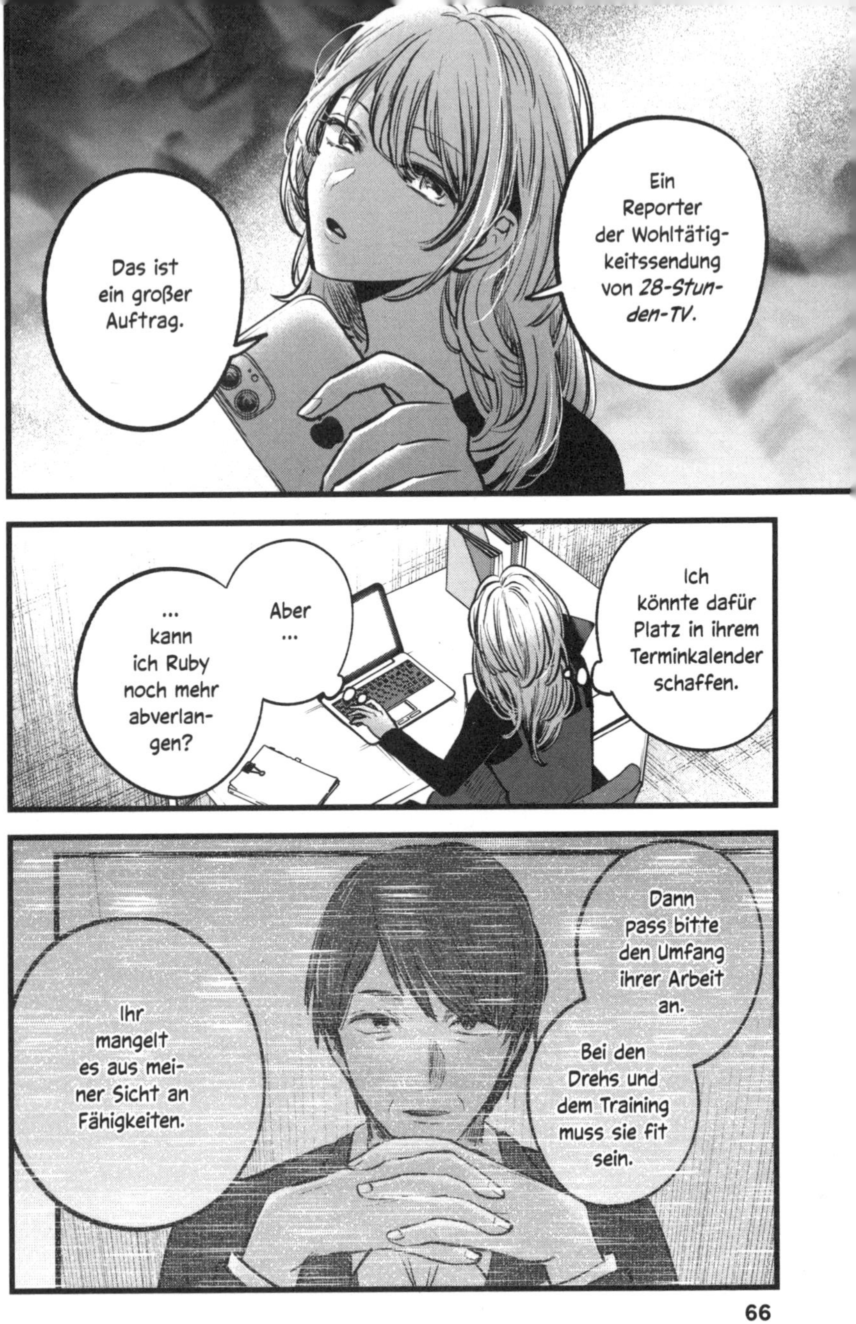

Ein Reporter der Wohltätigkeitssendung von *28-Stunden-TV*.
Das ist ein großer Auftrag.

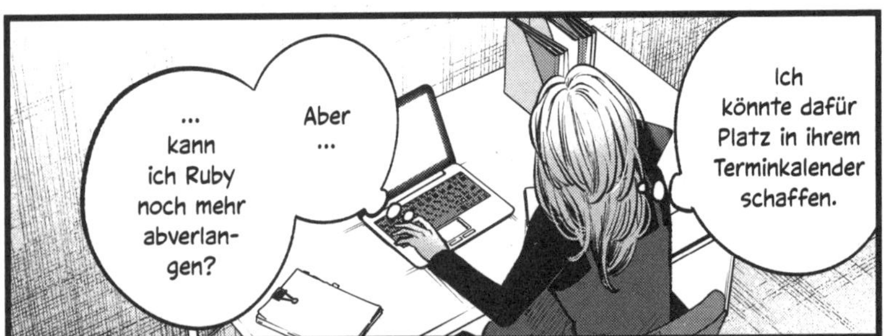

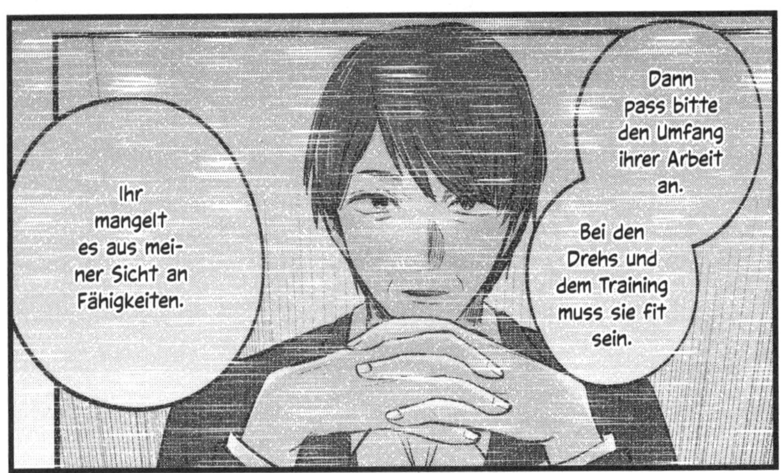

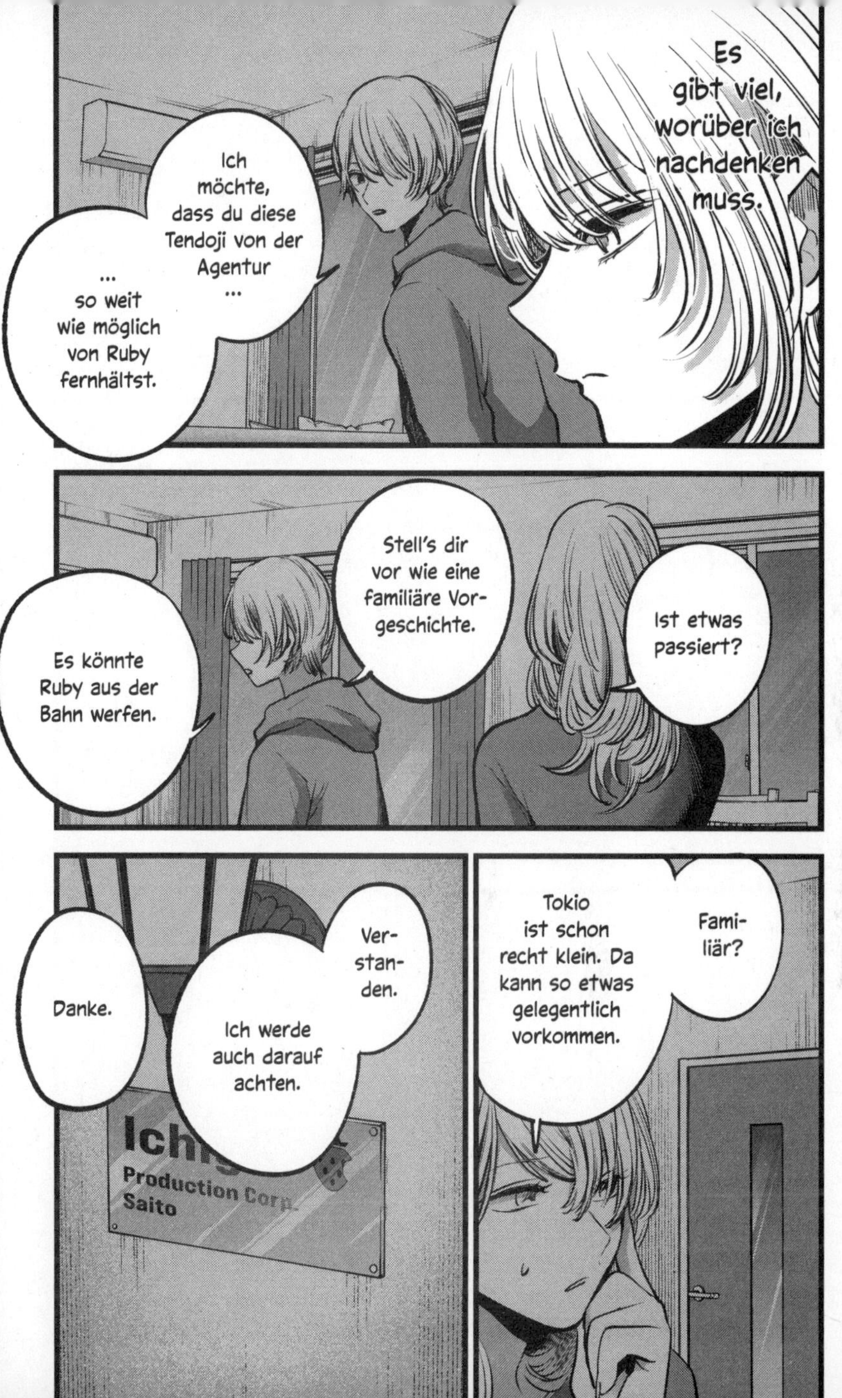

Es gibt viel, worüber ich nachdenken muss.
Ich möchte, dass du diese Tendoji von der Agentur …
… so weit wie möglich von Ruby fernhältst.
Ist etwas passiert?
Stell's dir vor wie eine familiäre Vorgeschichte.
Es könnte Ruby aus der Bahn werfen.
Familiär?
Tokio ist schon recht klein. Da kann so etwas gelegentlich vorkommen.
Verstanden.
Ich werde auch darauf achten.
Danke.
Ichig
Production Corp.
Saito

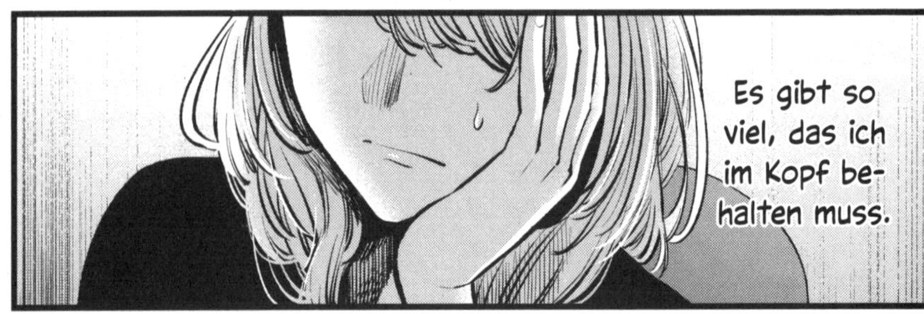
Es gibt so viel, das ich im Kopf behalten muss.

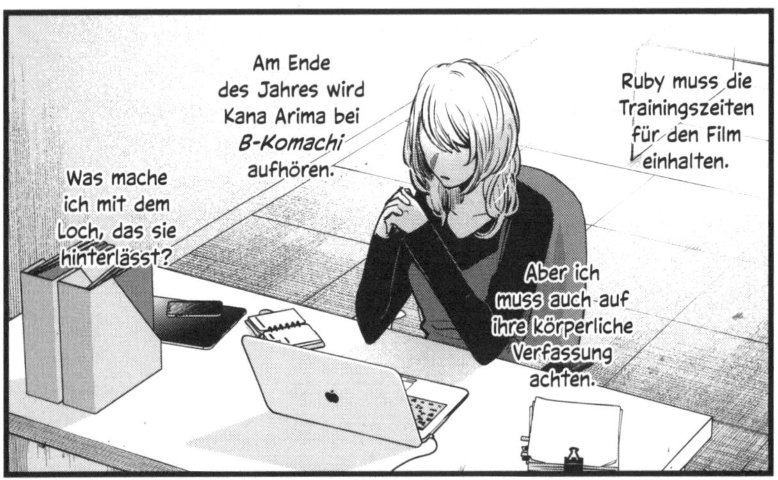
Ruby muss die Trainingszeiten für den Film einhalten.
Aber ich muss auch auf ihre körperliche Verfassung achten.
Am Ende des Jahres wird Kana Arima bei *B-Komachi* aufhören.
Was mache ich mit dem Loch, das sie hinterlässt?

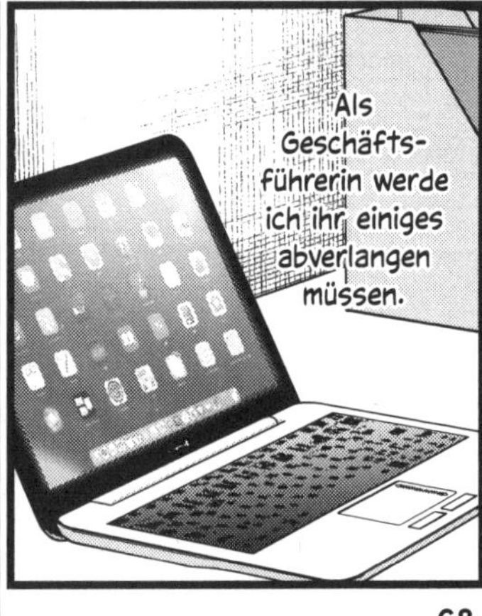
Als Geschäftsführerin werde ich ihr einiges abverlangen müssen.

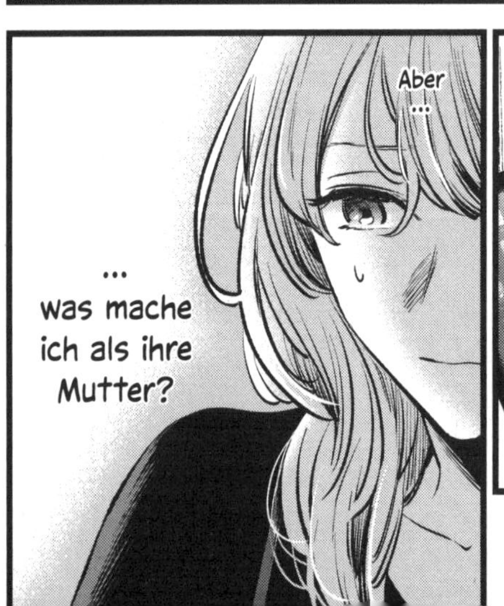
Aber ...
... was mache ich als ihre Mutter?

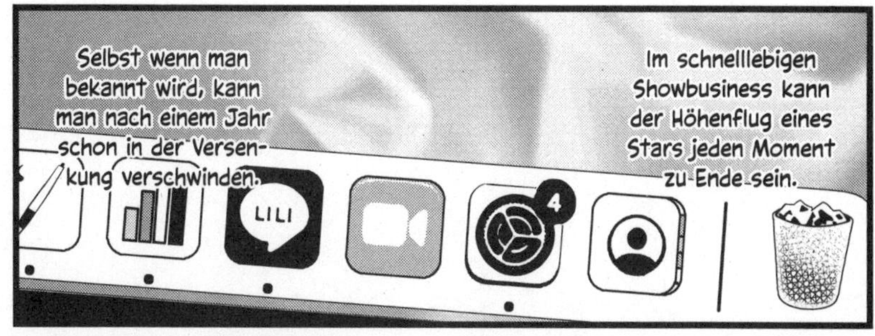
Im schnelllebigen Showbusiness kann der Höhenflug eines Stars jeden Moment zu Ende sein.
Selbst wenn man bekannt wird, kann man nach einem Jahr schon in der Versenkung verschwinden.
LILI
4

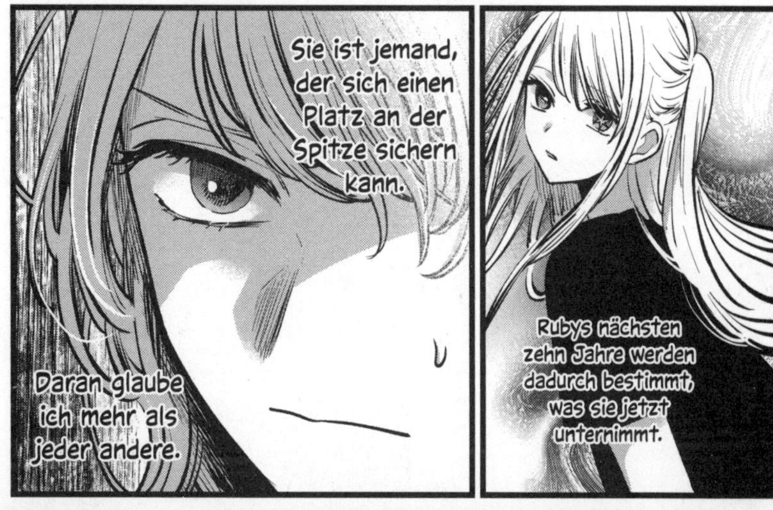
Rubys nächsten zehn Jahre werden dadurch bestimmt, was sie jetzt unternimmt.
Sie ist jemand, der sich einen Platz an der Spitze sichern kann.
Daran glaube ich mehr als jeder andere.

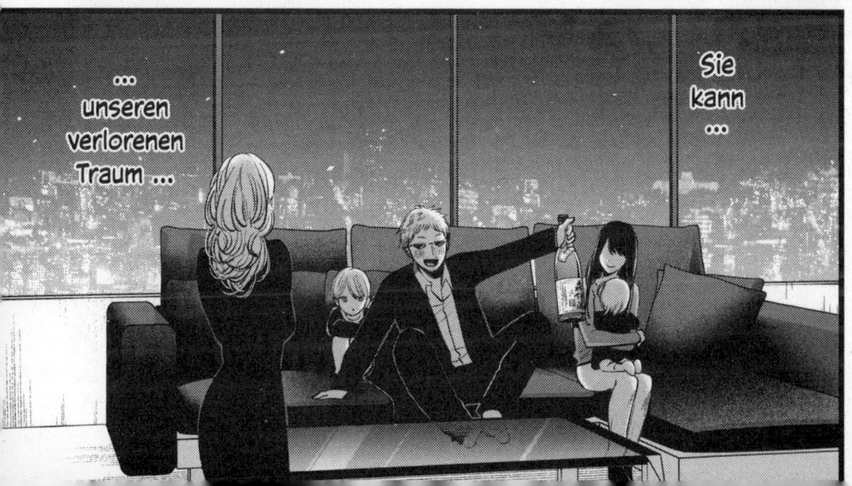
Sie kann ...
... unseren verlorenen Traum ...

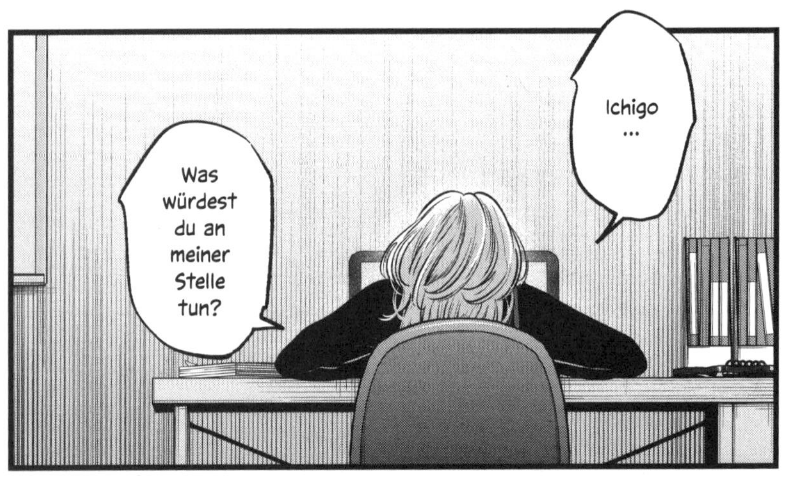
Ichigo ...
Was würdest du an meiner Stelle tun?

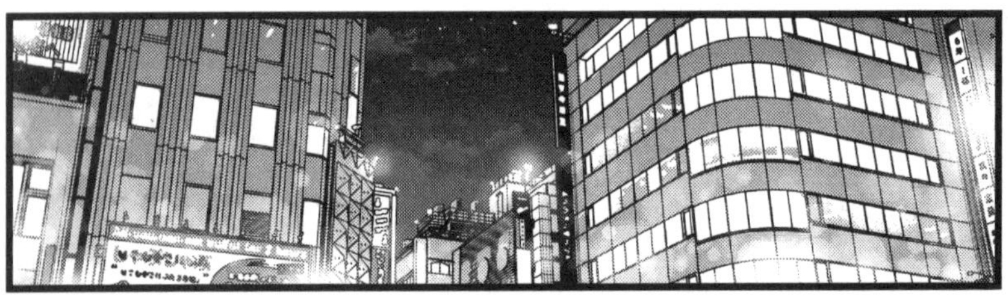

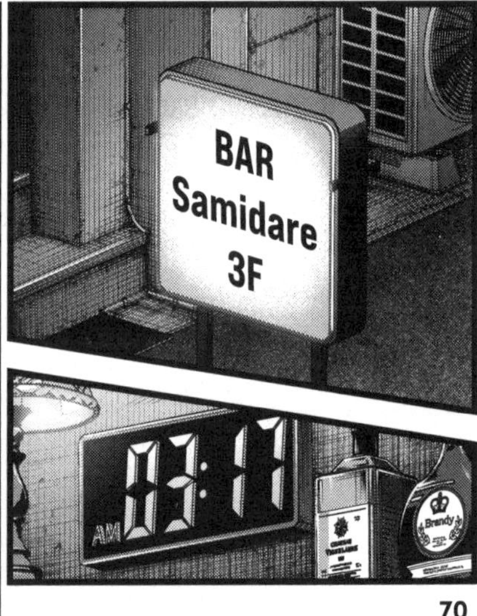
BAR Samidare 3F
AM 03:11
Brendy

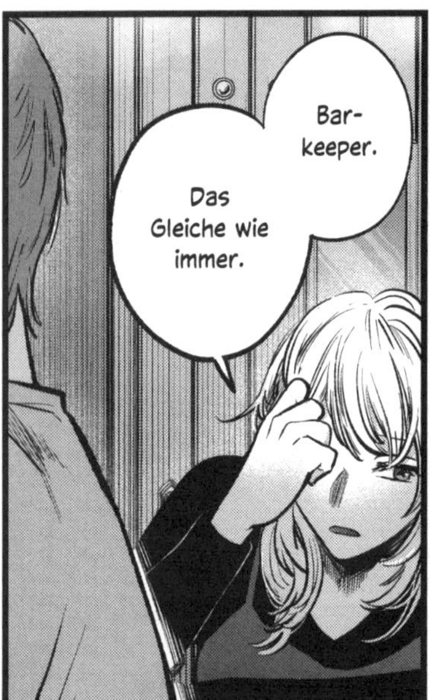
Barkeeper.
Das Gleiche wie immer.

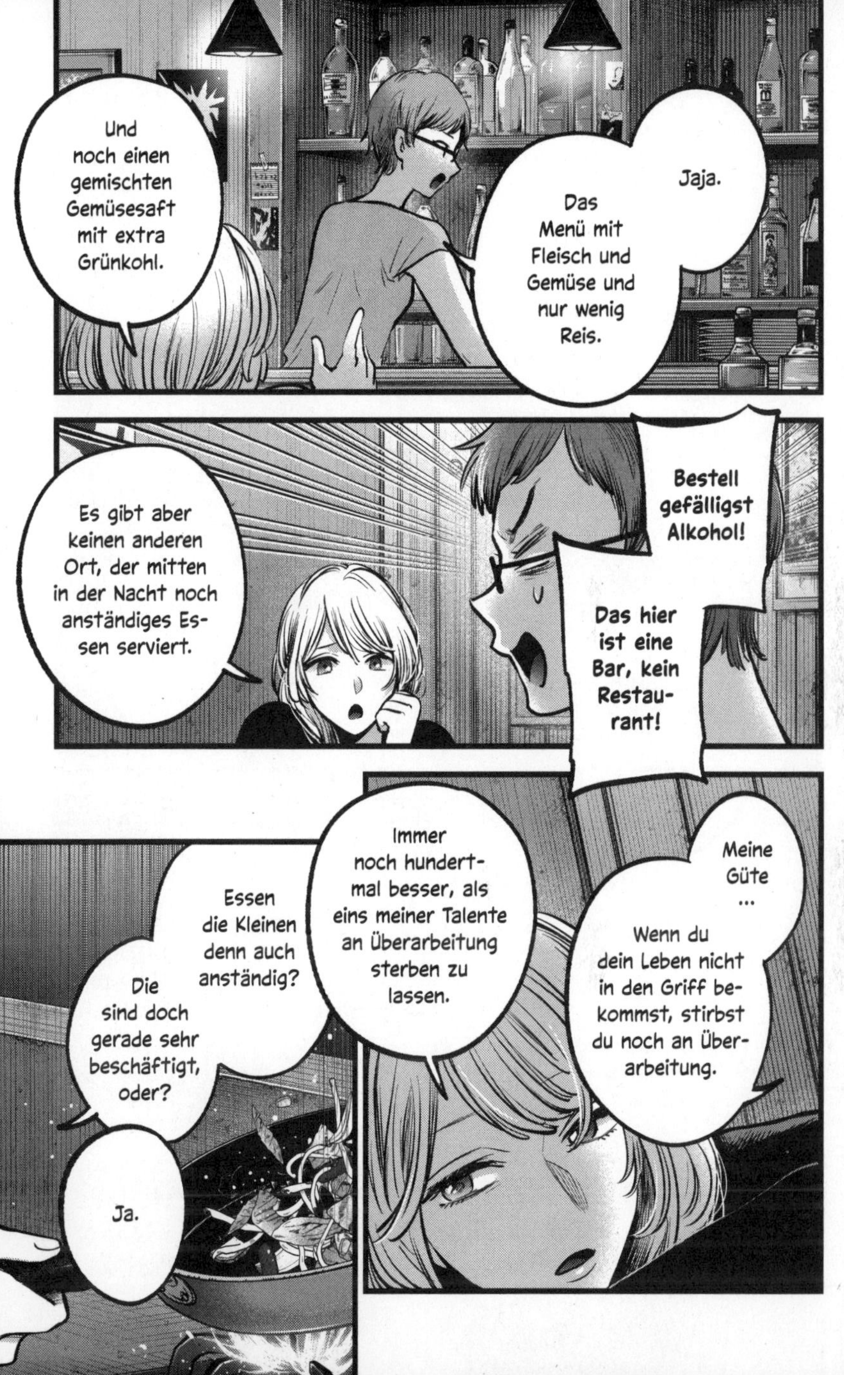
Jaja.
Das Menü mit Fleisch und Gemüse und nur wenig Reis.
Und noch einen gemischten Gemüsesaft mit extra Grünkohl.
Bestell gefälligst Alkohol!
Das hier ist eine Bar, kein Restaurant!
Es gibt aber keinen anderen Ort, der mitten in der Nacht noch anständiges Essen serviert.
Meine Güte ...
Wenn du dein Leben nicht in den Griff bekommst, stirbst du noch an Überarbeitung.
Immer noch hundertmal besser, als eins meiner Talente an Überarbeitung sterben zu lassen.
Essen die Kleinen denn auch anständig?
Die sind doch gerade sehr beschäftigt, oder?
Ja.

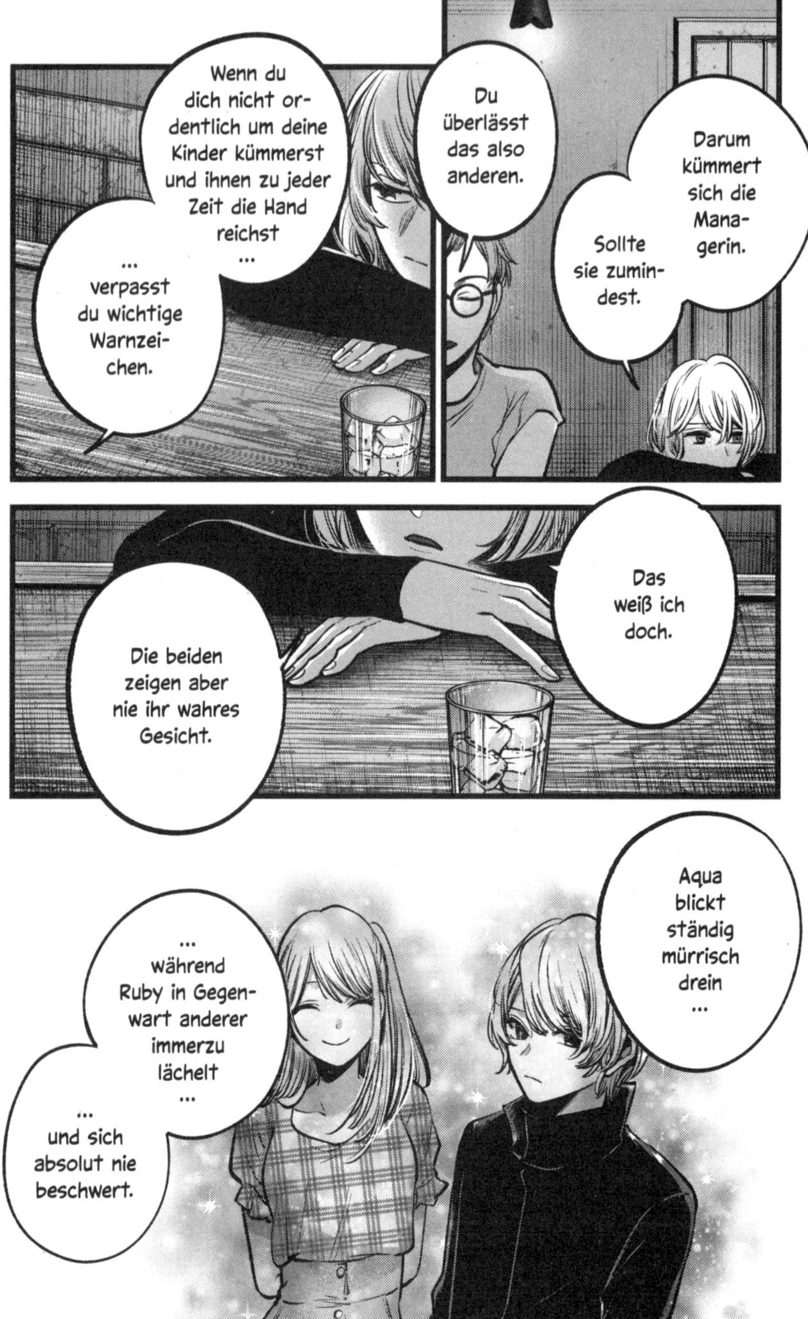
Darum kümmert sich die Managerin.
Sollte sie zumindest.
Du überlässt das also anderen.
Wenn du dich nicht ordentlich um deine Kinder kümmerst und ihnen zu jeder Zeit die Hand reichst ...
... verpasst du wichtige Warnzeichen.
Das weiß ich doch.
Die beiden zeigen aber nie ihr wahres Gesicht.
Aqua blickt ständig mürrisch drein ...
... während Ruby in Gegenwart anderer immerzu lächelt ...
... und sich absolut nie beschwert.

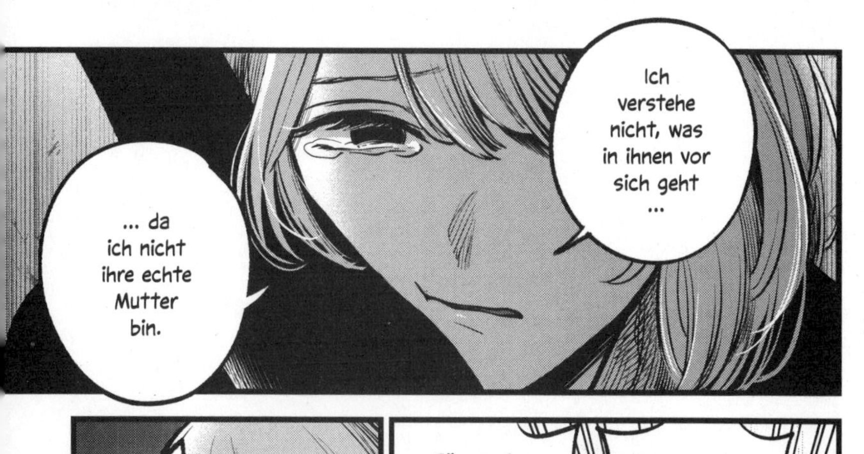
Ich verstehe nicht, was in ihnen vor sich geht ...
... da ich nicht ihre echte Mutter bin.

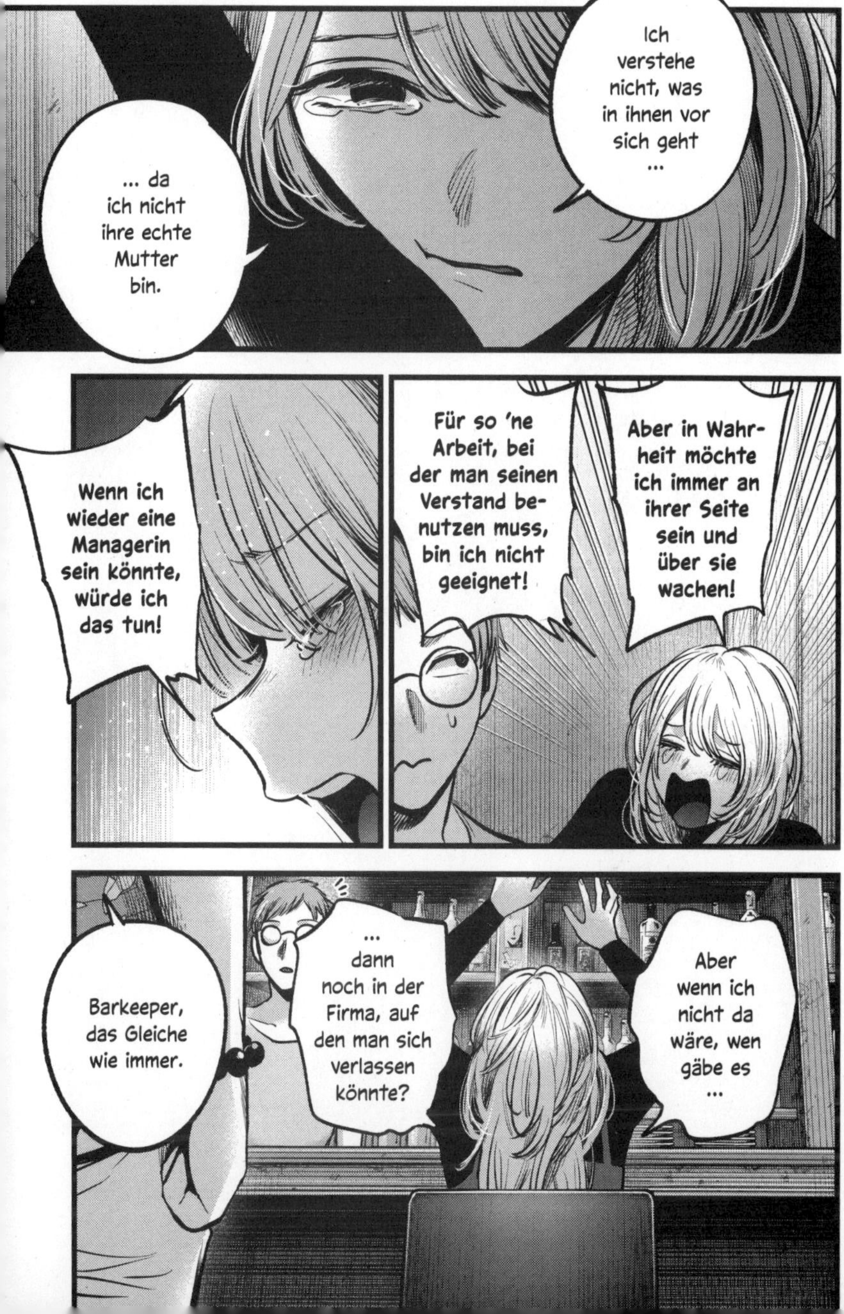

Aber in Wahrheit möchte ich immer an ihrer Seite sein und über sie wachen!
Für so 'ne Arbeit, bei der man seinen Verstand benutzen muss, bin ich nicht geeignet!
Wenn ich wieder eine Managerin sein könnte, würde ich das tun!

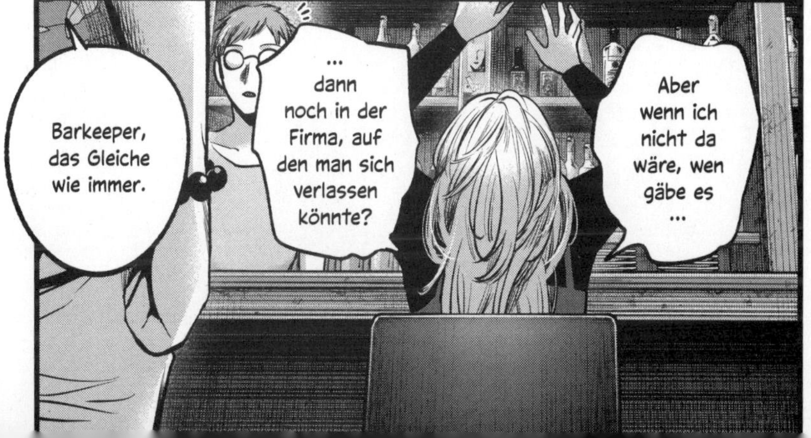
Aber wenn ich nicht da wäre, wen gäbe es ...
... dann noch in der Firma, auf den man sich verlassen könnte?
Barkeeper, das Gleiche wie immer.

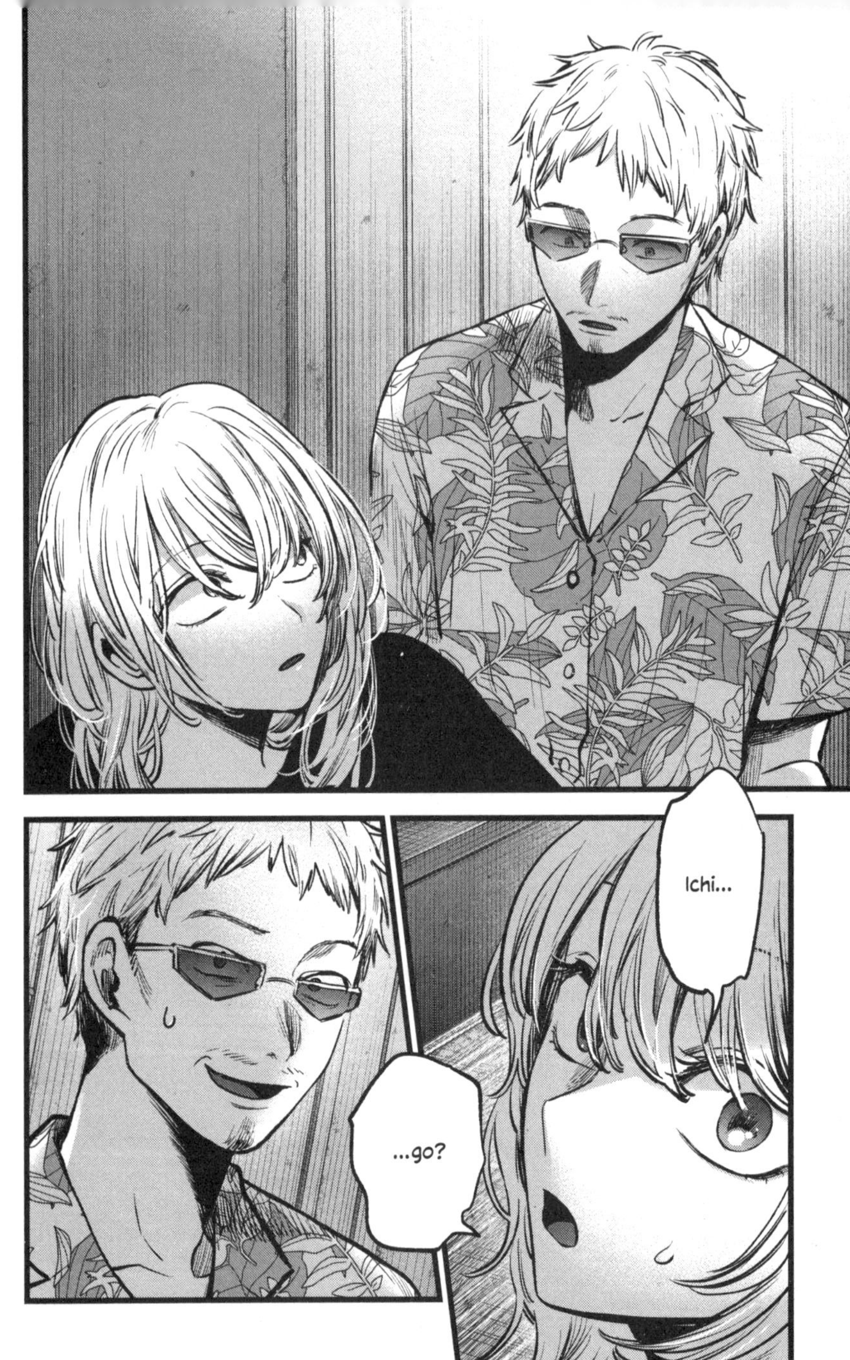
Ichi...
...go?

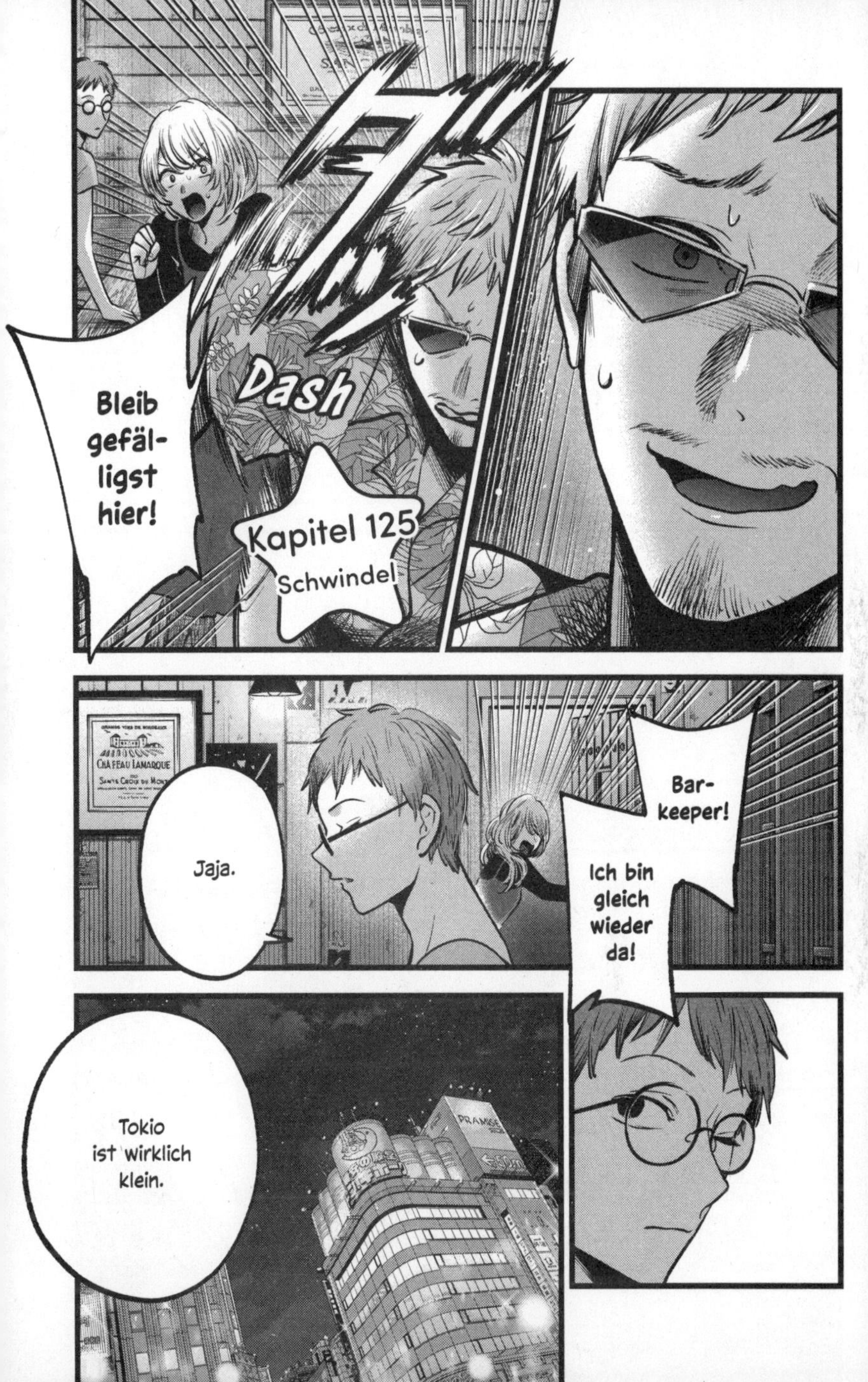

Dash
Bleib gefälligst hier!
Kapitel 125
Schwindel
Barkeeper!
Ich bin gleich wieder da!
Jaja.
Tokio ist wirklich klein.

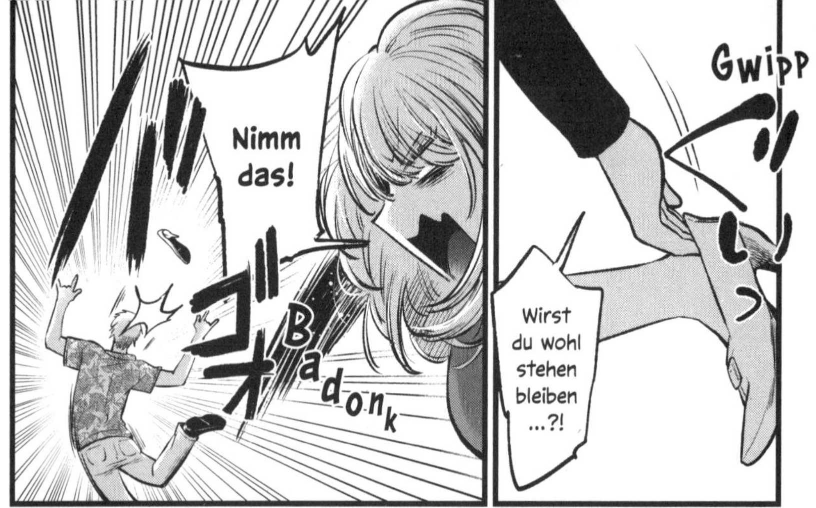
Gwipp
Wirst du wohl stehen bleiben ...?!
Nimm das!
Badonk

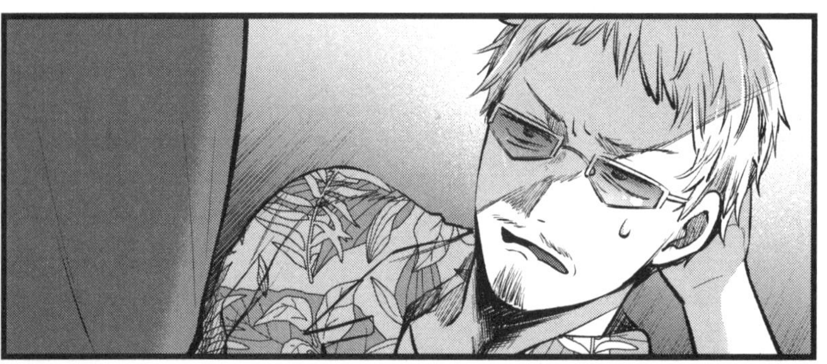

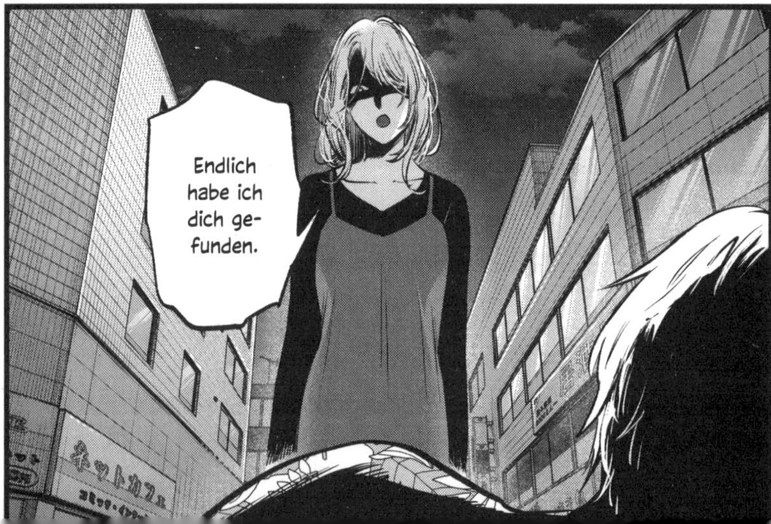
Endlich habe ich dich ge-
funden.

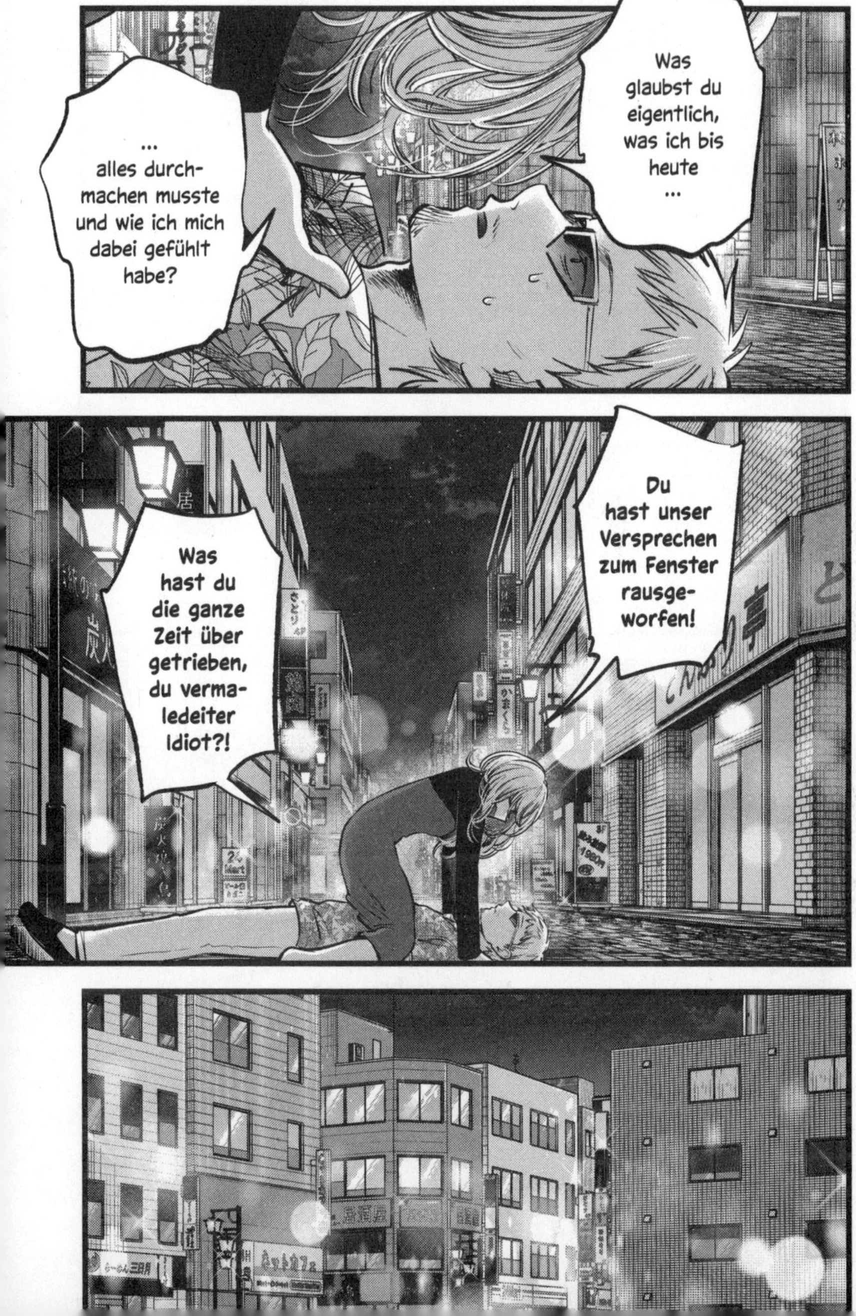

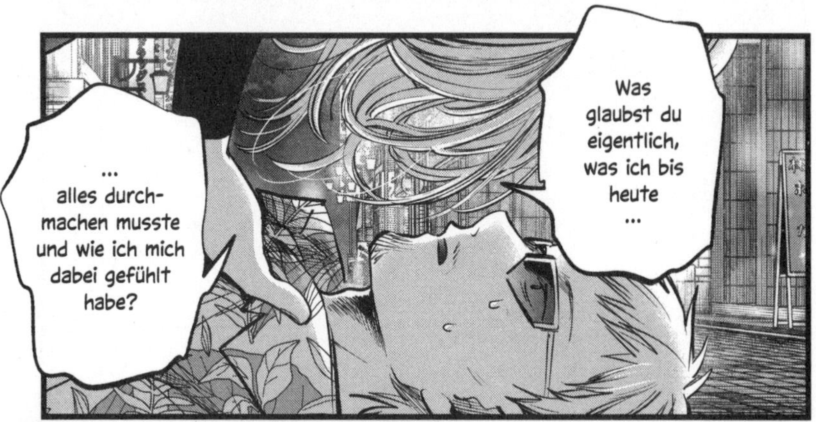

Du hast unser Versprechen zum Fenster rausgeworfen!

Was hast du die ganze Zeit über getrieben, du vermaledeiter Idiot?!

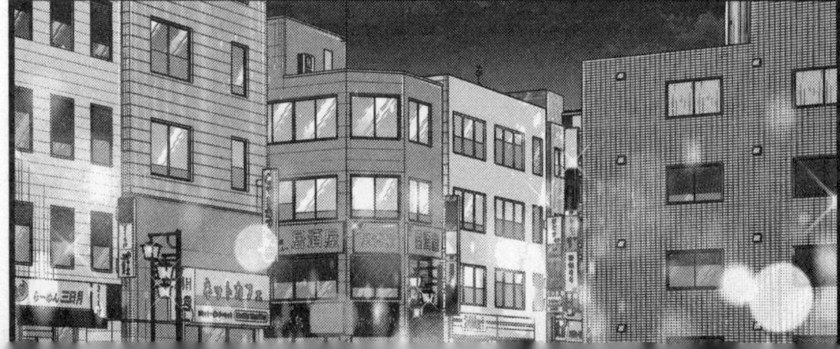

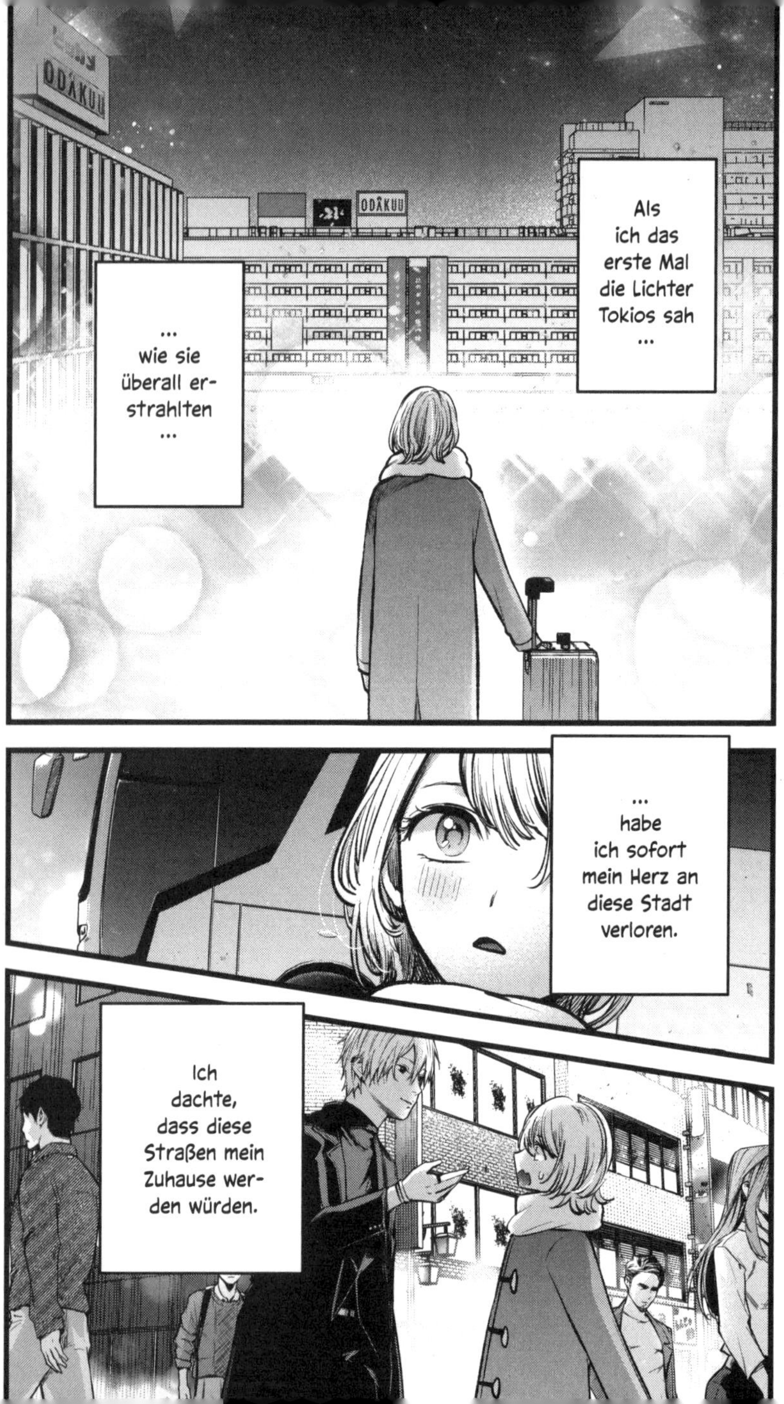

Als ich das erste Mal die Lichter Tokios sah ...

... wie sie überall erstrahlten ...

... habe ich sofort mein Herz an diese Stadt verloren.

Ich dachte, dass diese Straßen mein Zuhause werden würden.

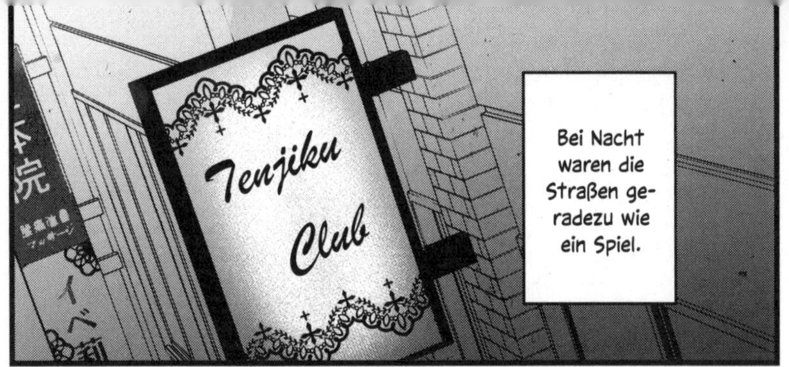

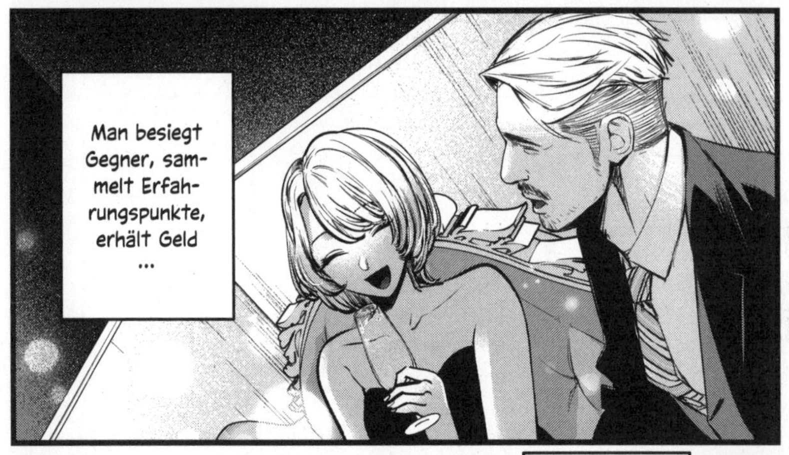

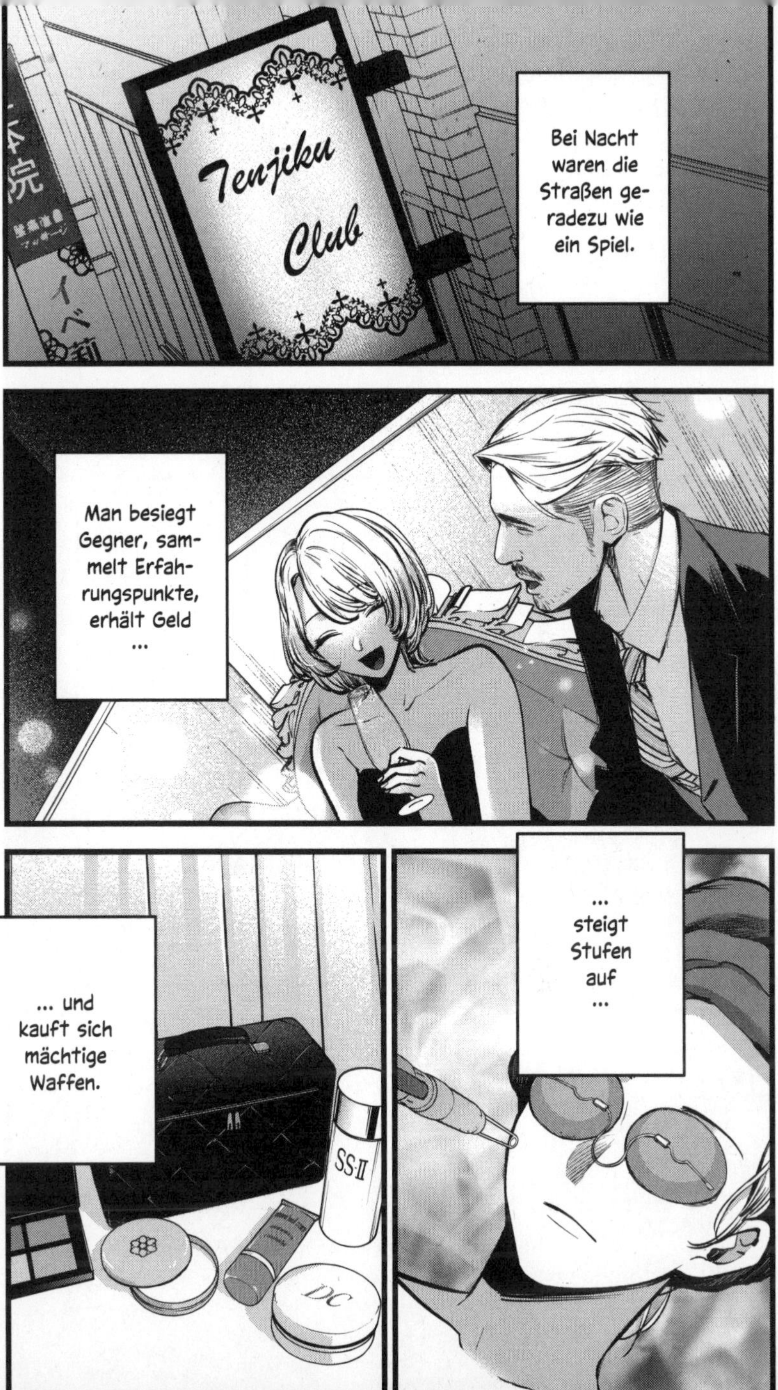

... steigt Stufen auf ...

... und kauft sich mächtige Waffen.

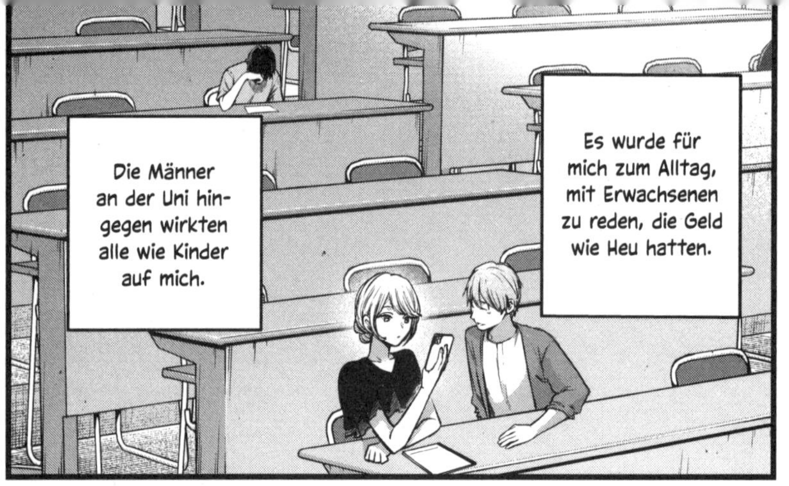
Es wurde für mich zum Alltag, mit Erwachsenen zu reden, die Geld wie Heu hatten.
Die Männer an der Uni hingegen wirkten alle wie Kinder auf mich.

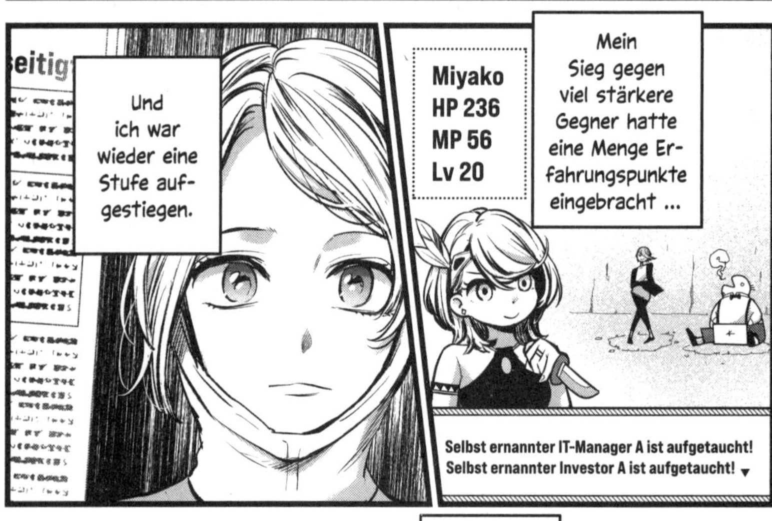
Mein Sieg gegen viel stärkere Gegner hatte eine Menge Erfahrungspunkte eingebracht ...
Miyako
HP 236
MP 56
Lv 20
Selbst ernannter IT-Manager A ist aufgetaucht!
Selbst ernannter Investor A ist aufgetaucht!
Und ich war wieder eine Stufe aufgestiegen.

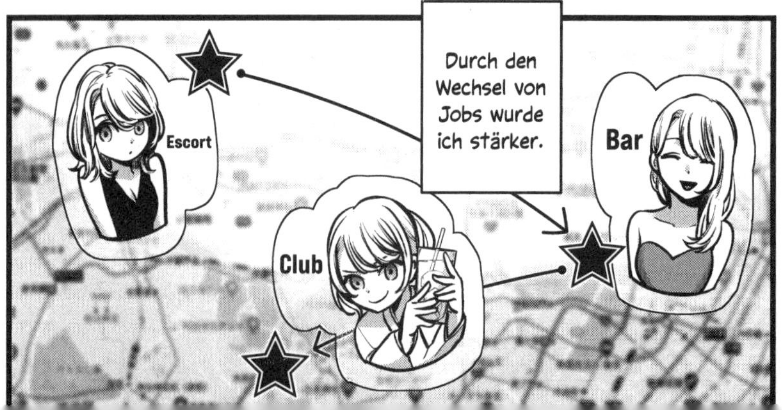
Durch den Wechsel von Jobs wurde ich stärker.
Bar
Escort
Club

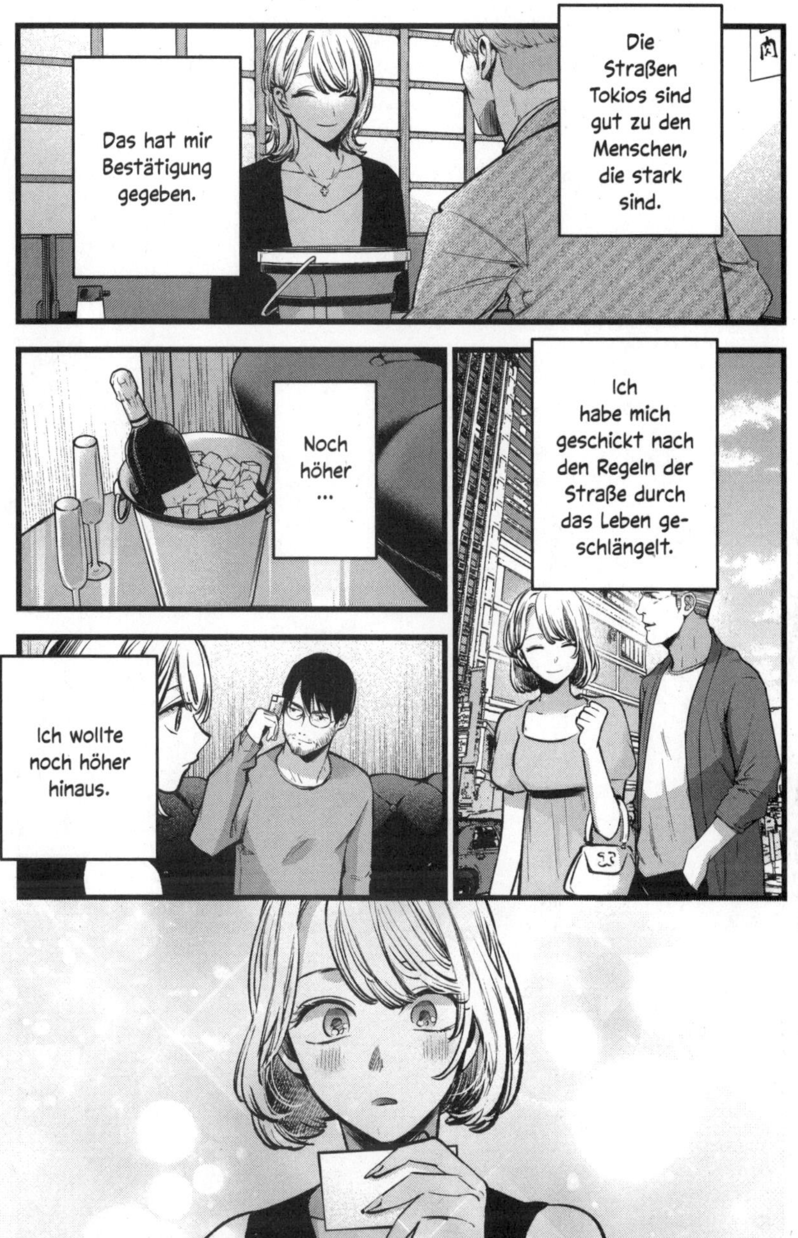
Die Straßen Tokios sind gut zu den Menschen, die stark sind.
Das hat mir Bestätigung gegeben.
Ich habe mich geschickt nach den Regeln der Straße durch das Leben geschlängelt.
Noch höher ...
Ich wollte noch höher hinaus.

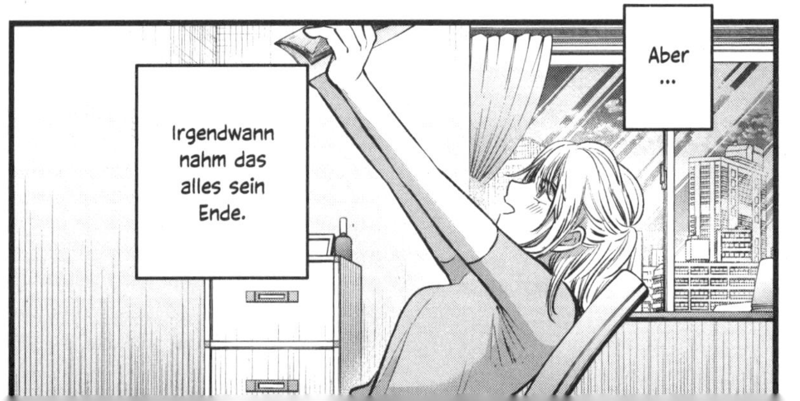
Aber ...
Irgendwann nahm das alles sein Ende.

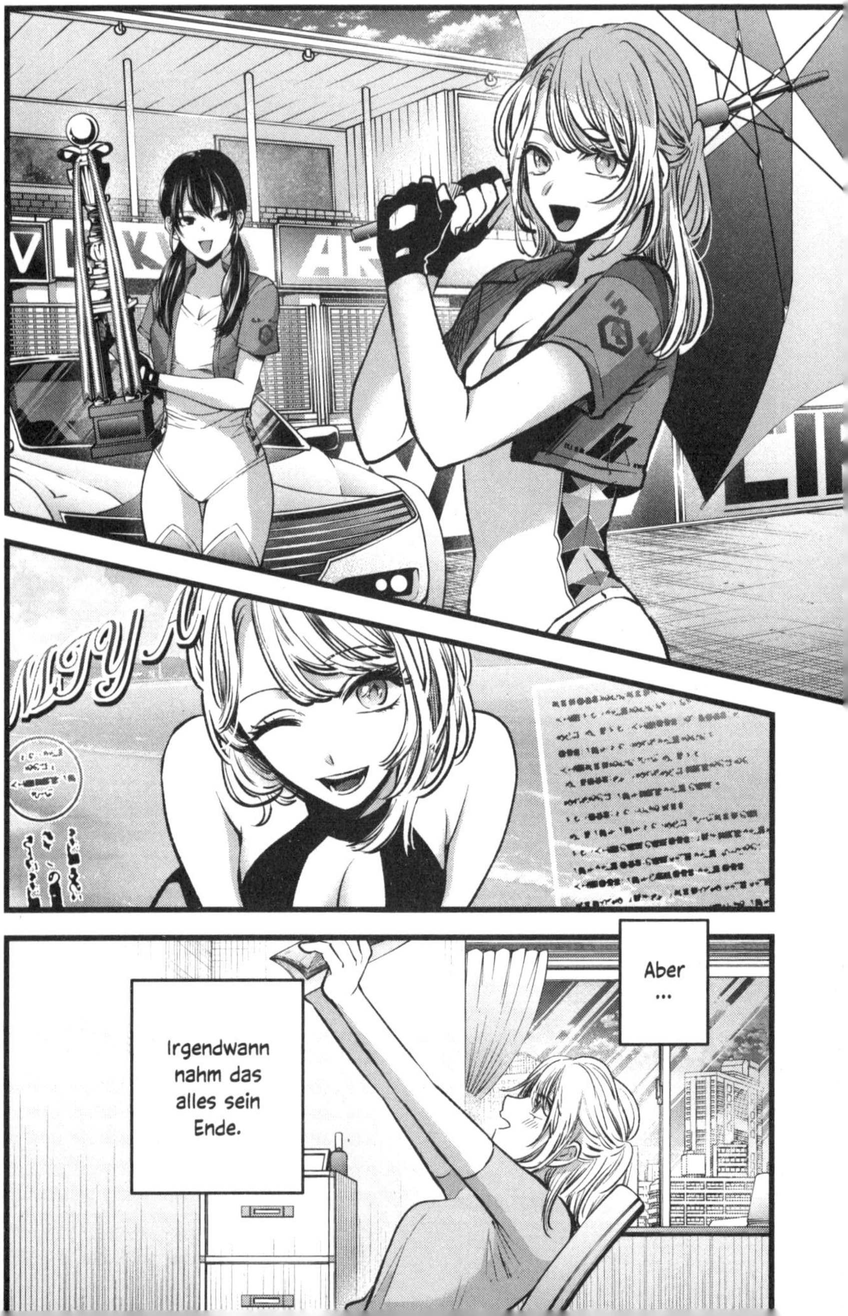

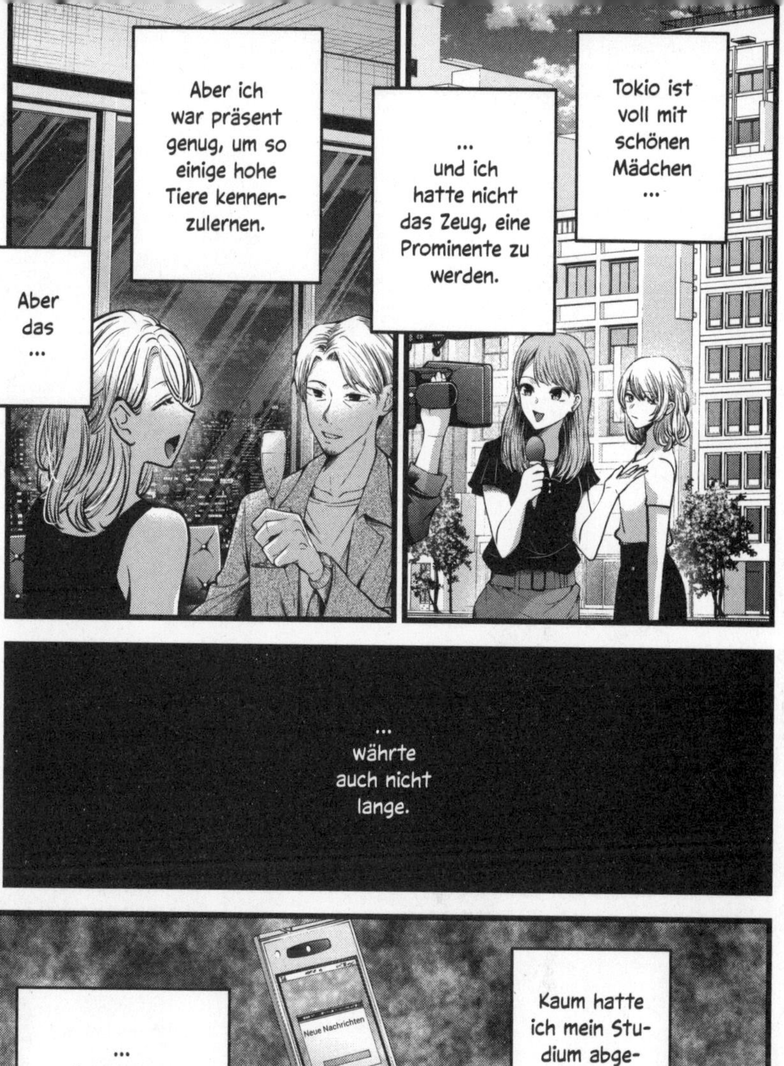

Tokio ist voll mit schönen Mädchen ...

... und ich hatte nicht das Zeug, eine Prominente zu werden.

Aber ich war präsent genug, um so einige hohe Tiere kennenzulernen.

Aber das ...

... währte auch nicht lange.

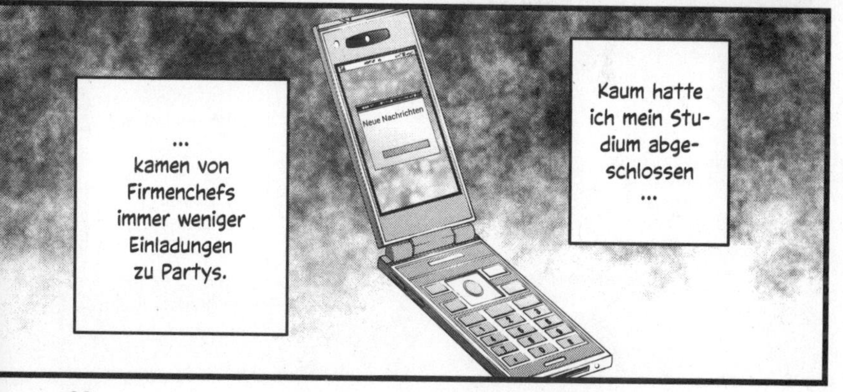

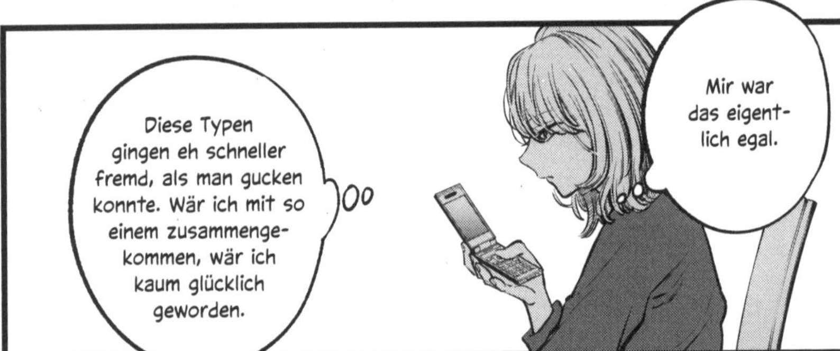
Mir war das eigentlich egal.
Diese Typen gingen eh schneller fremd, als man gucken konnte. Wär ich mit so einem zusammengekommen, wär ich kaum glücklich geworden.

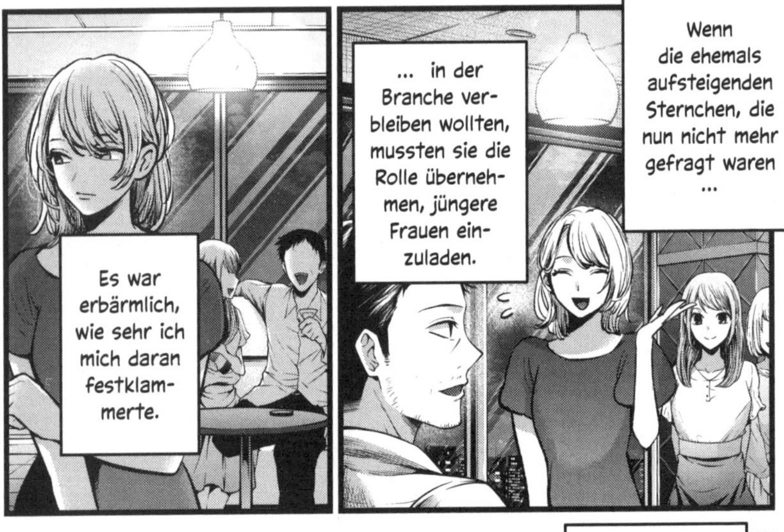
Wenn die ehemals aufsteigenden Sternchen, die nun nicht mehr gefragt waren ...
... in der Branche verbleiben wollten, mussten sie die Rolle übernehmen, jüngere Frauen einzuladen.
Es war erbärmlich, wie sehr ich mich daran festklammerte.

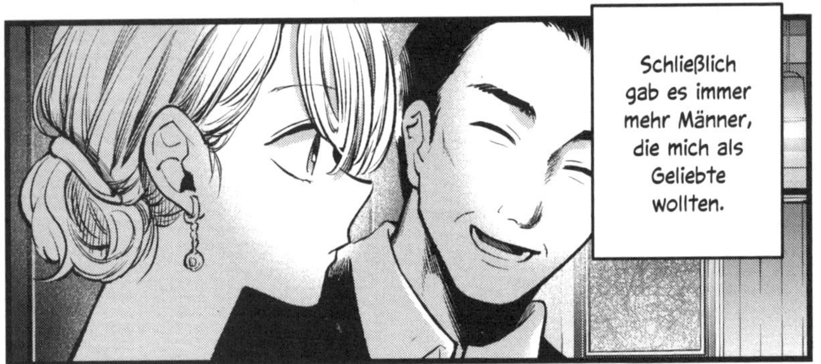
Schließlich gab es immer mehr Männer, die mich als Geliebte wollten.

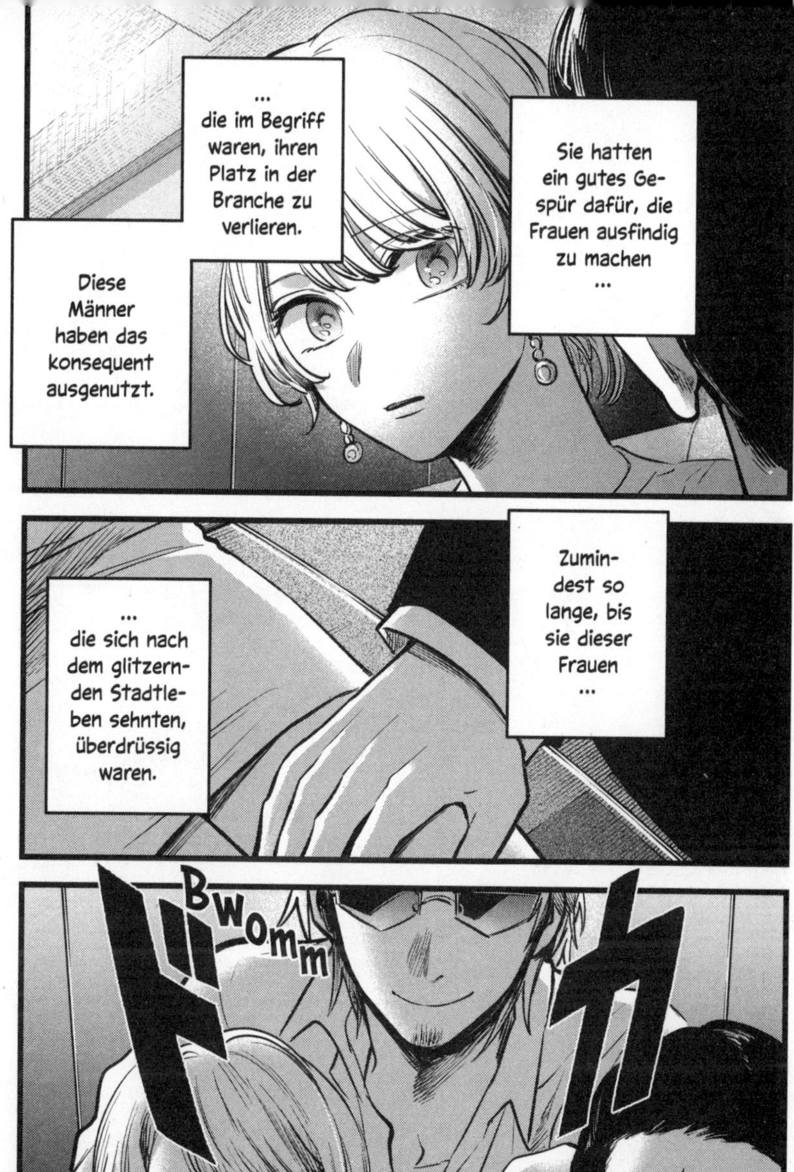
Sie hatten ein gutes Gespür dafür, die Frauen ausfindig zu machen …
… die im Begriff waren, ihren Platz in der Branche zu verlieren.
Diese Männer haben das konsequent ausgenutzt.
Zumindest so lange, bis sie dieser Frauen …
… die sich nach dem glitzernden Stadtleben sehnten, überdrüssig waren.
Bwomm

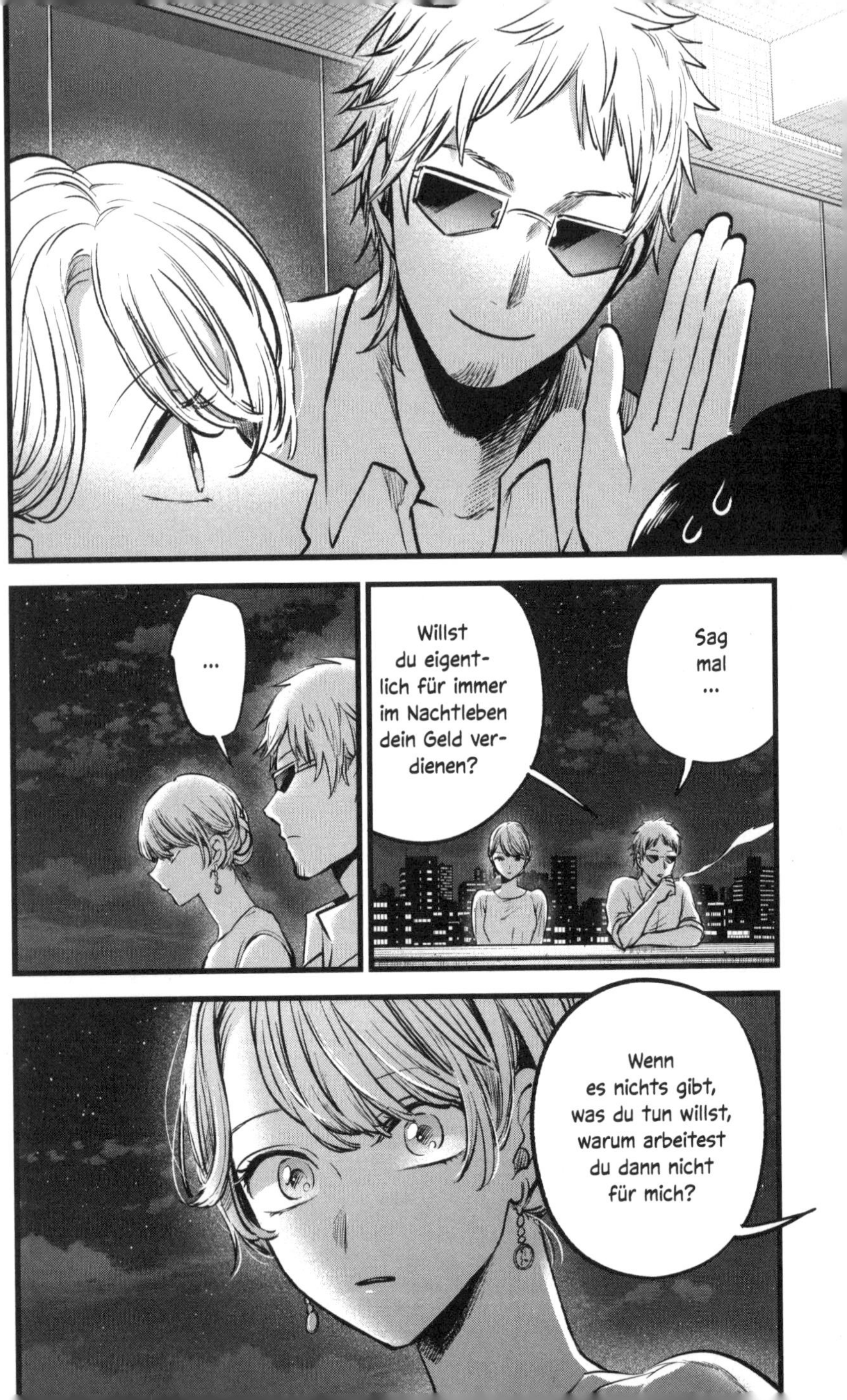

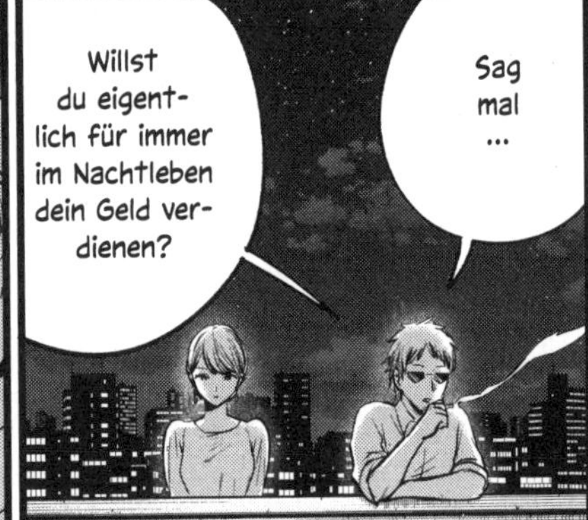
Sag mal ...
Willst du eigentlich für immer im Nachtleben dein Geld verdienen?

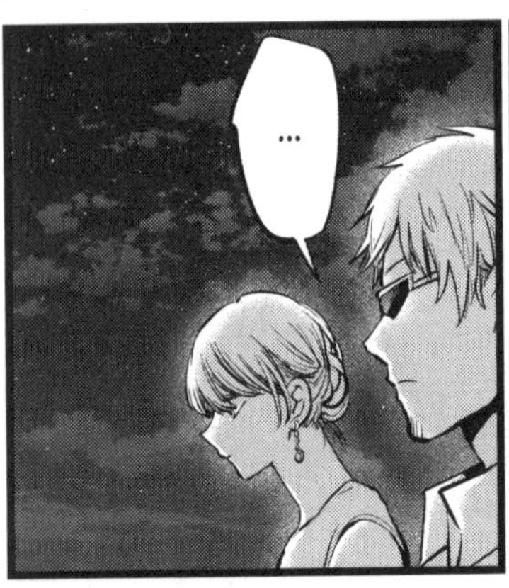
...

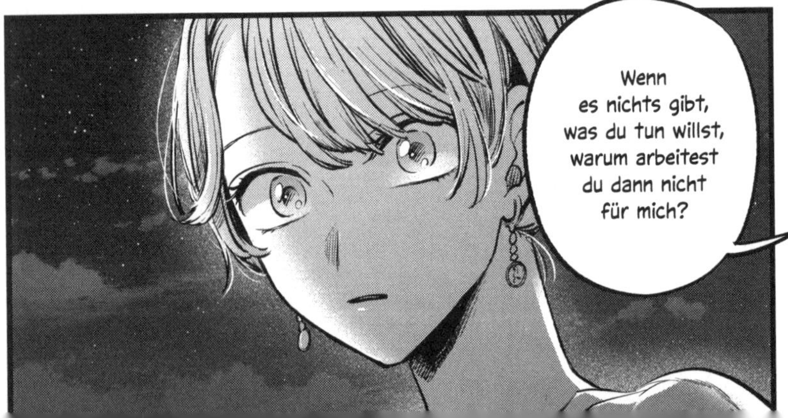
Wenn es nichts gibt, was du tun willst, warum arbeitest du dann nicht für mich?

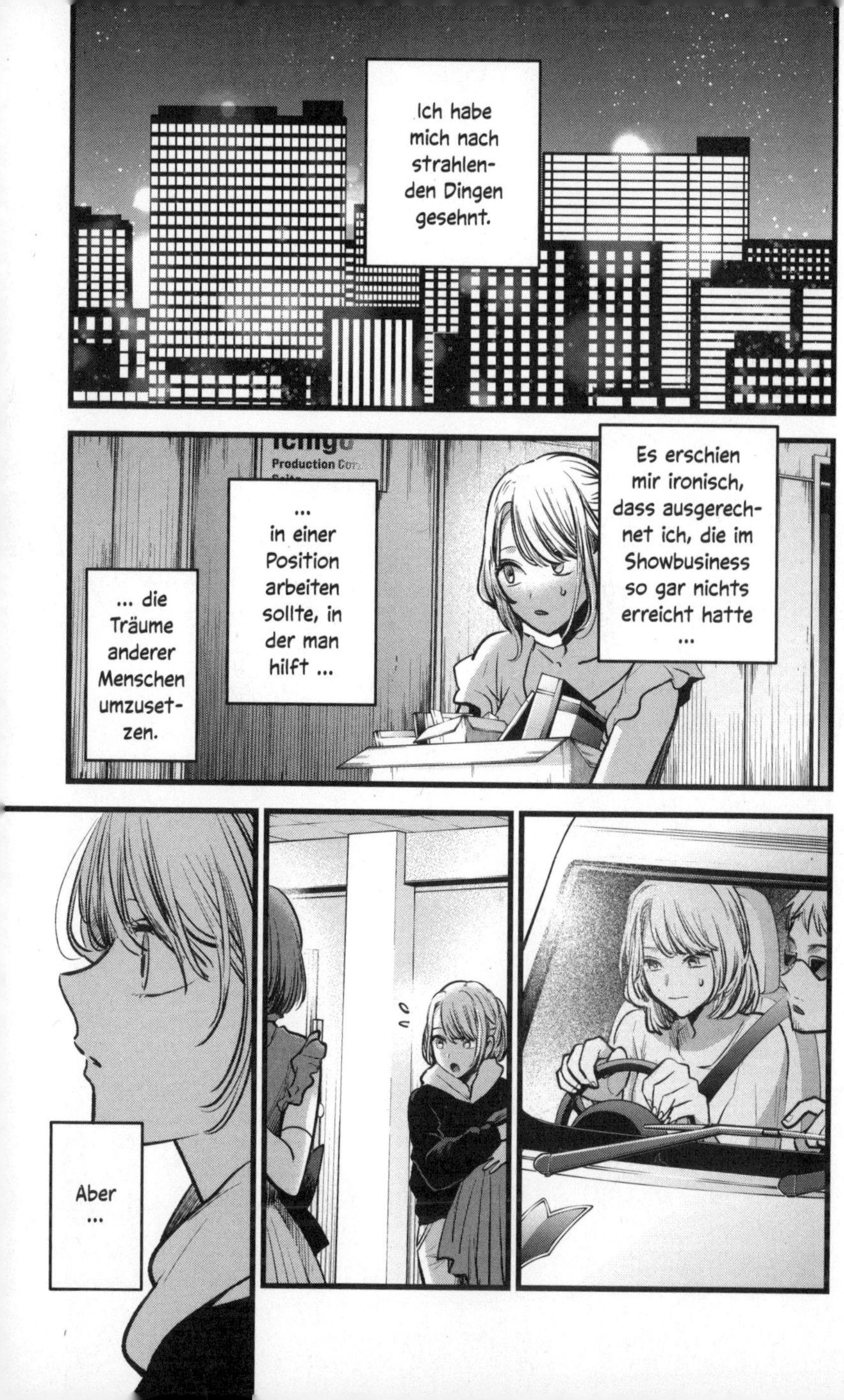

Ich habe mich nach strahlenden Dingen gesehnt.

Es erschien mir ironisch, dass ausgerechnet ich, die im Showbusiness so gar nichts erreicht hatte ...

... in einer Position arbeiten sollte, in der man hilft ...

... die Träume anderer Menschen umzusetzen.

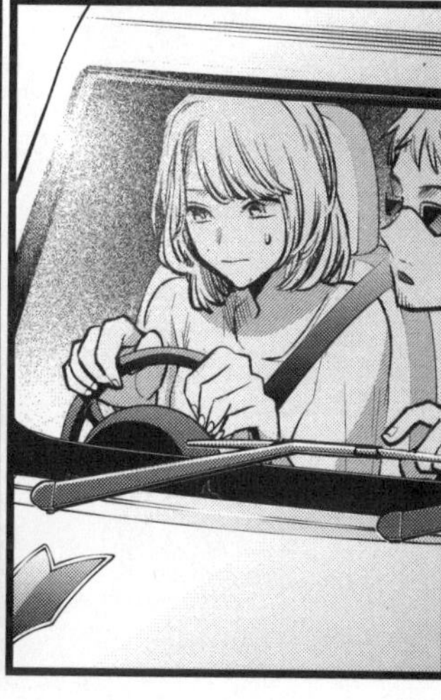

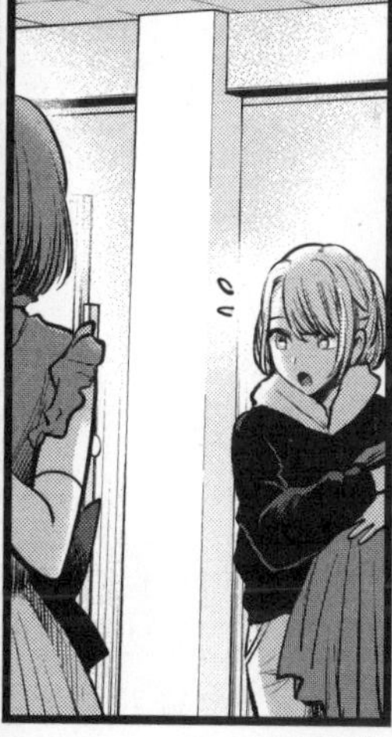

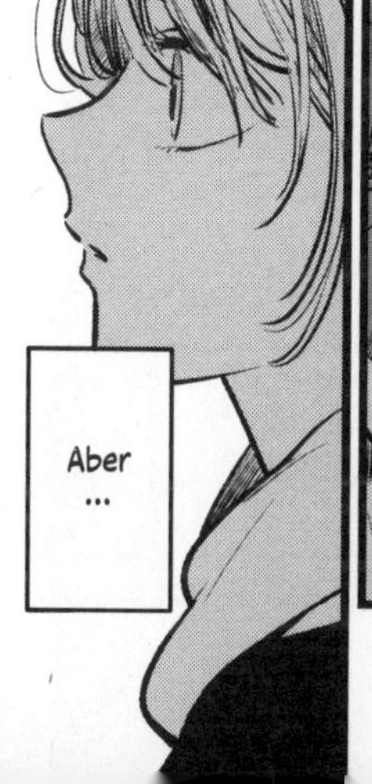

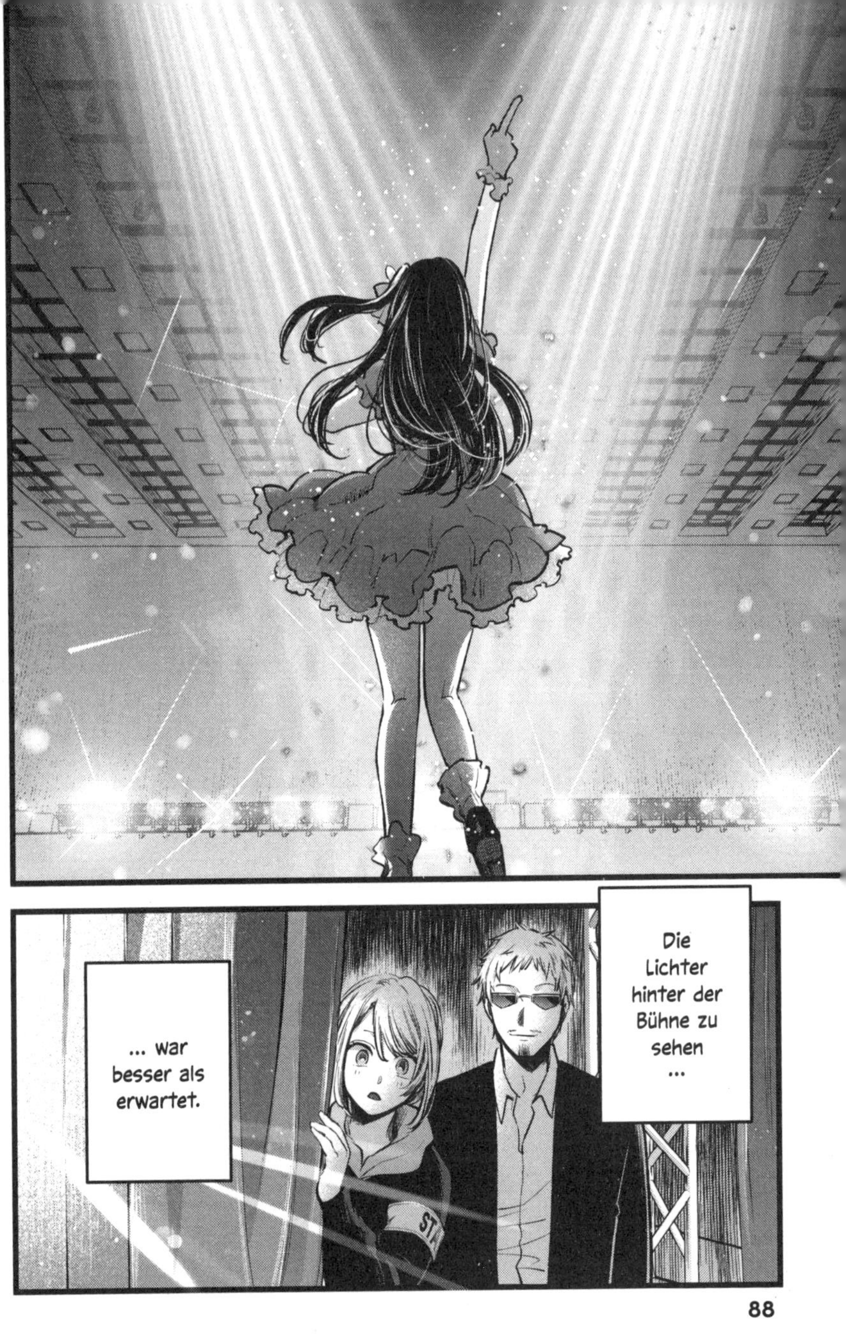

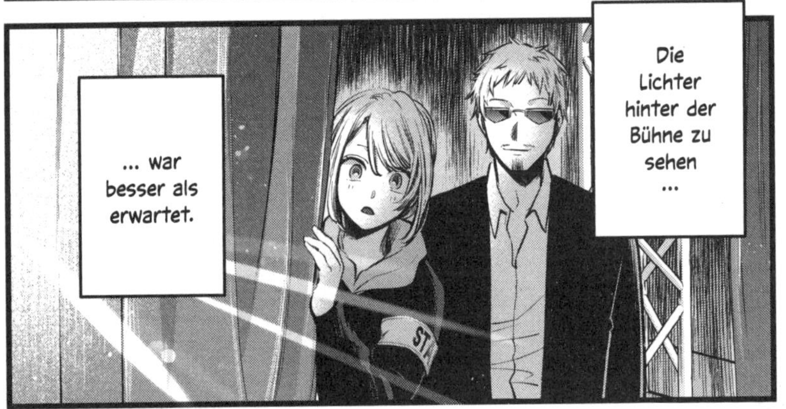
Die Lichter hinter der Bühne zu sehen ...
... war besser als erwartet.

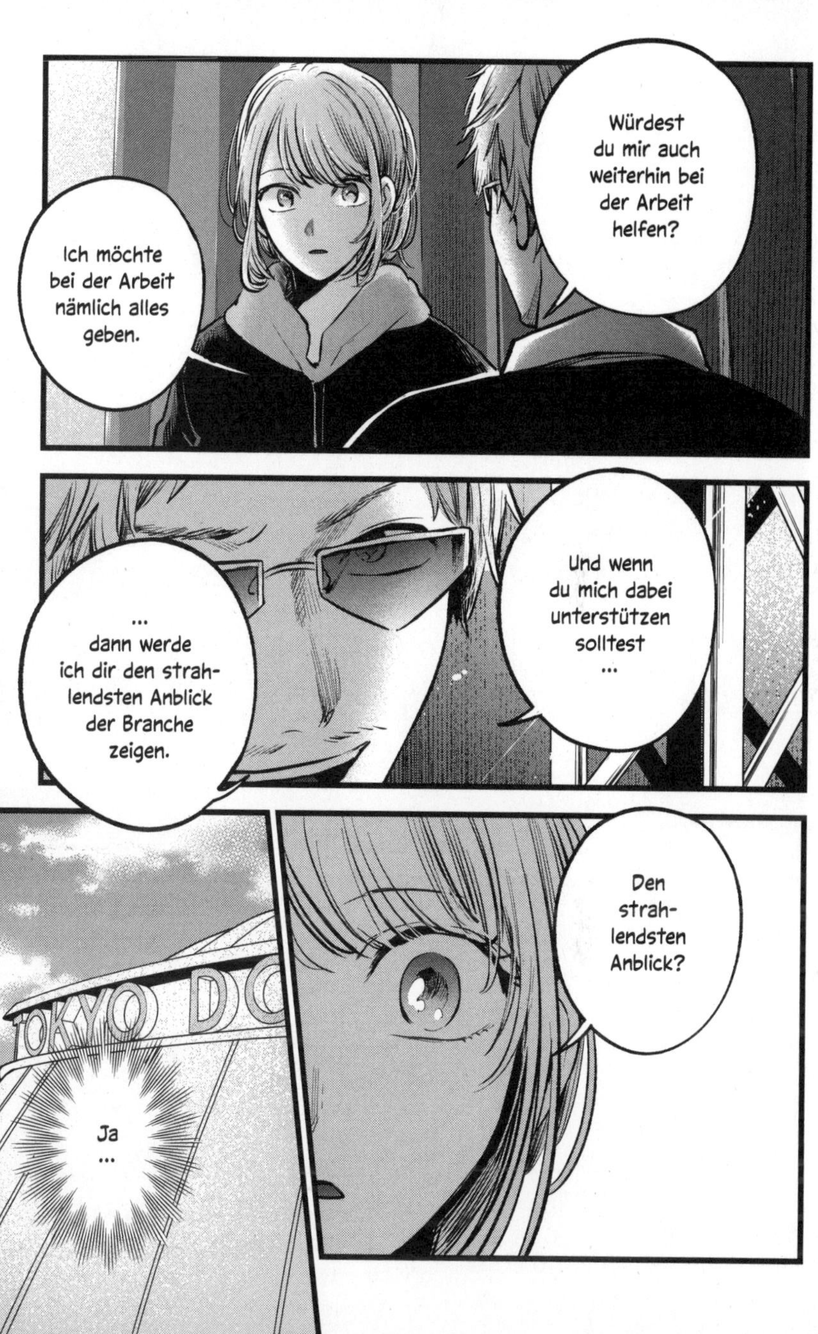
Würdest du mir auch weiterhin bei der Arbeit helfen?
Ich möchte bei der Arbeit nämlich alles geben.
Und wenn du mich dabei unterstützen solltest ...
... dann werde ich dir den strahlendsten Anblick der Branche zeigen.
Den strahlendsten Anblick?
TOKYO DO
Ja ...

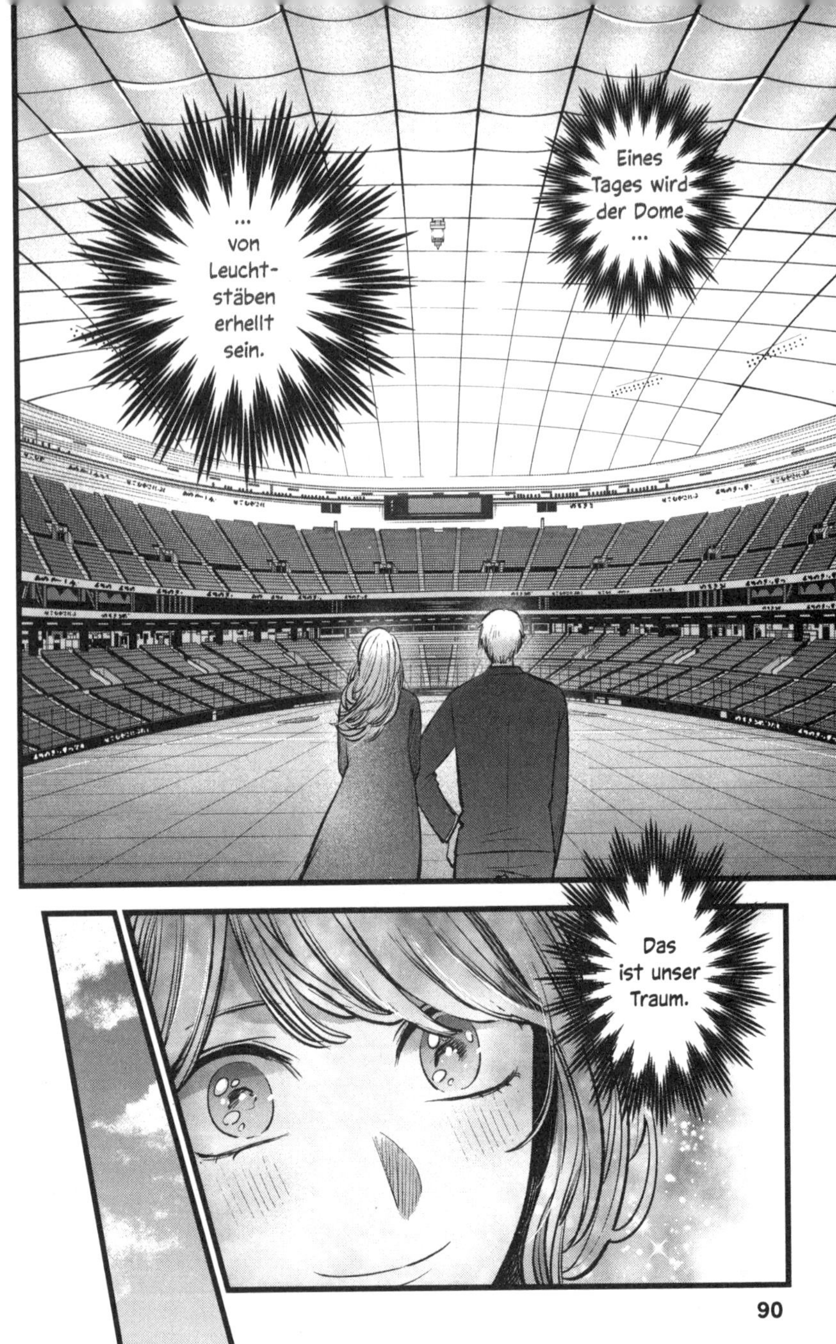
Eines Tages wird der Dome ...
... von Leucht-stäben erhellt sein.
Das ist unser Traum.

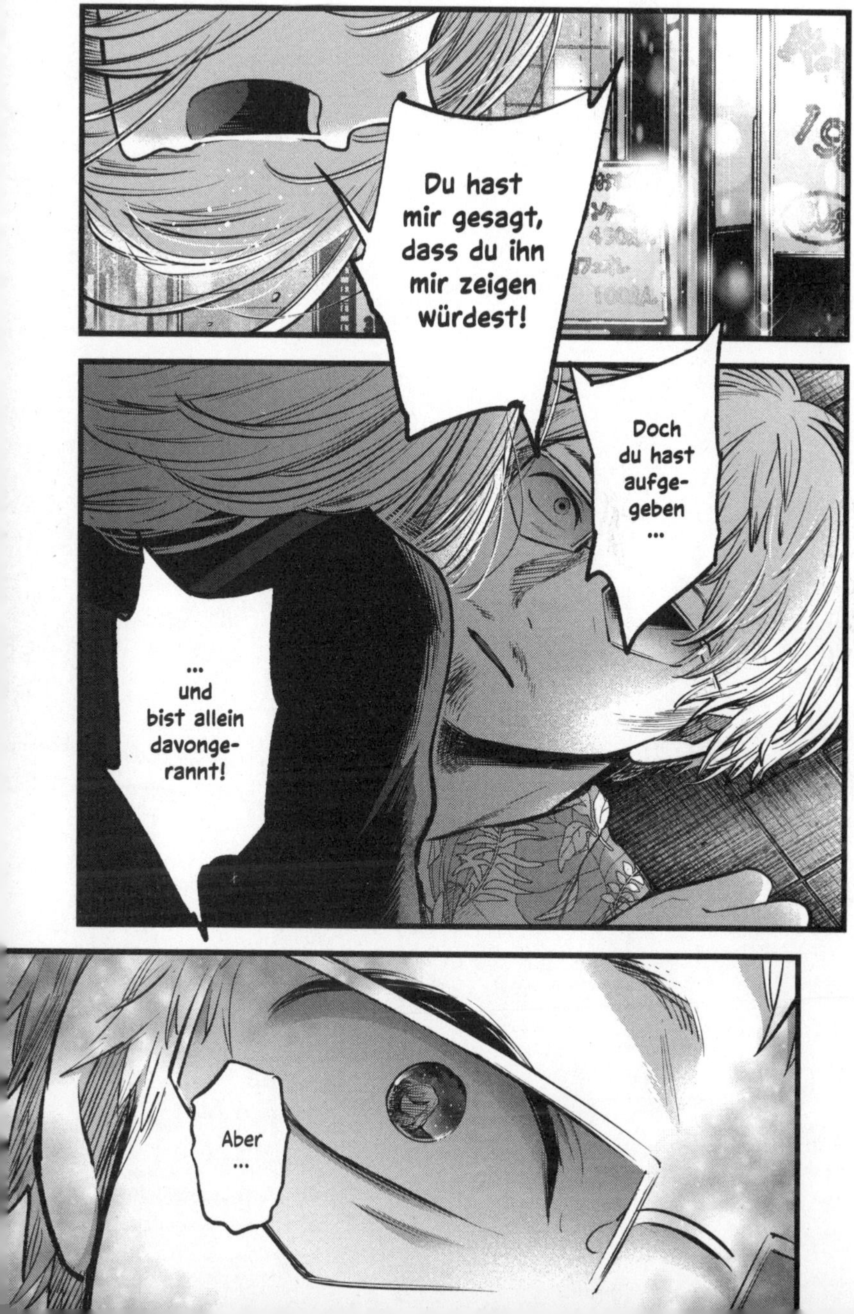

Du hast mir gesagt, dass du ihn mir zeigen würdest!

Doch du hast aufgegeben ...

... und bist allein davongerannt!

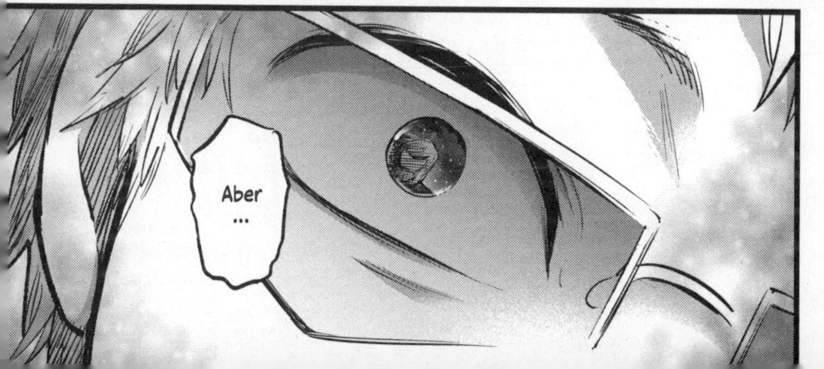

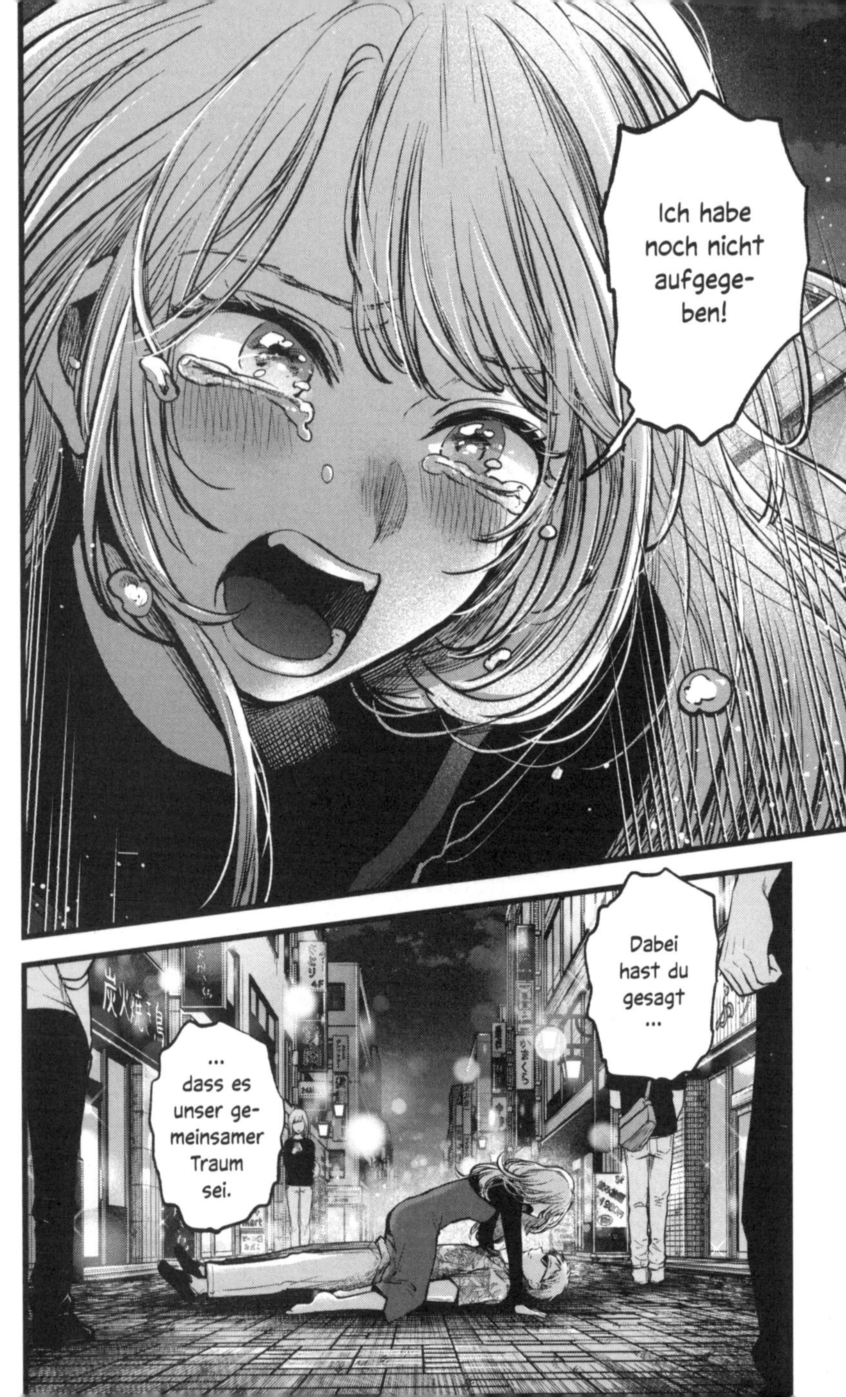
Ich habe noch nicht aufgegeben!
Dabei hast du gesagt ...
... dass es unser gemeinsamer Traum sei.

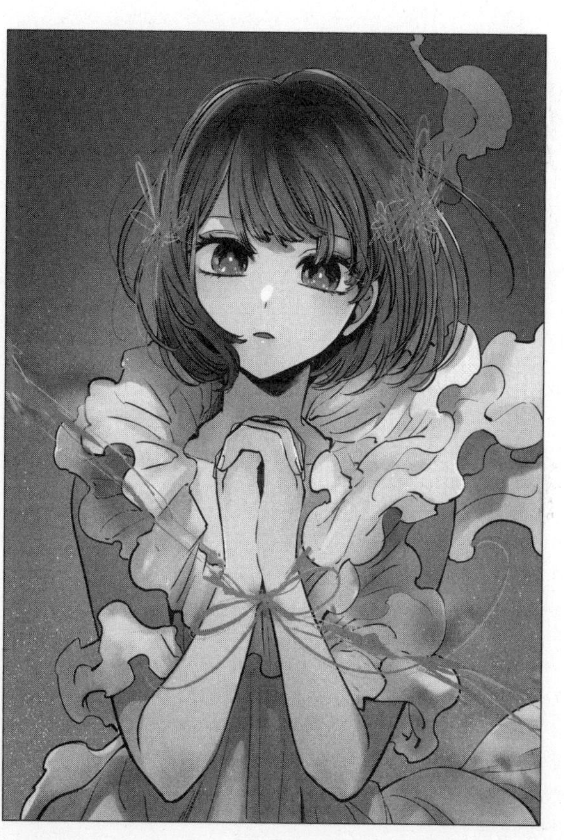

【Mein♥Star】

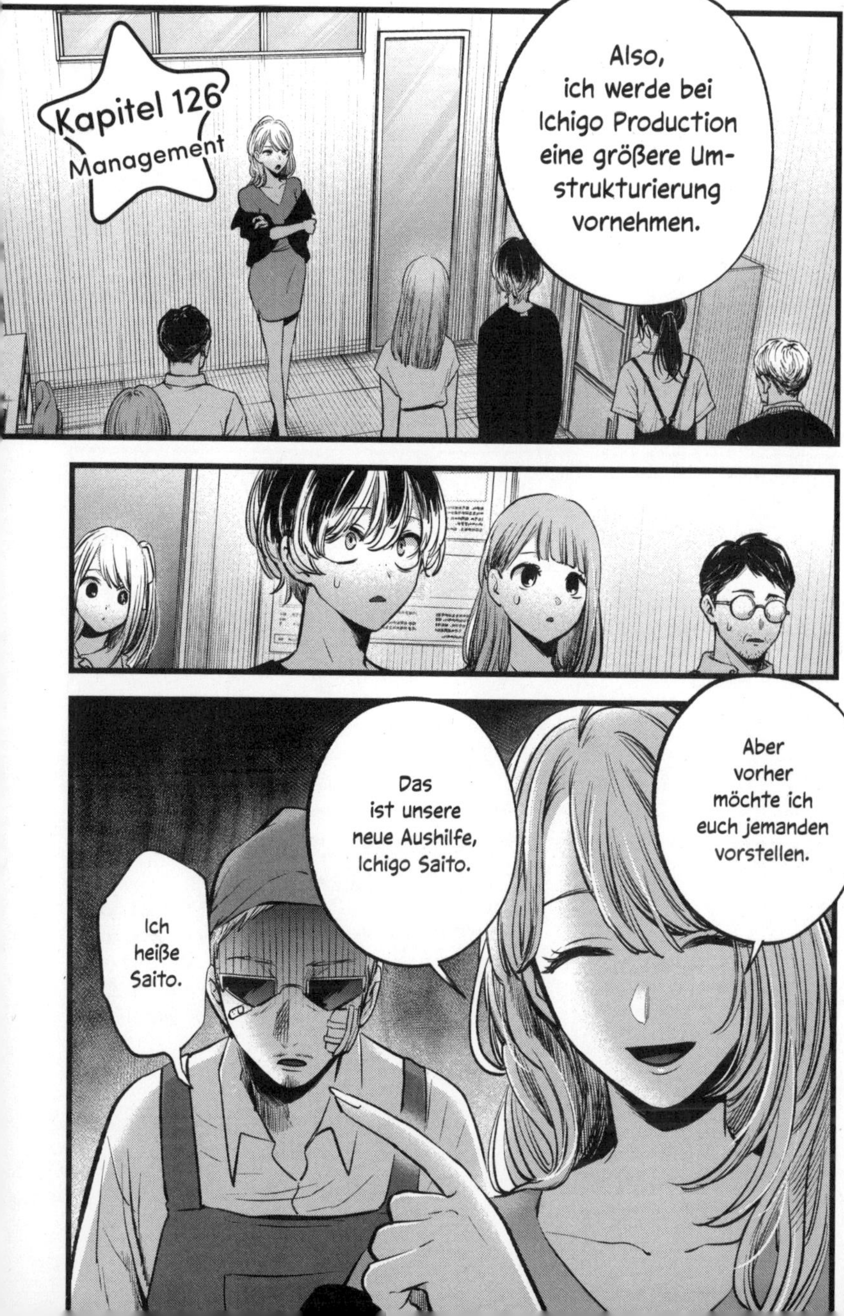

Kapitel 126 Management

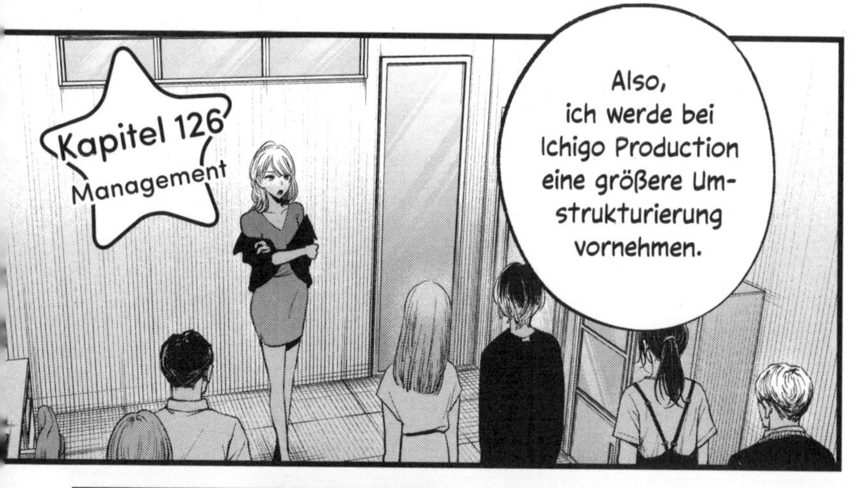

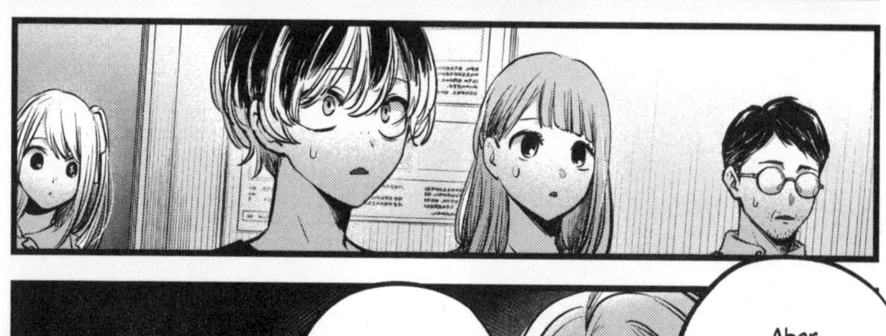

Aber vorher möchte ich euch jemanden vorstellen.

Das ist unsere neue Aushilfe, Ichigo Saito.

Ich heiße Saito.

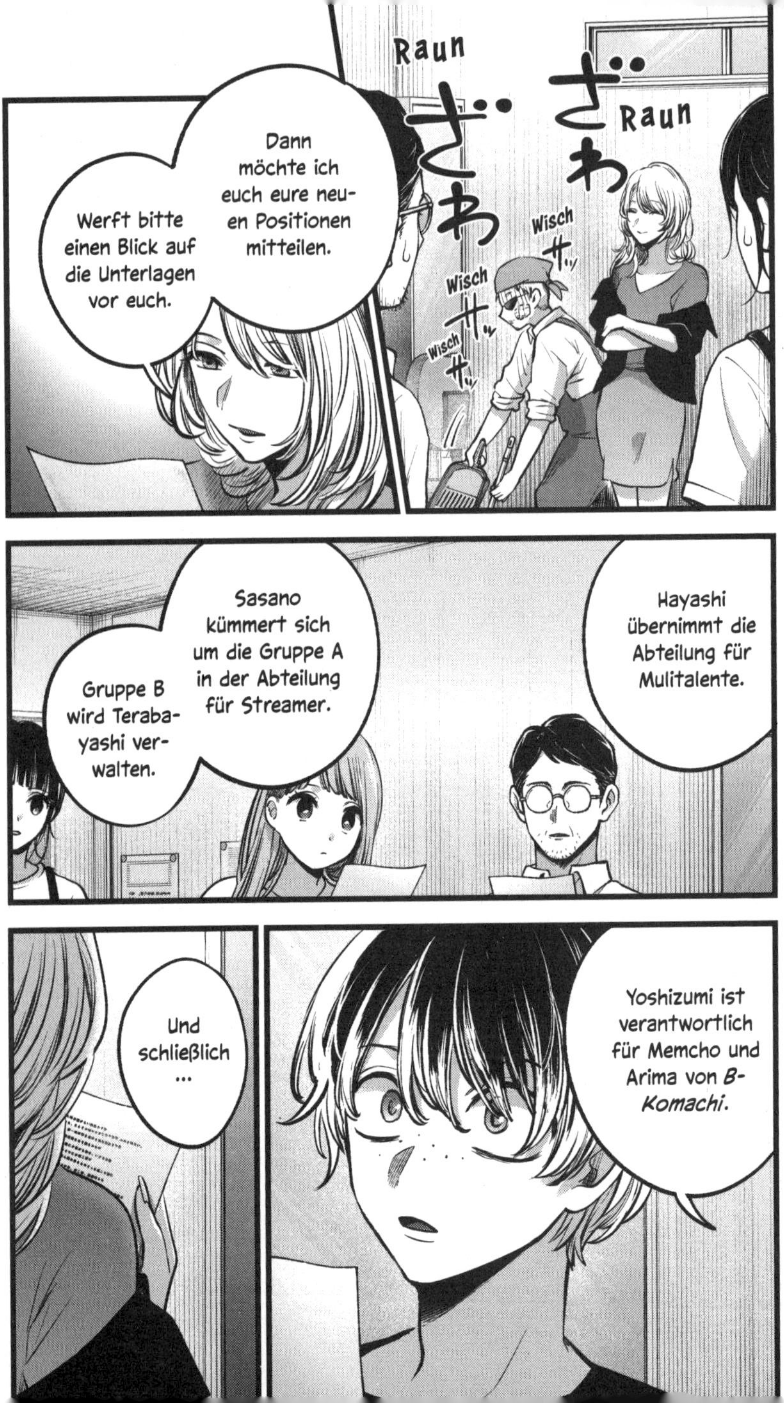

Raun

ざわ ざわ

Raun

Dann möchte ich euch eure neuen Positionen mitteilen.

Werft bitte einen Blick auf die Unterlagen vor euch.

Wisch

Wisch

Wisch

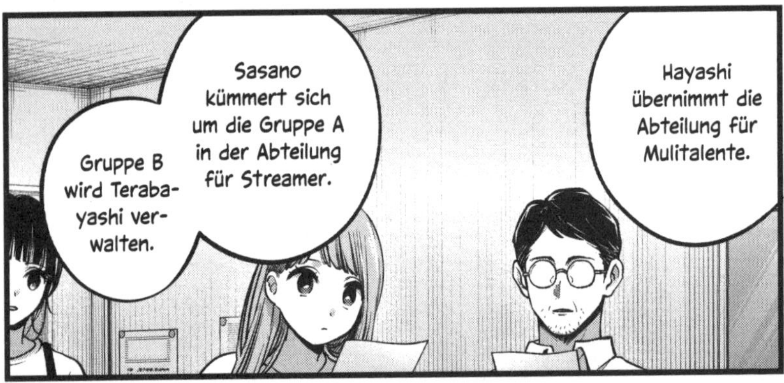

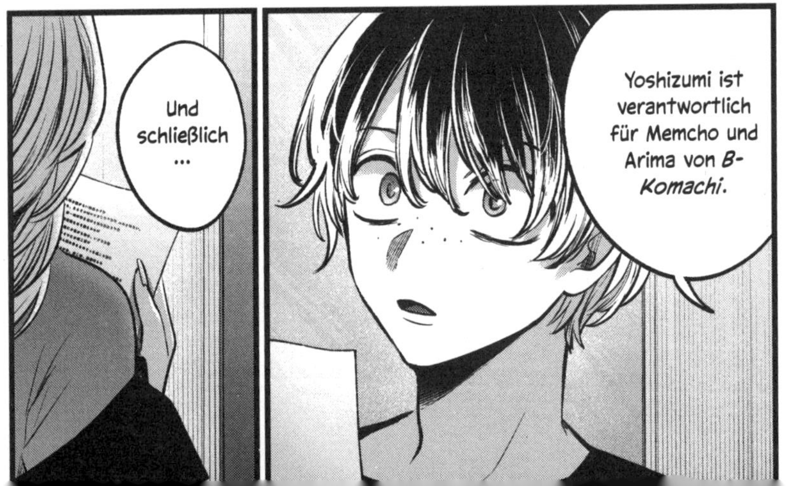

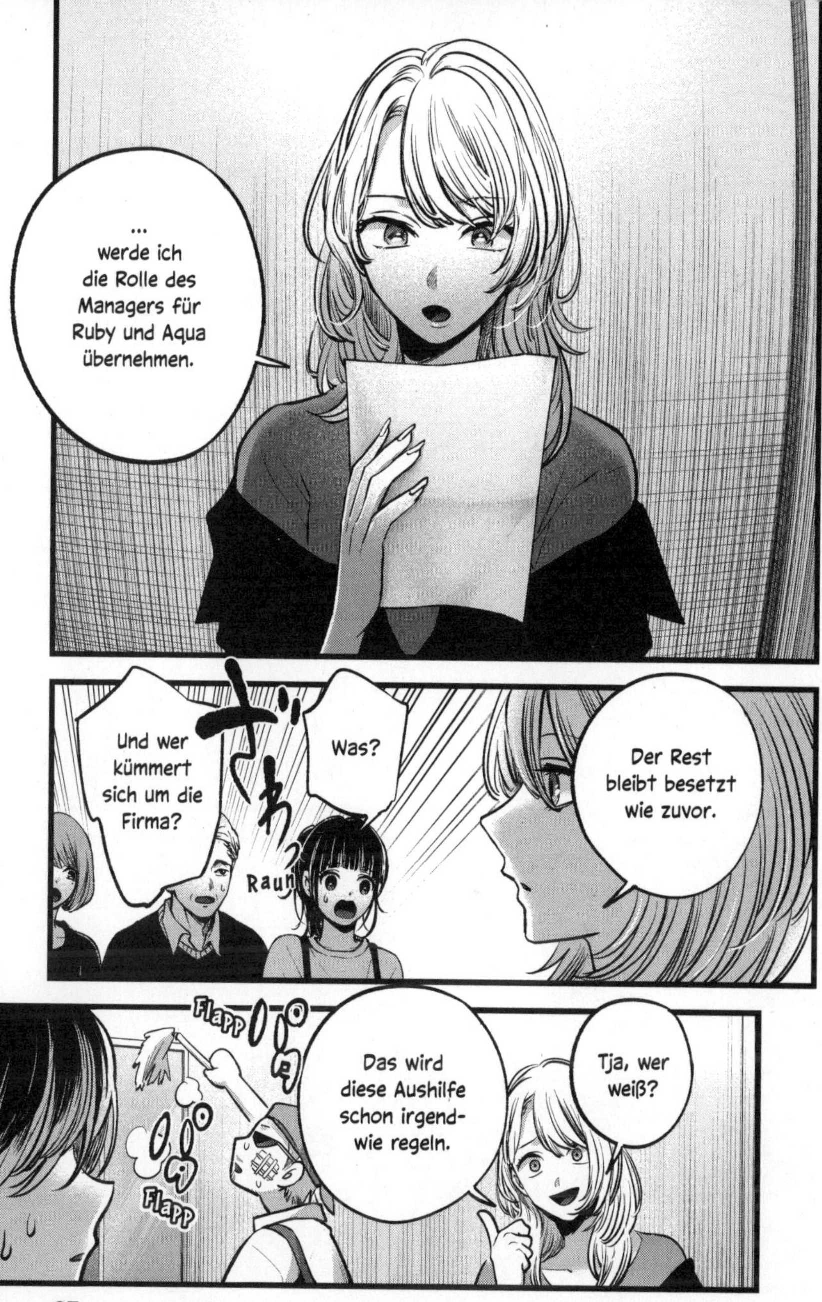

... werde ich die Rolle des Managers für Ruby und Aqua übernehmen.
Der Rest bleibt besetzt wie zuvor.
Was?
Raun
Und wer kümmert sich um die Firma?
Tja, wer weiß?
Das wird diese Aushilfe schon irgendwie regeln.
Flapp
Flapp

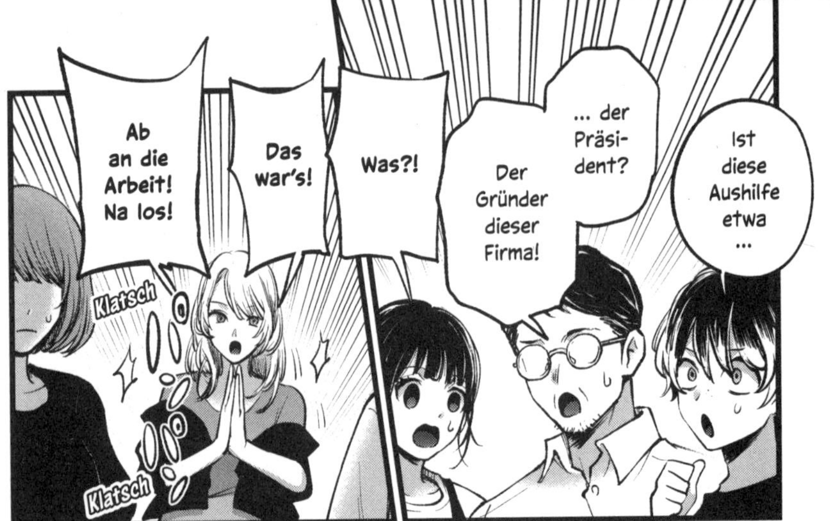
Ist diese Aushilfe etwa ...
... der Präsident?
Der Gründer dieser Firma!
Was?!
Das war's!
Ab an die Arbeit! Na los!
Klatsch
Klatsch

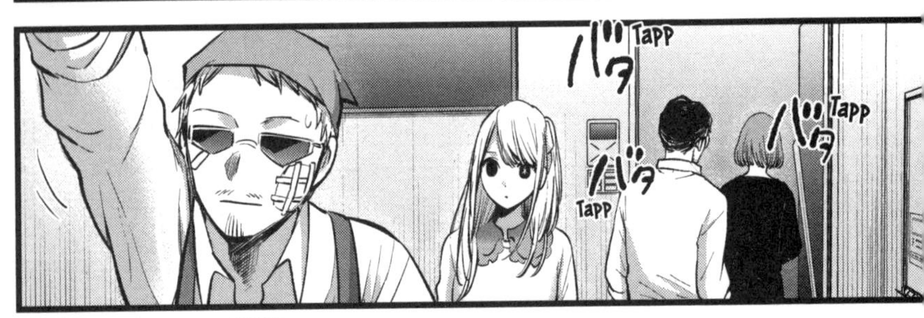
Tapp
Tapp
Tapp

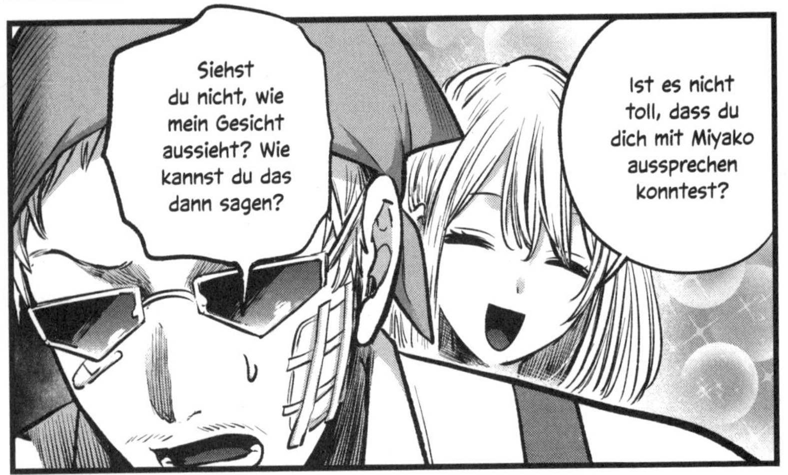
Ist es nicht toll, dass du dich mit Miyako aussprechen konntest?
Siehst du nicht, wie mein Gesicht aussieht? Wie kannst du das dann sagen?

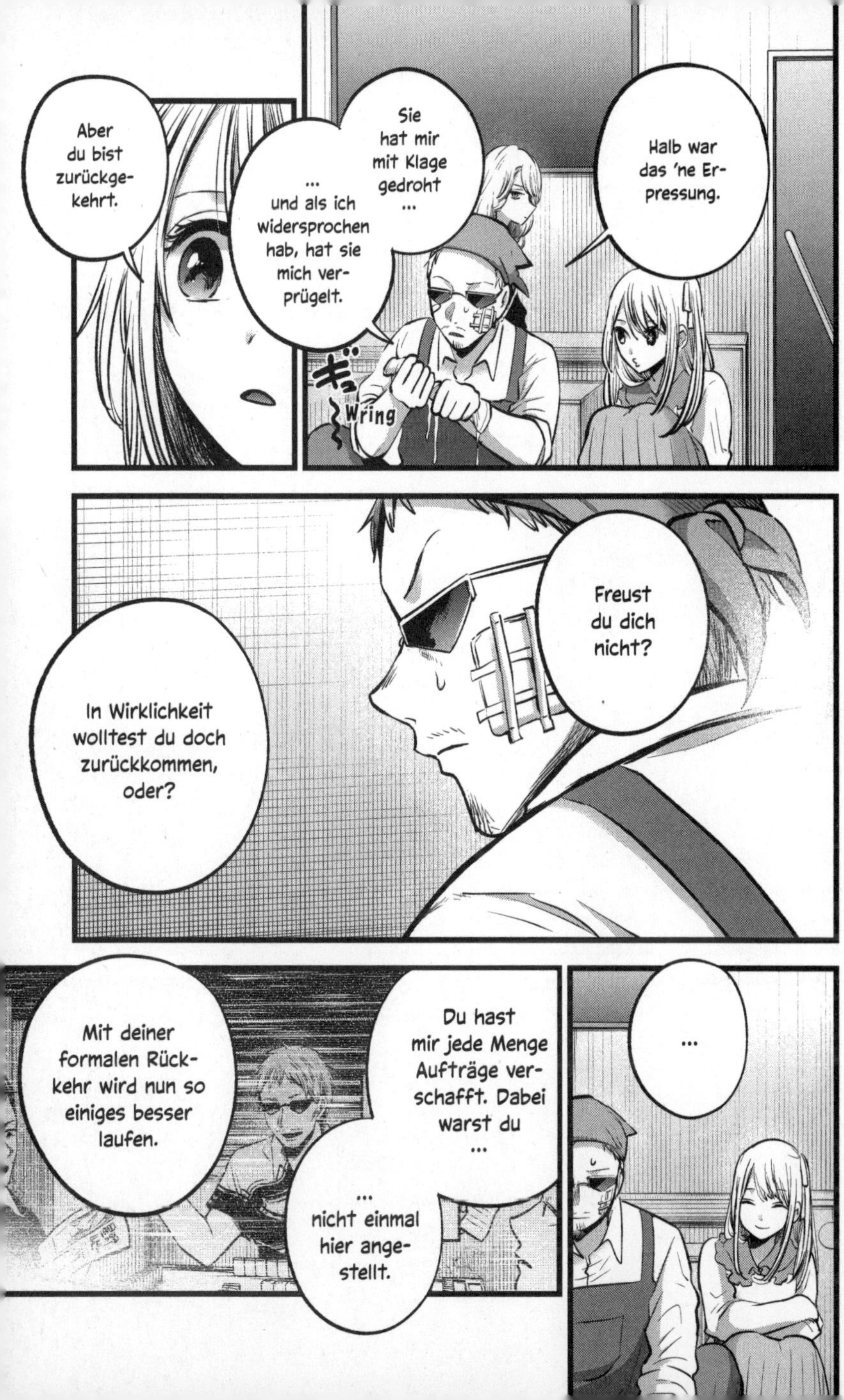

Halb war das 'ne Erpressung.

Sie hat mir mit Klage gedroht ...

... und als ich widersprochen hab, hat sie mich verprügelt.

ギュ

Wring

Aber du bist zurückgekehrt.

Freust du dich nicht?

In Wirklichkeit wolltest du doch zurückkommen, oder?

...

Du hast mir jede Menge Aufträge verschafft. Dabei warst du ...

... nicht einmal hier angestellt.

Mit deiner formalen Rückkehr wird nun so einiges besser laufen.

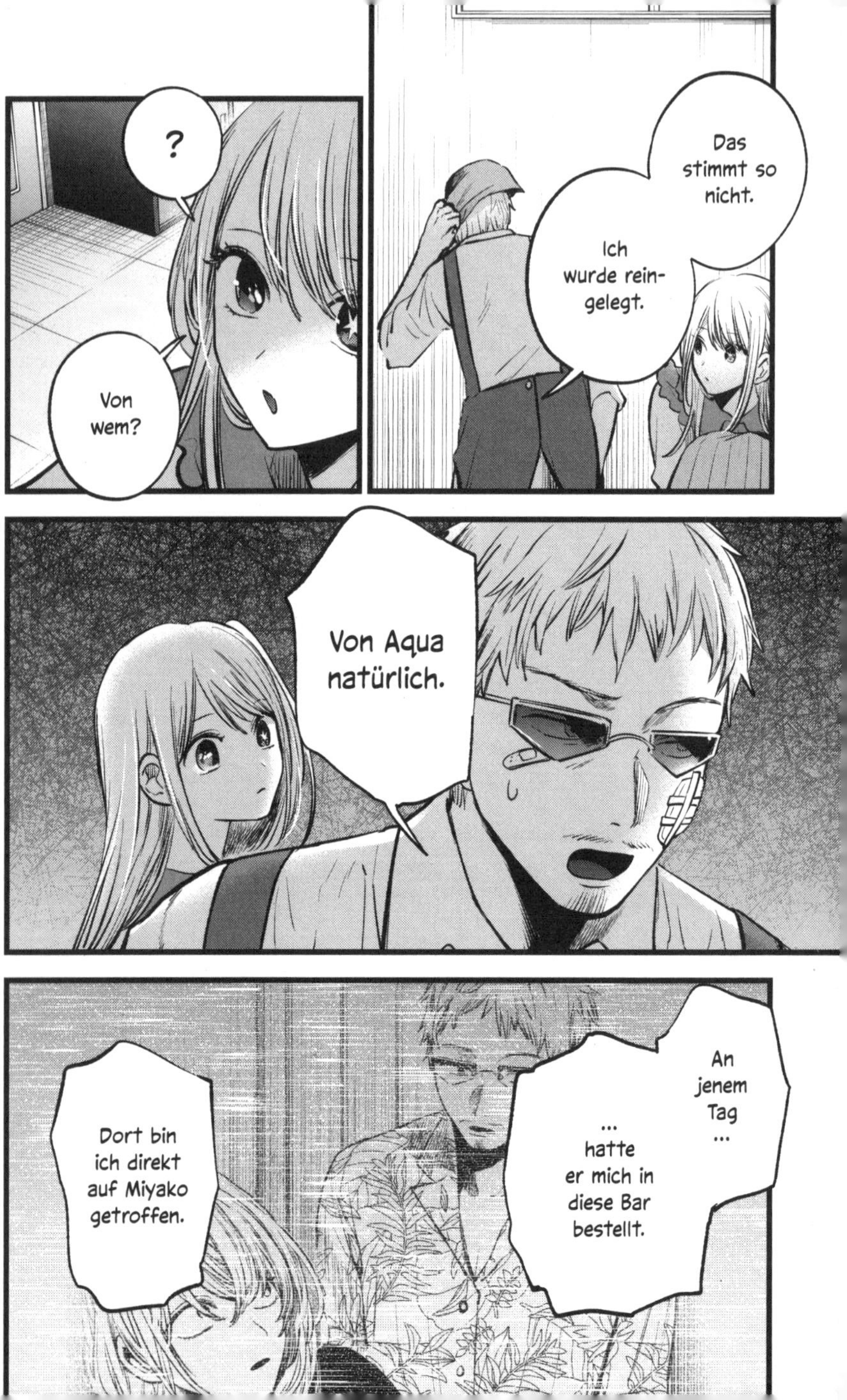

Das stimmt so nicht.

Ich wurde reingelegt.

?

Von wem?

Von Aqua natürlich.

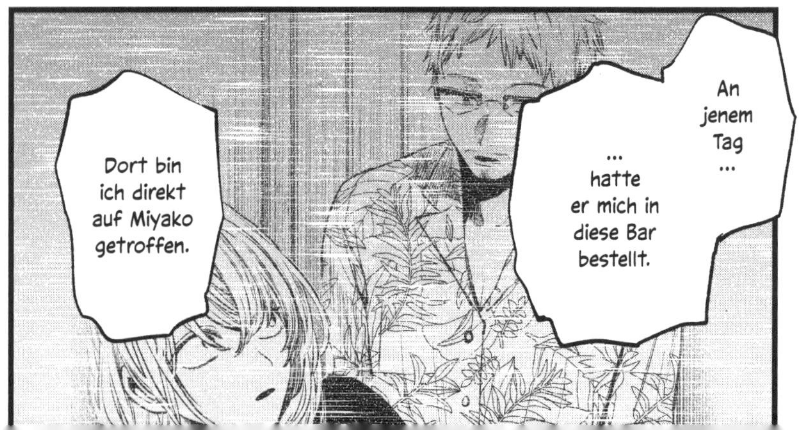

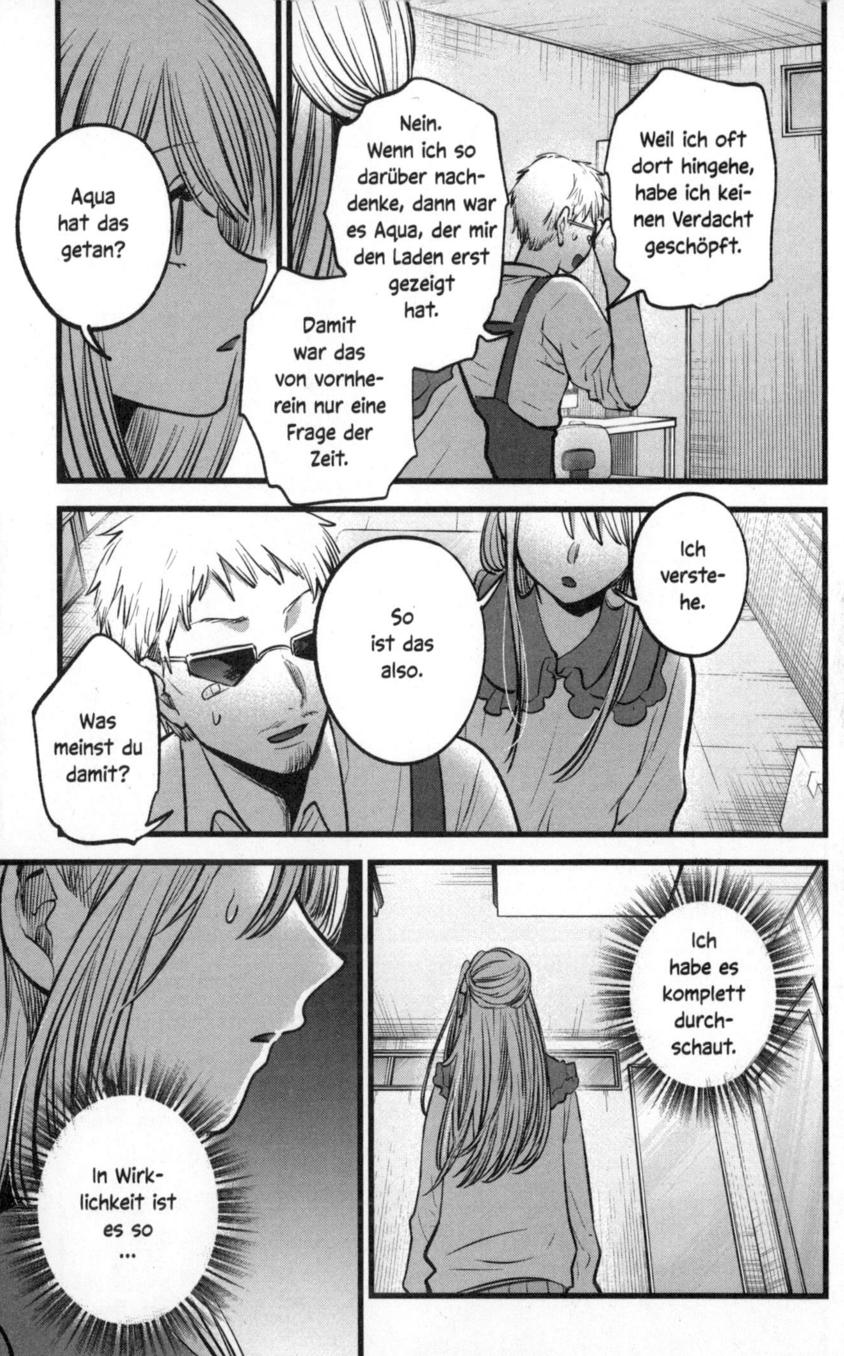
Weil ich oft dort hingehe, habe ich keinen Verdacht geschöpft.
Nein. Wenn ich so darüber nachdenke, dann war es Aqua, der mir den Laden erst gezeigt hat.
Damit war das von vornherein nur eine Frage der Zeit.
Aqua hat das getan?
Ich verstehe.
So ist das also.
Was meinst du damit?
Ich habe es komplett durchschaut.
In Wirklichkeit ist es so ...

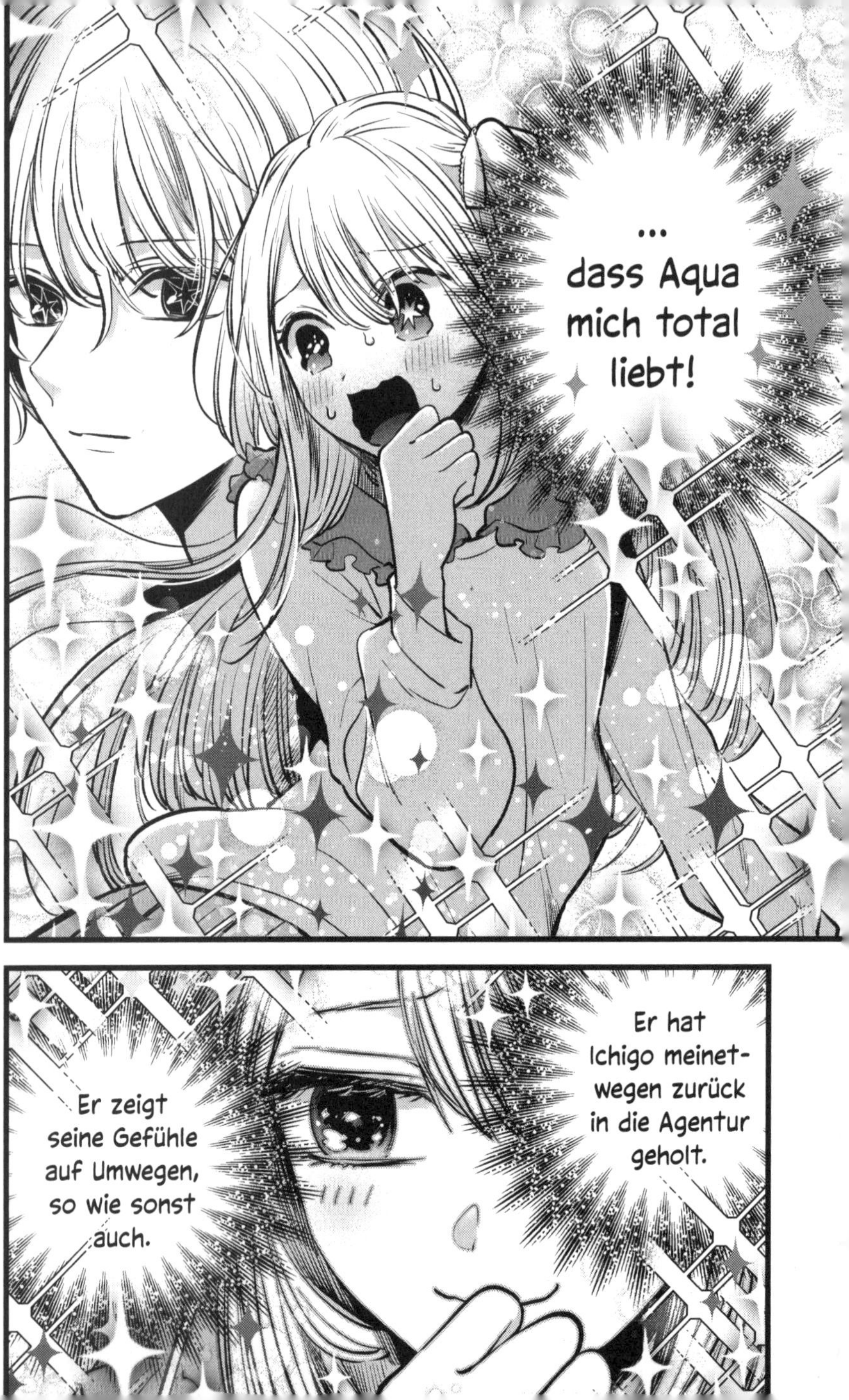

... dass Aqua mich total liebt!

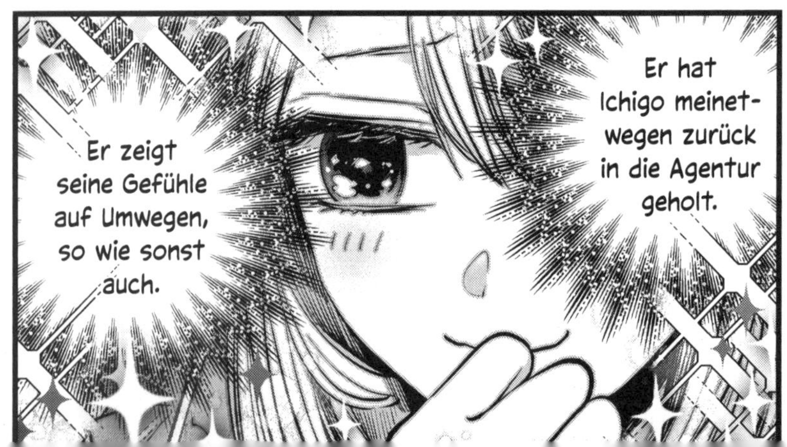

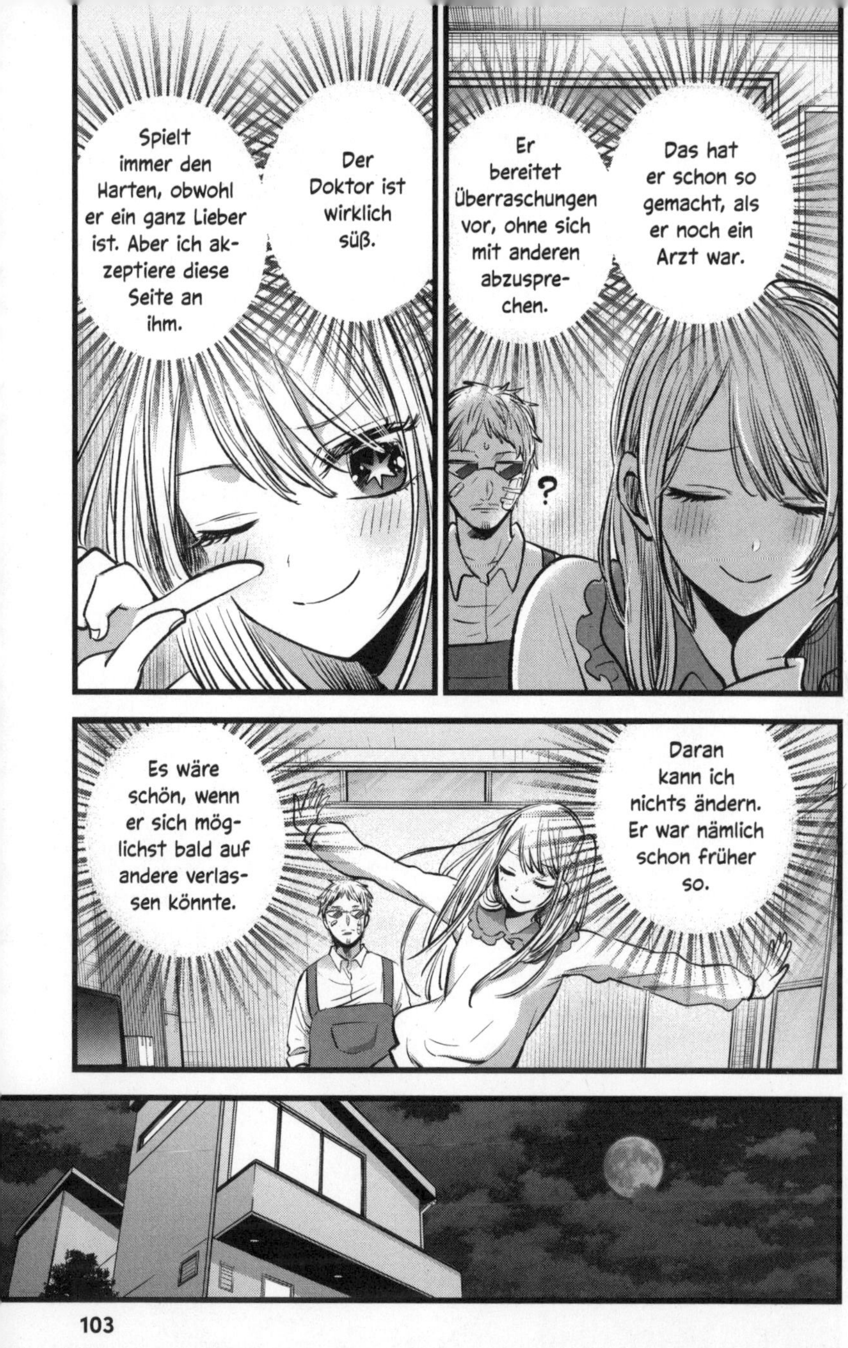

Das hat er schon so gemacht, als er noch ein Arzt war.

Er bereitet Überraschungen vor, ohne sich mit anderen abzusprechen.

?

Der Doktor ist wirklich süß.

Spielt immer den Harten, obwohl er ein ganz Lieber ist. Aber ich akzeptiere diese Seite an ihm.

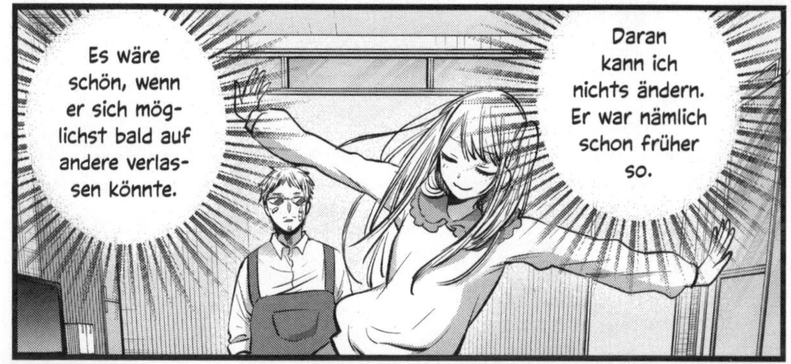

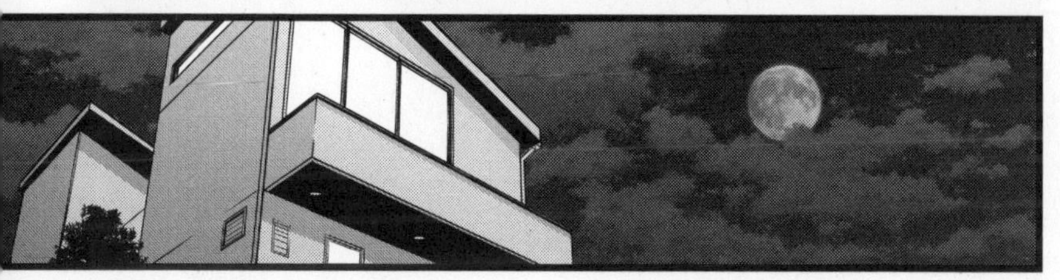

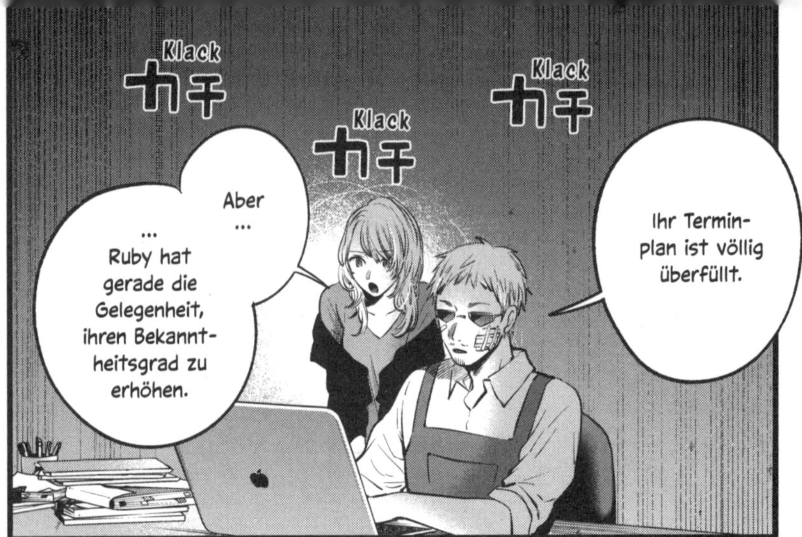
Klack
カチ
Klack
カチ
Klack
カチ
Ihr Terminplan ist völlig überfüllt.
Aber ...
... Ruby hat gerade die Gelegenheit, ihren Bekanntheitsgrad zu erhöhen.

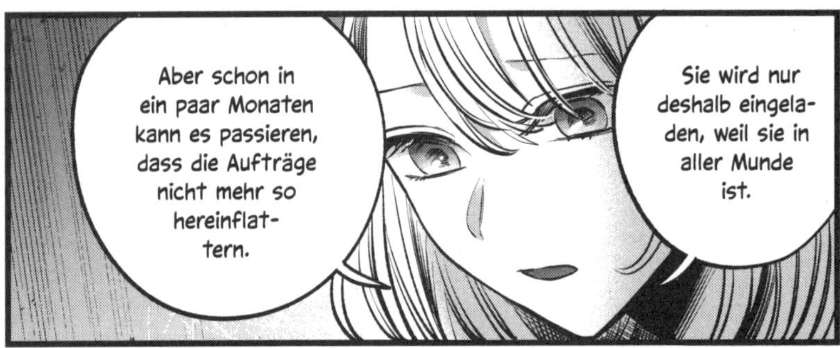
Sie wird nur deshalb eingeladen, weil sie in aller Munde ist.
Aber schon in ein paar Monaten kann es passieren, dass die Aufträge nicht mehr so hereinflattern.

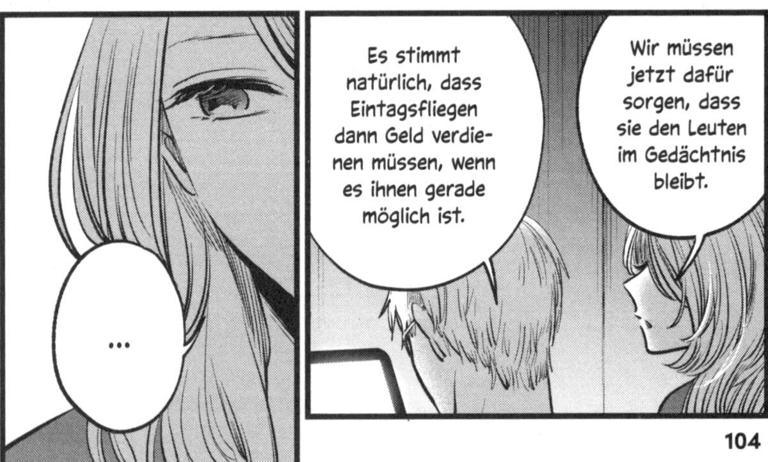
Wir müssen jetzt dafür sorgen, dass sie den Leuten im Gedächtnis bleibt.
Es stimmt natürlich, dass Eintagsfliegen dann Geld verdienen müssen, wenn es ihnen gerade möglich ist.
...

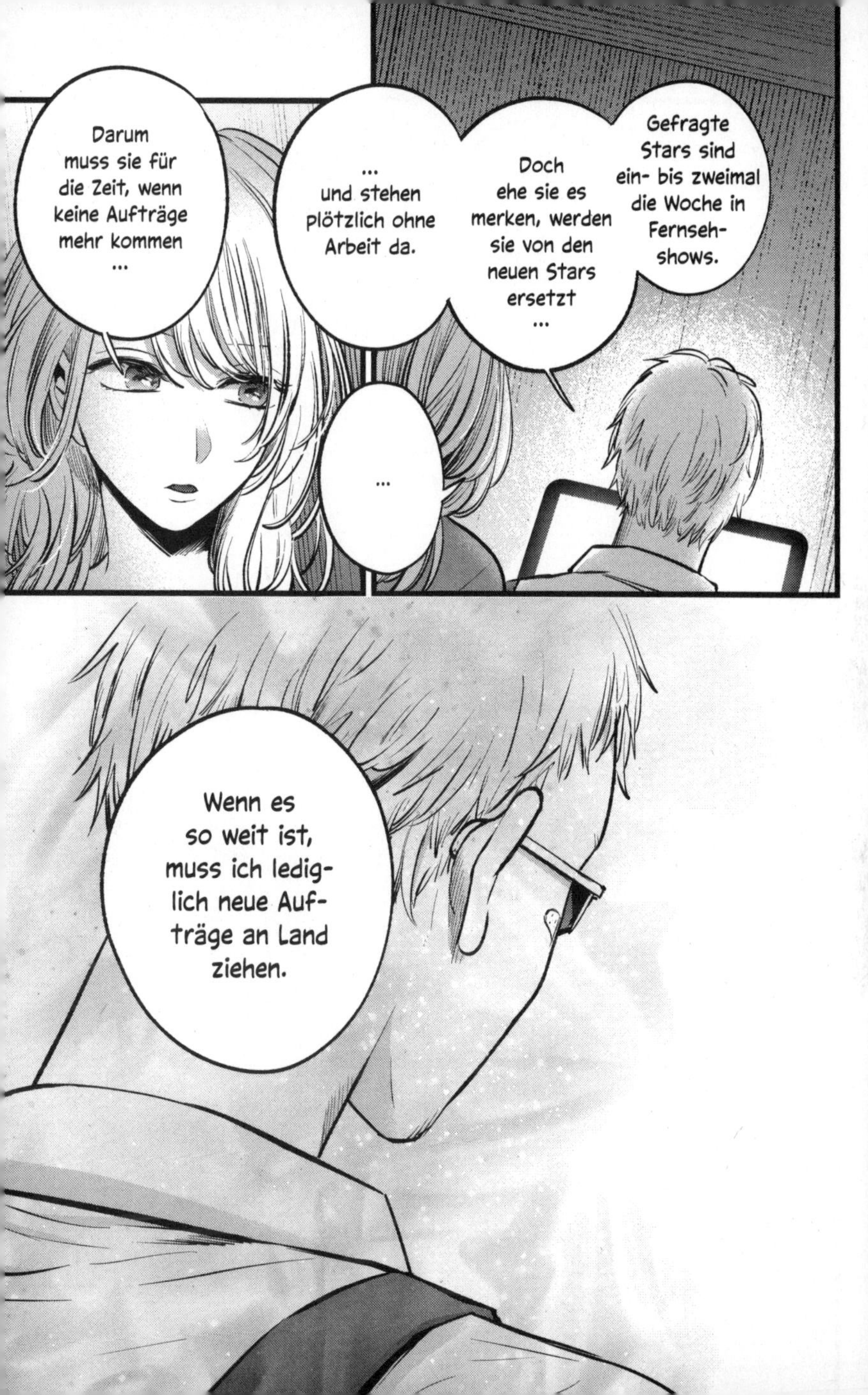
Gefragte Stars sind ein- bis zweimal die Woche in Fernseh-shows.
Doch ehe sie es merken, werden sie von den neuen Stars ersetzt ...
... und stehen plötzlich ohne Arbeit da.
...
Darum muss sie für die Zeit, wenn keine Aufträge mehr kommen ...
Wenn es so weit ist, muss ich ledig-lich neue Auf-träge an Land ziehen.

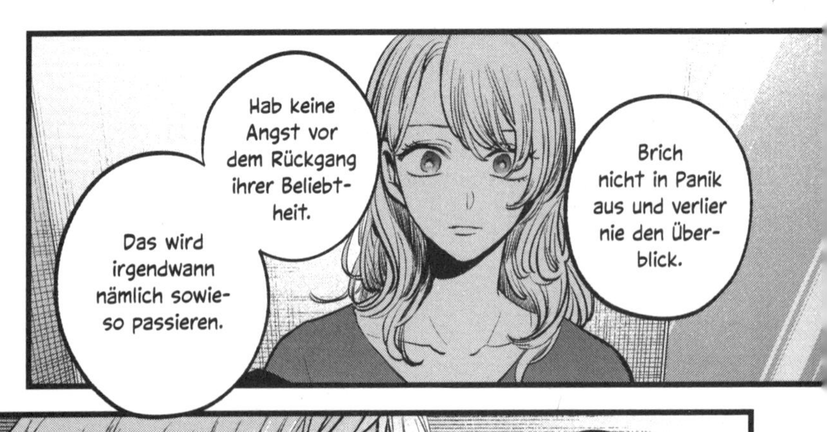
Brich nicht in Panik aus und verlier nie den Überblick.
Hab keine Angst vor dem Rückgang ihrer Beliebtheit.
Das wird irgendwann nämlich sowieso passieren.

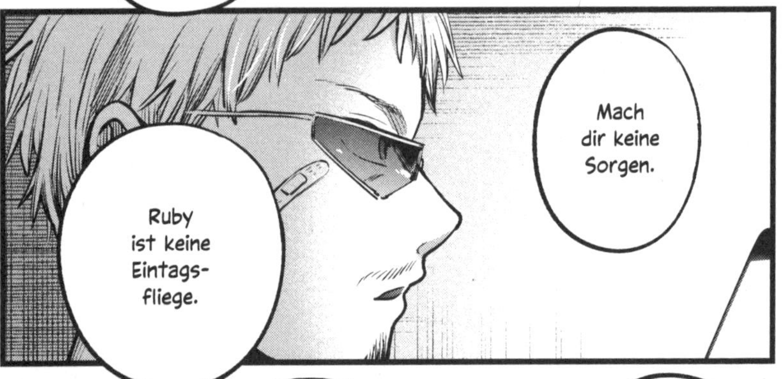
Mach dir keine Sorgen.
Ruby ist keine Eintagsfliege.

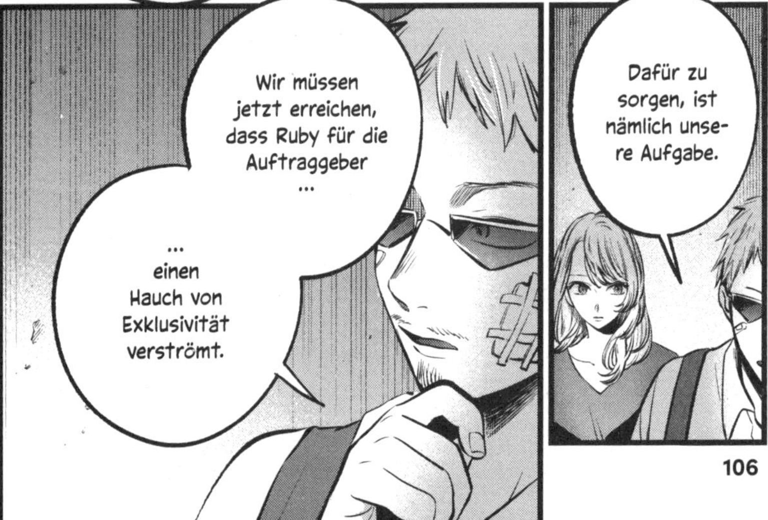
Dafür zu sorgen, ist nämlich unsere Aufgabe.
Wir müssen jetzt erreichen, dass Ruby für die Auftraggeber ...
... einen Hauch von Exklusivität verströmt.

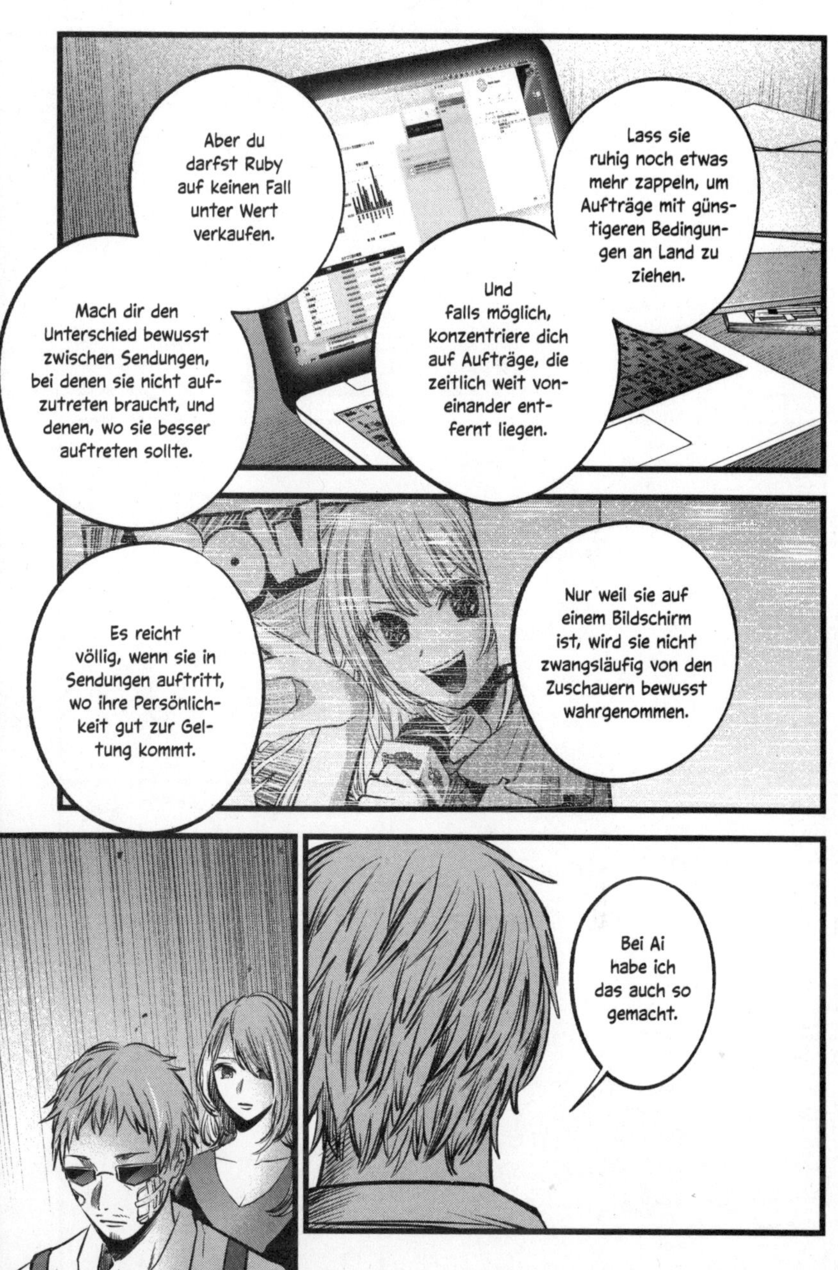
Lass sie ruhig noch etwas mehr zappeln, um Aufträge mit günstigeren Bedingungen an Land zu ziehen.
Aber du darfst Ruby auf keinen Fall unter Wert verkaufen.
Und falls möglich, konzentriere dich auf Aufträge, die zeitlich weit voneinander entfernt liegen.
Mach dir den Unterschied bewusst zwischen Sendungen, bei denen sie nicht aufzutreten braucht, und denen, wo sie besser auftreten sollte.
Nur weil sie auf einem Bildschirm ist, wird sie nicht zwangsläufig von den Zuschauern bewusst wahrgenommen.
Es reicht völlig, wenn sie in Sendungen auftritt, wo ihre Persönlichkeit gut zur Geltung kommt.
Bei Ai habe ich das auch so gemacht.

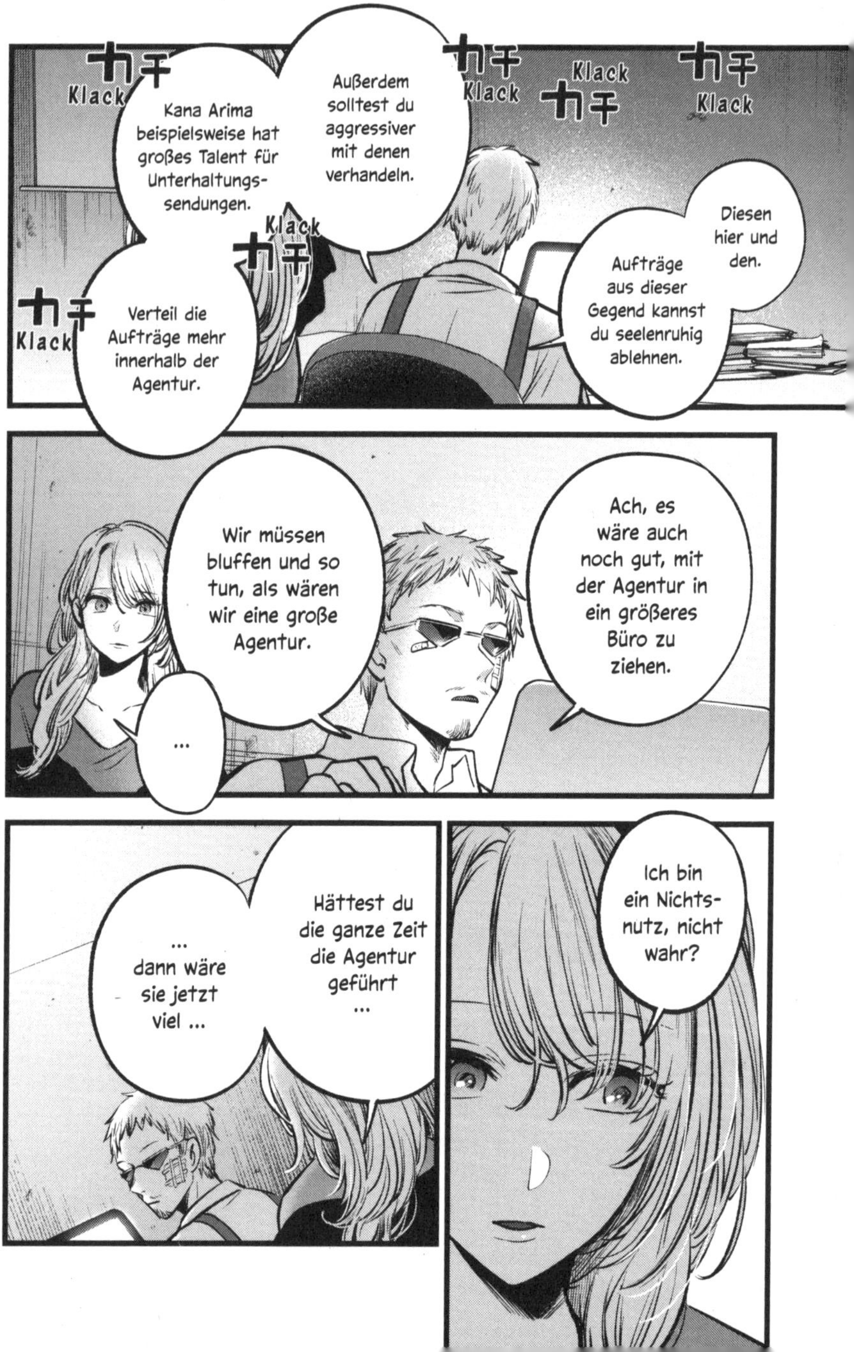

Klack Klack Klack Klack

Diesen hier und den.

Aufträge aus dieser Gegend kannst du seelenruhig ablehnen.

Außerdem solltest du aggressiver mit denen verhandeln.

Kana Arima beispielsweise hat großes Talent für Unterhaltungs-sendungen.

Klack Klack

Verteil die Aufträge mehr innerhalb der Agentur.

Ach, es wäre auch noch gut, mit der Agentur in ein größeres Büro zu ziehen.

Wir müssen bluffen und so tun, als wären wir eine große Agentur.

...

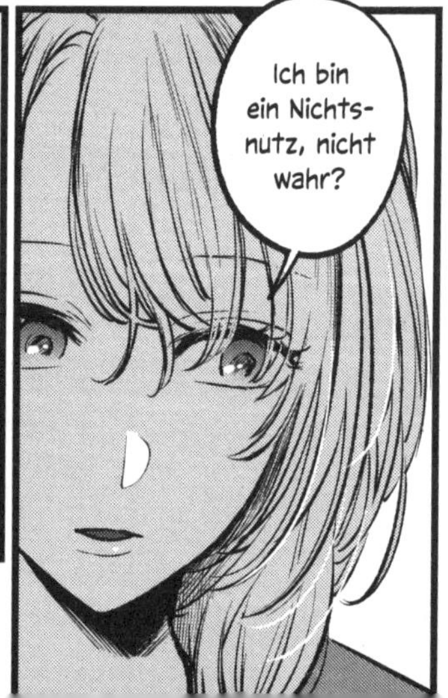

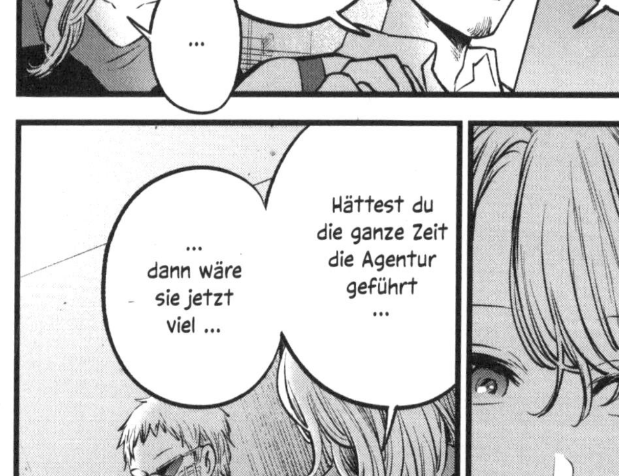

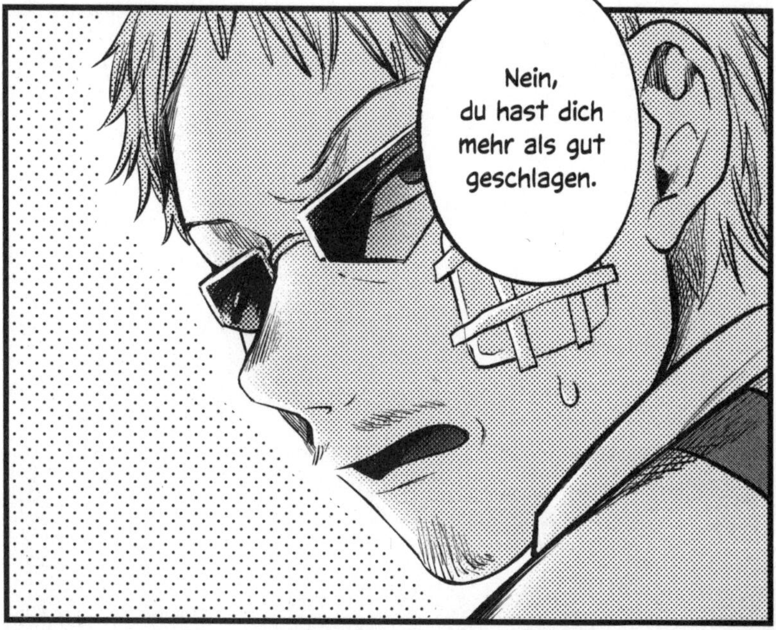

Nein, du hast dich mehr als gut geschlagen.

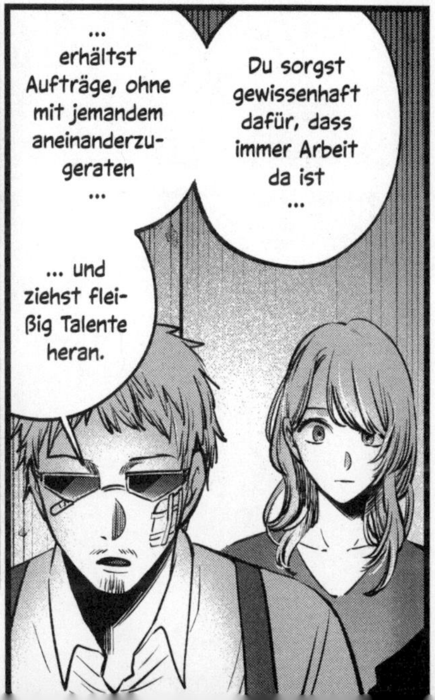

Du sorgst gewissenhaft dafür, dass immer Arbeit da ist ...

... erhältst Aufträge, ohne mit jemandem aneinanderzugeraten ...

... und ziehst fleißig Talente heran.

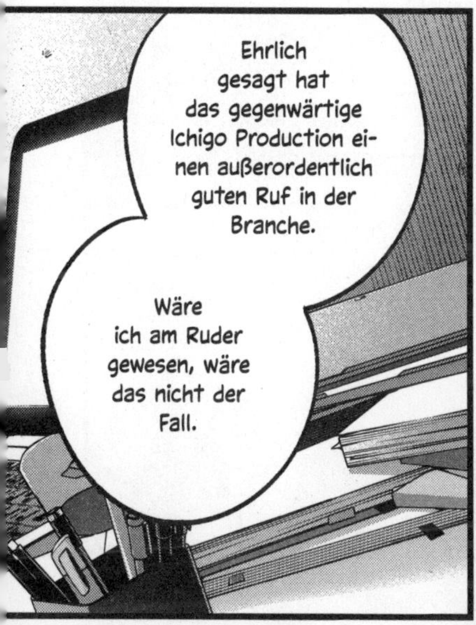

Ehrlich gesagt hat das gegenwärtige Ichigo Production einen außerordentlich guten Ruf in der Branche.

Wäre ich am Ruder gewesen, wäre das nicht der Fall.

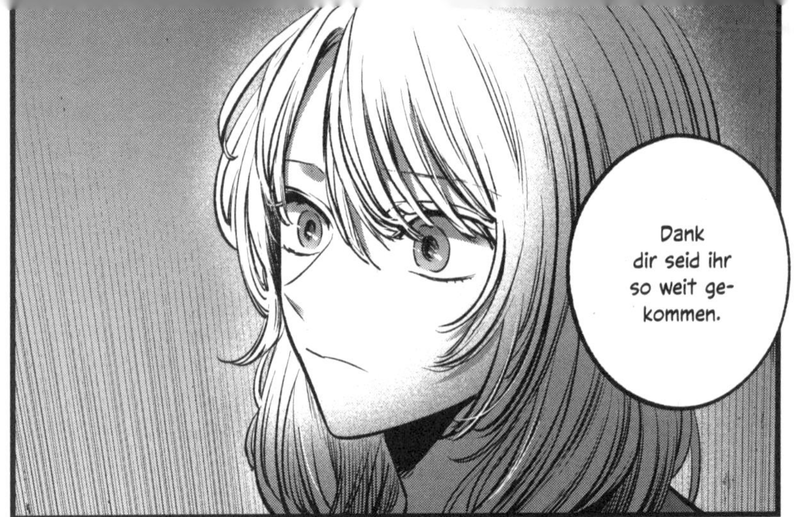
Dank dir seid ihr so weit gekommen.

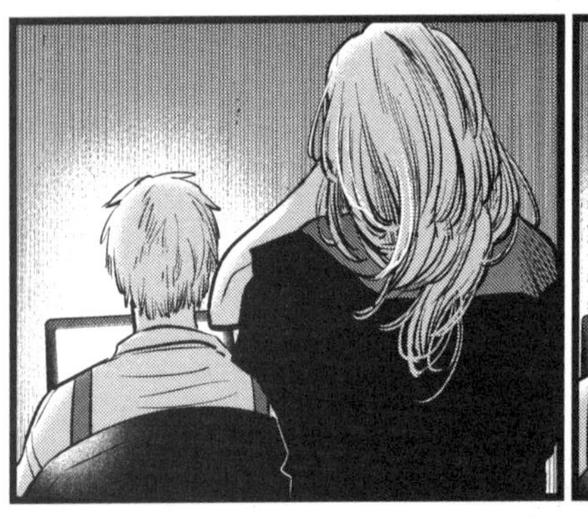

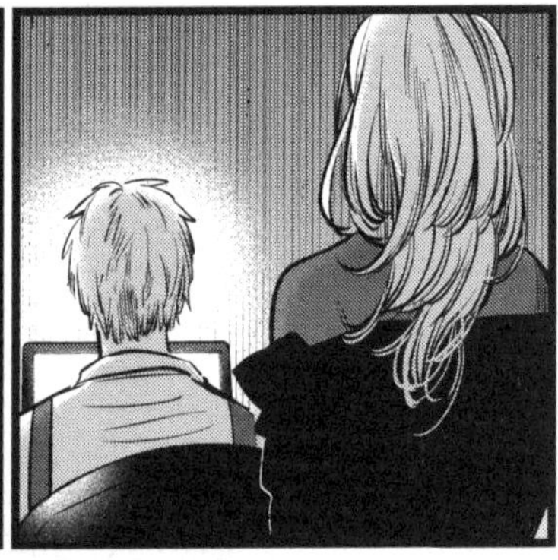

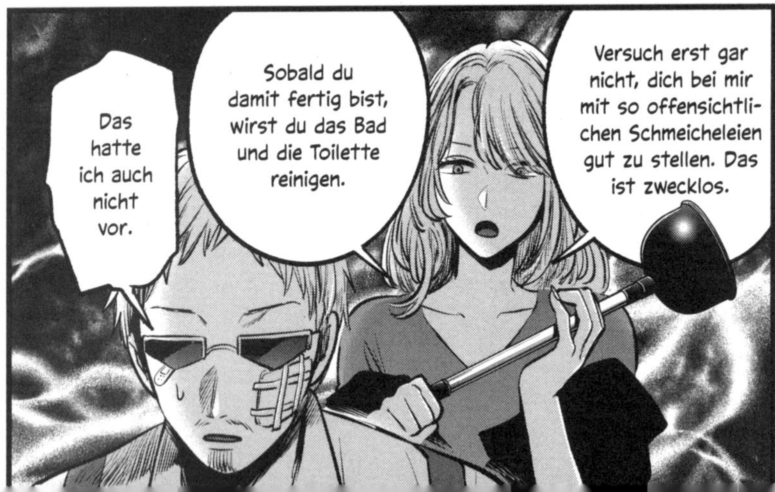
Versuch erst gar nicht, dich bei mir mit so offensichtlichen Schmeicheleien gut zu stellen. Das ist zwecklos.
Sobald du damit fertig bist, wirst du das Bad und die Toilette reinigen.
Das hatte ich auch nicht vor.

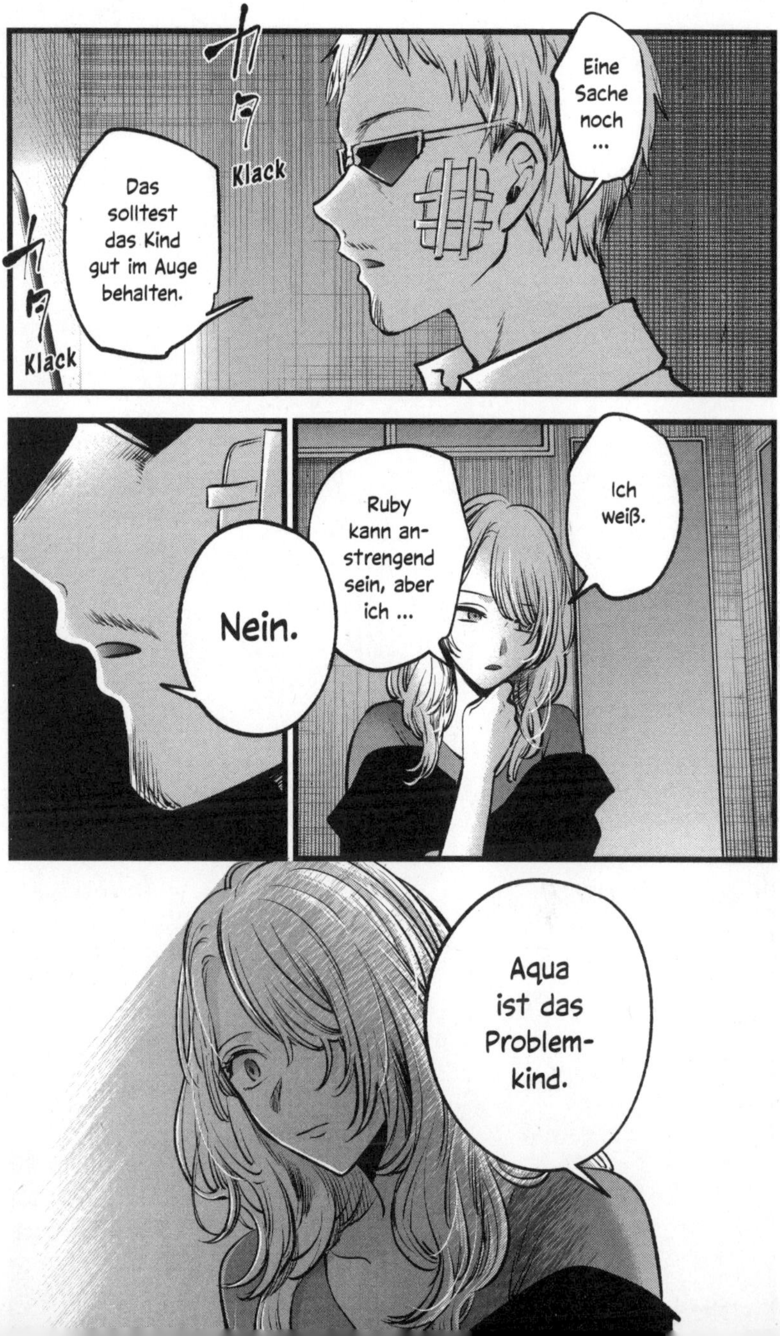

Eine Sache noch ...

Klack

Das solltest das Kind gut im Auge behalten.

Klack

Ich weiß.

Ruby kann anstrengend sein, aber ich ...

Nein.

Aqua ist das Problemkind.

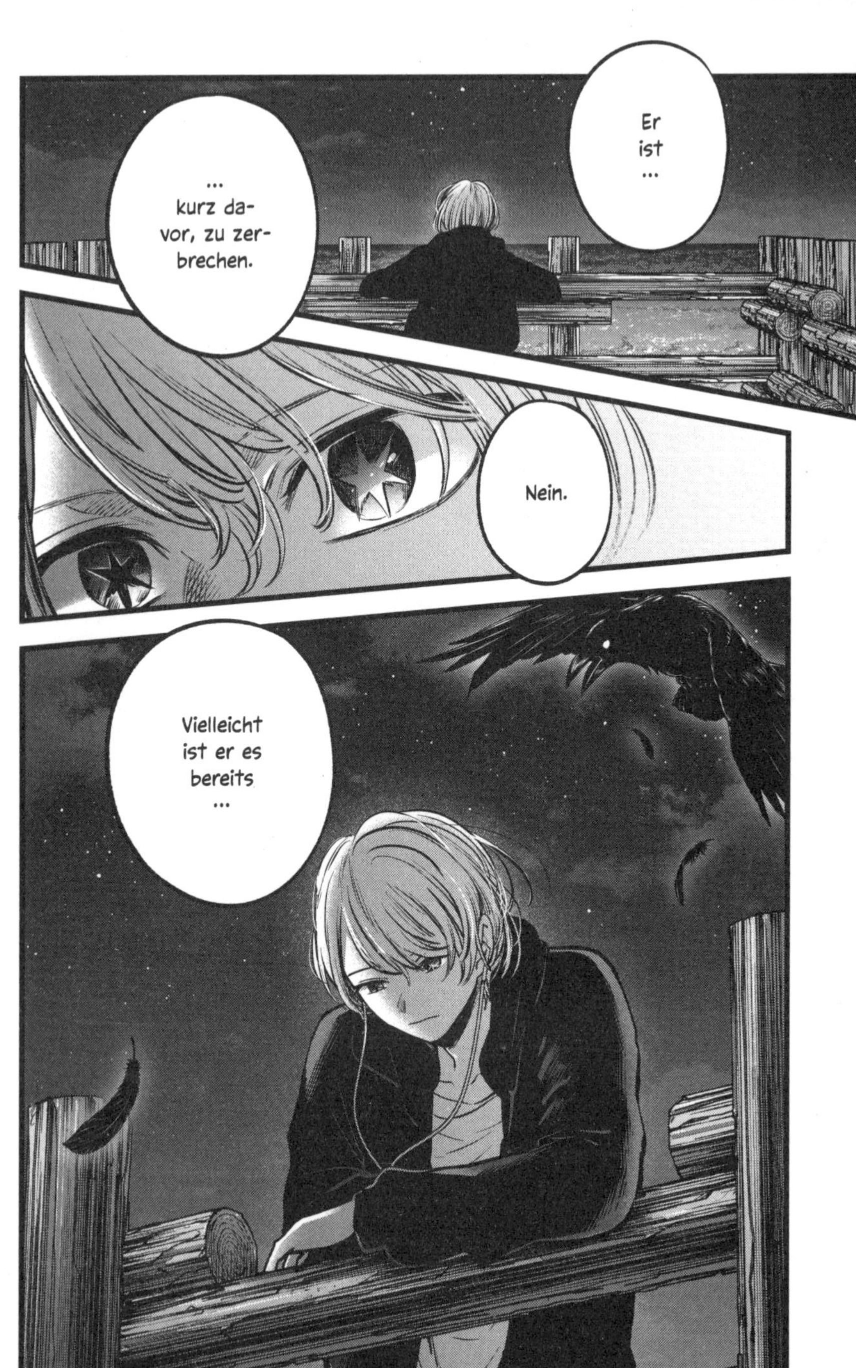
Er ist ...
... kurz davor, zu zerbrechen.
Nein.
Vielleicht ist er es bereits ...

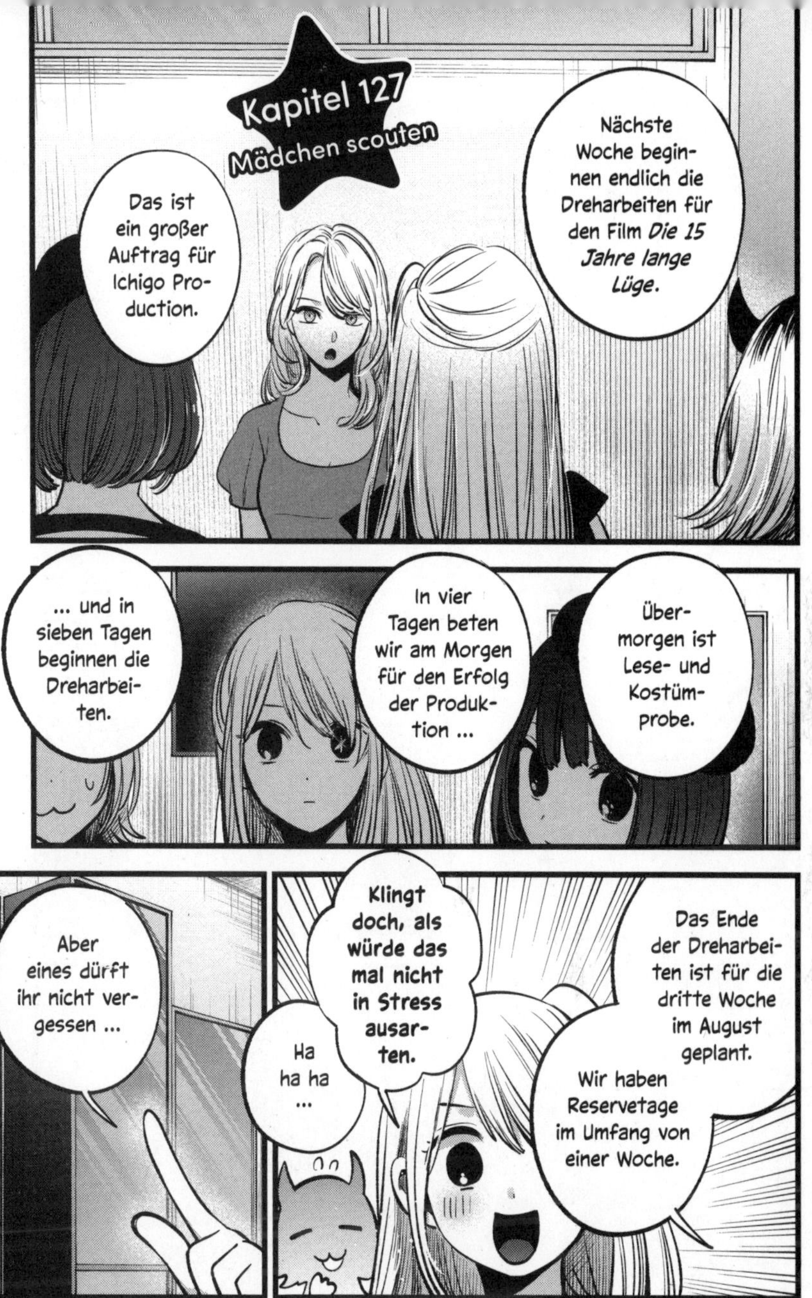
Kapitel 127
Mädchen scouten
Nächste Woche beginnen endlich die Dreharbeiten für den Film *Die 15 Jahre lange Lüge*.
Das ist ein großer Auftrag für Ichigo Production.
Übermorgen ist Lese- und Kostümprobe.
In vier Tagen beten wir am Morgen für den Erfolg der Produktion ...
... und in sieben Tagen beginnen die Dreharbeiten.
Das Ende der Dreharbeiten ist für die dritte Woche im August geplant.
Wir haben Reservetage im Umfang von einer Woche.
Klingt doch, als würde das mal nicht in Stress ausarten.
Ha ha ha ...
Aber eines dürft ihr nicht vergessen ...

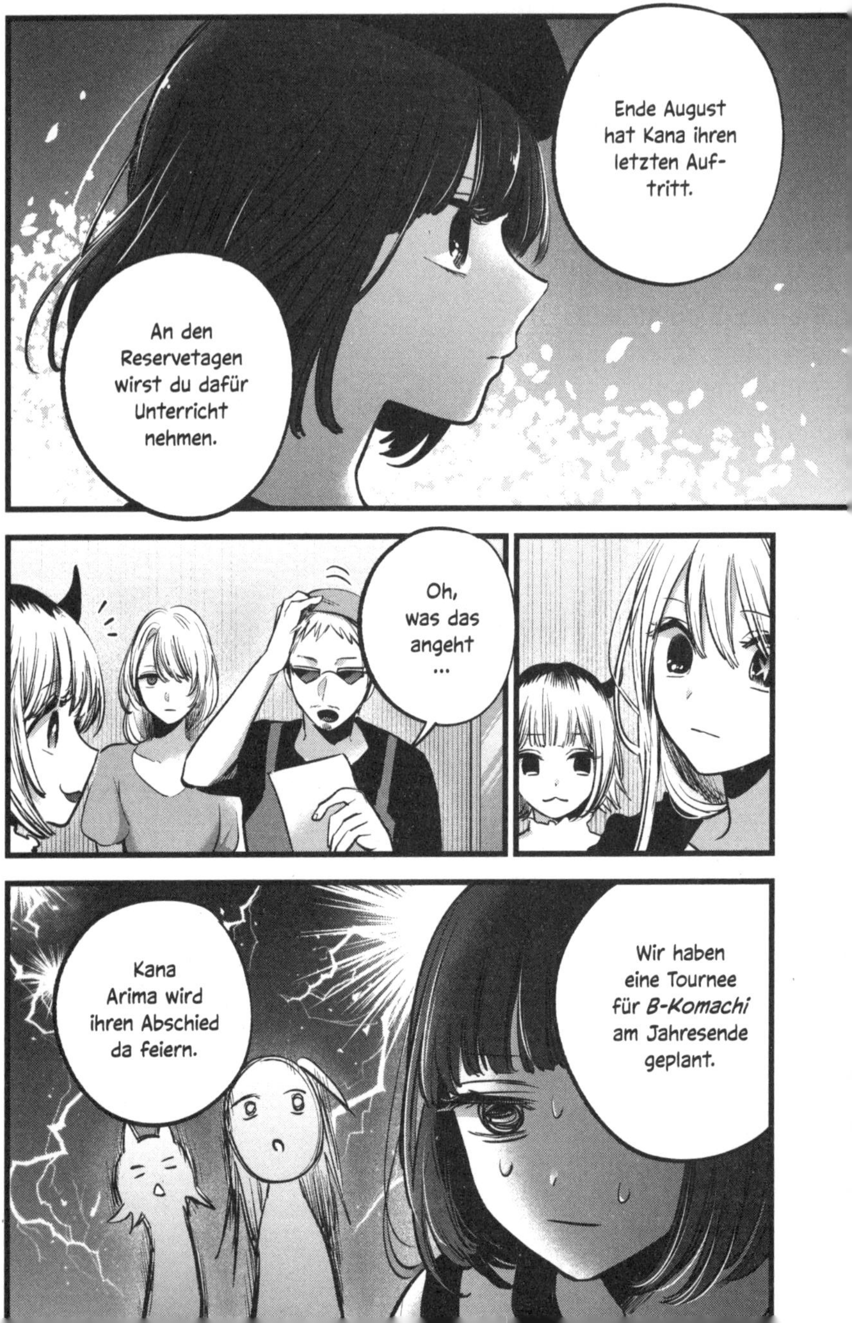

Ende August hat Kana ihren letzten Auftritt.

An den Reservetagen wirst du dafür Unterricht nehmen.

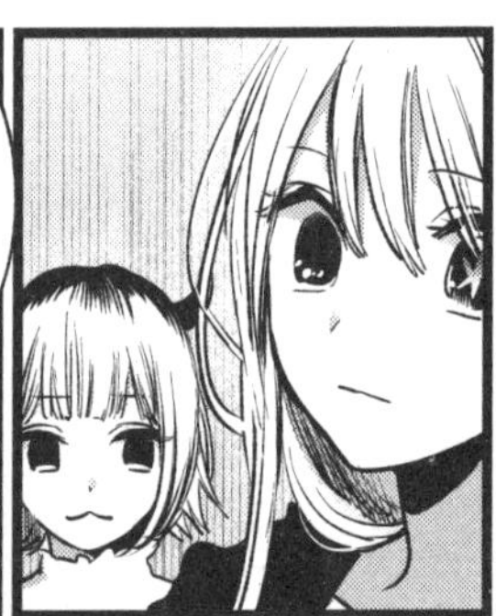

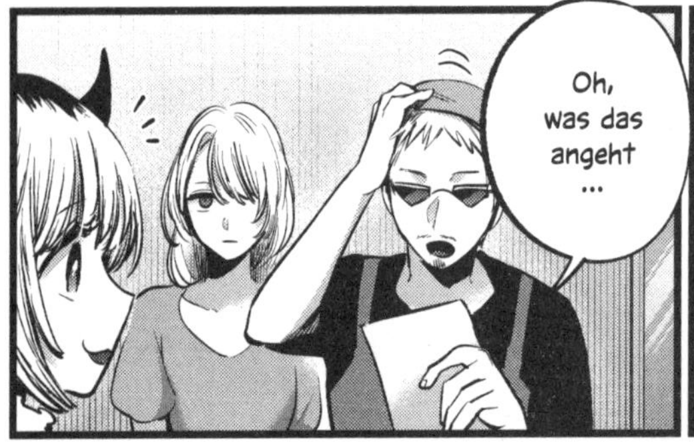

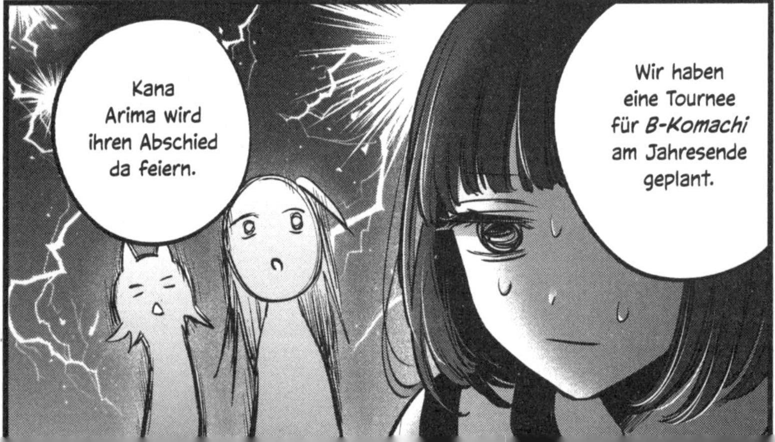

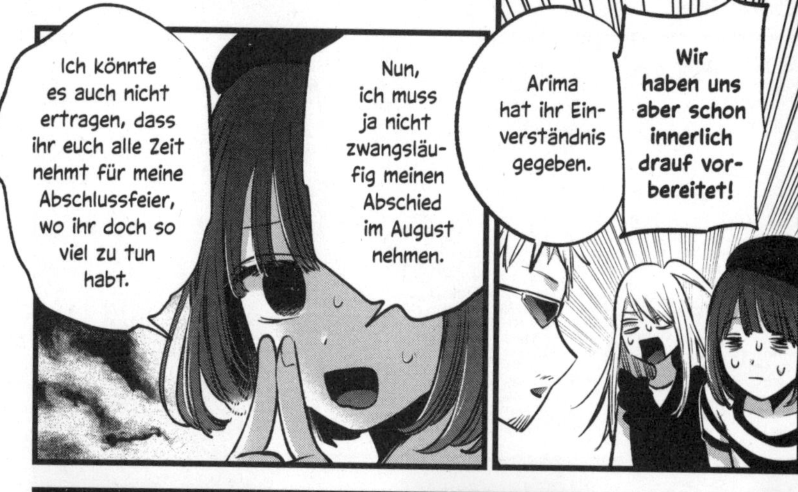
Wir haben uns aber schon innerlich drauf vorbereitet!
Arima hat ihr Einverständnis gegeben.
Nun, ich muss ja nicht zwangsläufig meinen Abschied im August nehmen.
Ich könnte es auch nicht ertragen, dass ihr euch alle Zeit nehmt für meine Abschlussfeier, wo ihr doch so viel zu tun habt.

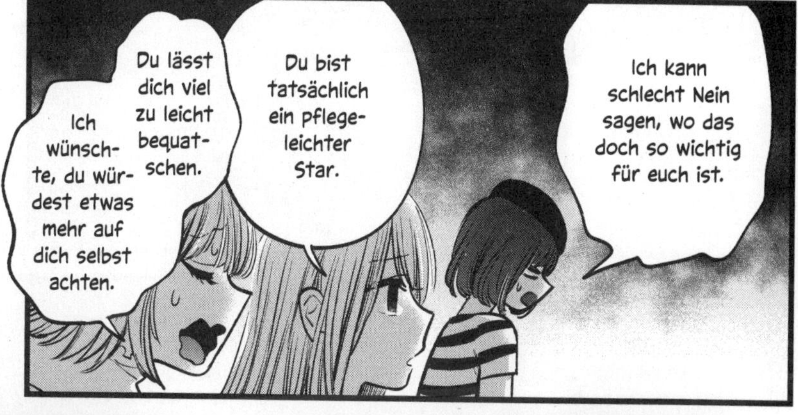
Ich kann schlecht Nein sagen, wo das doch so wichtig für euch ist.
Du bist tatsächlich ein pflegeleichter Star.
Du lässt dich viel zu leicht bequatschen.
Ich wünschte, du würdest etwas mehr auf dich selbst achten.

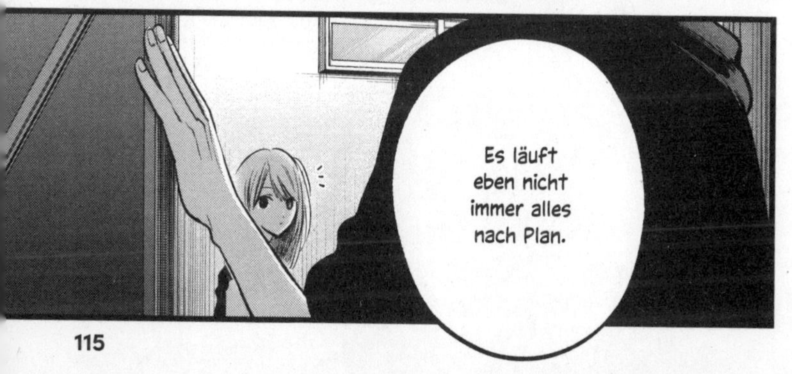
Es läuft eben nicht immer alles nach Plan.

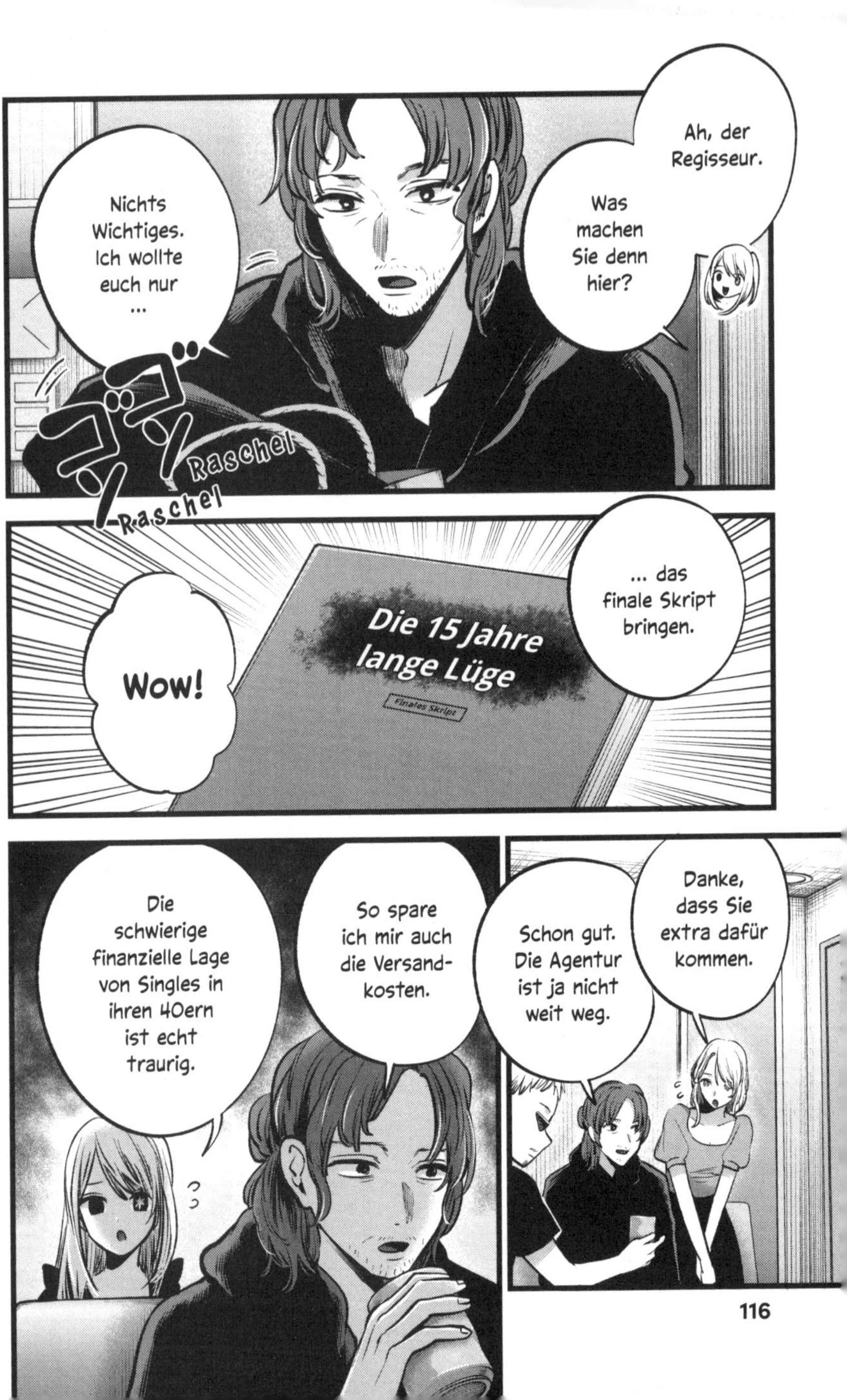

Ah, der Regisseur.
Was machen Sie denn hier?
Nichts Wichtiges. Ich wollte euch nur ...
Raschel
Raschel
... das finale Skript bringen.
Die 15 Jahre lange Lüge
Finales Skript
Wow!

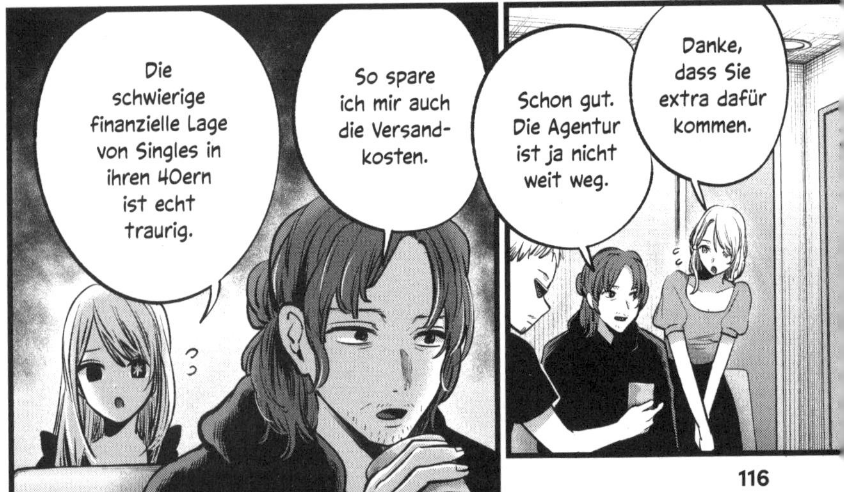

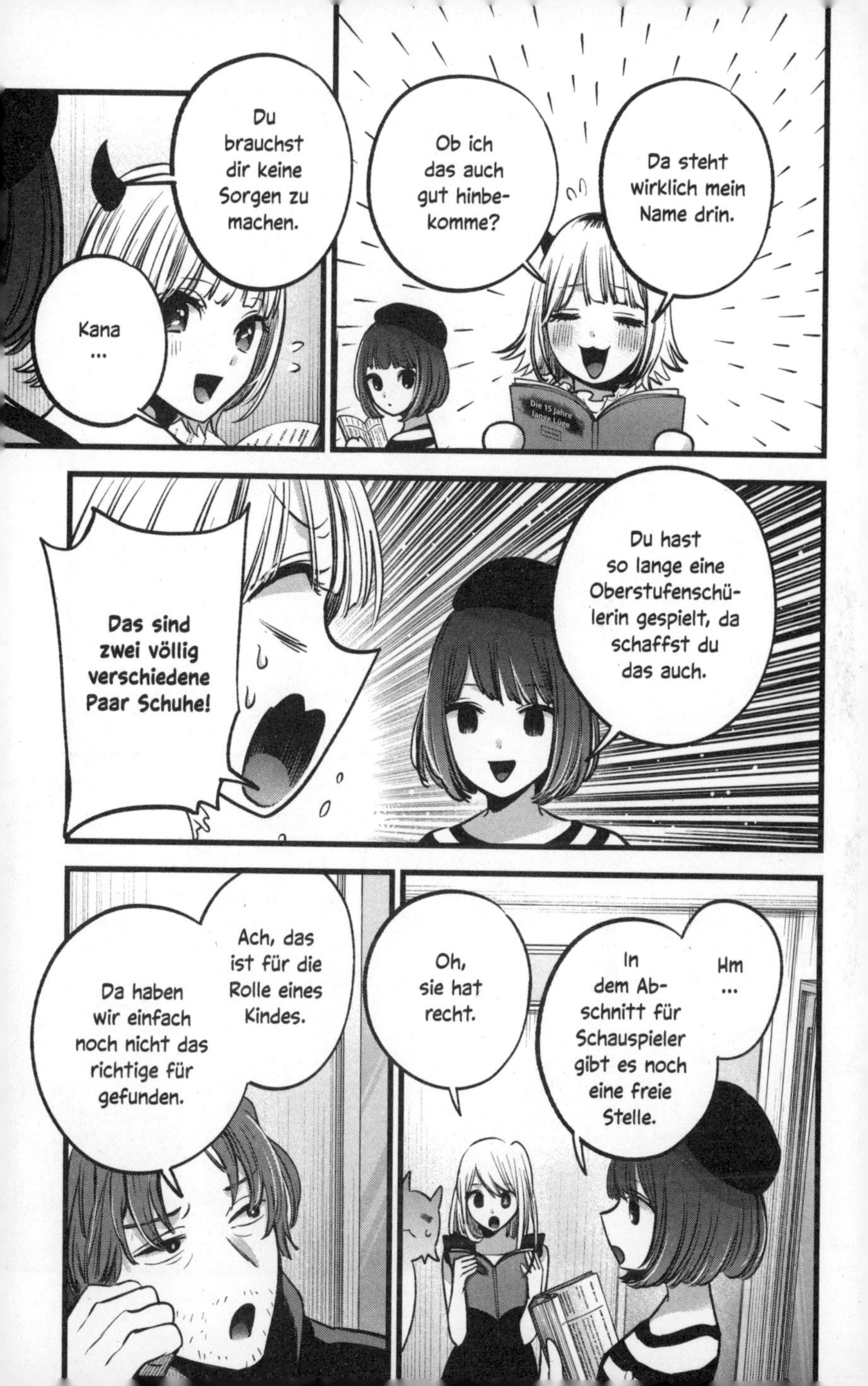

Da steht wirklich mein Name drin.

Die 15 Jahre lange Lüge

Ob ich das auch gut hinbekomme?

Du brauchst dir keine Sorgen zu machen.

Kana ...

Du hast so lange eine Oberstufenschülerin gespielt, da schaffst du das auch.

Das sind zwei völlig verschiedene Paar Schuhe!

Hm ...

In dem Abschnitt für Schauspieler gibt es noch eine freie Stelle.

Oh, sie hat recht.

Ach, das ist für die Rolle eines Kindes.

Da haben wir einfach noch nicht das richtige für gefunden.

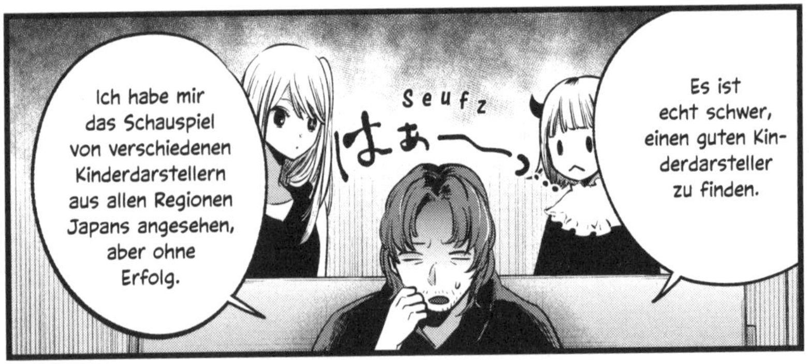
Es ist echt schwer, einen guten Kinderdarsteller zu finden.
Seufz
Ich habe mir das Schauspiel von verschiedenen Kinderdarstellern aus allen Regionen Japans angesehen, aber ohne Erfolg.

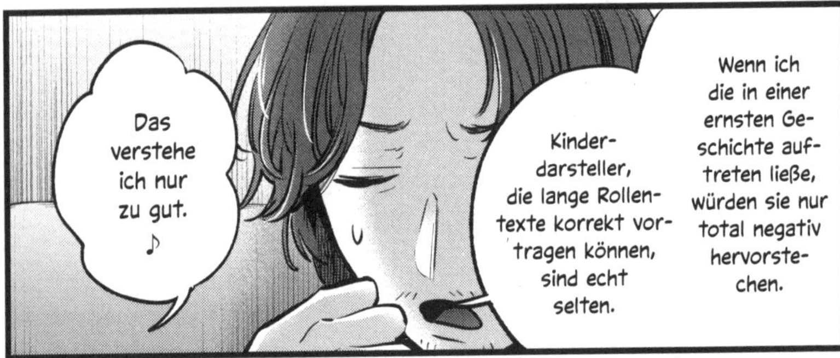
Wenn ich die in einer ernsten Geschichte auftreten ließe, würden sie nur total negativ hervorstechen.
Kinderdarsteller, die lange Rollentexte korrekt vortragen können, sind echt selten.
Das verstehe ich nur zu gut. ♪

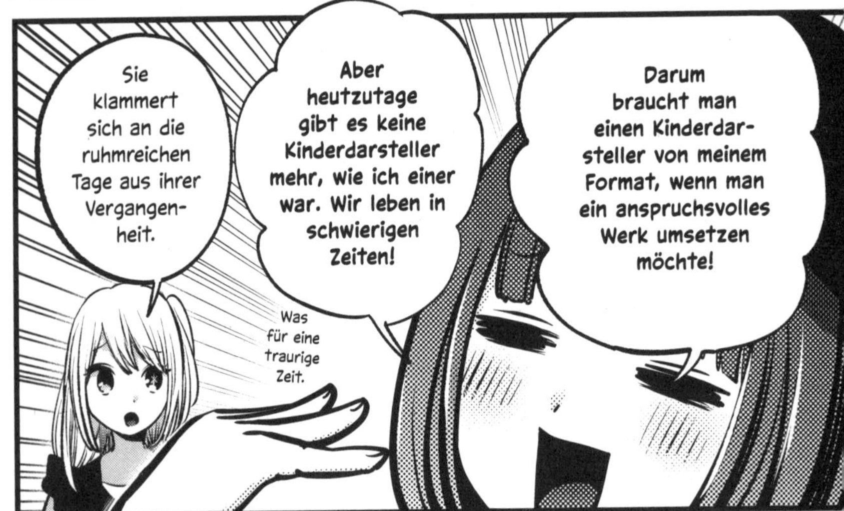
Darum braucht man einen Kinderdarsteller von meinem Format, wenn man ein anspruchsvolles Werk umsetzen möchte!
Aber heutzutage gibt es keine Kinderdarsteller mehr, wie ich einer war. Wir leben in schwierigen Zeiten!
Sie klammert sich an die ruhmreichen Tage aus ihrer Vergangenheit.
Was für eine traurige Zeit.

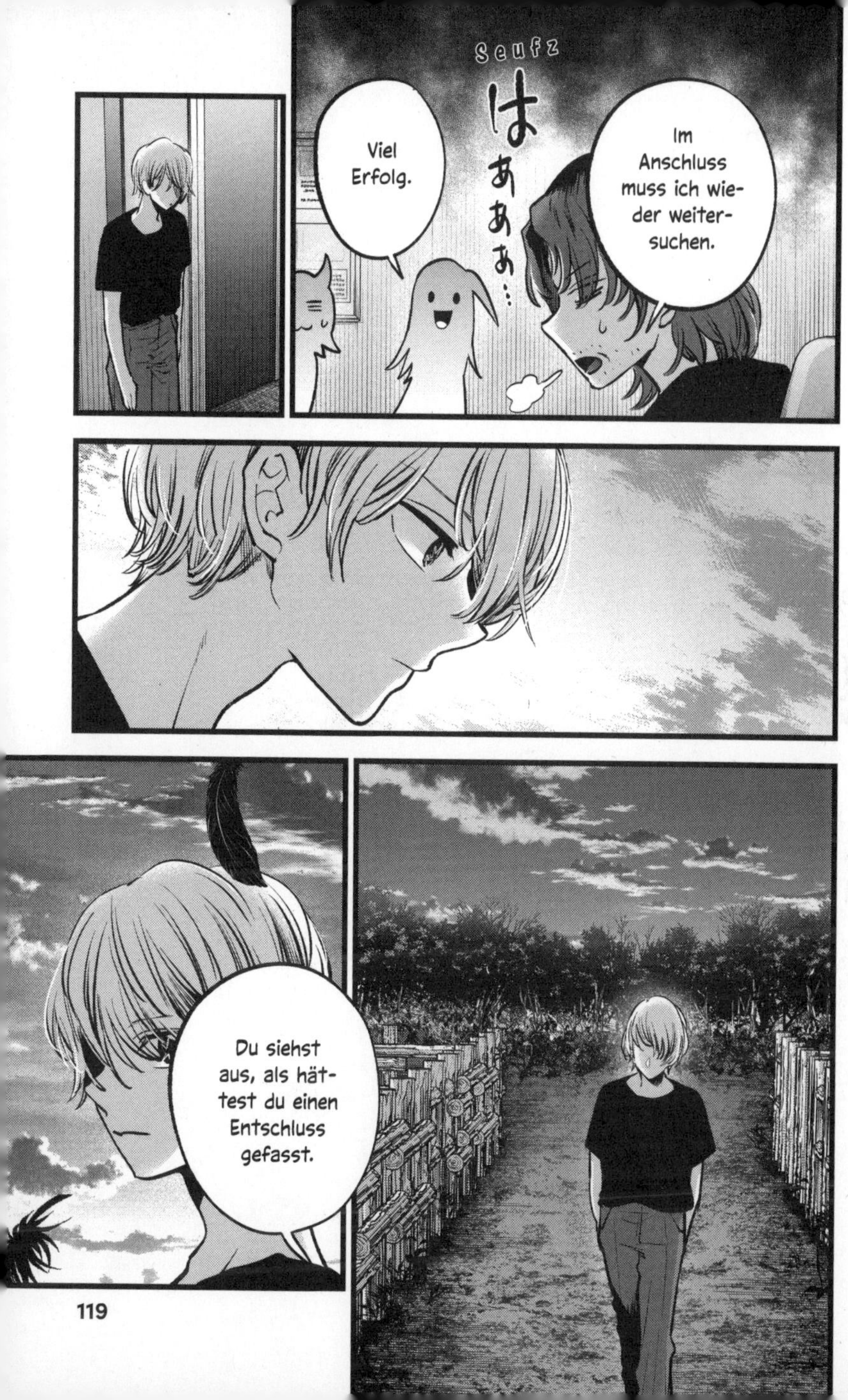

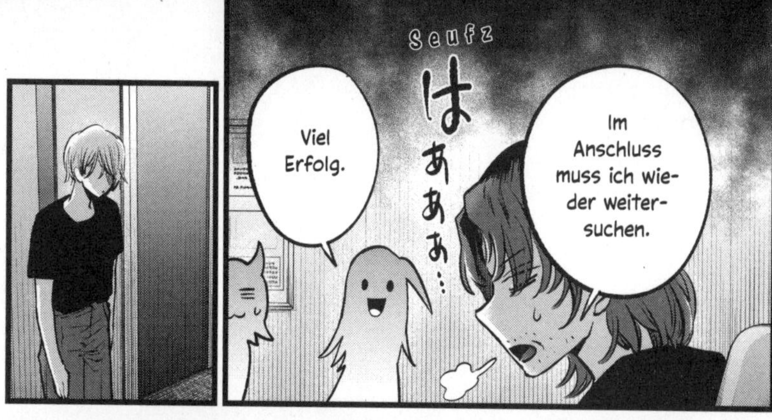

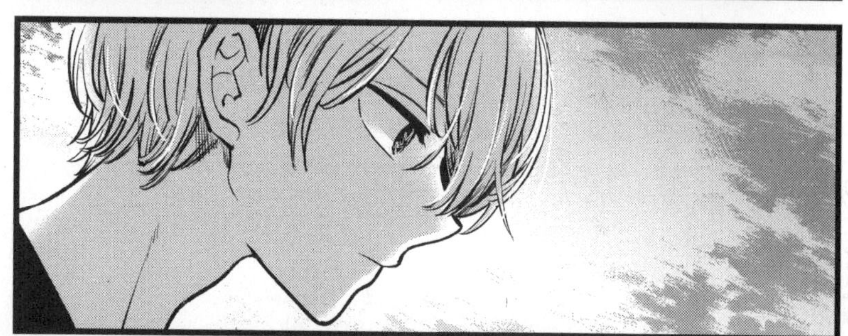

Du siehst aus, als hättest du einen Entschluss gefasst.

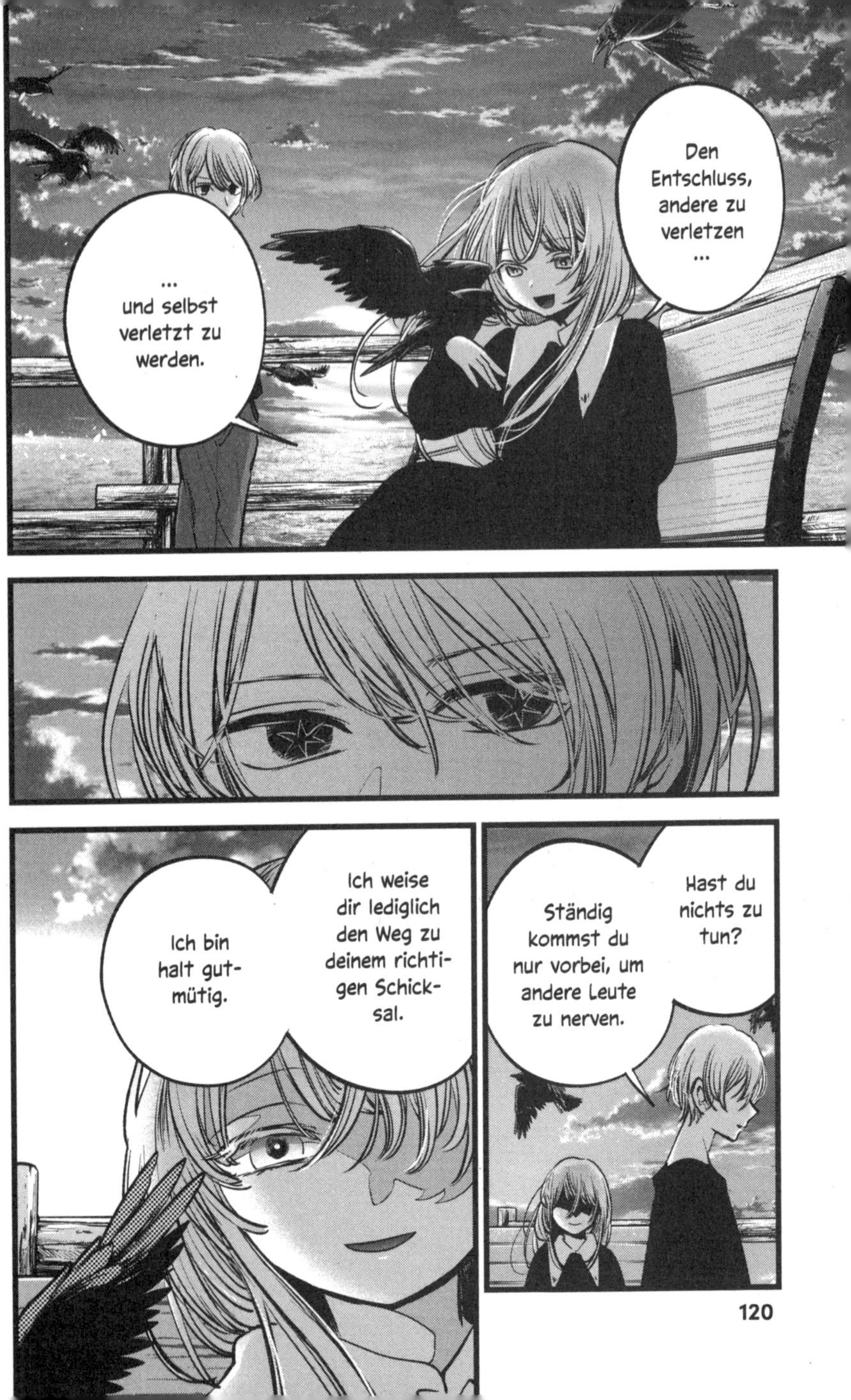

Den Entschluss, andere zu verletzen ...

... und selbst verletzt zu werden.

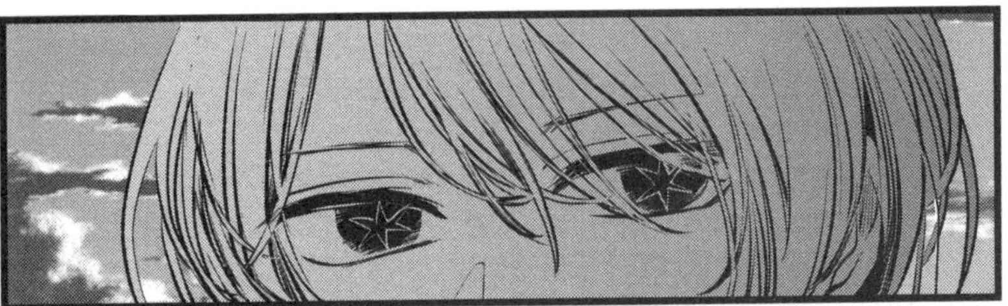

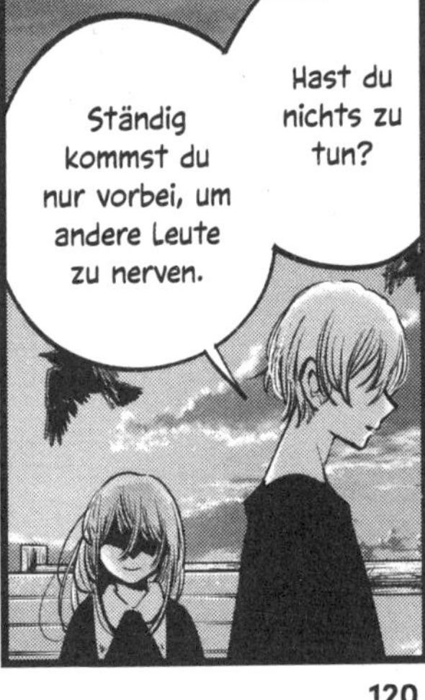

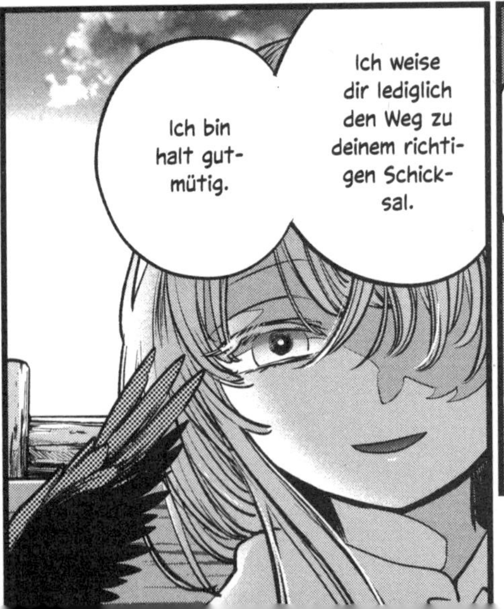

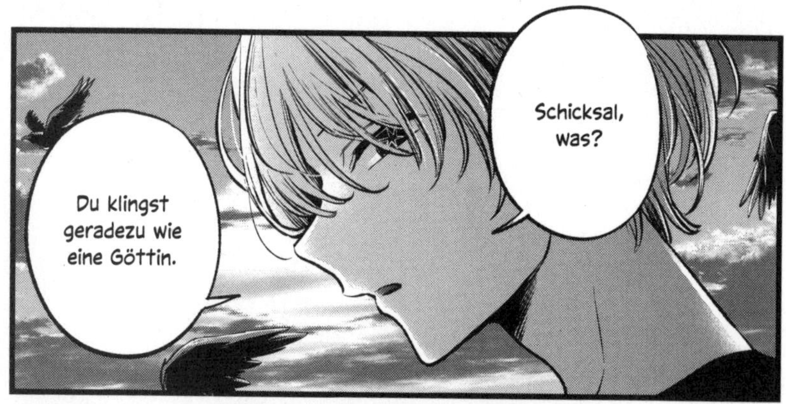
Schicksal, was?
Du klingst geradezu wie eine Göttin.

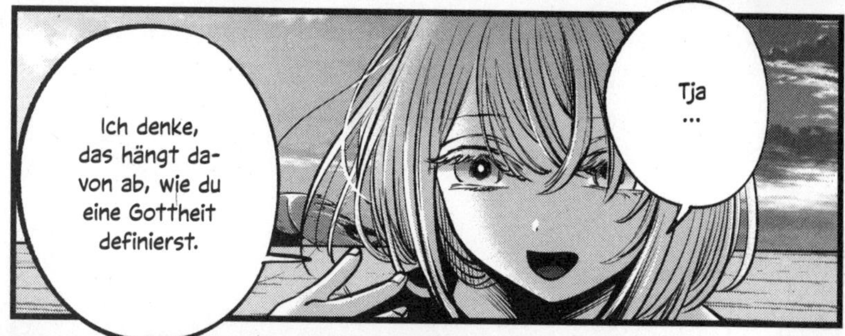
Tja …
Ich denke, das hängt davon ab, wie du eine Gottheit definierst.

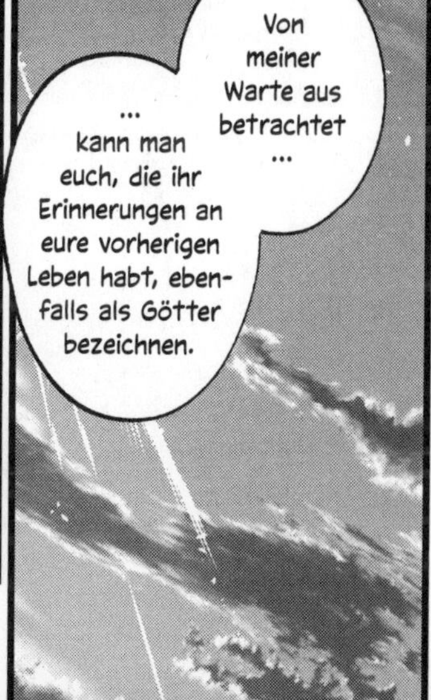
Von meiner Warte aus betrachtet …
… kann man euch, die ihr Erinnerungen an eure vorherigen Leben habt, ebenfalls als Götter bezeichnen.

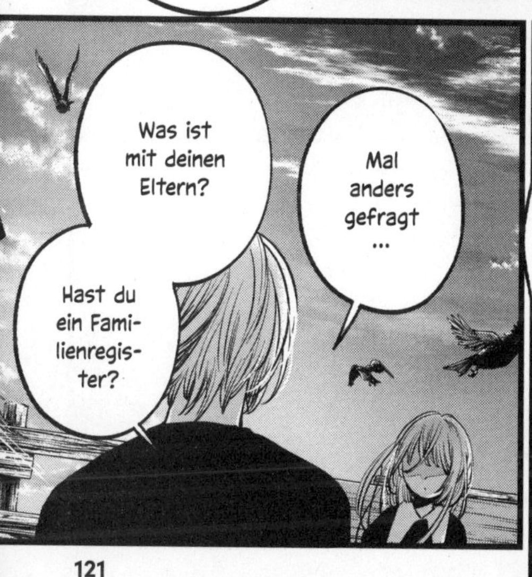
Mal anders gefragt …
Was ist mit deinen Eltern?
Hast du ein Familienregister?

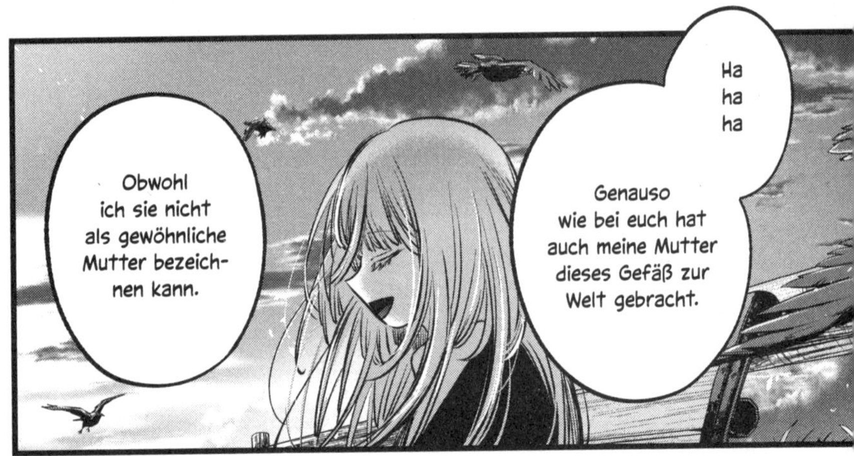
Ha ha ha
Genauso wie bei euch hat auch meine Mutter dieses Gefäß zur Welt gebracht.
Obwohl ich sie nicht als gewöhnliche Mutter bezeich-nen kann.

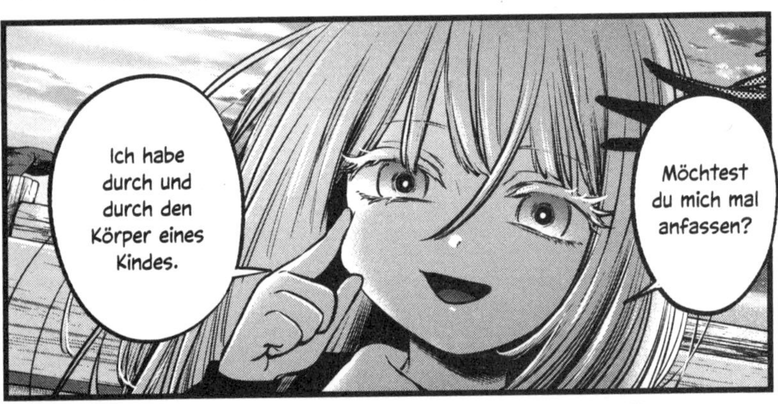
Möchtest du mich mal anfassen?
Ich habe durch und durch den Körper eines Kindes.

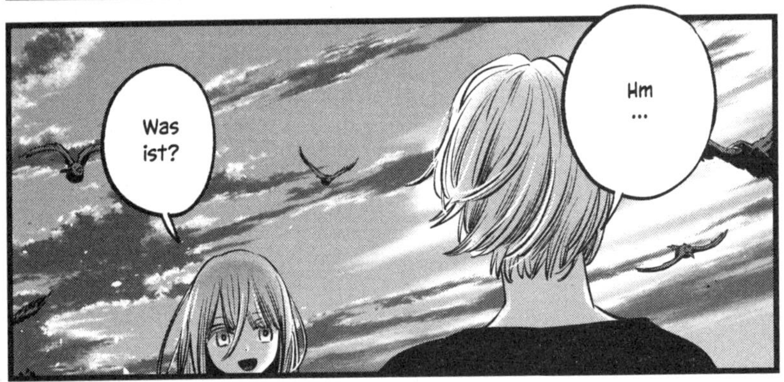
Hm ...
Was ist?

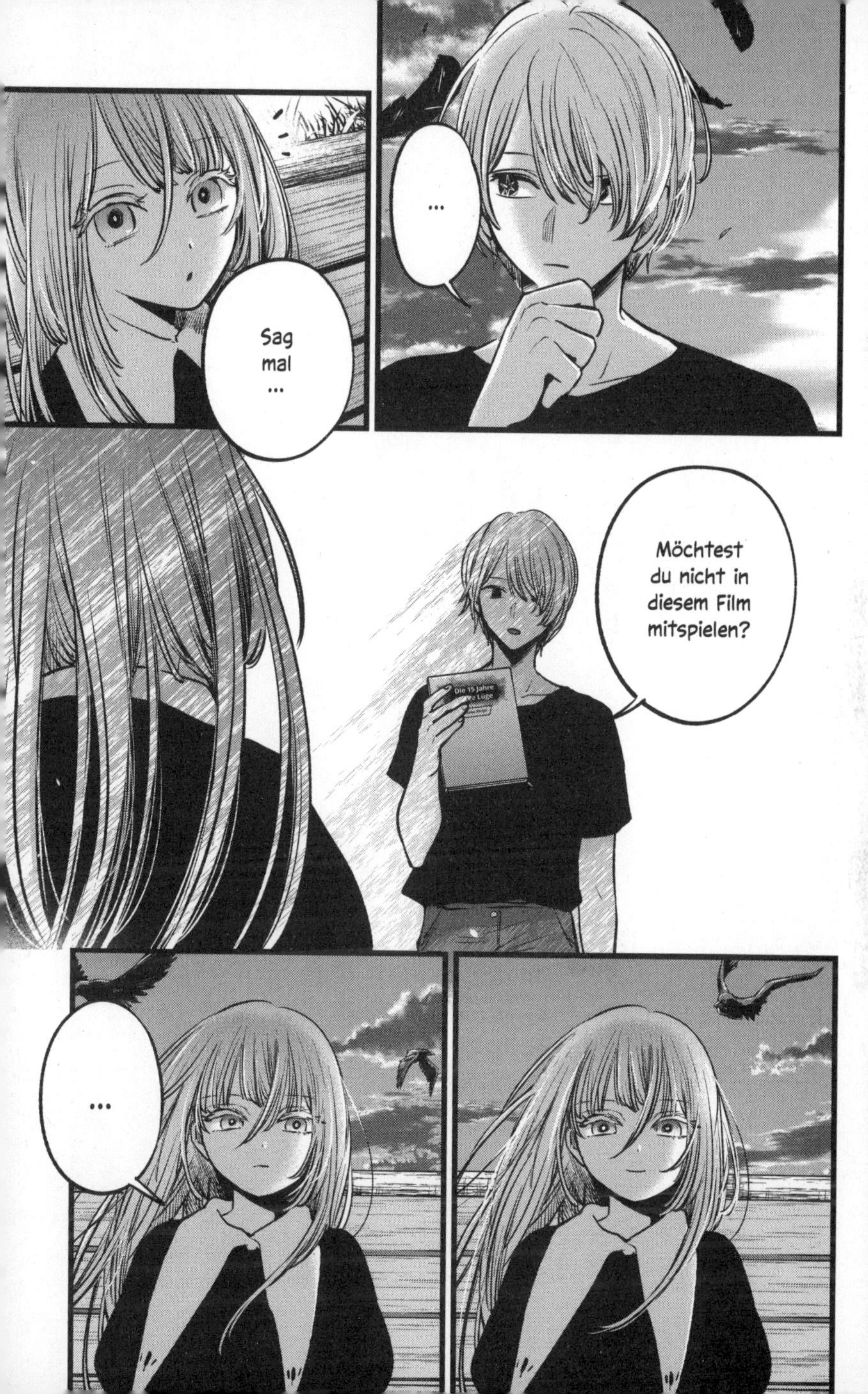
…
Sag mal …
Möchtest du nicht in diesem Film mitspielen?
…

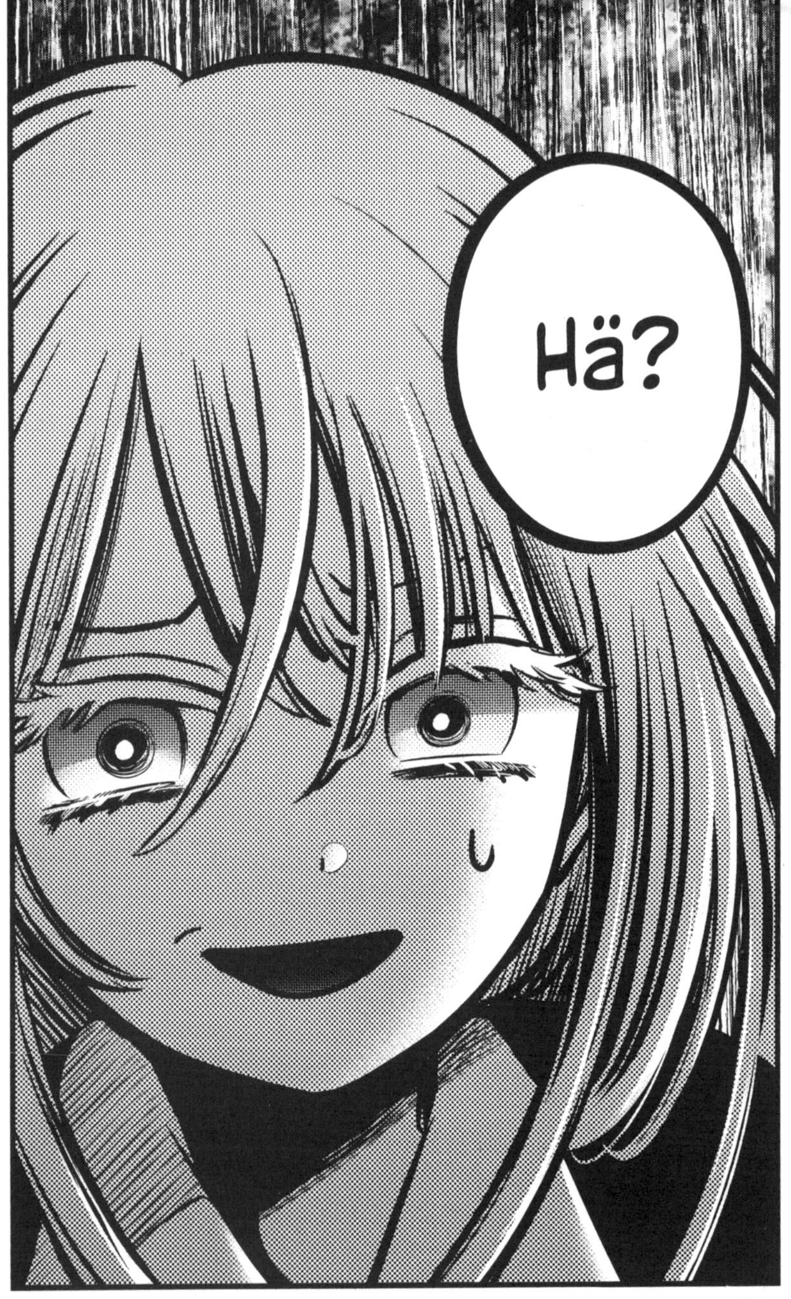
Hä?

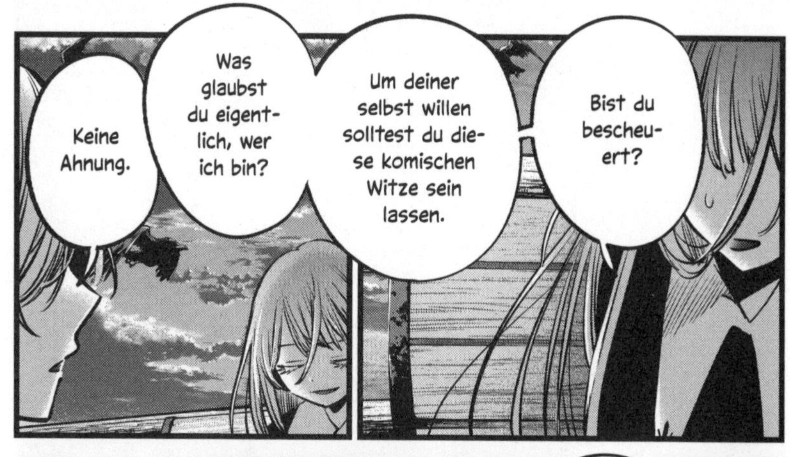
Bist du bescheu-ert?
Um deiner selbst willen solltest du die-se komischen Witze sein lassen.
Was glaubst du eigent-lich, wer ich bin?
Keine Ahnung.

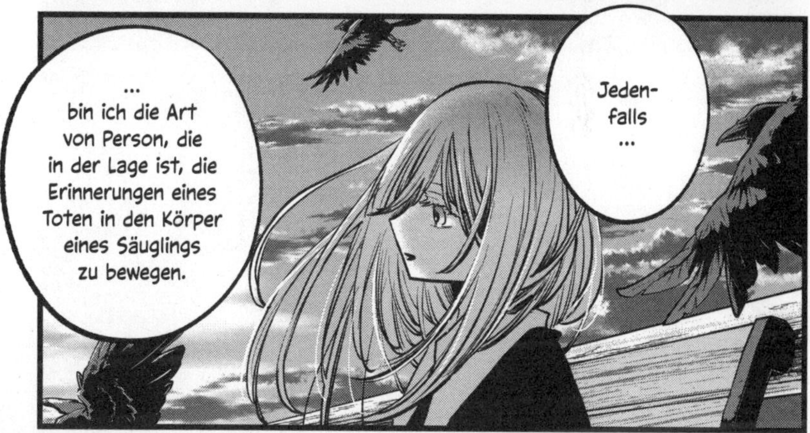
Jeden-falls ...
... bin ich die Art von Person, die in der Lage ist, die Erinnerungen eines Toten in den Körper eines Säuglings zu bewegen.

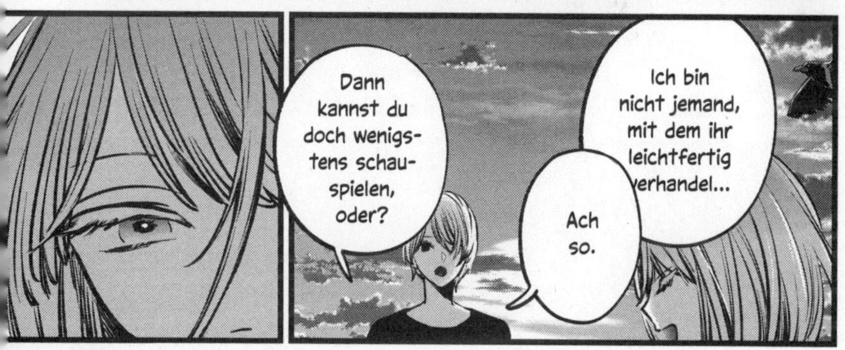
Ich bin nicht jemand, mit dem ihr leichtfertig verhandel...
Ach so.
Dann kannst du doch wenigs-tens schau-spielen, oder?

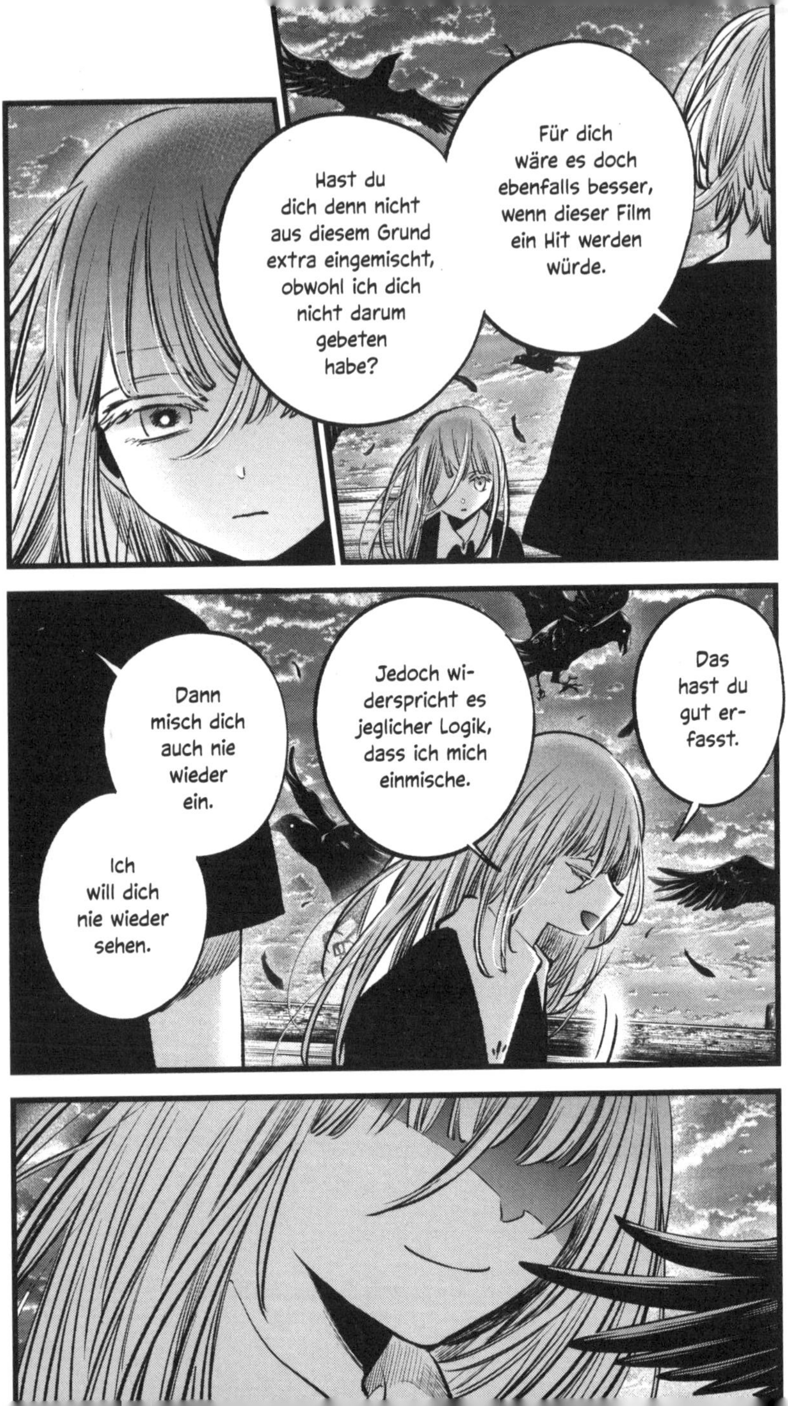

Für dich wäre es doch ebenfalls besser, wenn dieser Film ein Hit werden würde.
Hast du dich denn nicht aus diesem Grund extra eingemischt, obwohl ich dich nicht darum gebeten habe?

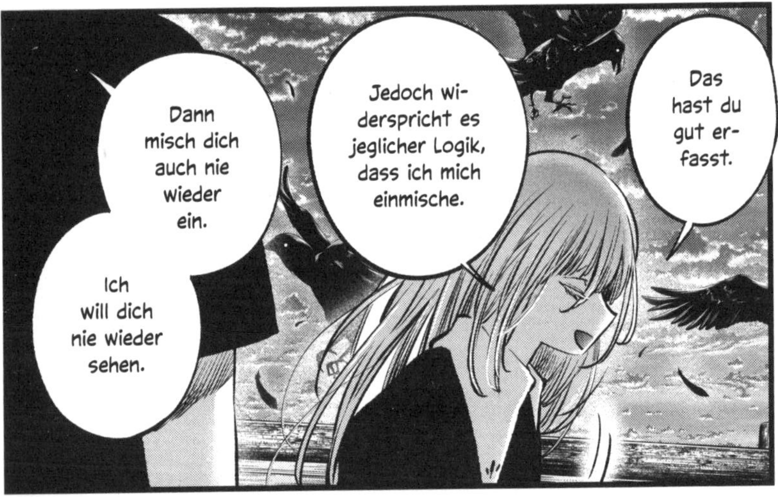

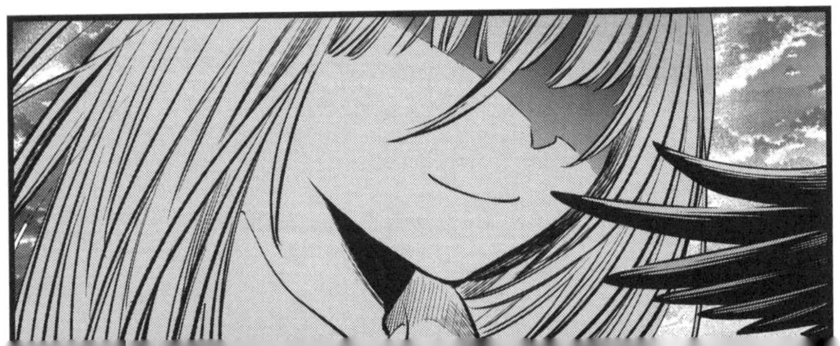

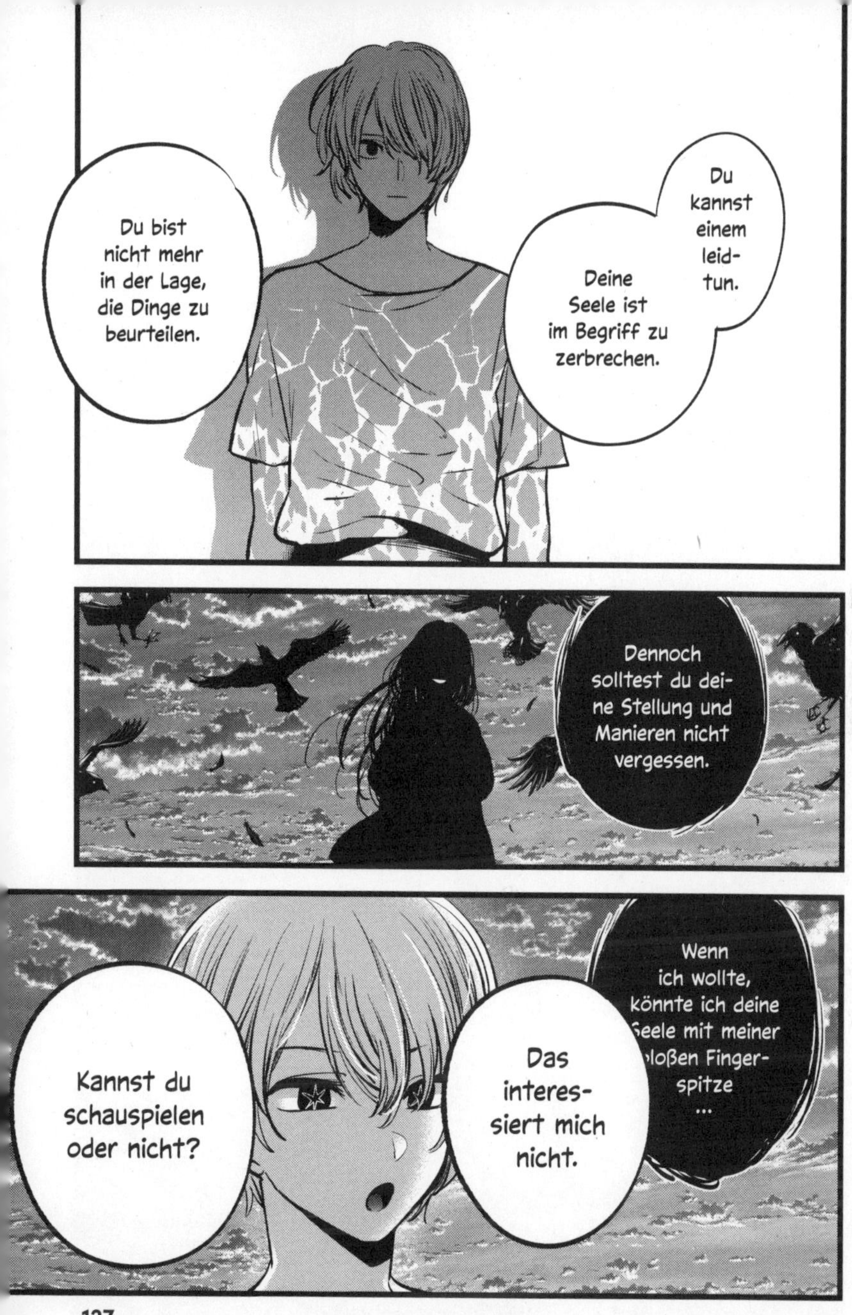

Du kannst einem leidtun.
Deine Seele ist im Begriff zu zerbrechen.
Du bist nicht mehr in der Lage, die Dinge zu beurteilen.

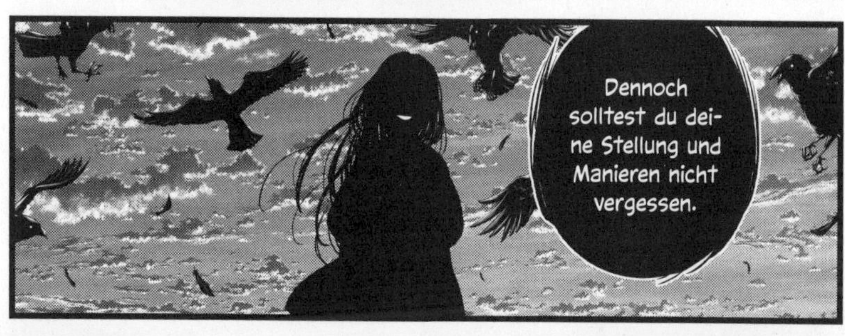

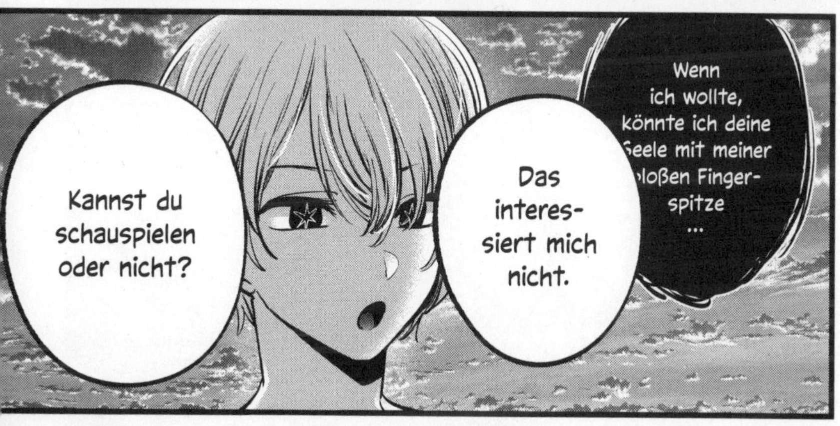

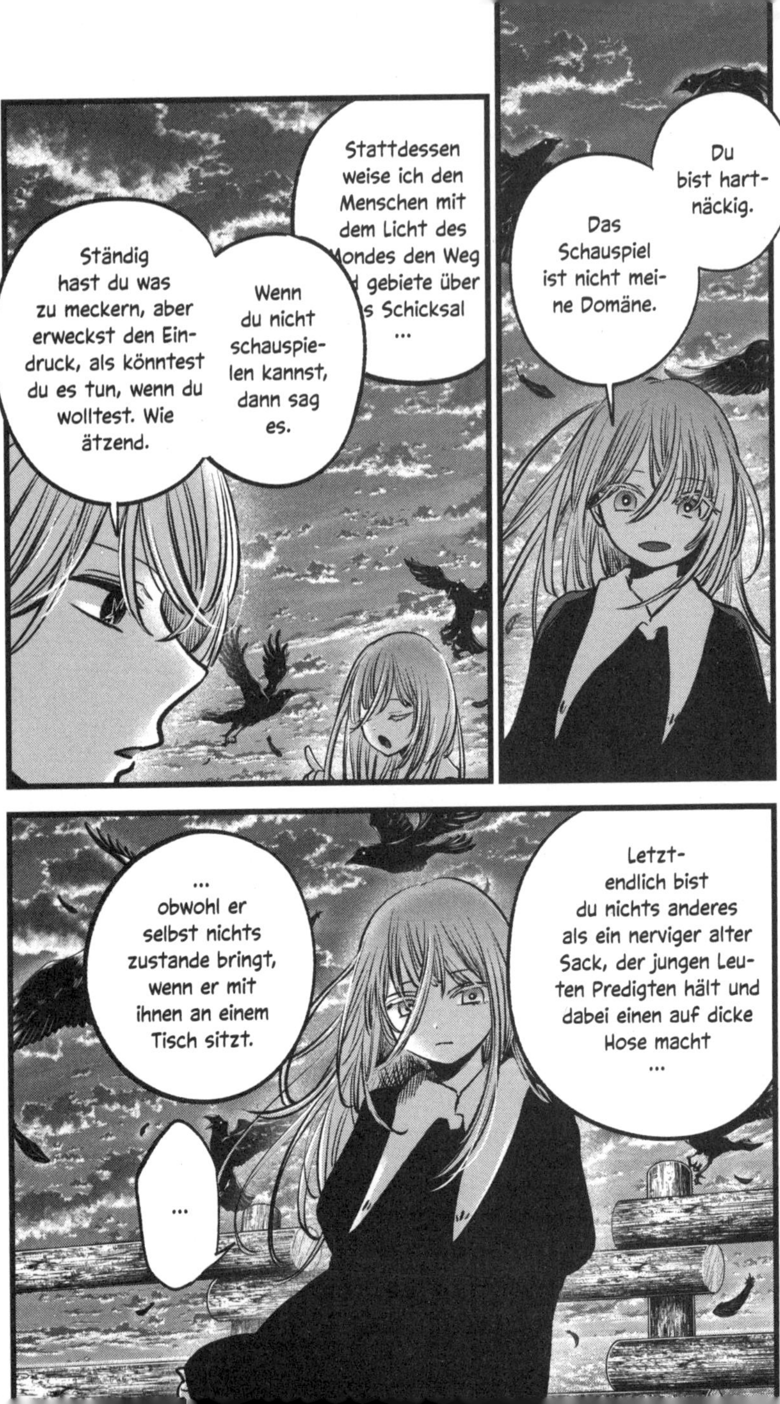

Du bist hartnäckig.

Das Schauspiel ist nicht meine Domäne.

Stattdessen weise ich den Menschen mit dem Licht des Mondes den Weg d gebiete über s Schicksal ...

Wenn du nicht schauspielen kannst, dann sag es.

Ständig hast du was zu meckern, aber erweckst den Eindruck, als könntest du es tun, wenn du wolltest. Wie ätzend.

Letztendlich bist du nichts anderes als ein nerviger alter Sack, der jungen Leuten Predigten hält und dabei einen auf dicke Hose macht ...

... obwohl er selbst nichts zustande bringt, wenn er mit ihnen an einem Tisch sitzt.

...

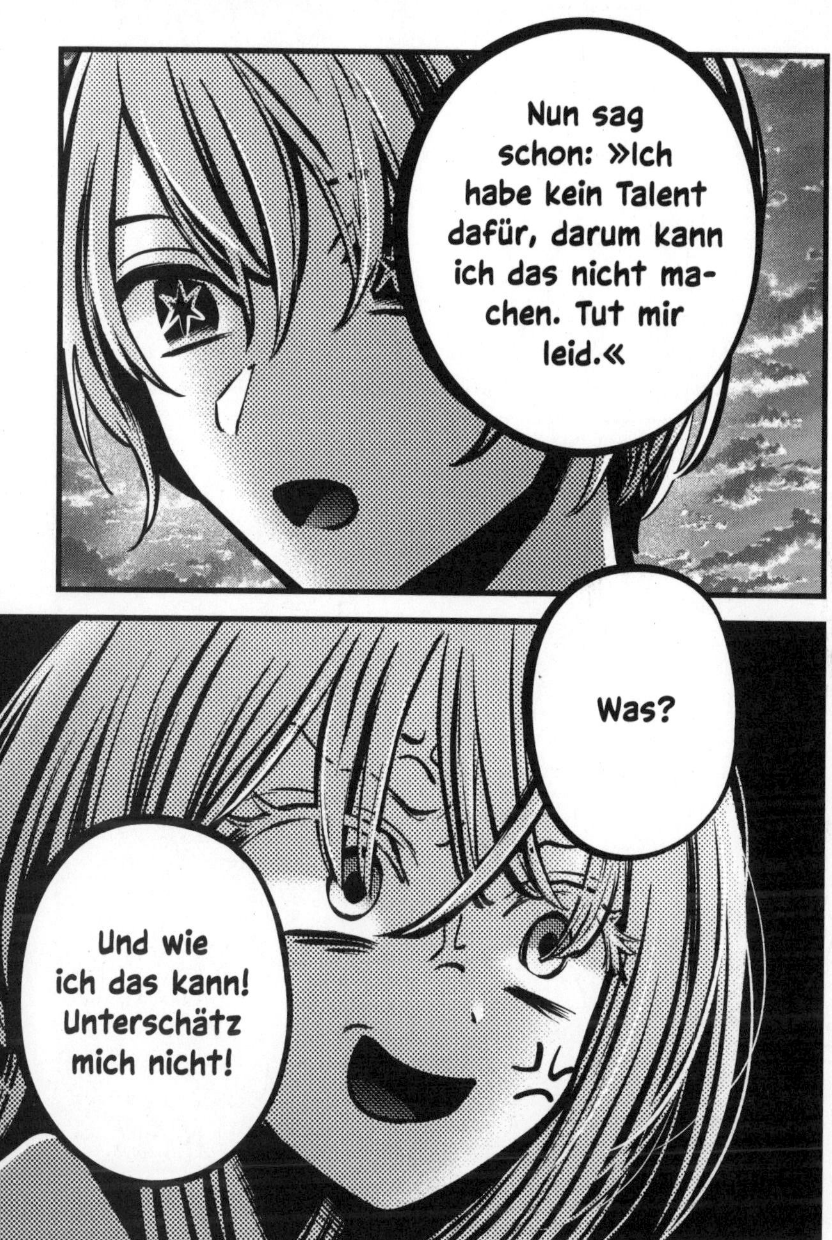
Nun sag schon: »Ich habe kein Talent dafür, darum kann ich das nicht machen. Tut mir leid.«
Was?
Und wie ich das kann! Unterschätz mich nicht!

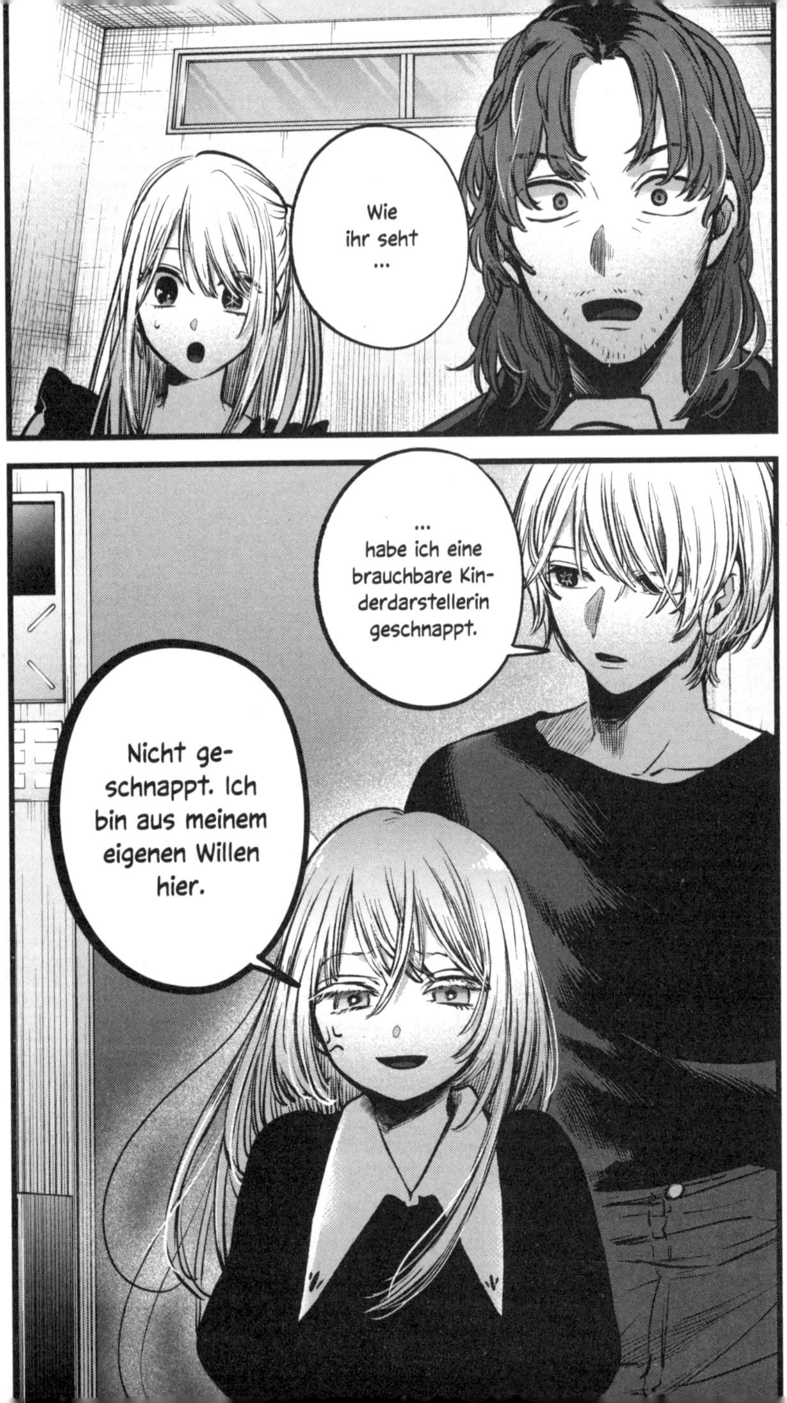

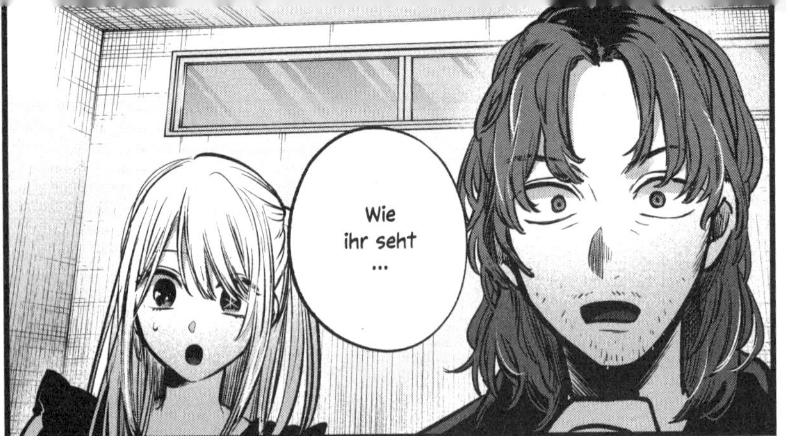

... habe ich eine brauchbare Kinderdarstellerin geschnappt.

Nicht geschnappt. Ich bin aus meinem eigenen Willen hier.

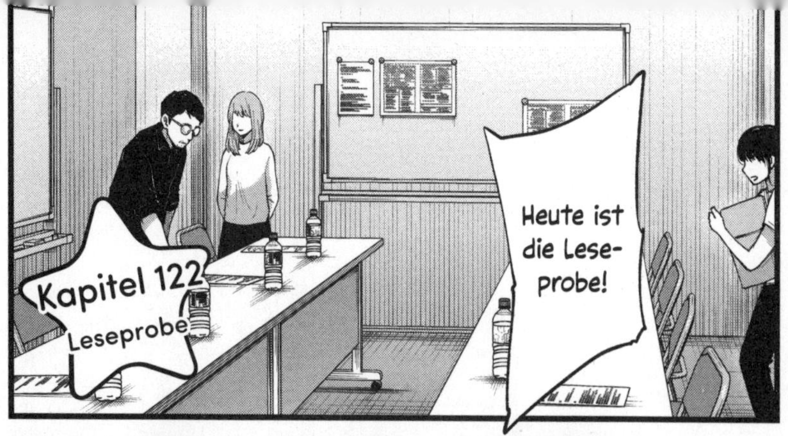
Heute ist die Leseprobe!
Kapitel 122
Leseprobe

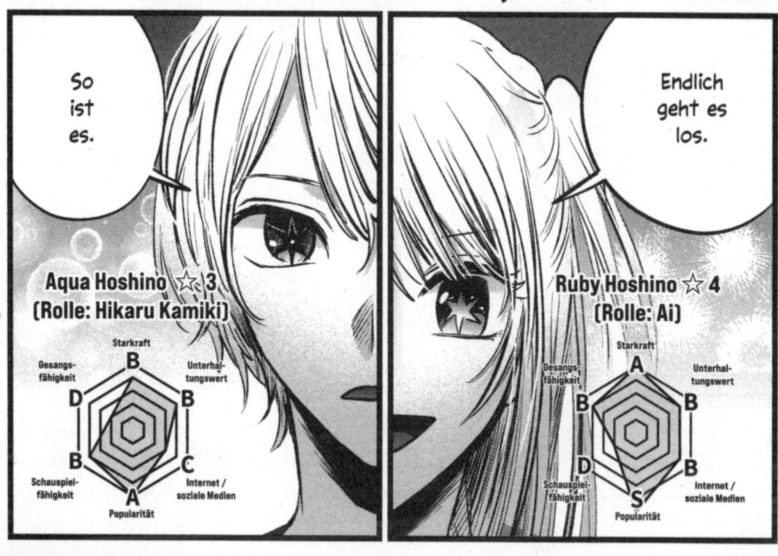
Endlich geht es los.
Ruby Hoshino ☆ 4
(Rolle: Ai)
Starkraft A
Unterhaltungswert B
Internet / soziale Medien B
Popularität S
Schauspielfähigkeit D
Gesangsfähigkeit B
So ist es.
Aqua Hoshino ☆ 3
(Rolle: Hikaru Kamiki)
Starkraft B
Unterhaltungswert B
Internet / soziale Medien C
Popularität A
Schauspielfähigkeit B
Gesangsfähigkeit D

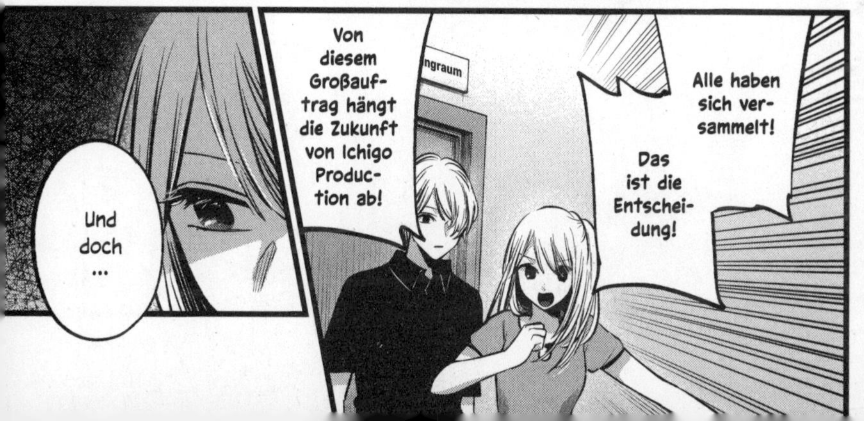
Alle haben sich versammelt!
Das ist die Entscheidung!
Von diesem Großauftrag hängt die Zukunft von Ichigo Production ab!
Und doch ...

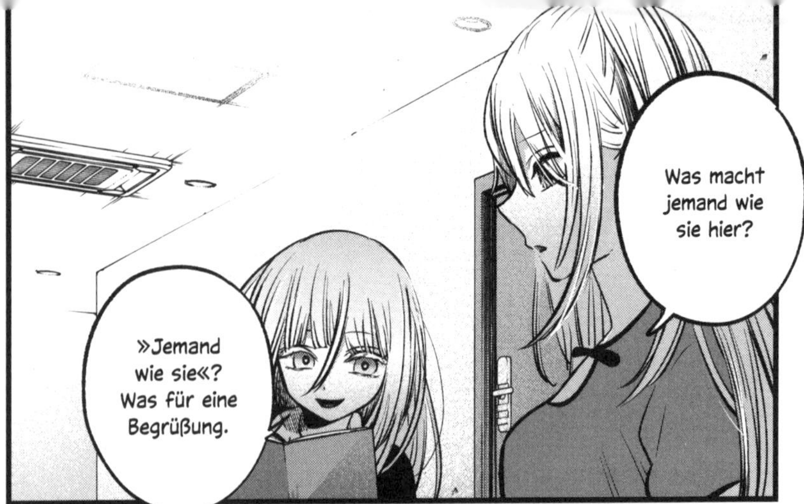
Was macht jemand wie sie hier?
»Jemand wie sie«? Was für eine Begrüßung.

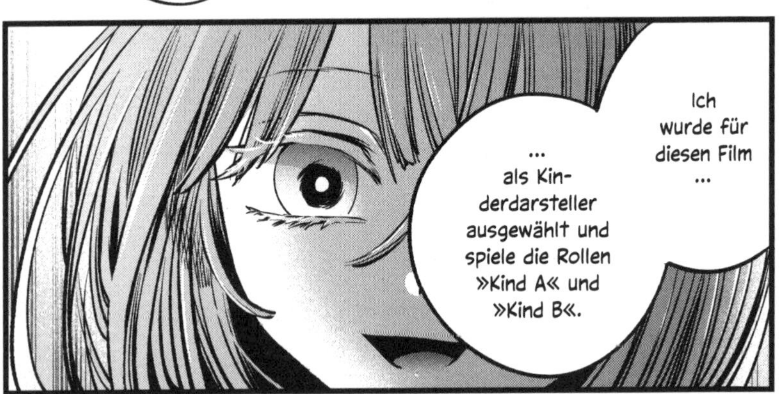
Ich wurde für diesen Film ...
... als Kinderdarsteller ausgewählt und spiele die Rollen »Kind A« und »Kind B«.

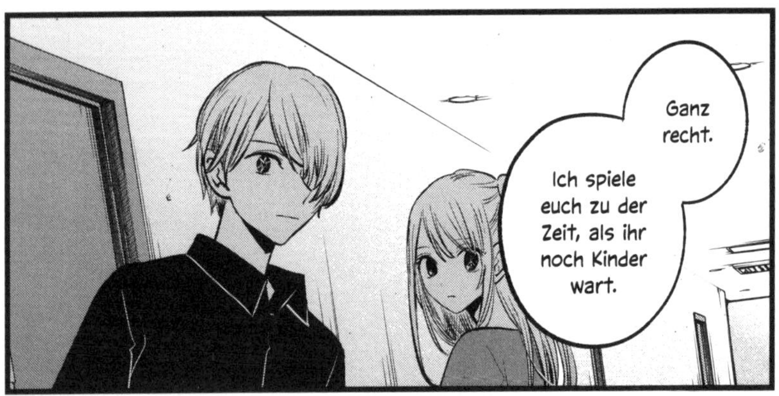
Ganz recht.
Ich spiele euch zu der Zeit, als ihr noch Kinder wart.

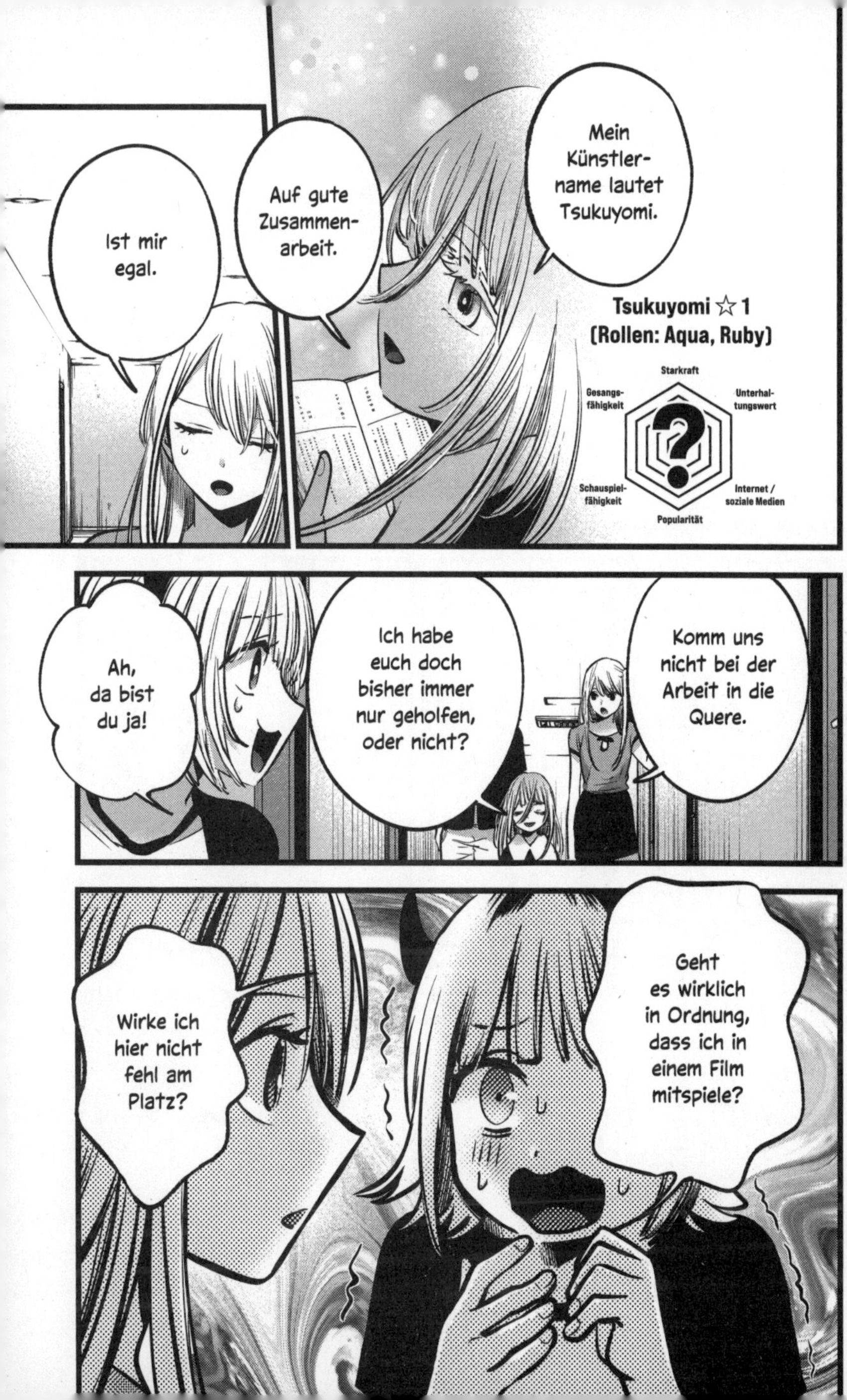

Mein Künstlername lautet Tsukuyomi.

Auf gute Zusammenarbeit.

Ist mir egal.

Tsukuyomi ☆ 1
(Rollen: Aqua, Ruby)

Starkraft
Unterhaltungswert
Internet / soziale Medien
Popularität
Schauspielfähigkeit
Gesangsfähigkeit
?

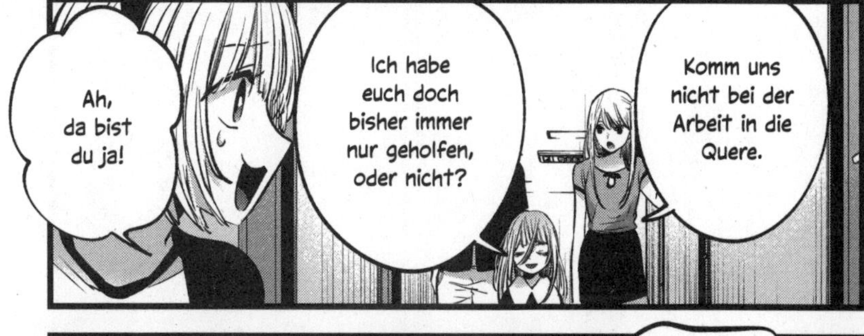

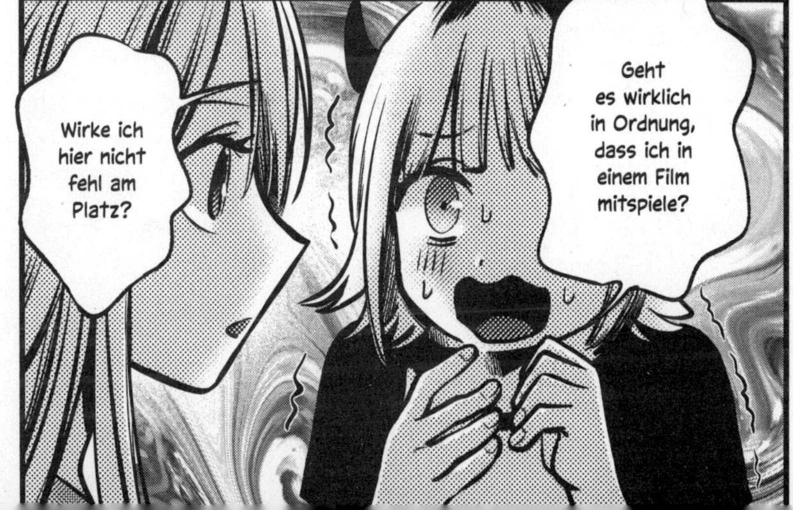

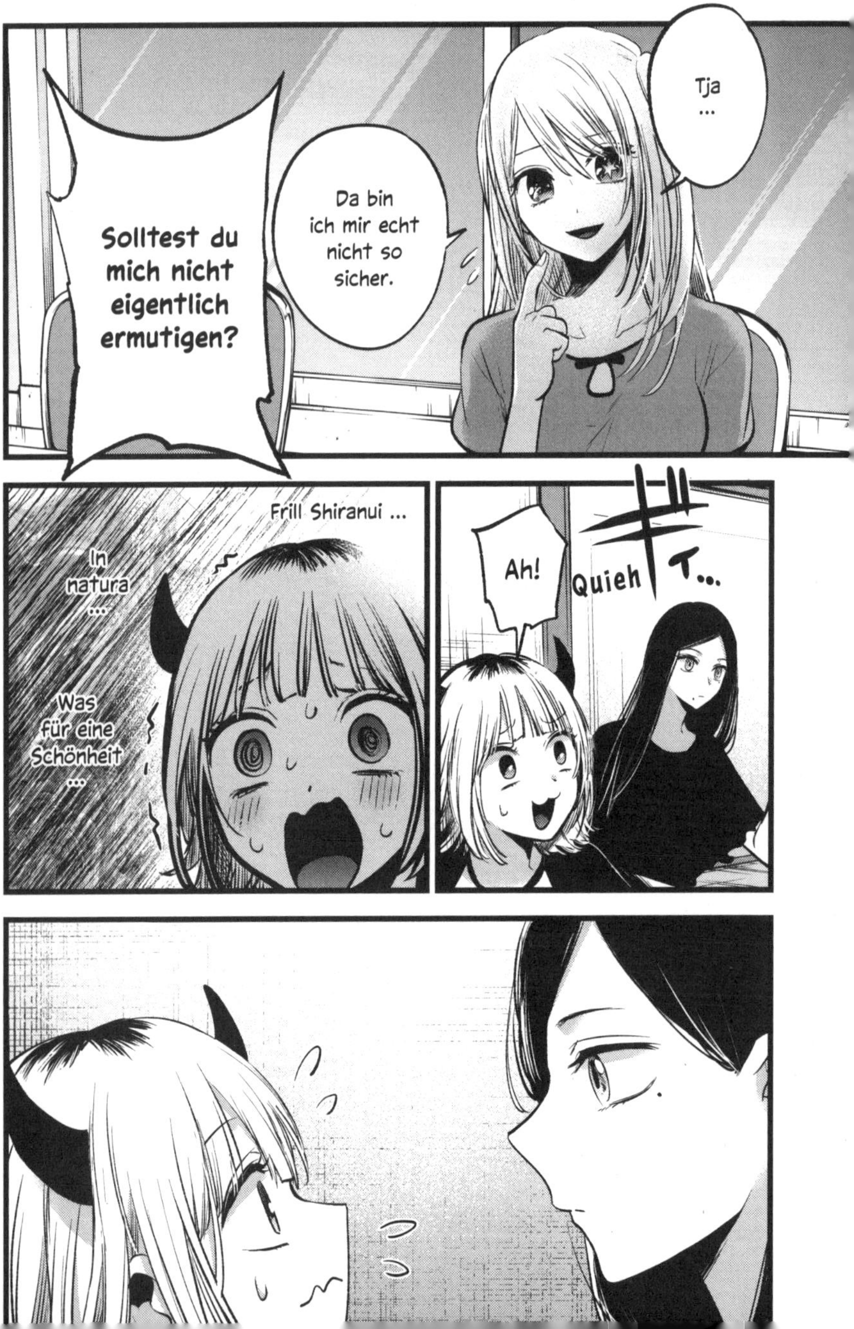

Tja ...

Da bin ich mir echt nicht so sicher.

Solltest du mich nicht eigentlich ermutigen?

Ah!

Quieh T...

Frill Shiranui ...

In natura ...

Was für eine Schönheit ...

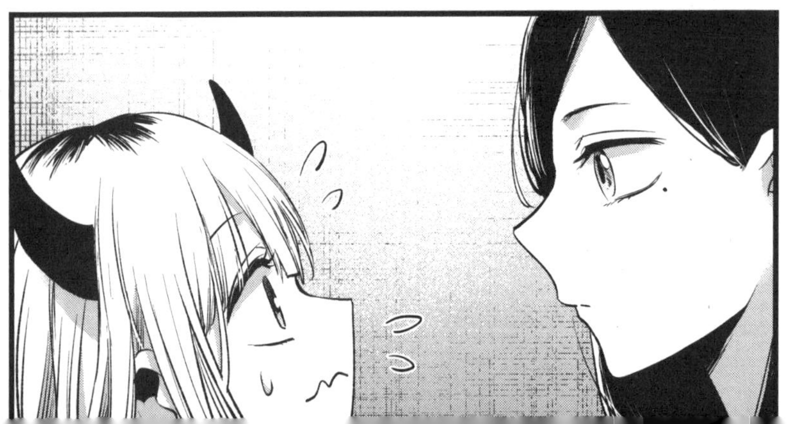

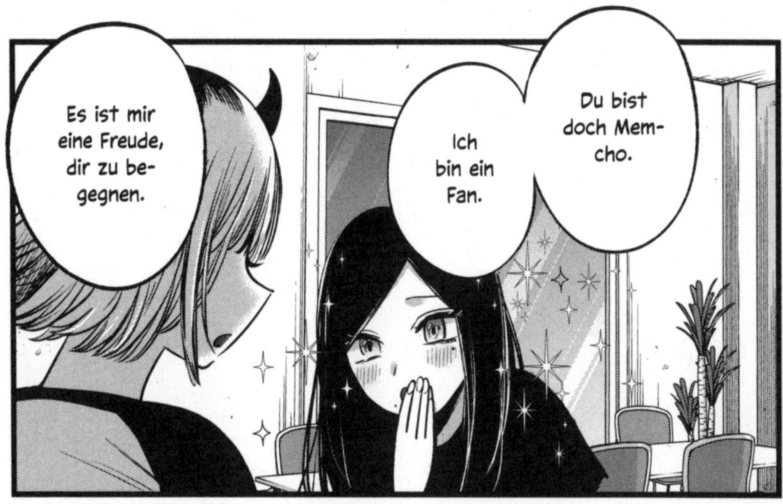
Du bist doch Mem-cho.
Ich bin ein Fan.
Es ist mir eine Freude, dir zu begegnen.

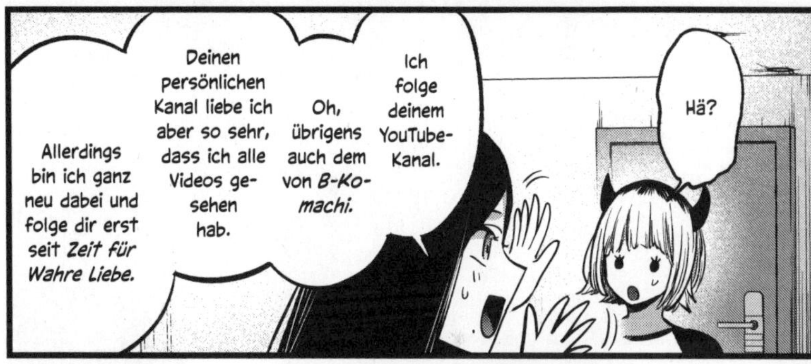
Hä?
Ich folge deinem YouTube-Kanal.
Oh, übrigens auch dem von *B-Komachi.*
Deinen persönlichen Kanal liebe ich aber so sehr, dass ich alle Videos gesehen hab.
Allerdings bin ich ganz neu dabei und folge dir erst seit *Zeit für Wahre Liebe.*

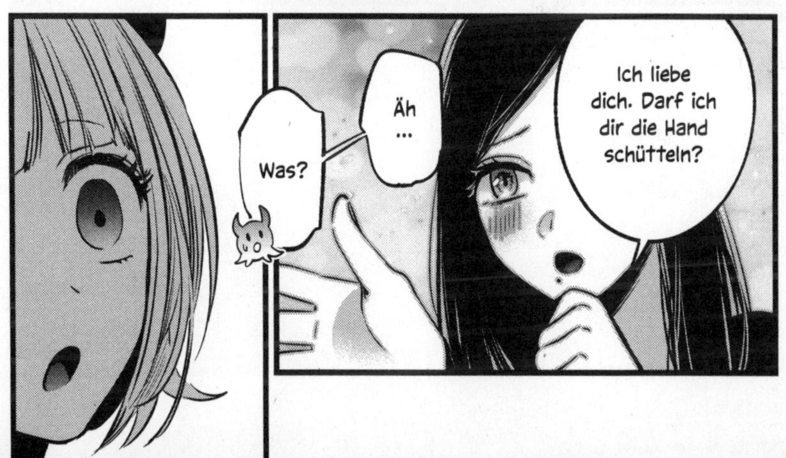
Ich liebe dich. Darf ich dir die Hand schütteln?
Äh ...
Was?

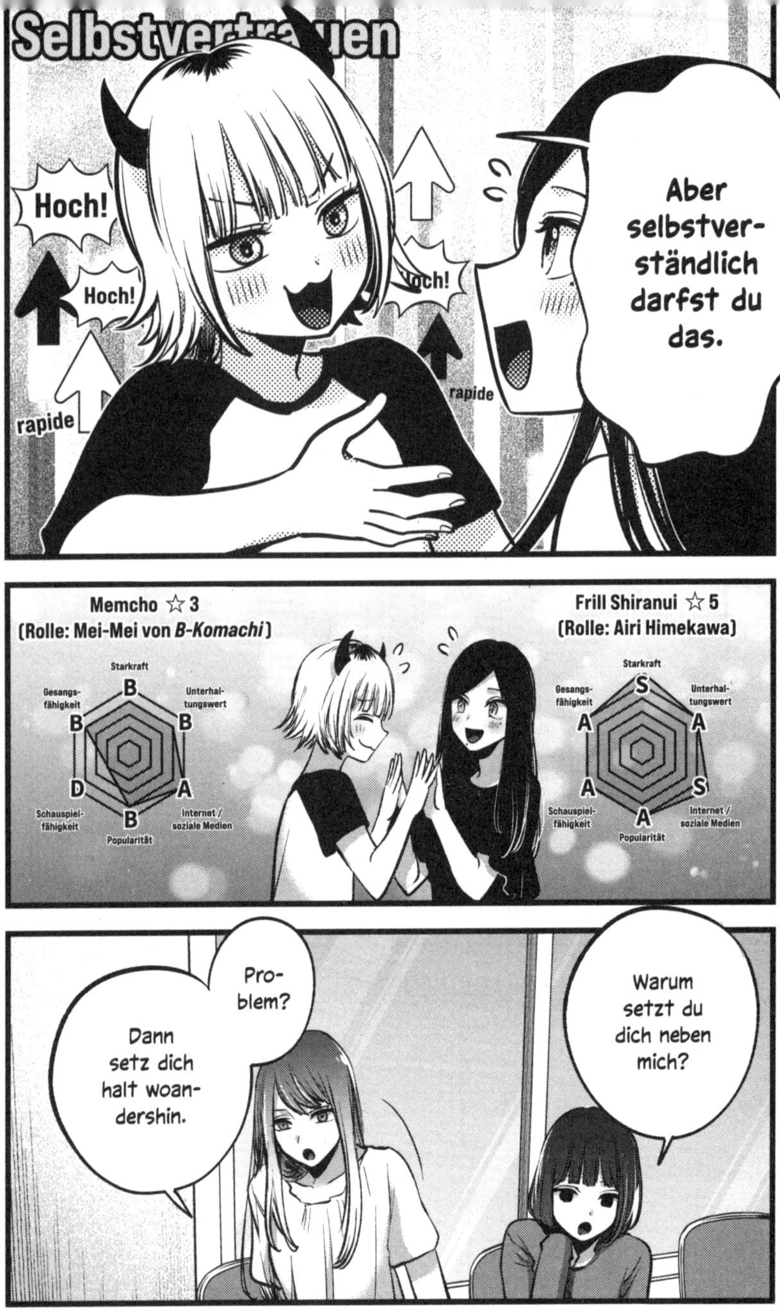

Selbstvertrauen

Aber selbstverständlich darfst du das.

och!

rapide

Hoch!

Hoch!

rapide

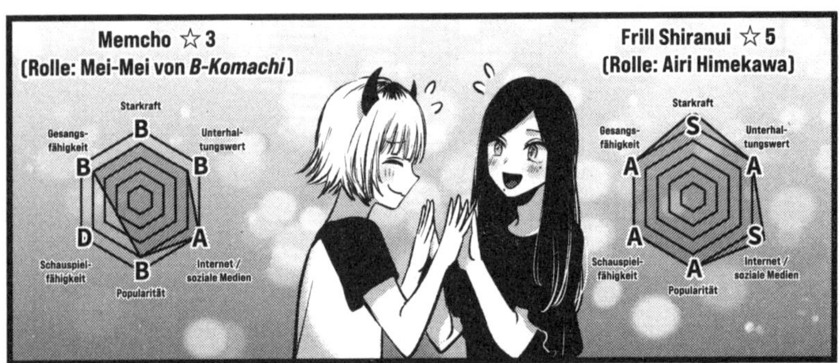

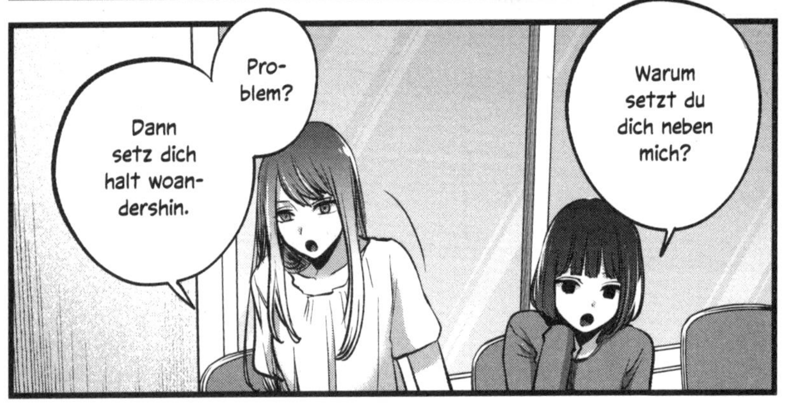

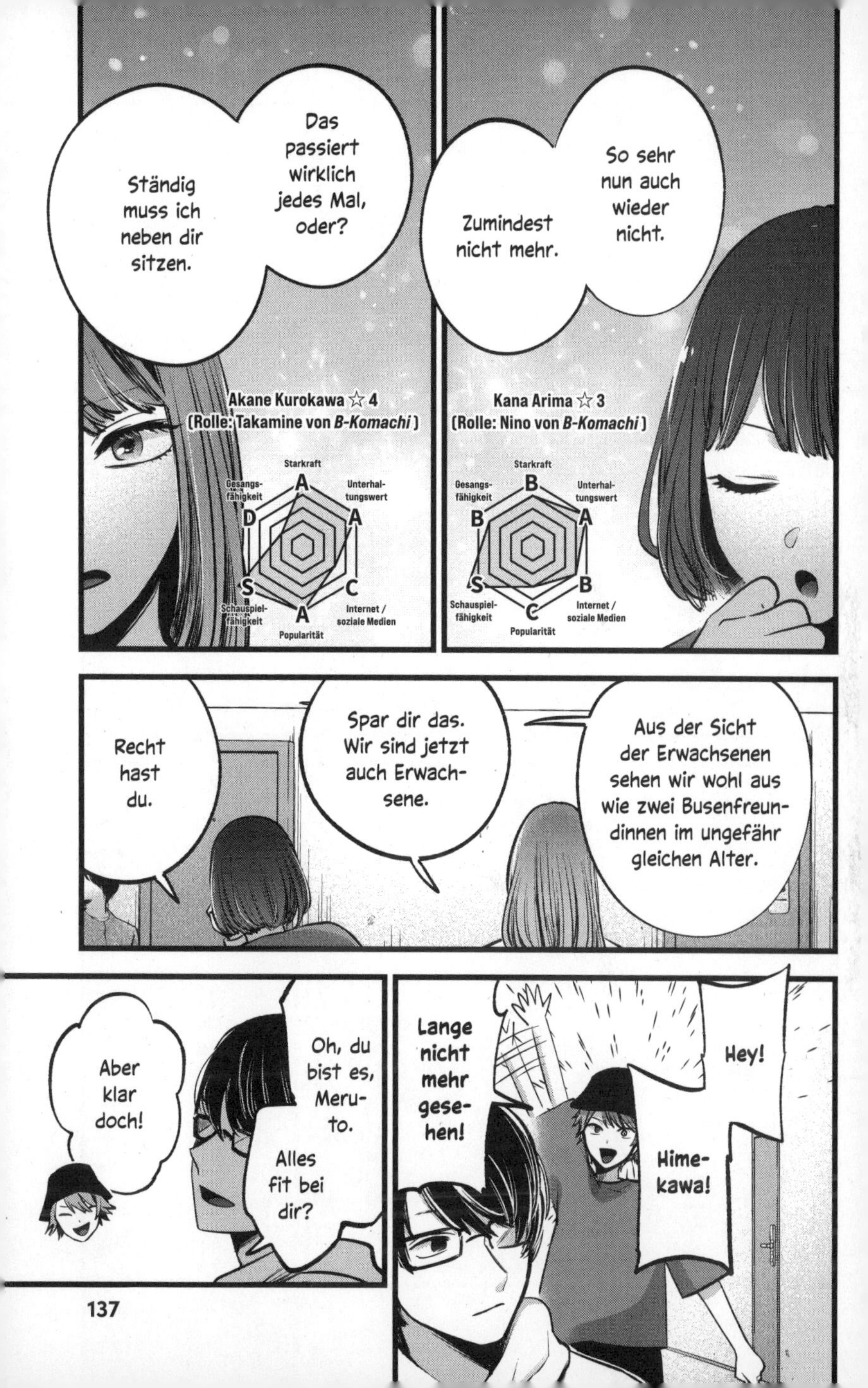

So sehr nun auch wieder nicht.
Zumindest nicht mehr.

Kana Arima ☆ 3
(Rolle: Nino von *B-Komachi*)

Starkraft B
Unterhaltungswert A
Internet / soziale Medien B
Popularität C
Schauspielfähigkeit S
Gesangsfähigkeit B

Das passiert wirklich jedes Mal, oder?
Ständig muss ich neben dir sitzen.

Akane Kurokawa ☆ 4
(Rolle: Takamine von *B-Komachi*)

Starkraft A
Unterhaltungswert A
Internet / soziale Medien C
Popularität A
Schauspielfähigkeit S
Gesangsfähigkeit D

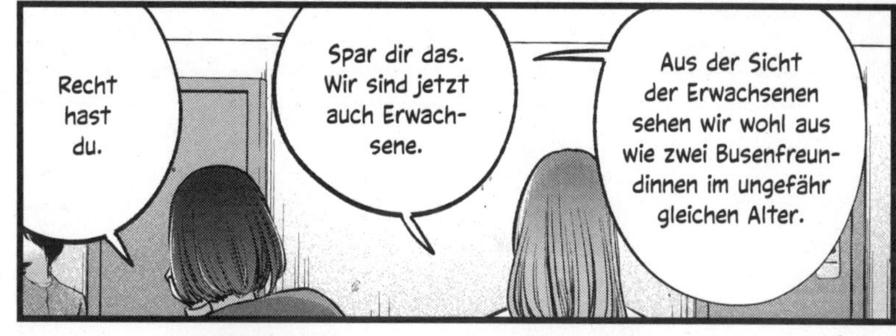

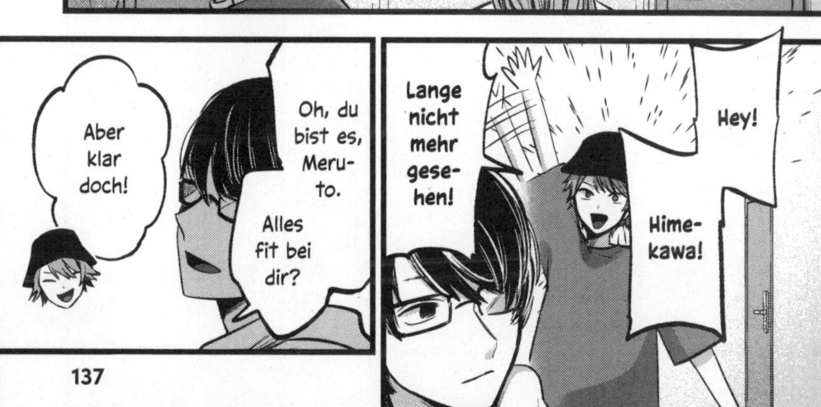

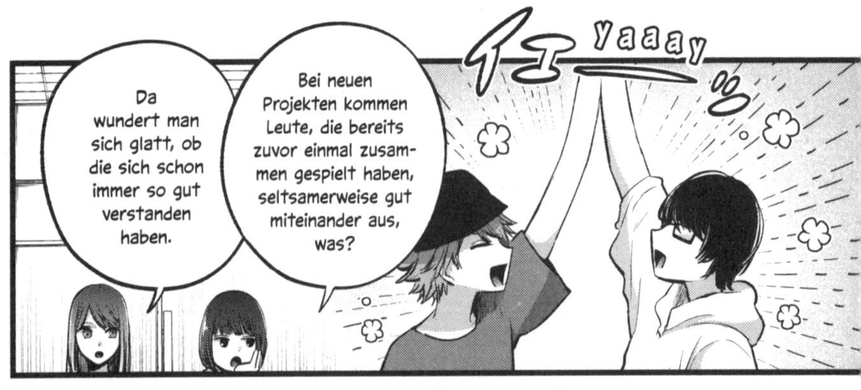
Yaaay
Bei neuen Projekten kommen Leute, die bereits zuvor einmal zusammen gespielt haben, seltsamerweise gut miteinander aus, was?
Da wundert man sich glatt, ob die sich schon immer so gut verstanden haben.

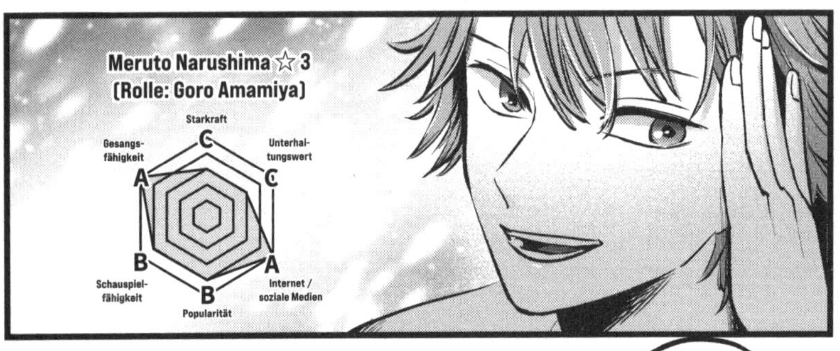
Meruto Narushima ☆ 3
(Rolle: Goro Amamiya)
Starkraft C
Unterhaltungswert C
Internet / soziale Medien A
Popularität B
Schauspielfähigkeit B
Gesangsfähigkeit A

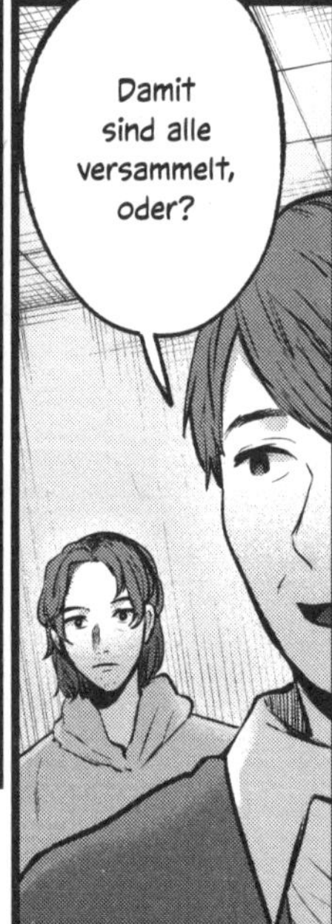
Damit sind alle versammelt, oder?

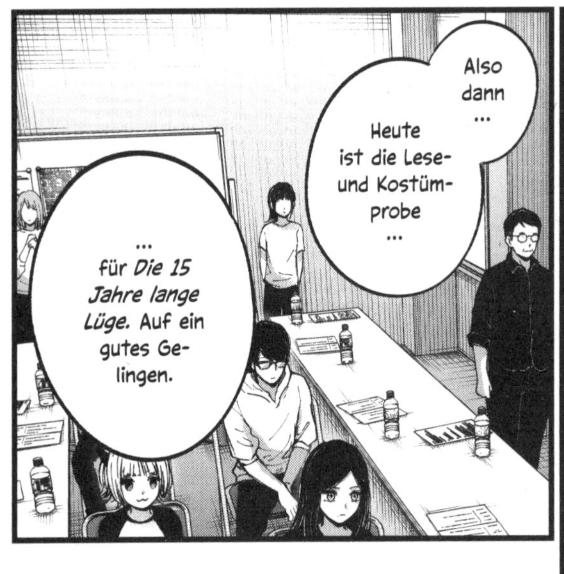
Also dann ...
Heute ist die Lese- und Kostümprobe ...
... für *Die 15 Jahre lange Lüge*. Auf ein gutes Gelingen.

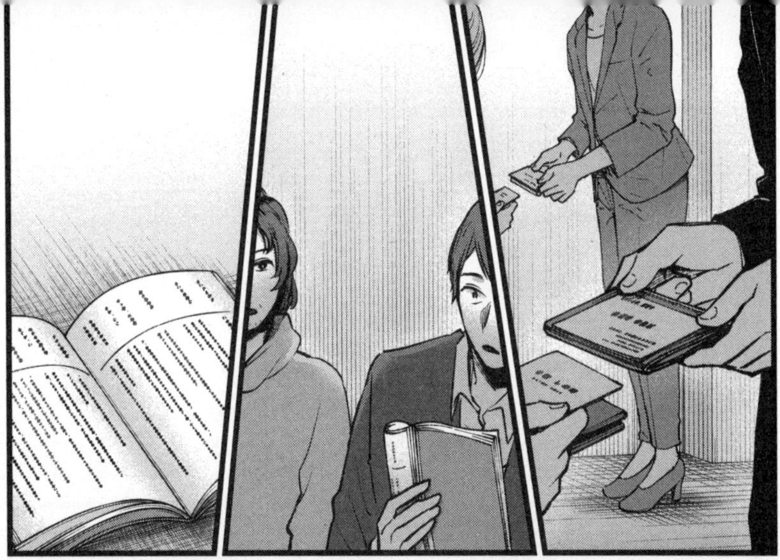

Anfang der Leseprobe, gekürzt

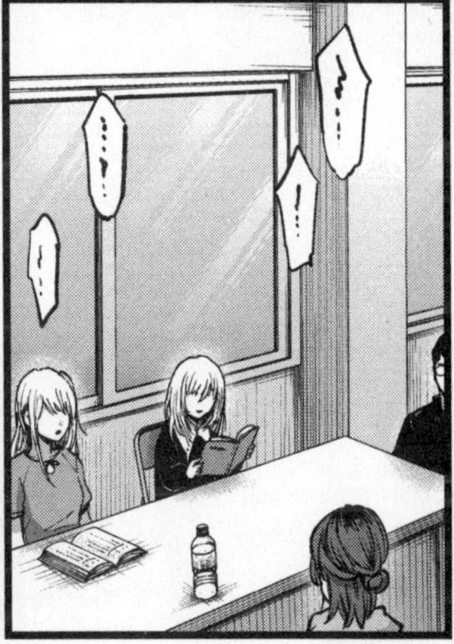

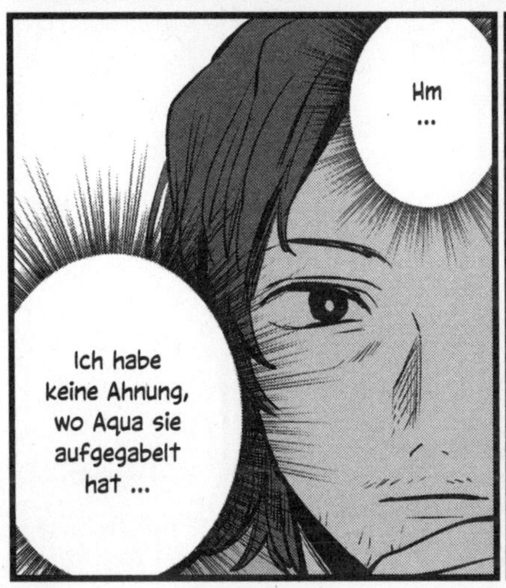

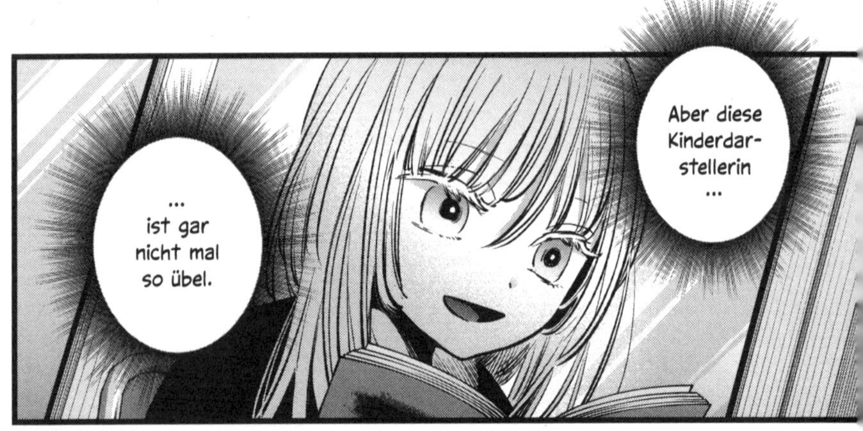
Aber diese Kinderdar-stellerin ...
... ist gar nicht mal so übel.

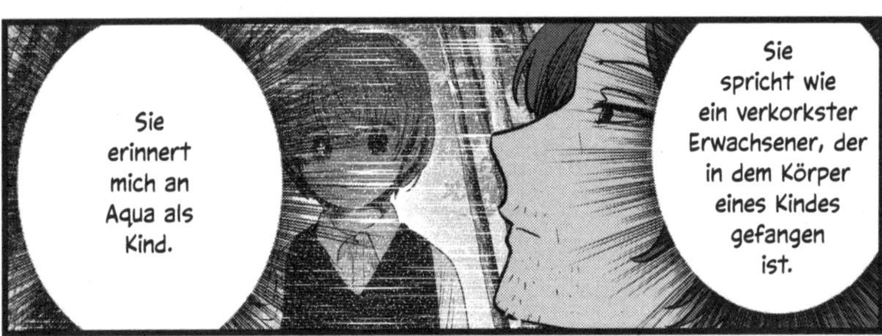
Sie spricht wie ein verkorkster Erwachsener, der in dem Körper eines Kindes gefangen ist.
Sie erinnert mich an Aqua als Kind.

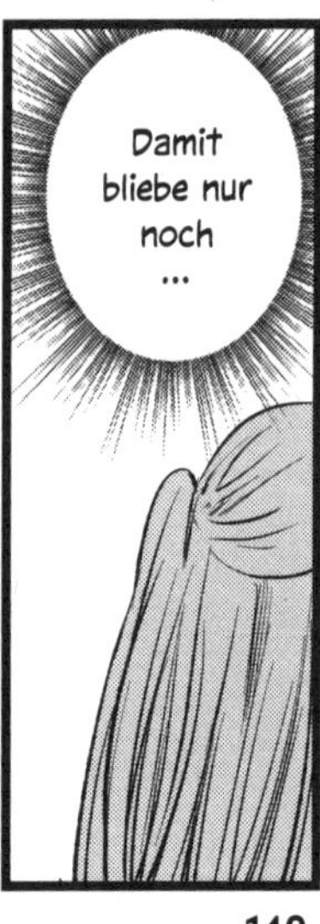
Damit bliebe nur noch ...

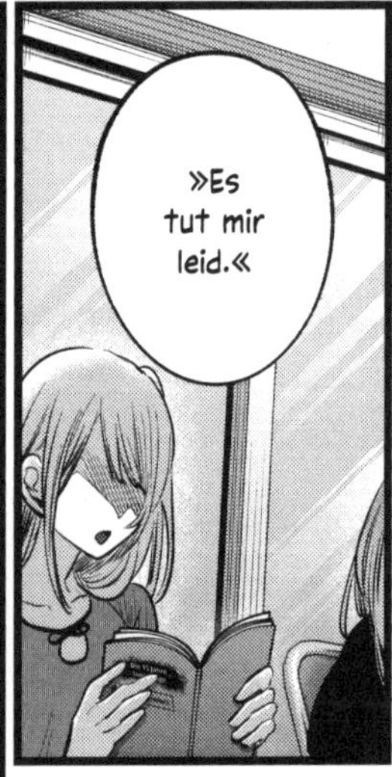
»Es tut mir leid.«

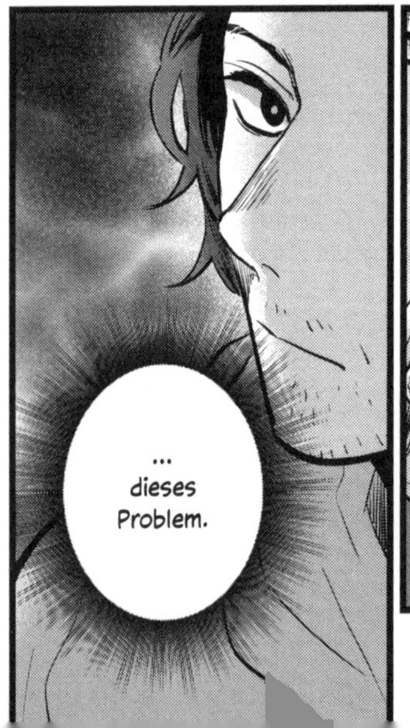
... dieses Problem.

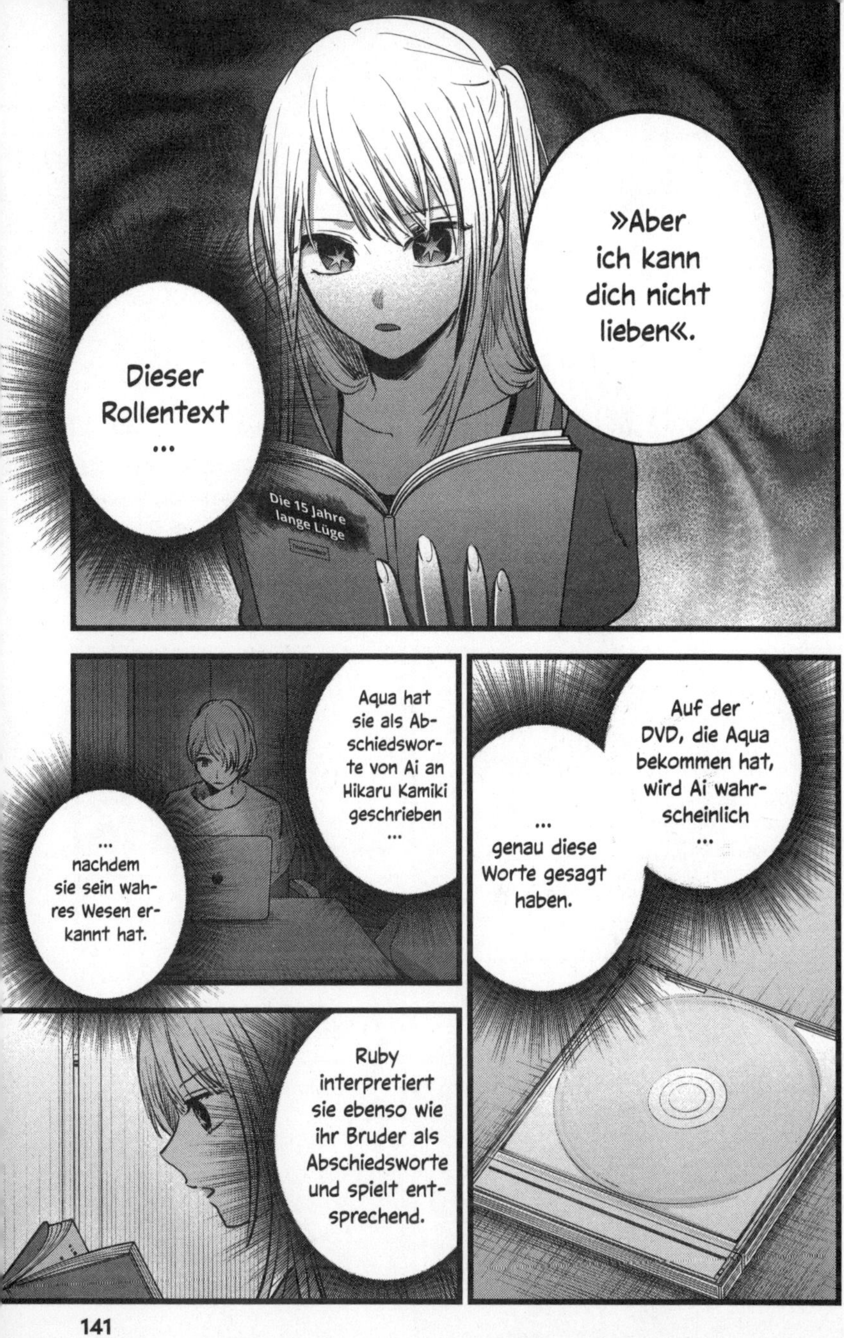

»Aber ich kann dich nicht lieben«.
Dieser Rollentext ...
Die 15 Jahre lange Lüge
Auf der DVD, die Aqua bekommen hat, wird Ai wahrscheinlich ...
... genau diese Worte gesagt haben.
Aqua hat sie als Abschiedsworte von Ai an Hikaru Kamiki geschrieben ...
... nachdem sie sein wahres Wesen erkannt hat.
Ruby interpretiert sie ebenso wie ihr Bruder als Abschiedsworte und spielt entsprechend.

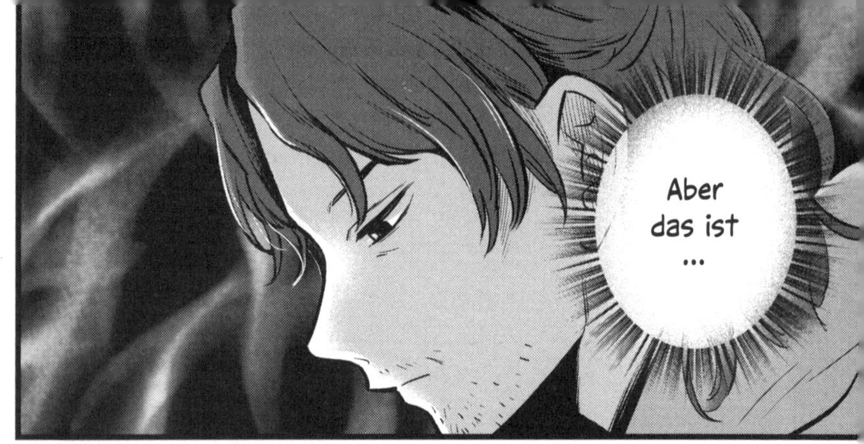

Ende der Leseprobe, gekürzt

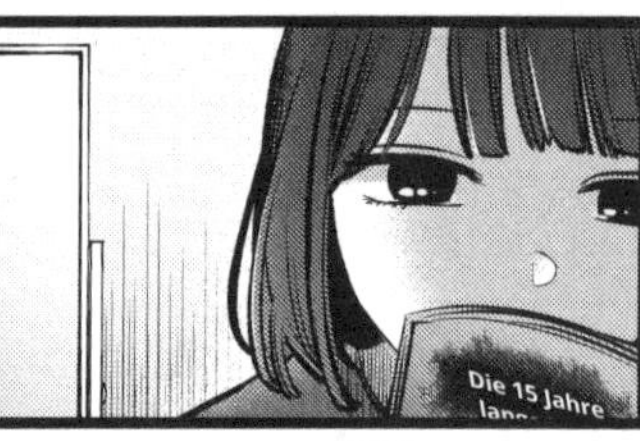

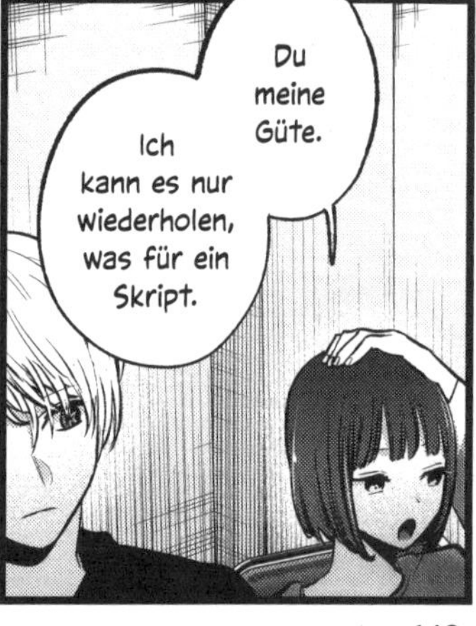

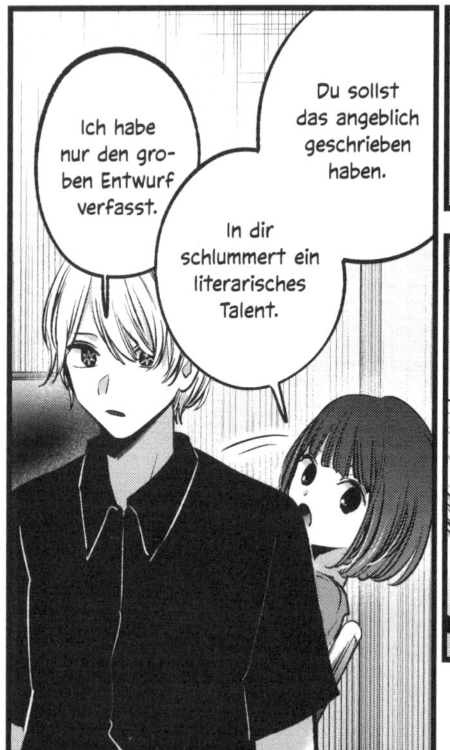

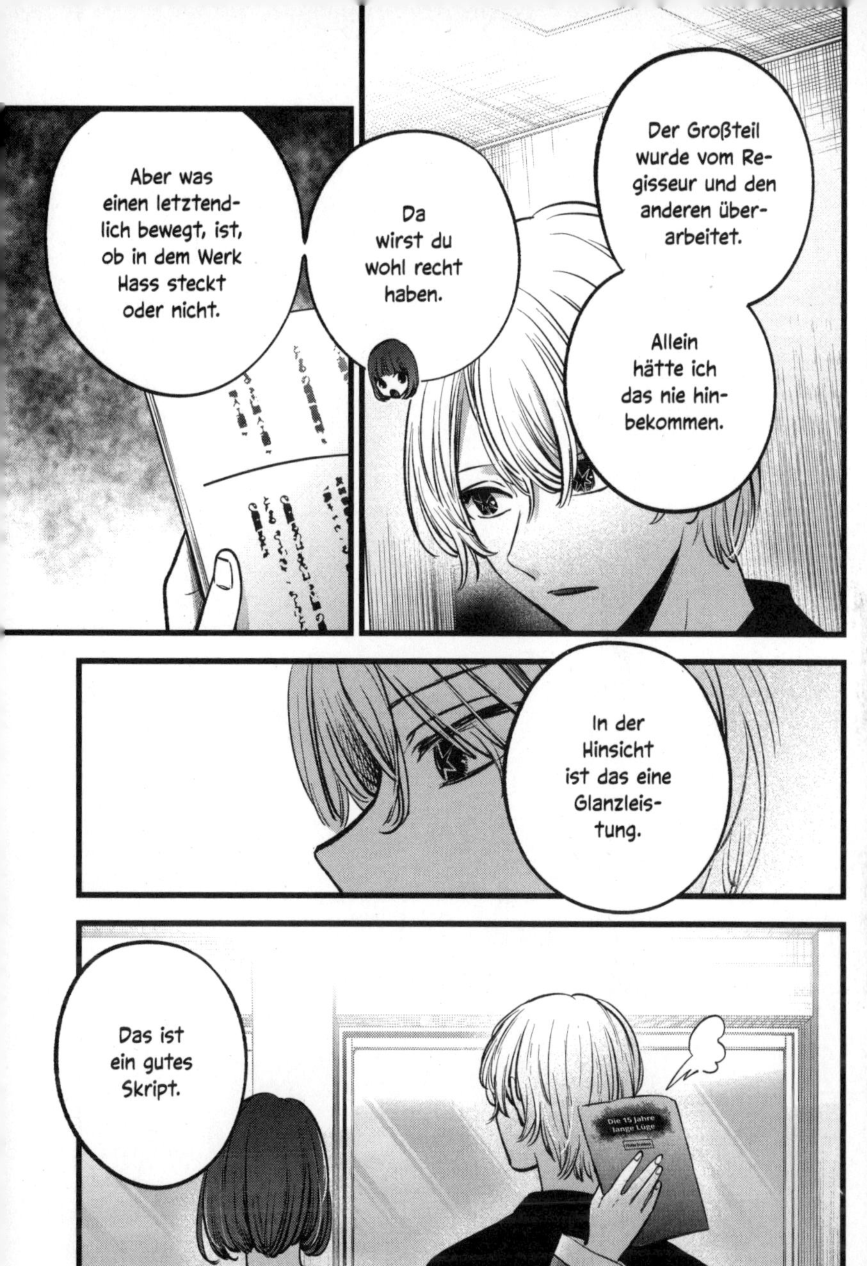

Der Großteil wurde vom Regisseur und den anderen überarbeitet.
Allein hätte ich das nie hinbekommen.
Da wirst du wohl recht haben.
Aber was einen letztendlich bewegt, ist, ob in dem Werk Hass steckt oder nicht.
In der Hinsicht ist das eine Glanzleistung.
Die 15 Jahre lange Lüge
Das ist ein gutes Skript.

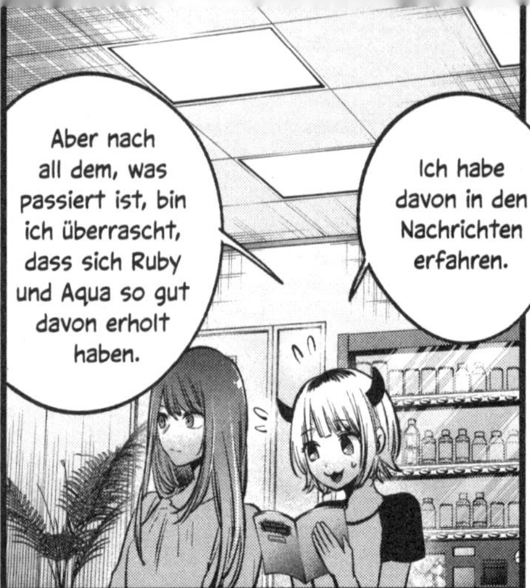
Ich habe davon in den Nachrichten erfahren.
Aber nach all dem, was passiert ist, bin ich überrascht, dass sich Ruby und Aqua so gut davon erholt haben.

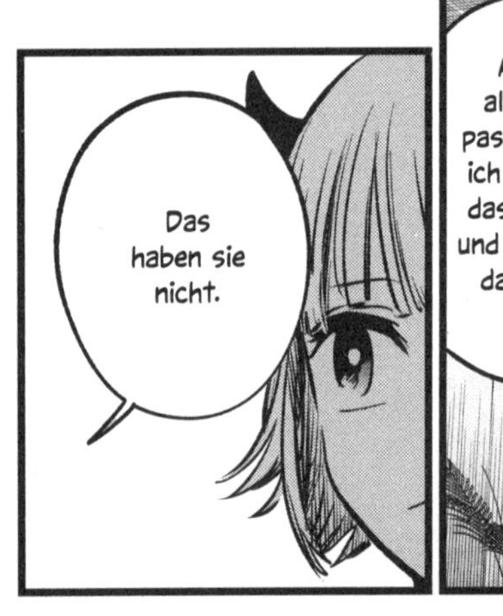
Das haben sie nicht.

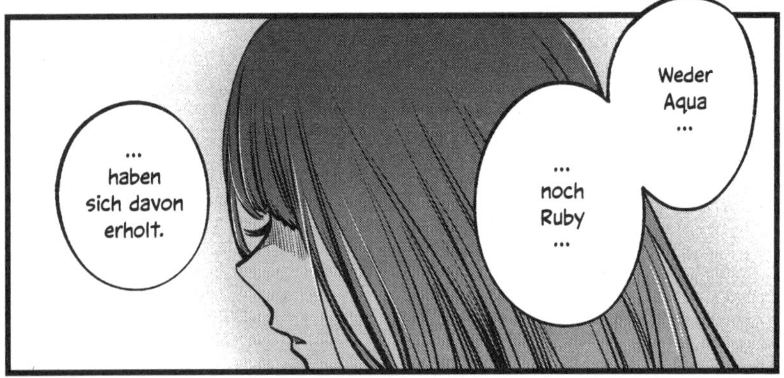
Weder Aqua ...
... noch Ruby ...
... haben sich davon erholt.

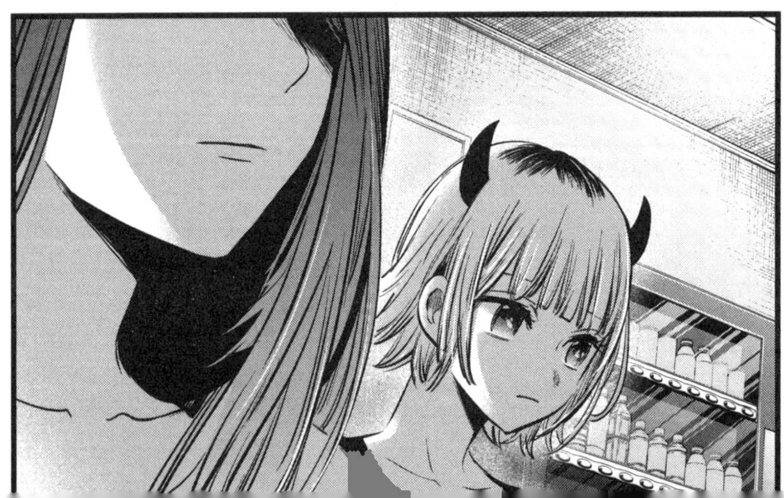

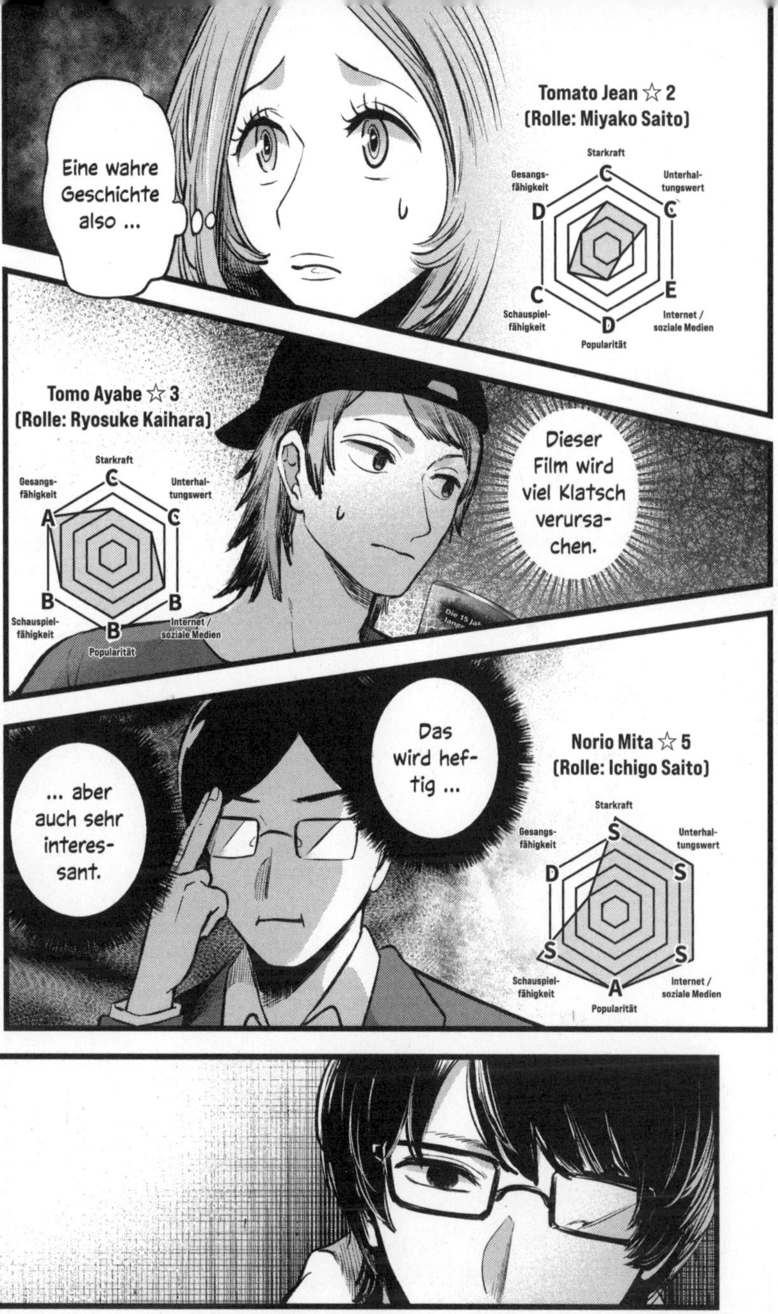

Tomato Jean ☆ 2
(Rolle: Miyako Saito)

Starkraft C
Unterhaltungswert C
Internet / soziale Medien E
Popularität D
Schauspielfähigkeit C
Gesangsfähigkeit D

Eine wahre Geschichte also ...

Dieser Film wird viel Klatsch verursachen.

Tomo Ayabe ☆ 3
(Rolle: Ryosuke Kaihara)

Starkraft C
Unterhaltungswert C
Internet / soziale Medien B
Popularität B
Schauspielfähigkeit B
Gesangsfähigkeit A

Norio Mita ☆ 5
(Rolle: Ichigo Saito)

Starkraft S
Unterhaltungswert S
Internet / soziale Medien S
Popularität A
Schauspielfähigkeit S
Gesangsfähigkeit D

Das wird heftig ...

... aber auch sehr interessant.

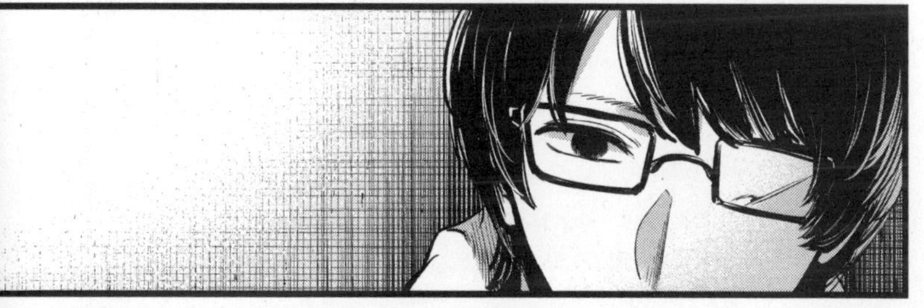

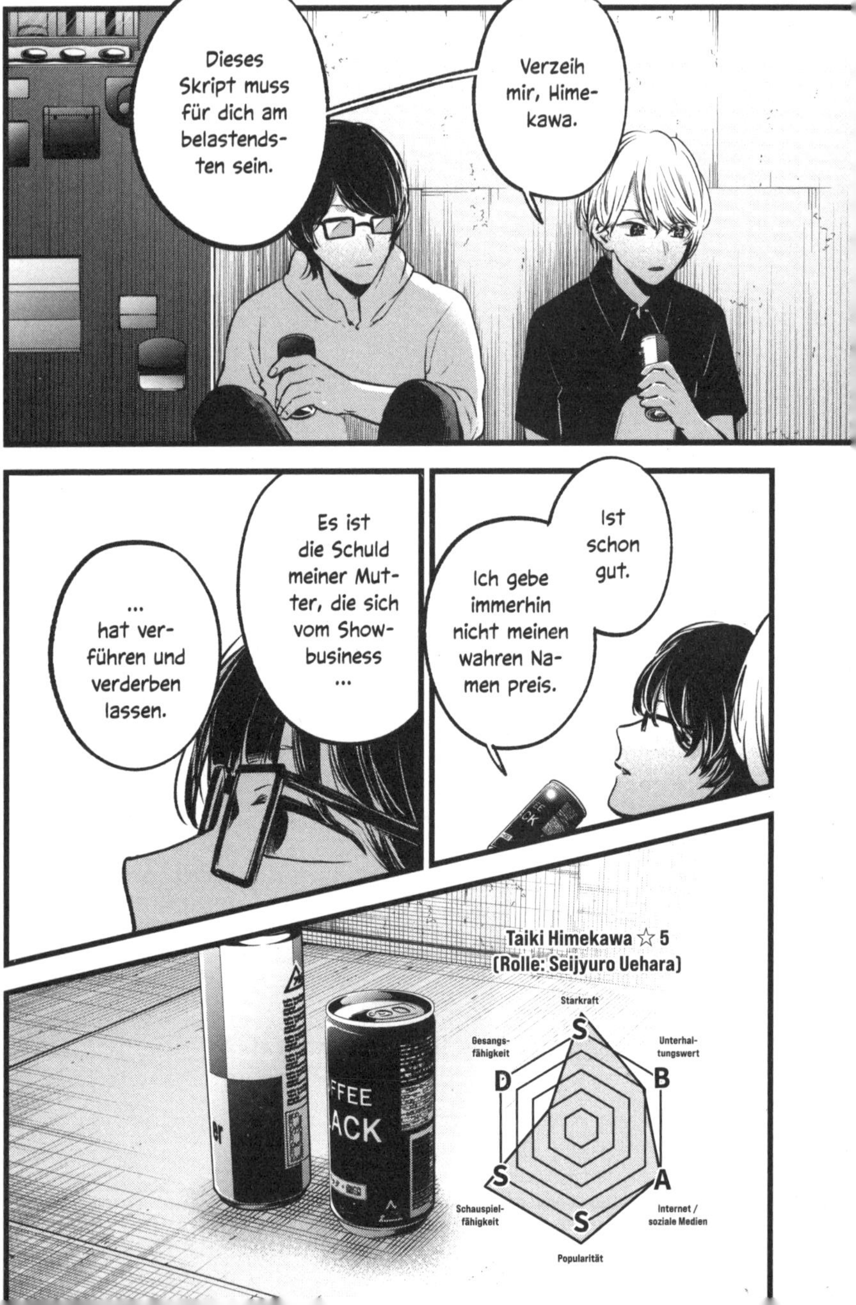

Verzeih mir, Himekawa.

Dieses Skript muss für dich am belastendsten sein.

Ist schon gut.

Ich gebe immerhin nicht meinen wahren Namen preis.

Es ist die Schuld meiner Mutter, die sich vom Showbusiness ...

... hat verführen und verderben lassen.

Taiki Himekawa ☆ 5
(Rolle: Seijyuro Uehara)

Starkraft: S
Unterhaltungswert: B
Internet / soziale Medien: A
Popularität: S
Schauspielfähigkeit: S
Gesangsfähigkeit: D

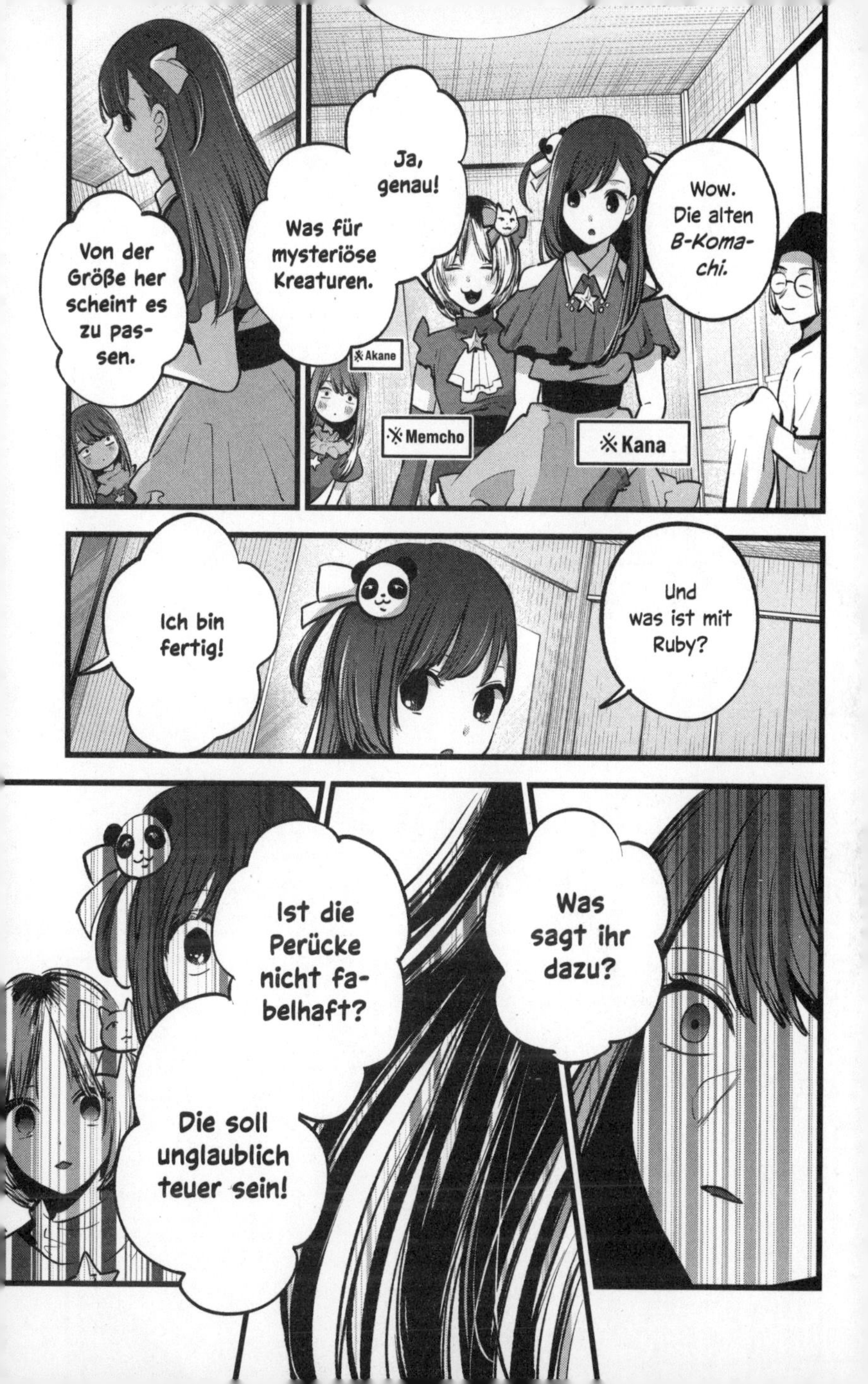

Wow. Die alten *B-Komachi.*

Ja, genau!

Was für mysteriöse Kreaturen.

Von der Größe her scheint es zu passen.

※Kana

※Memcho

※Akane

Und was ist mit Ruby?

Ich bin fertig!

Was sagt ihr dazu?

Ist die Perücke nicht fabelhaft?

Die soll unglaublich teuer sein!

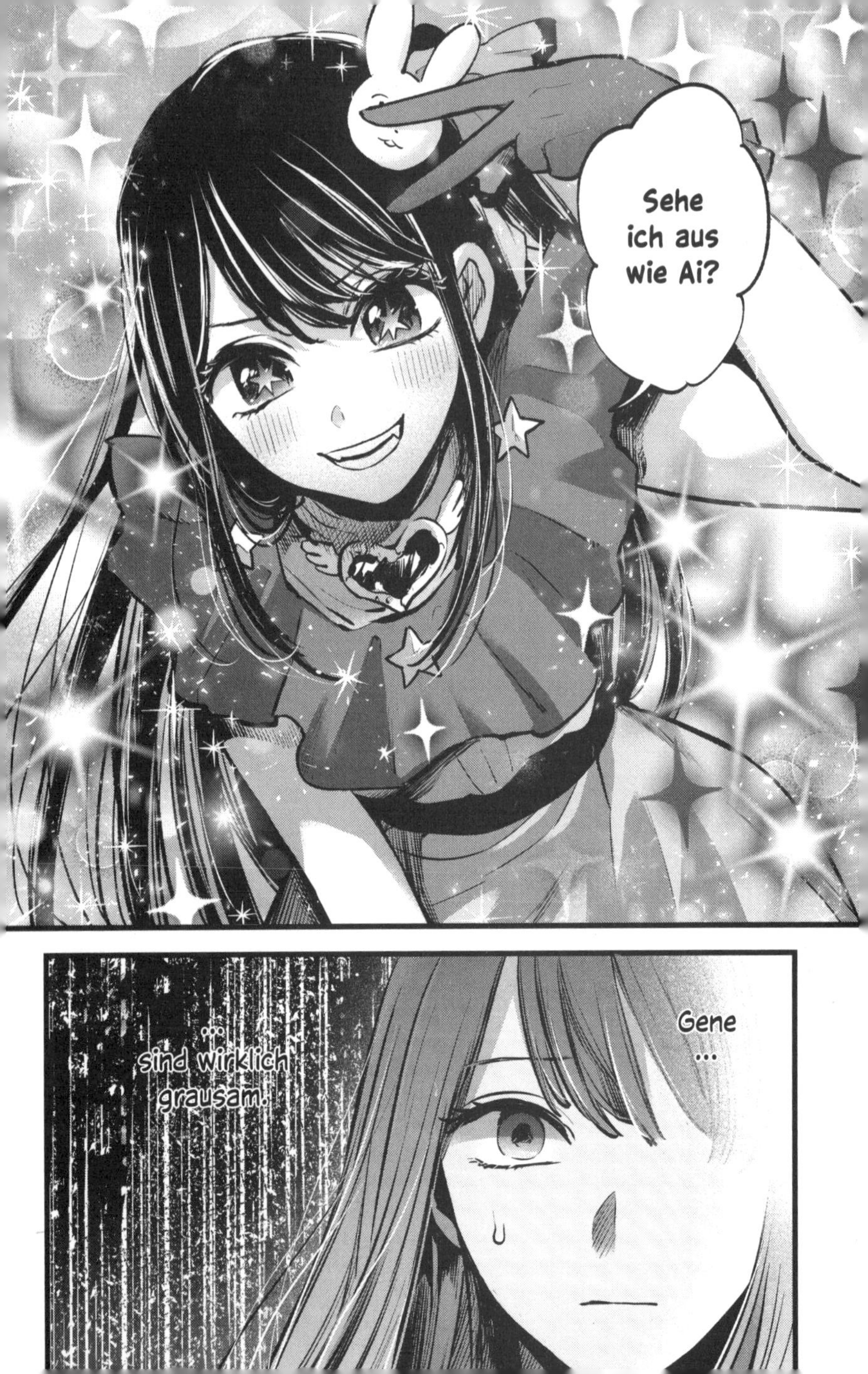

Sehe ich aus wie Ai?

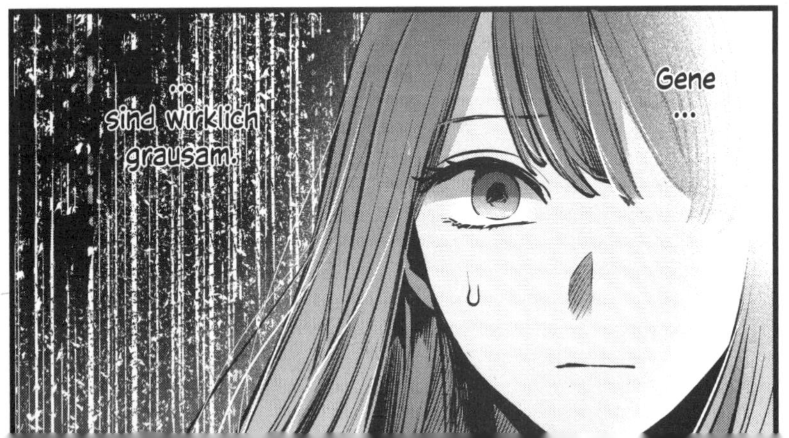

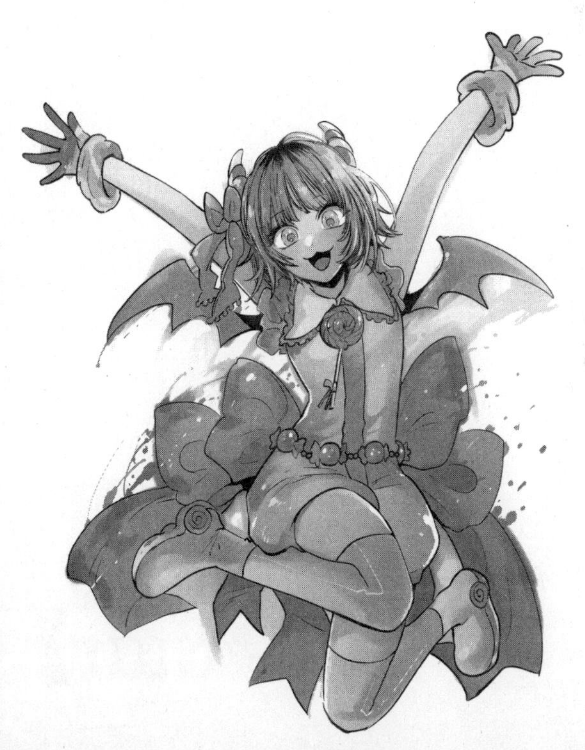

【Mein ♥ Star】

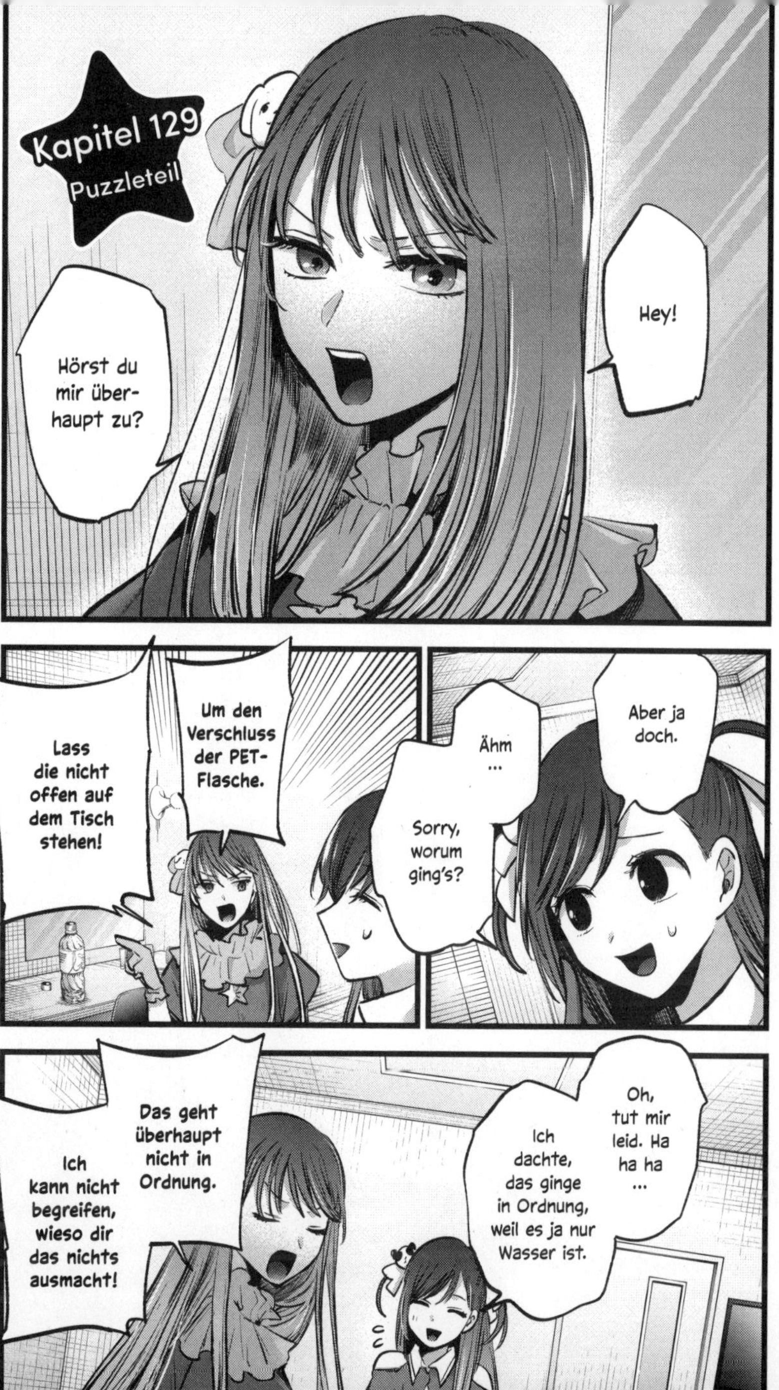

Kapitel 129
Puzzleteil

Hey!

Hörst du mir überhaupt zu?

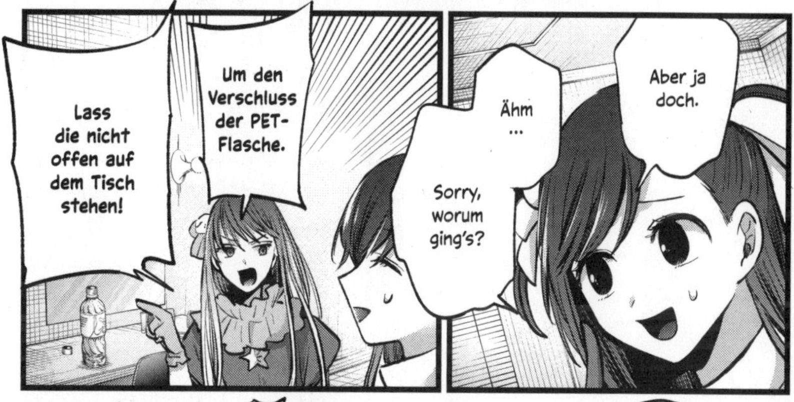

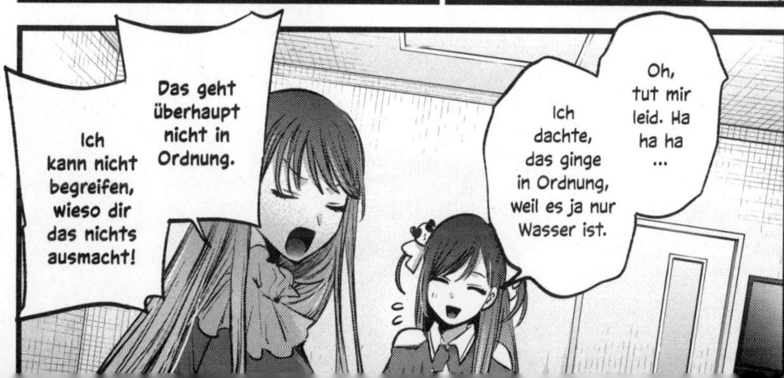

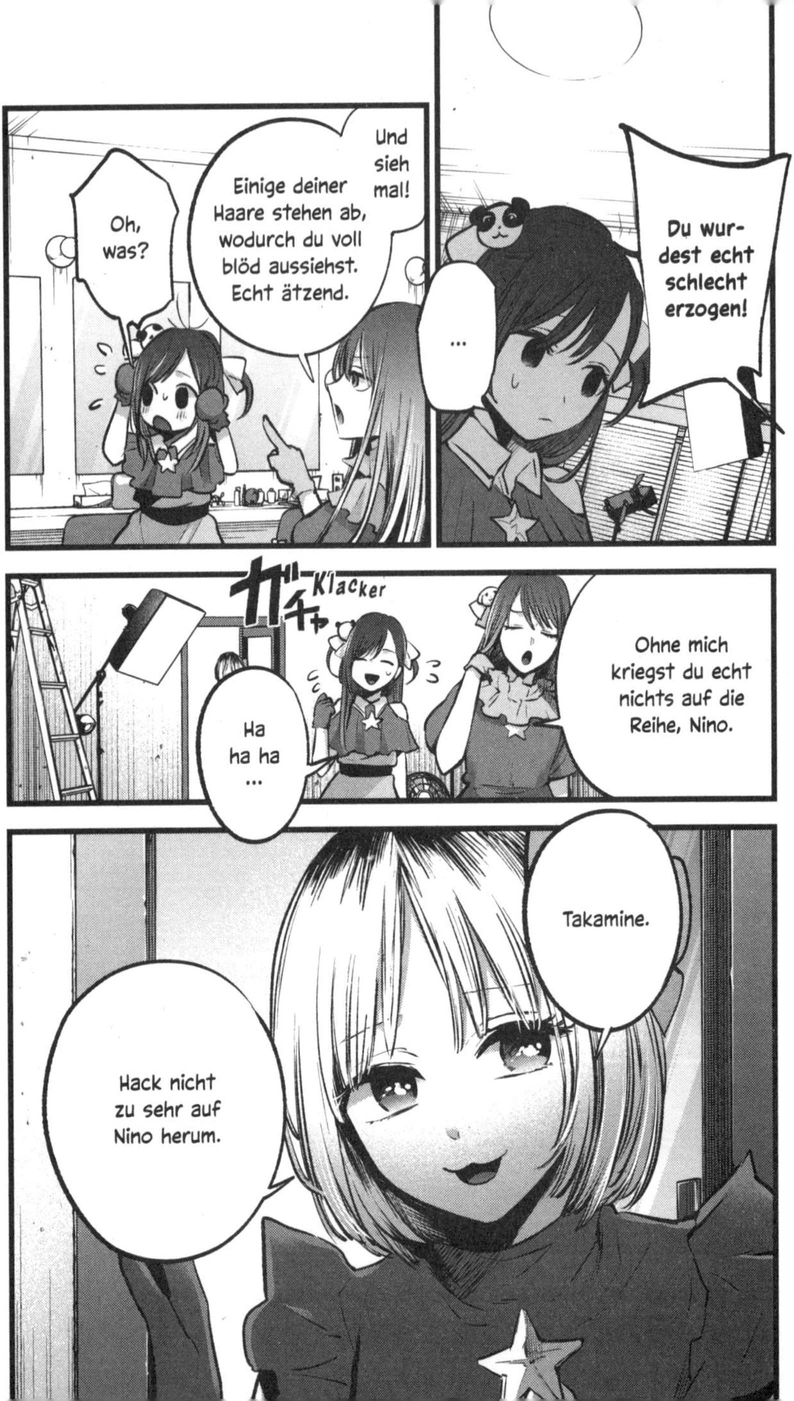

Du wurdest echt schlecht erzogen!

…

Und sieh mal!

Einige deiner Haare stehen ab, wodurch du voll blöd aussiehst. Echt ätzend.

Oh, was?

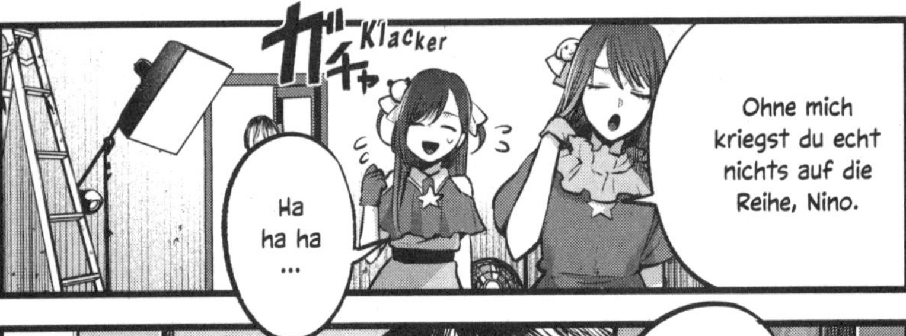

Takamine.

Hack nicht zu sehr auf Nino herum.

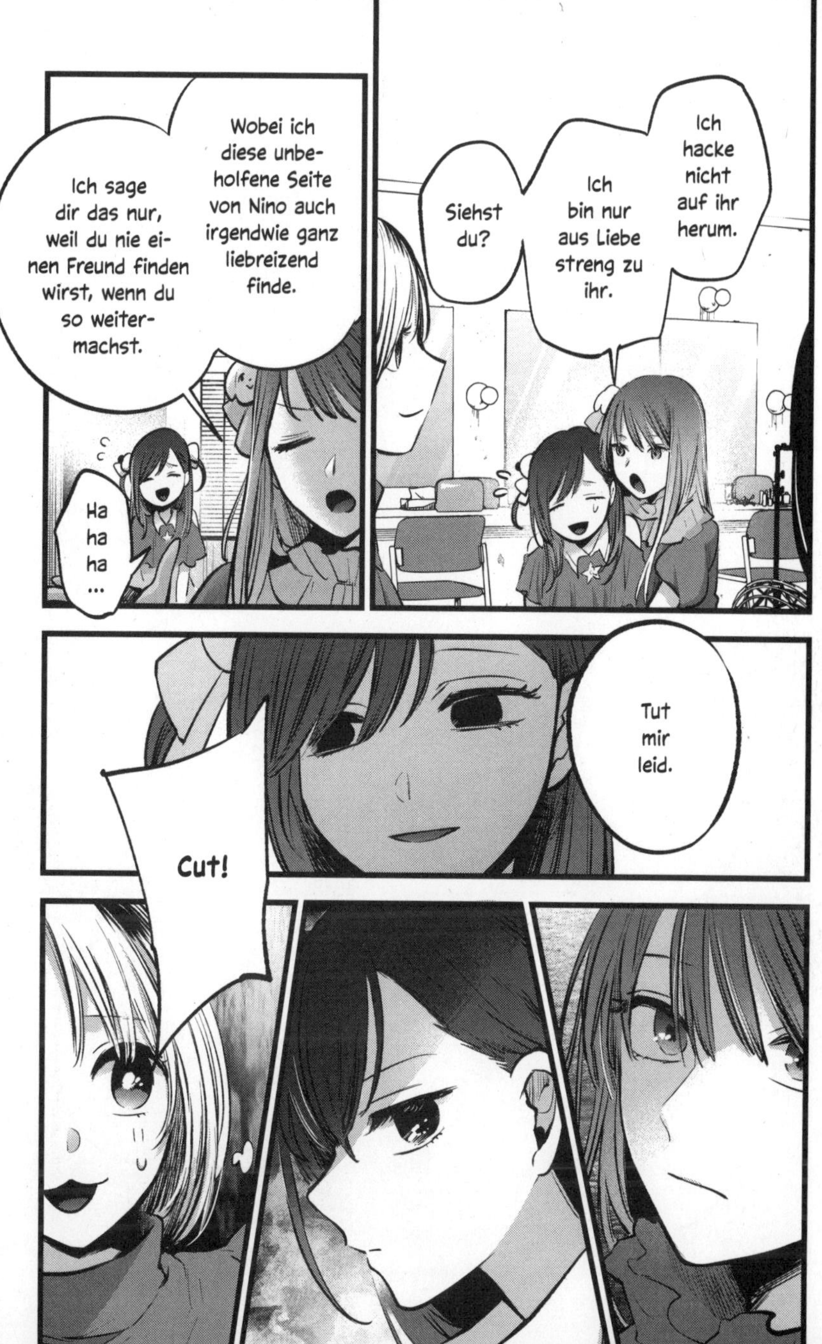
Ich hacke nicht auf ihr herum.
Ich bin nur aus Liebe streng zu ihr.
Siehst du?
Wobei ich diese unbeholfene Seite von Nino auch irgendwie ganz liebreizend finde.
Ich sage dir das nur, weil du nie einen Freund finden wirst, wenn du so weitermachst.
Ha ha ha ...
Tut mir leid.
Cut!

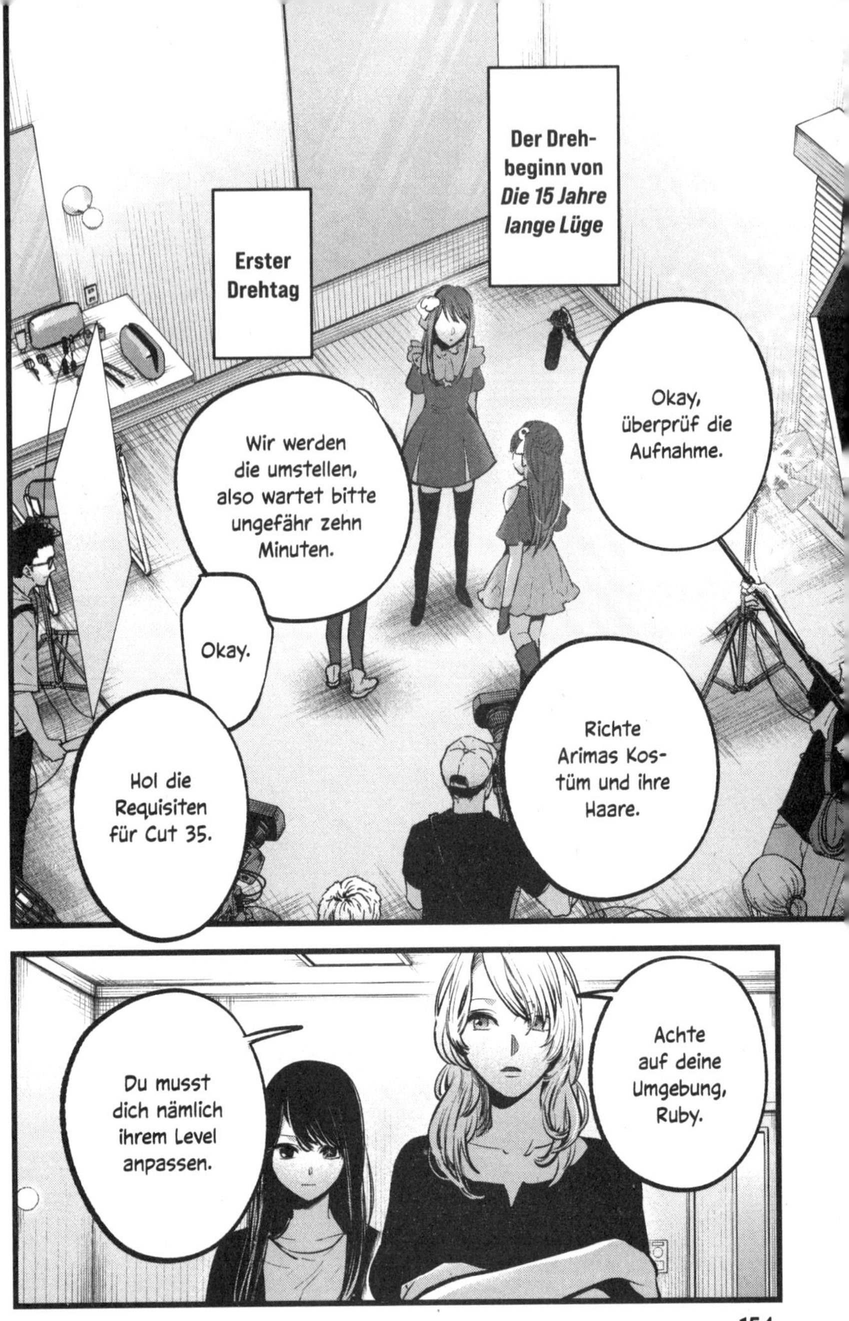

Der Drehbeginn von *Die 15 Jahre lange Lüge*

Erster Drehtag

Okay, überprüf die Aufnahme.

Wir werden die umstellen, also wartet bitte ungefähr zehn Minuten.

Okay.

Richte Arimas Kostüm und ihre Haare.

Hol die Requisiten für Cut 35.

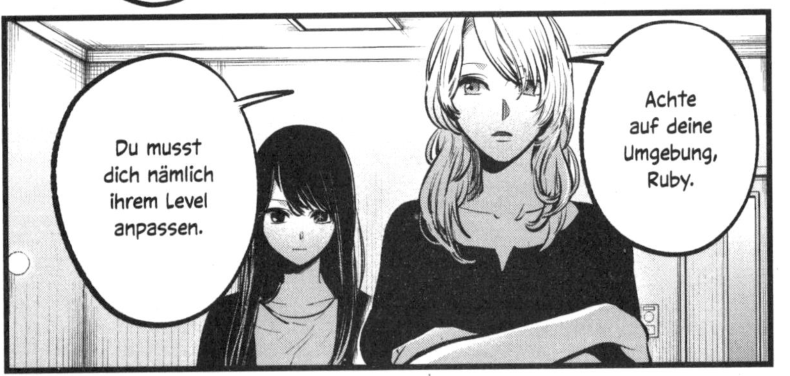

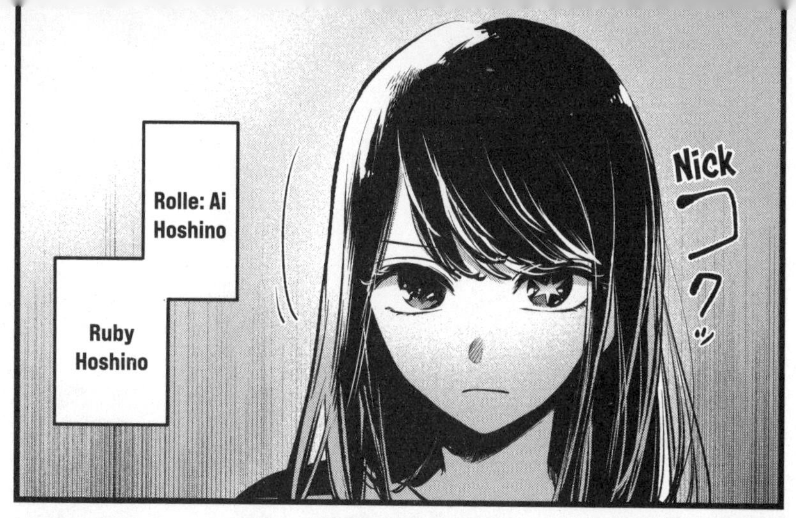
Nick
Rolle: Ai Hoshino
Ruby Hoshino

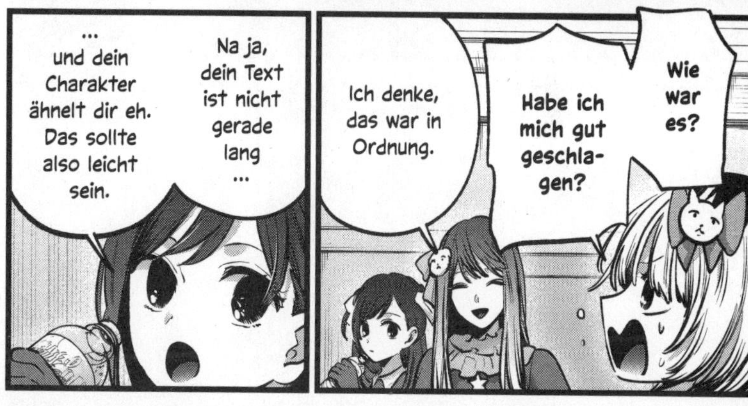
Wie war es?
Habe ich mich gut geschlagen?
Ich denke, das war in Ordnung.
Na ja, dein Text ist nicht gerade lang ...
... und dein Charakter ähnelt dir eh. Das sollte also leicht sein.

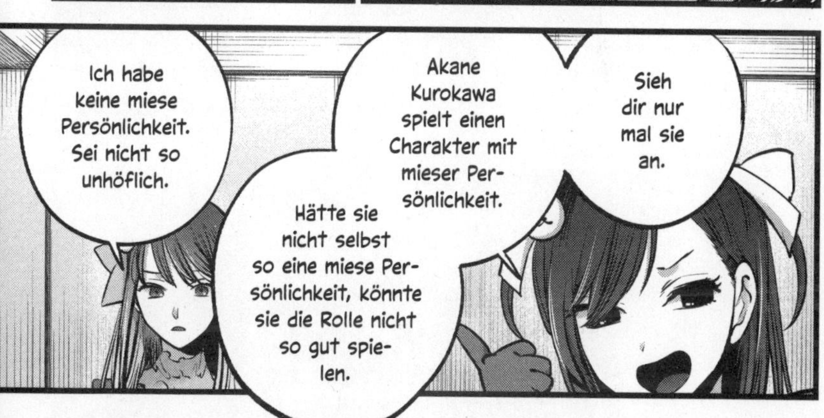
Sieh dir nur mal sie an.
Akane Kurokawa spielt einen Charakter mit mieser Persönlichkeit.
Hätte sie nicht selbst so eine miese Persönlichkeit, könnte sie die Rolle nicht so gut spielen.
Ich habe keine miese Persönlichkeit. Sei nicht so unhöflich.

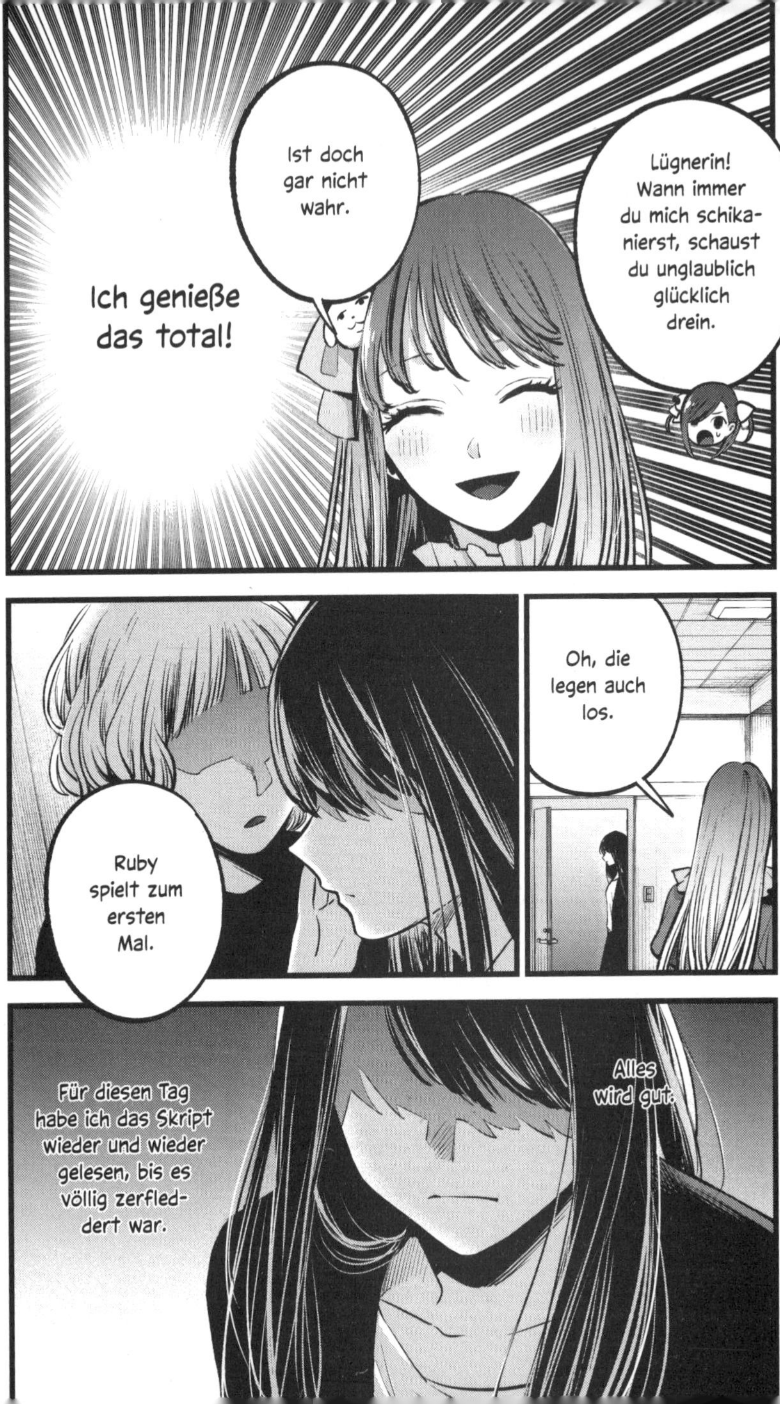

Lügnerin! Wann immer du mich schikanierst, schaust du unglaublich glücklich drein.
Ist doch gar nicht wahr.
Ich genieße das total!

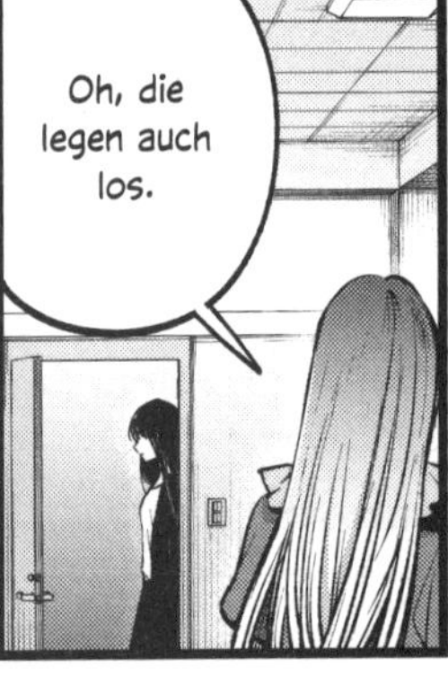

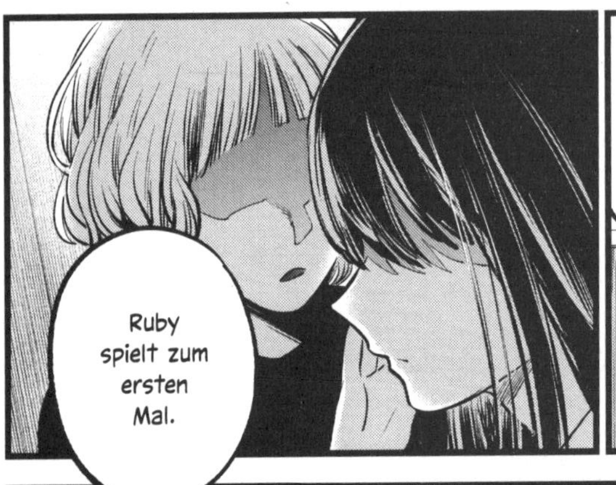

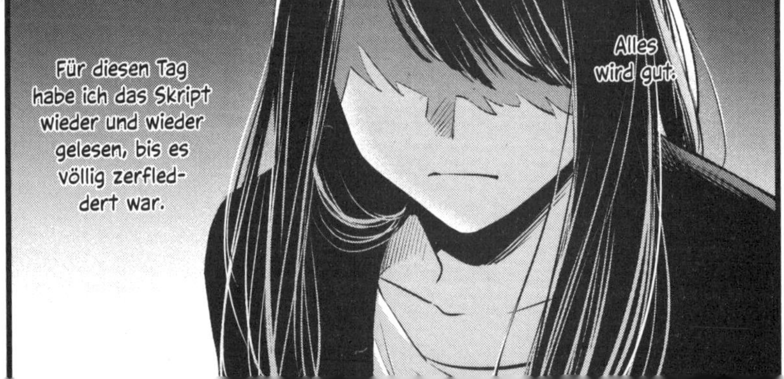

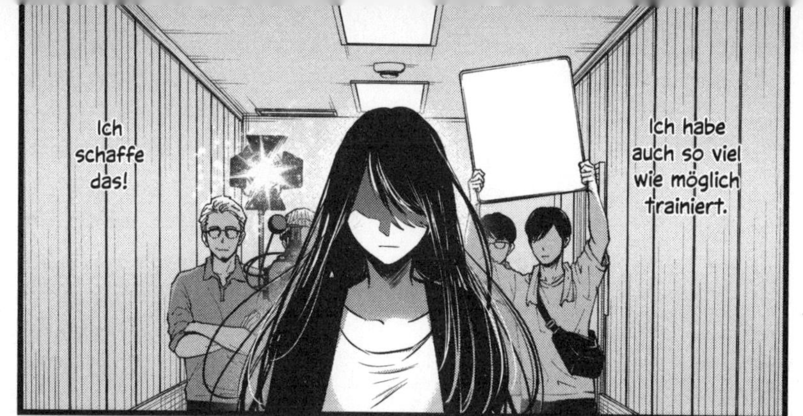
Ich habe auch so viel wie möglich trainiert.
Ich schaffe das!

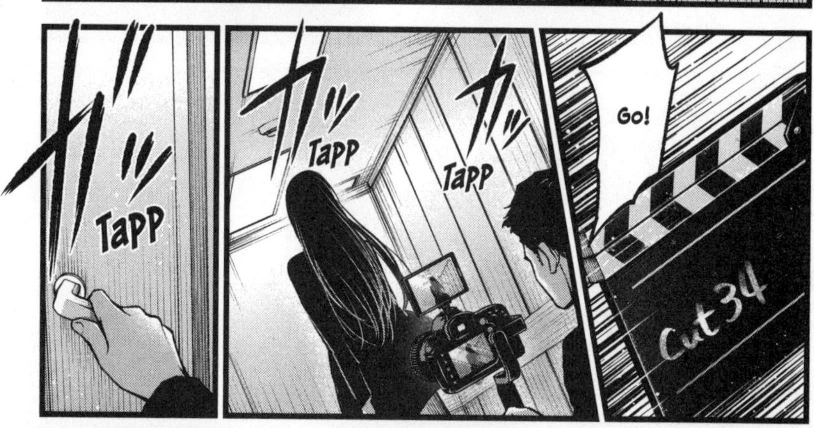
Go!
Tapp
Tapp
Tapp

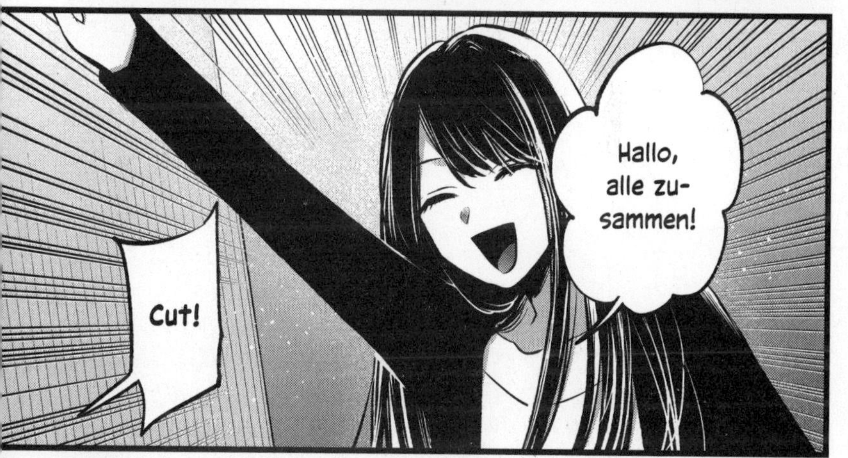
Hallo, alle zu-sammen!
Cut!

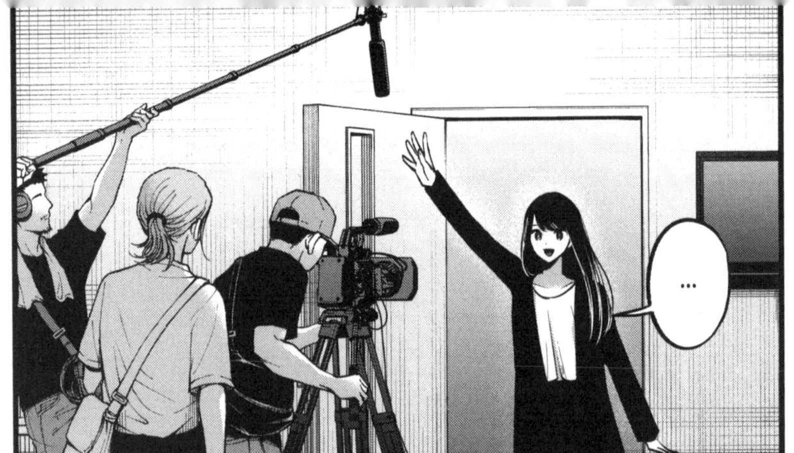

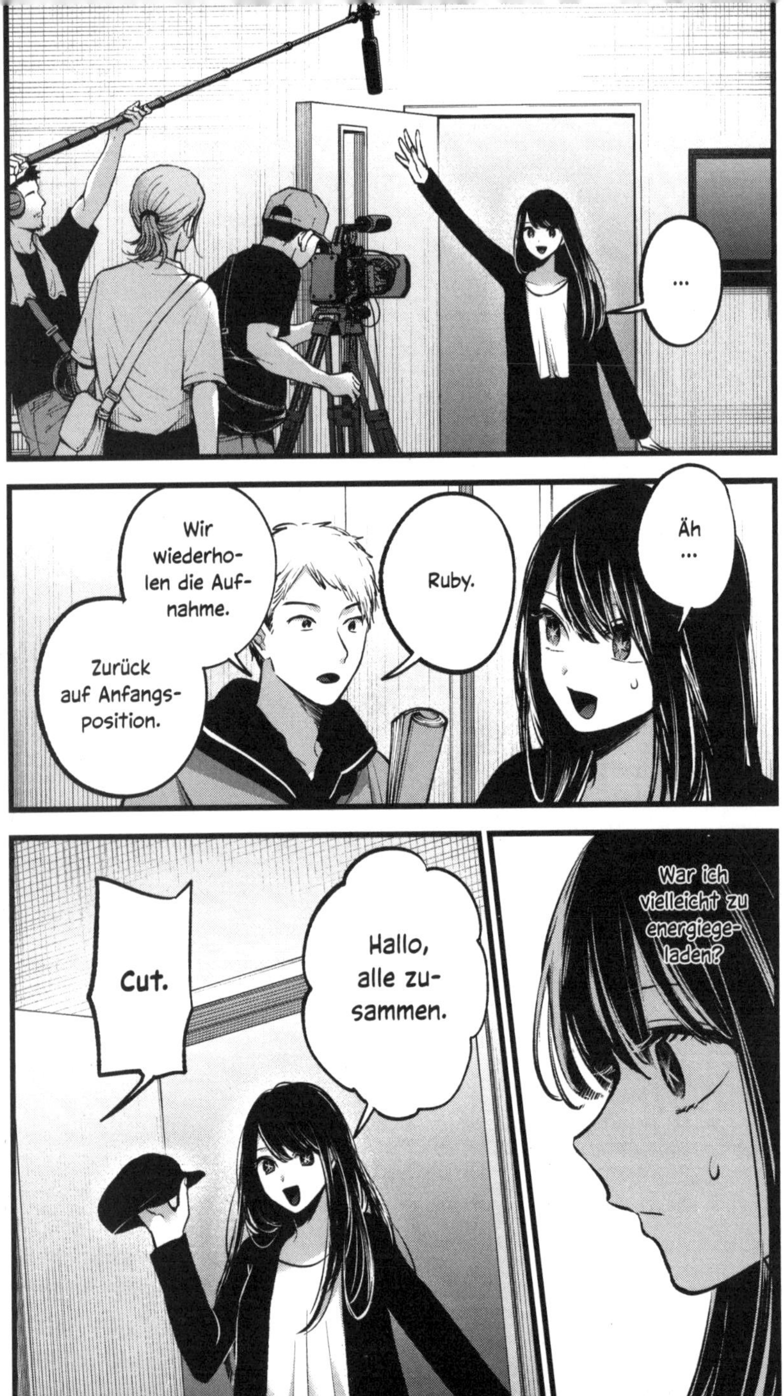

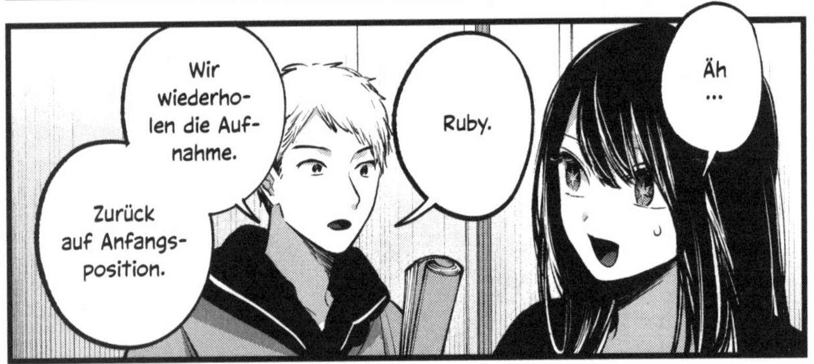

War ich vielleicht zu energiegeladen?

Hallo, alle zusammen.

Cut.

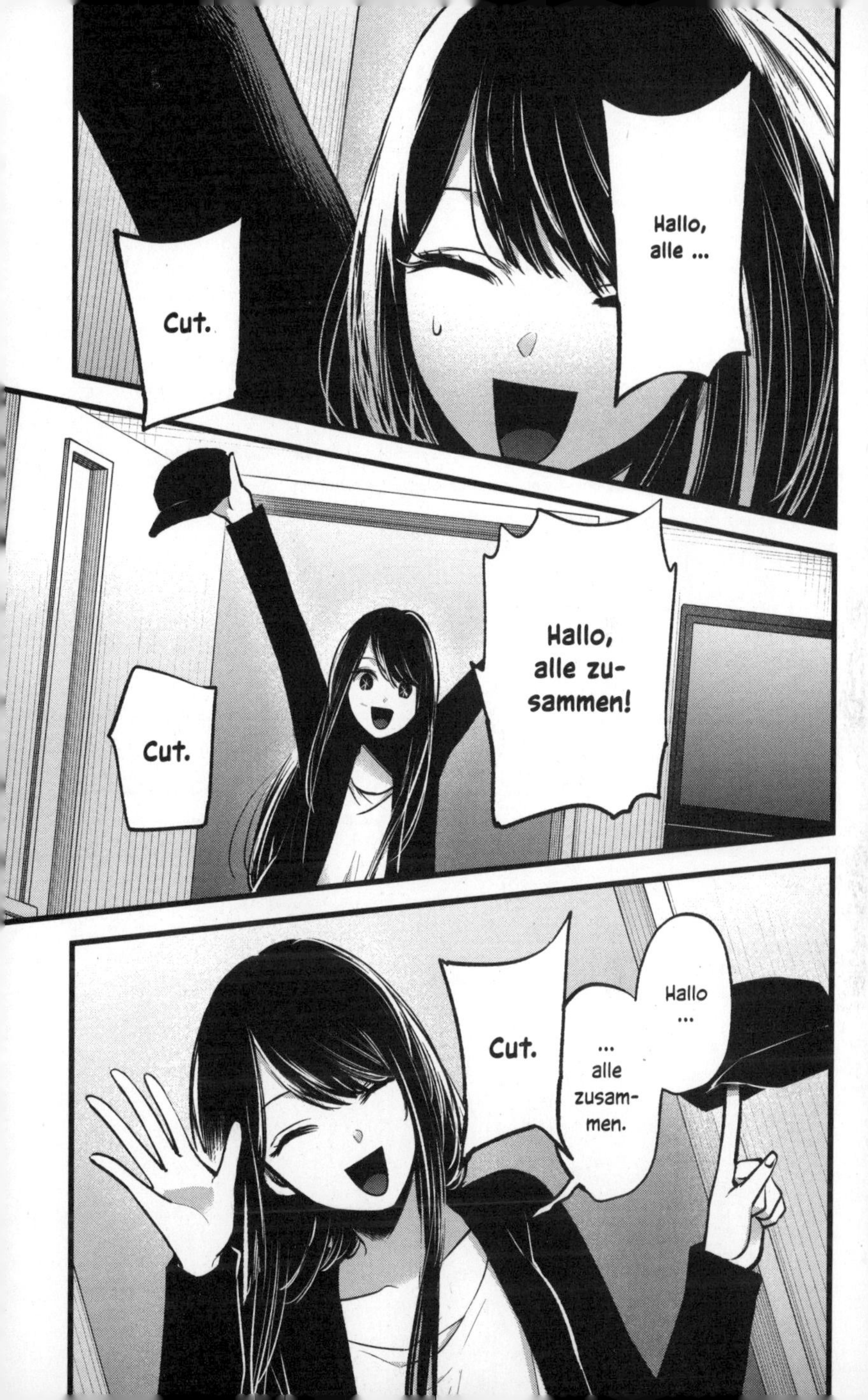
Hallo, alle ...
Cut.
Hallo, alle zusammen!
Cut.
Hallo ...
... alle zusammen.
Cut.

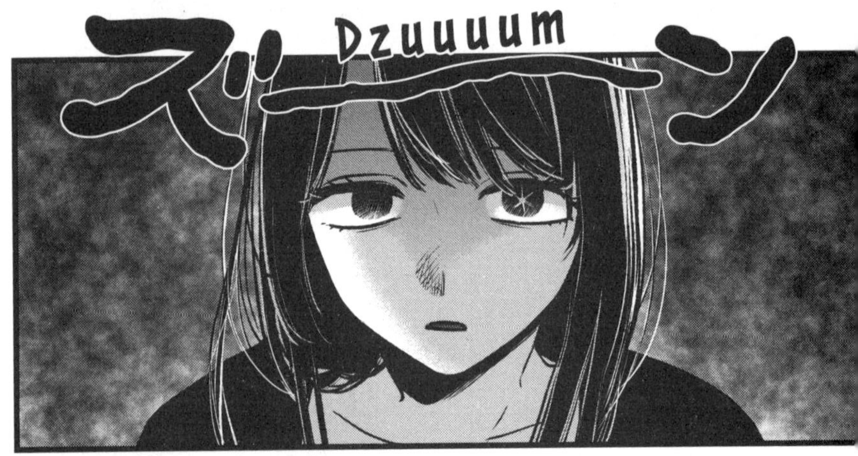
ズーン
Dzuuuum

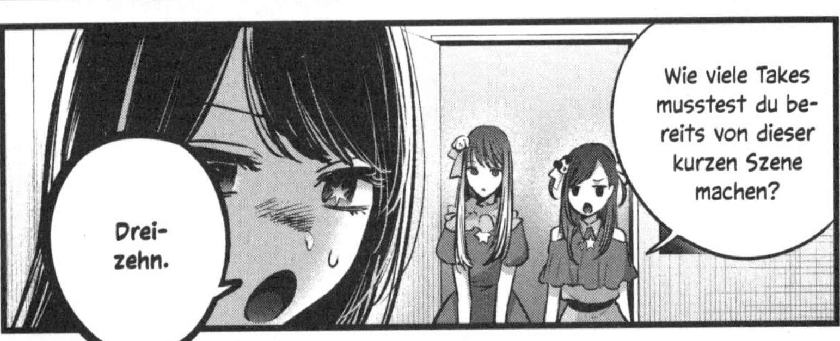
Wie viele Takes musstest du bereits von dieser kurzen Szene machen?
Dreizehn.

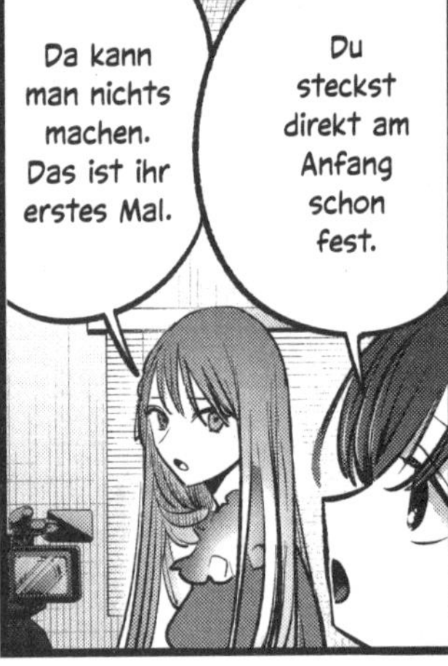
Du steckst direkt am Anfang schon fest.
Da kann man nichts machen. Das ist ihr erstes Mal.

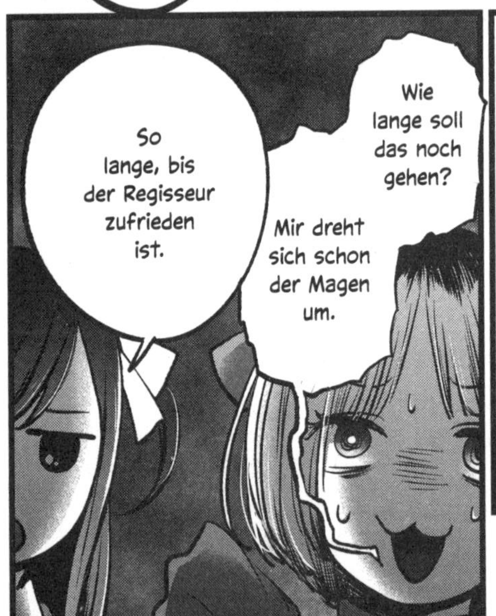
Wie lange soll das noch gehen?
Mir dreht sich schon der Magen um.
So lange, bis der Regisseur zufrieden ist.

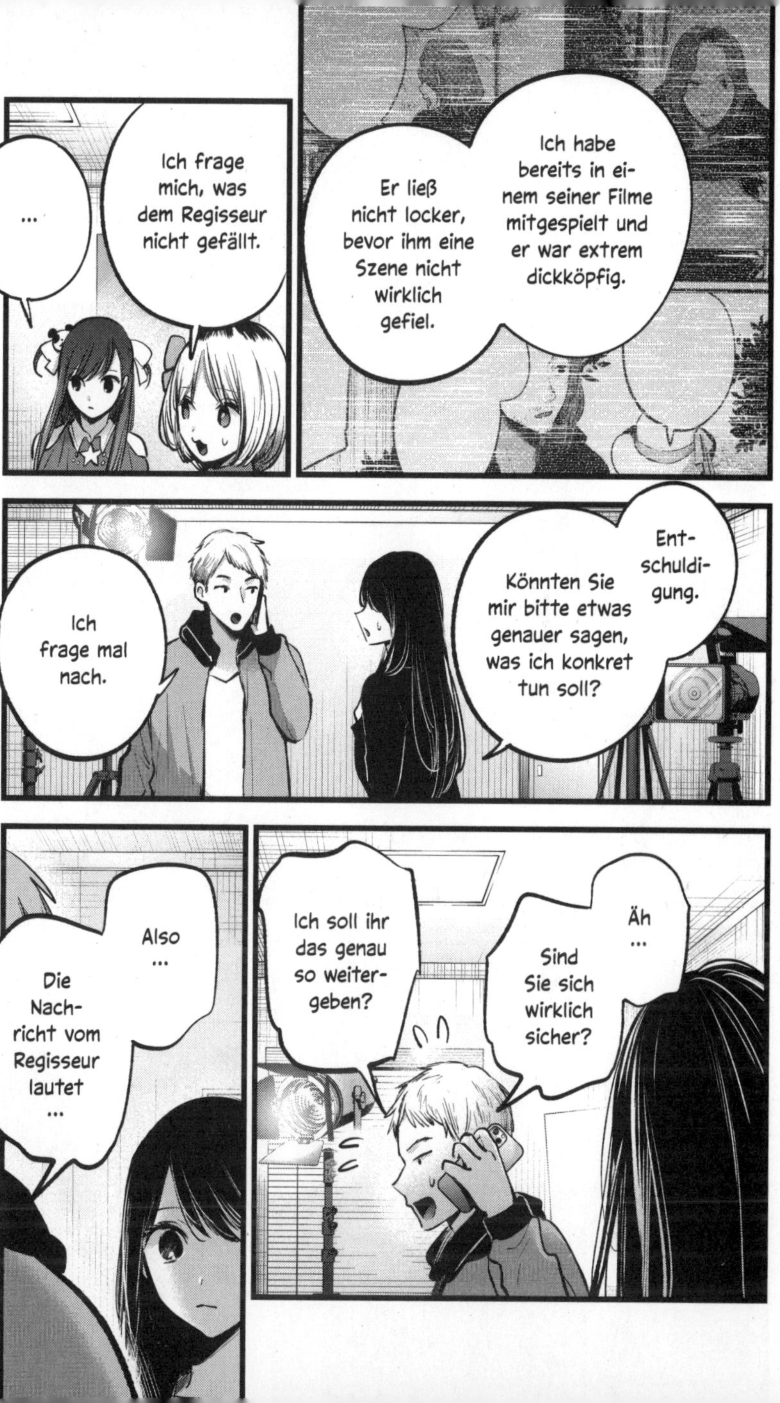

Ich habe bereits in einem seiner Filme mitgespielt und er war extrem dickköpfig.
Er ließ nicht locker, bevor ihm eine Szene nicht wirklich gefiel.

Ich frage mich, was dem Regisseur nicht gefällt.
...

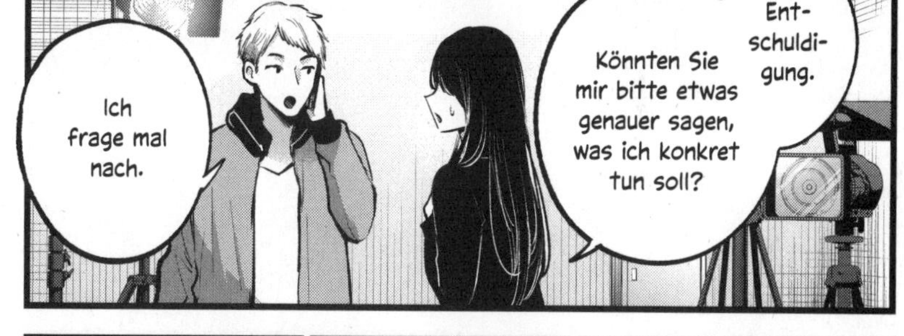

Äh ...
Sind Sie sich wirklich sicher?
Ich soll ihr das genau so weitergeben?

Also ...
Die Nachricht vom Regisseur lautet ...

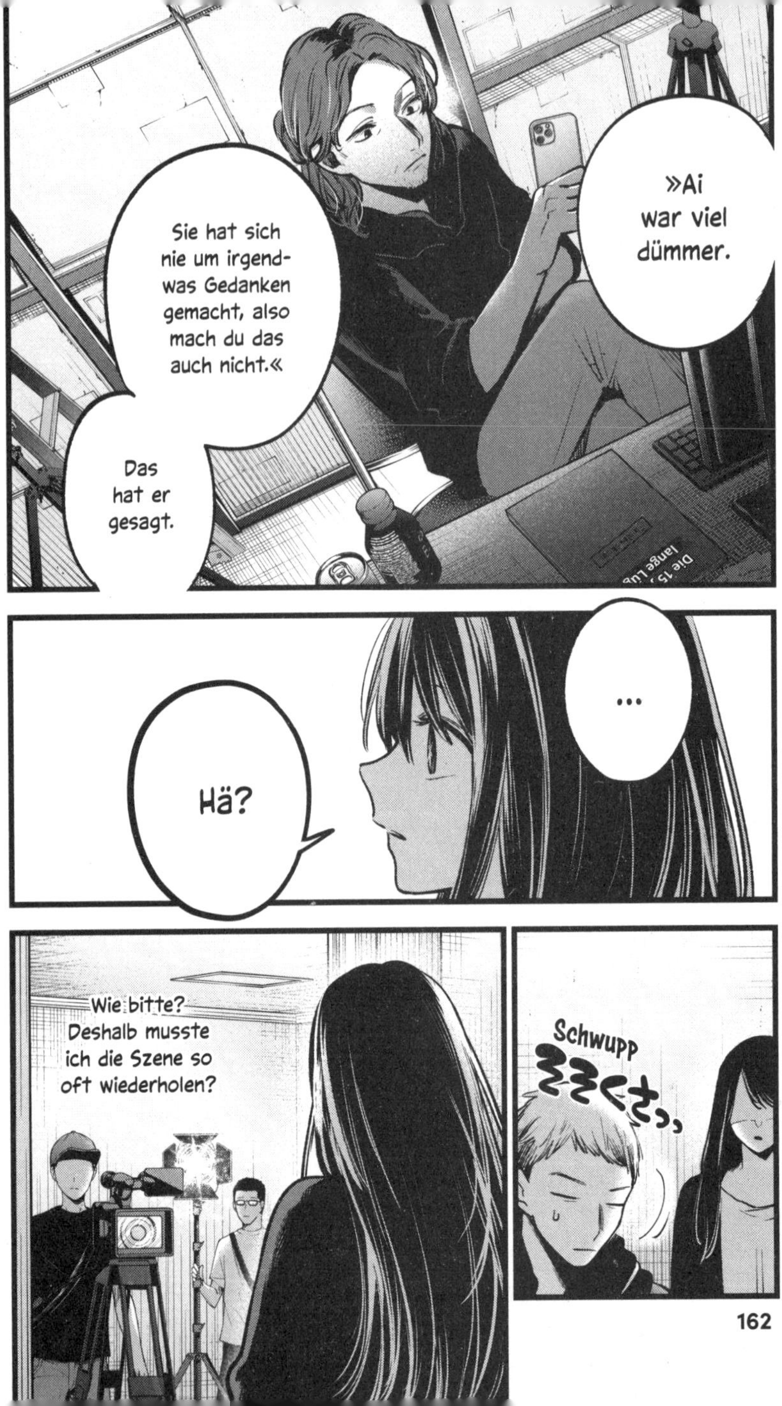

»Ai war viel dümmer.

Sie hat sich nie um irgendwas Gedanken gemacht, also mach du das auch nicht.«

Das hat er gesagt.

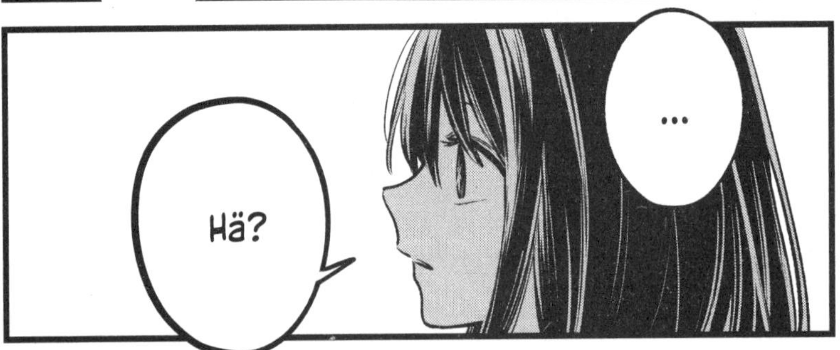

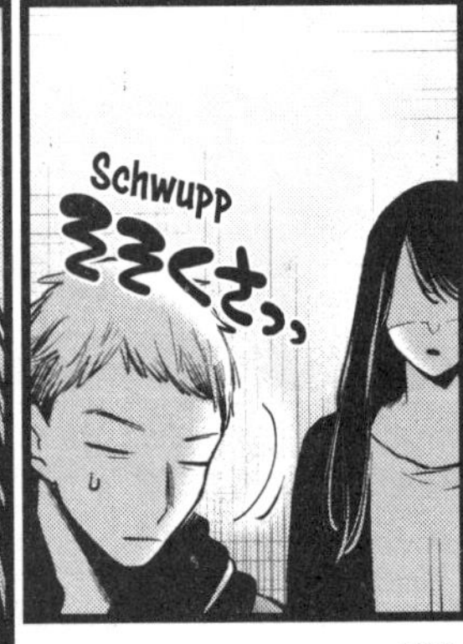

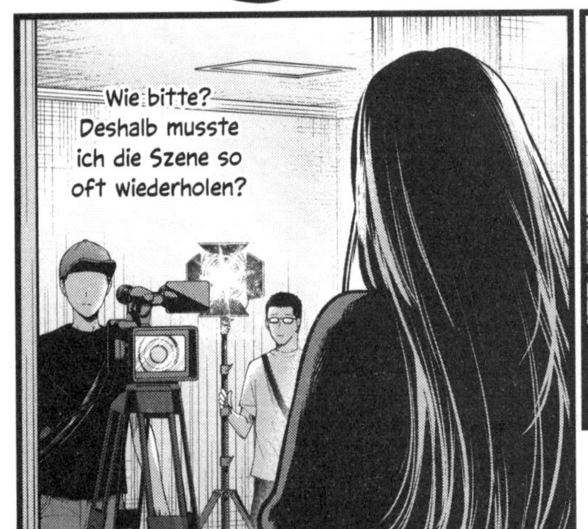

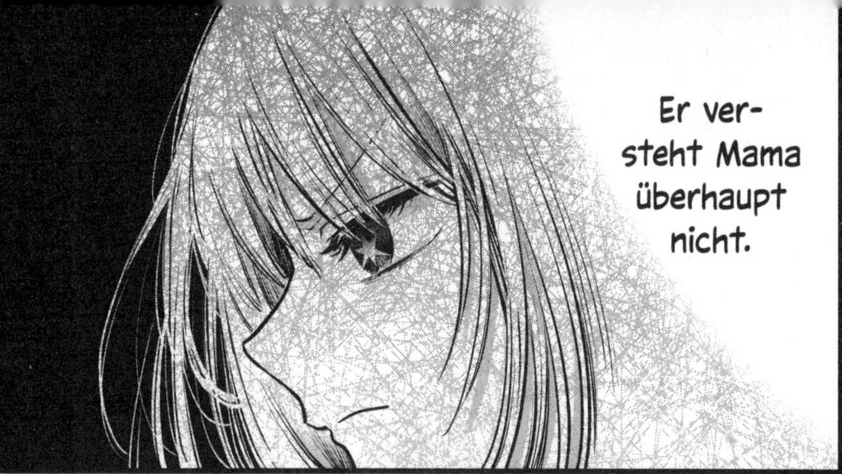
Er versteht Mama überhaupt nicht.

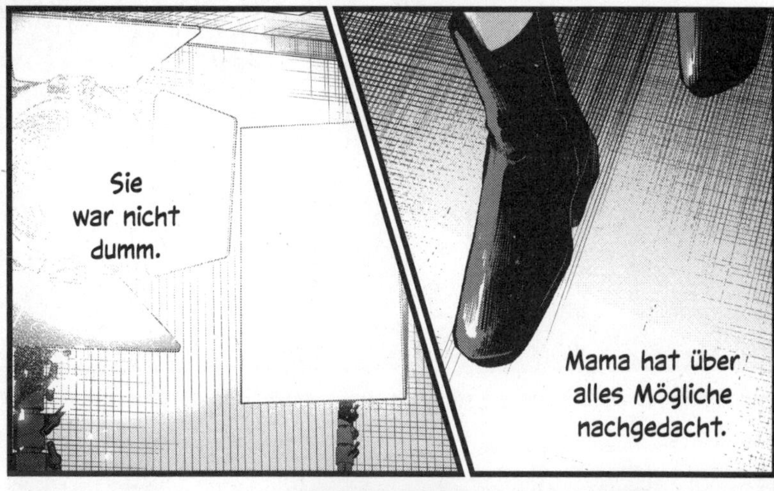
Mama hat über alles Mögliche nachgedacht.
Sie war nicht dumm.

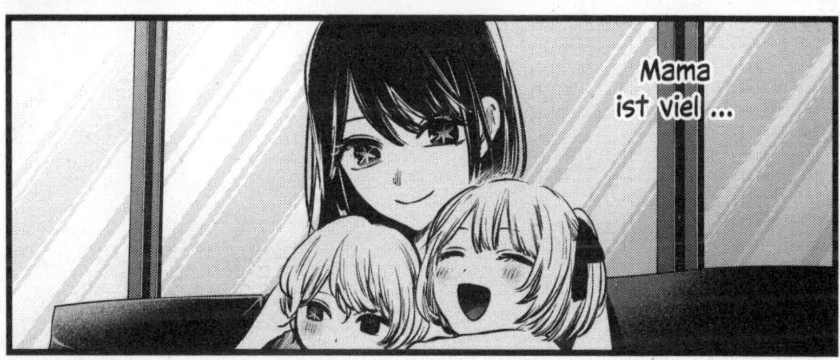
Mama ist viel ...

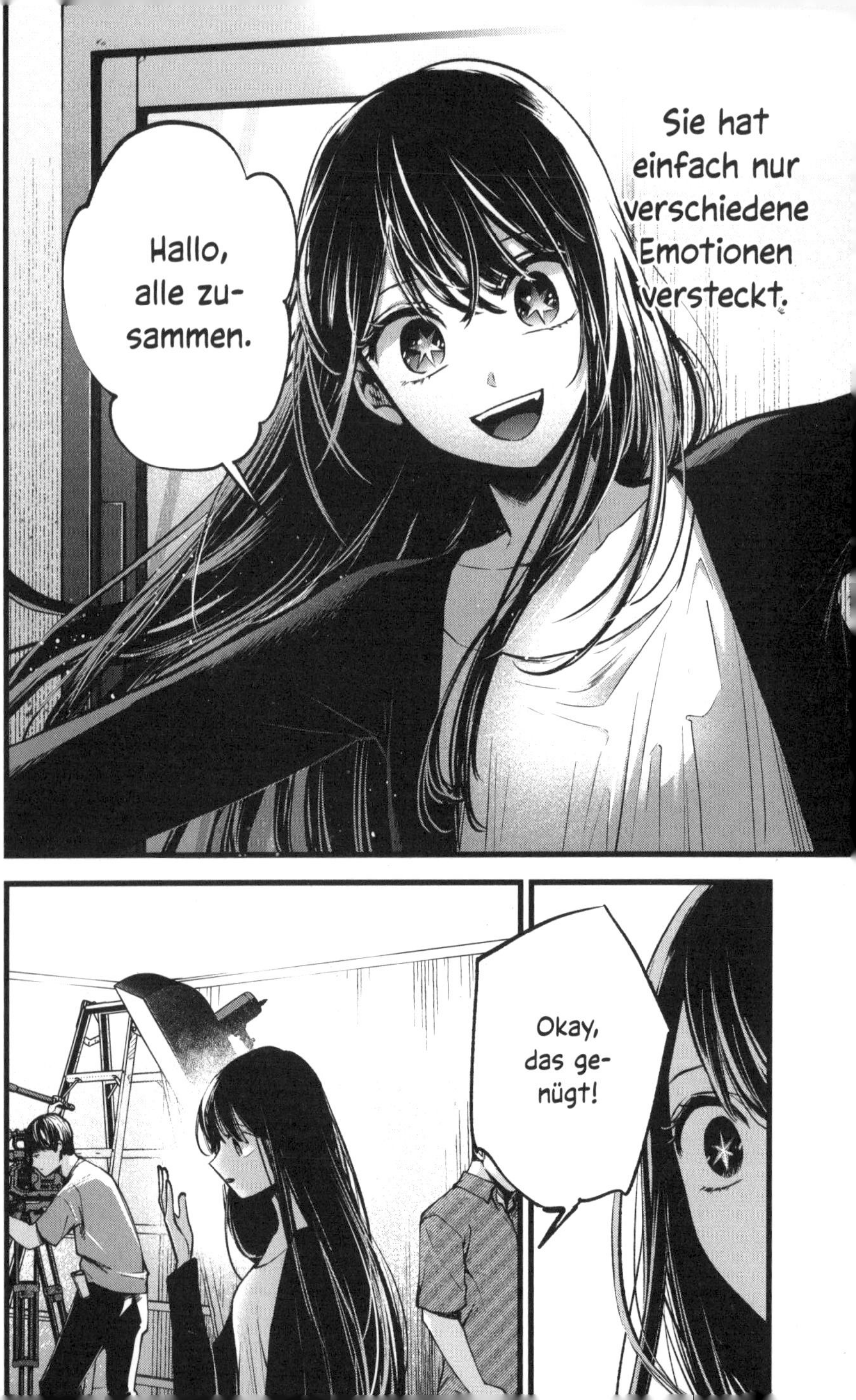

Sie hat einfach nur verschiedene Emotionen versteckt.

Hallo, alle zu-sammen.

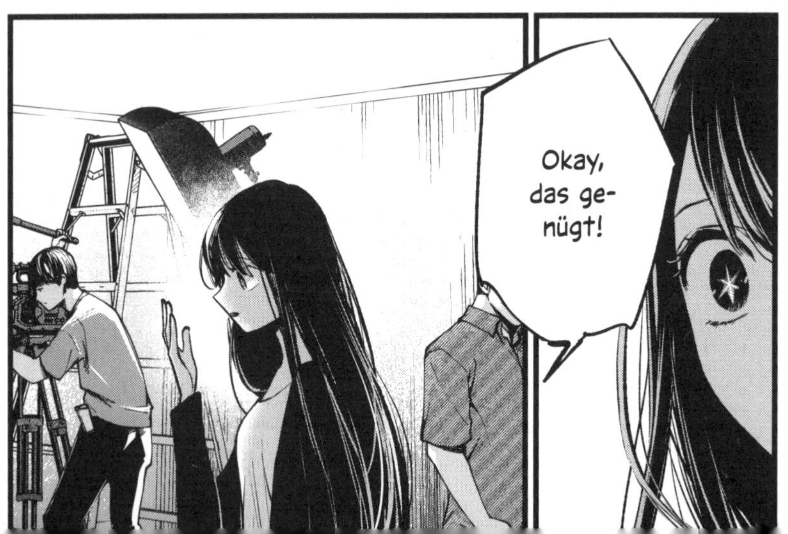

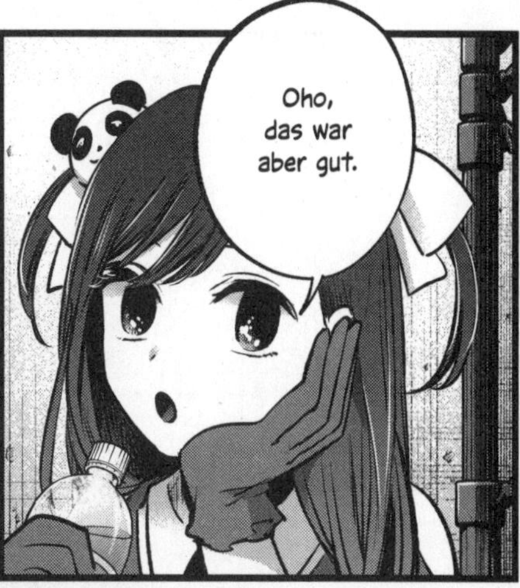
Oho, das war aber gut.

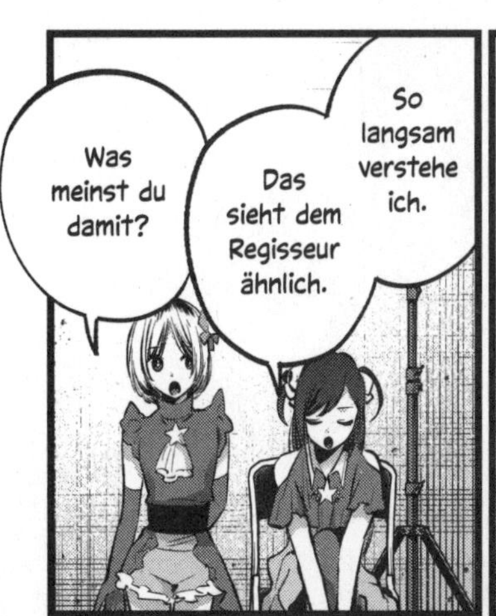
So langsam verstehe ich.
Das sieht dem Regisseur ähnlich.
Was meinst du damit?

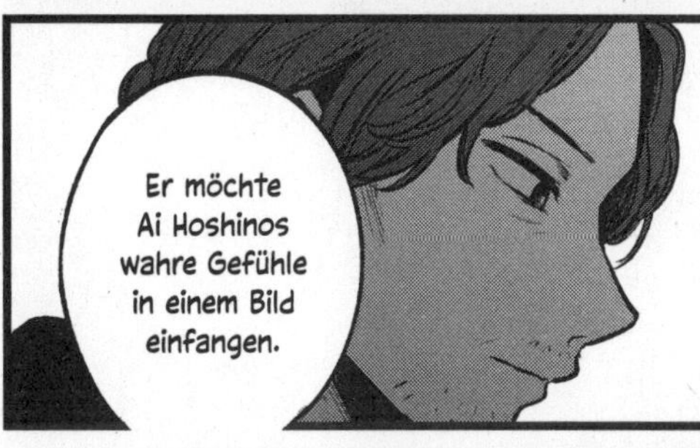
Letztendlich will er nichts anderes, als etwas Authentisches aufzunehmen.
Er möchte Ai Hoshinos wahre Gefühle in einem Bild einfangen.

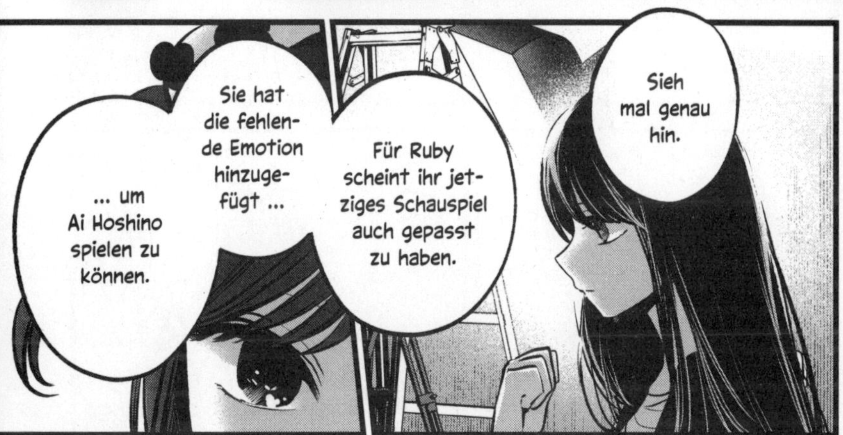
Sieh mal genau hin.
Für Ruby scheint ihr jetziges Schauspiel auch gepasst zu haben.
Sie hat die fehlende Emotion hinzugefügt ...
... um Ai Hoshino spielen zu können.

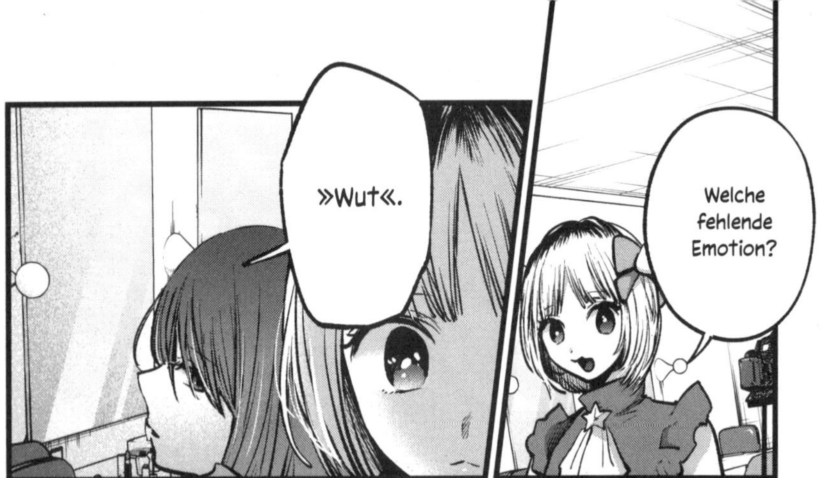
Welche fehlende Emotion?
»Wut«.

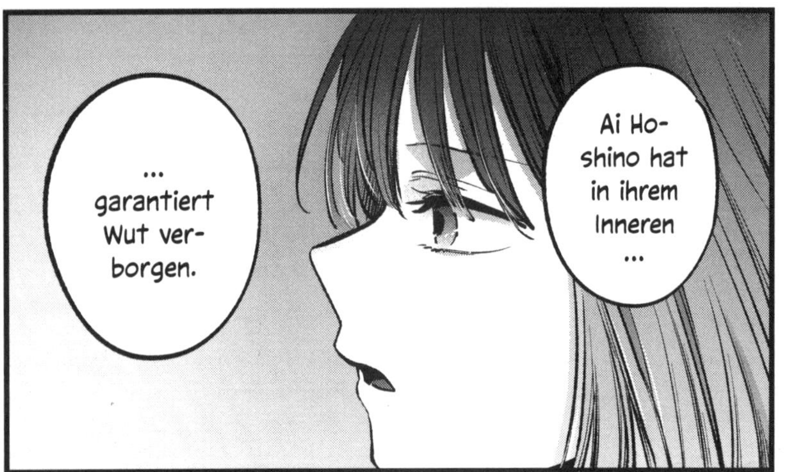
Ai Hoshino hat in ihrem Inneren ...
... garantiert Wut verborgen.

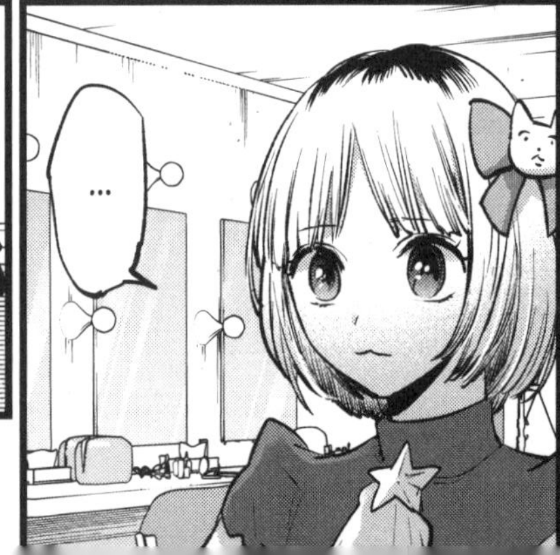
...

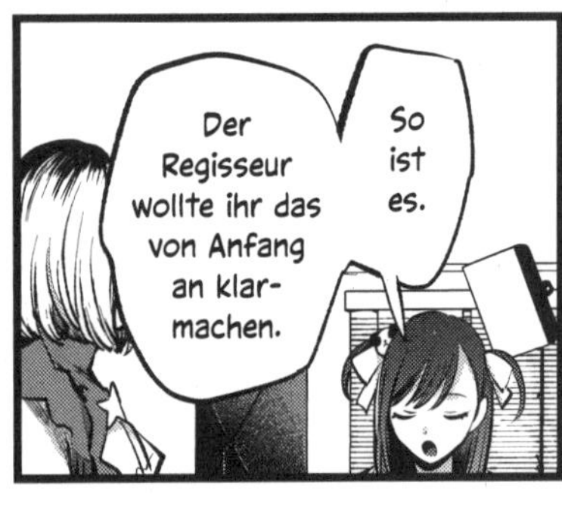
So ist es.
Der Regisseur wollte ihr das von Anfang an klarmachen.

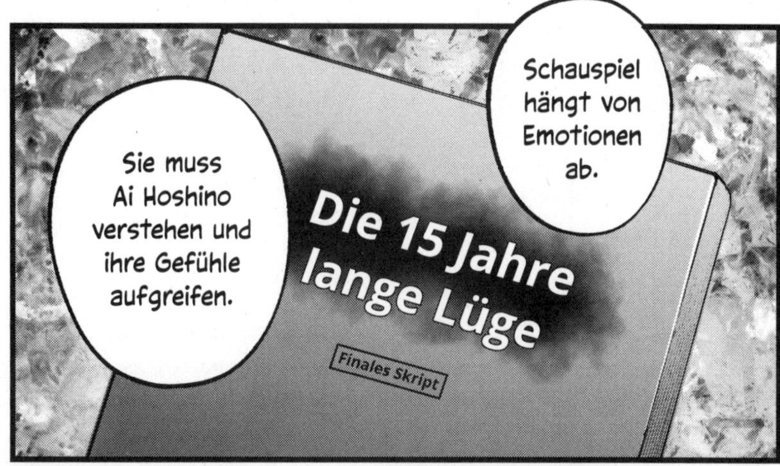
Schauspiel hängt von Emotionen ab.
Sie muss Ai Hoshino verstehen und ihre Gefühle aufgreifen.
Die 15 Jahre lange Lüge
Finales Skript

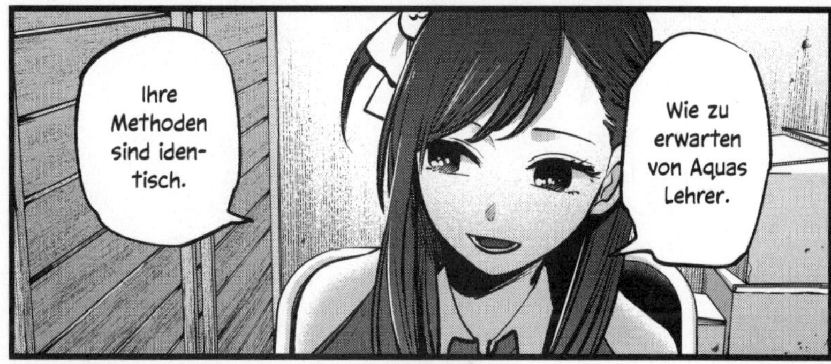
Wie zu erwarten von Aquas Lehrer.
Ihre Methoden sind iden-tisch.

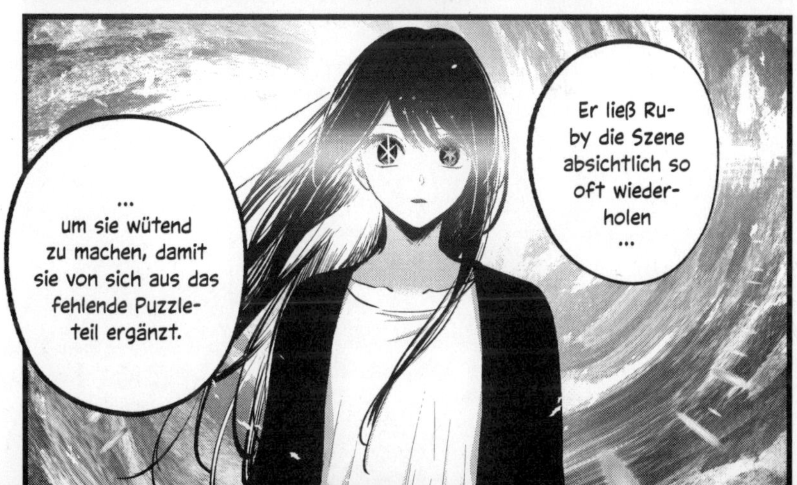
Er ließ Ru-by die Szene absichtlich so oft wieder-holen …
… um sie wütend zu machen, damit sie von sich aus das fehlende Puzzle-teil ergänzt.

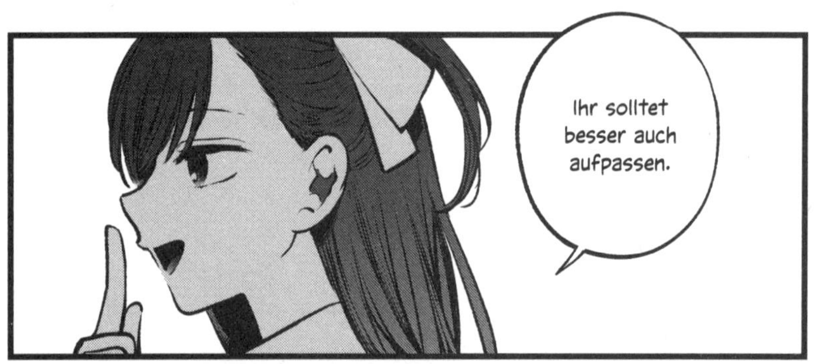
Ihr solltet besser auch aufpassen.

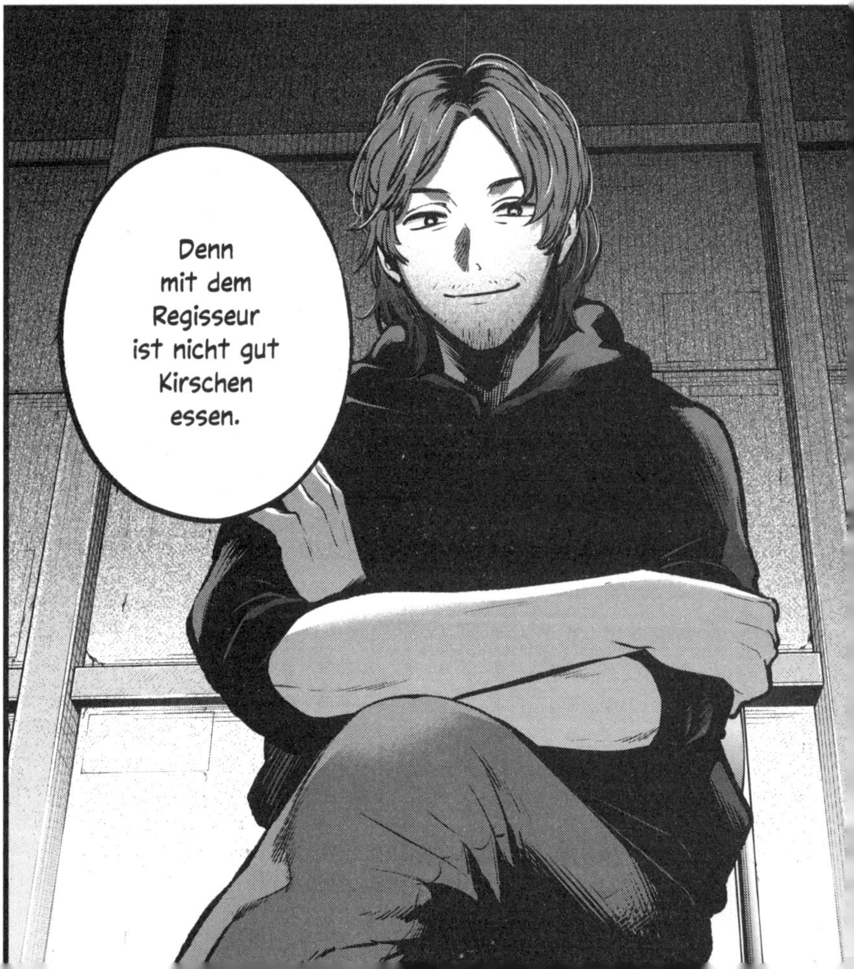

Denn mit dem Regisseur ist nicht gut Kirschen essen.

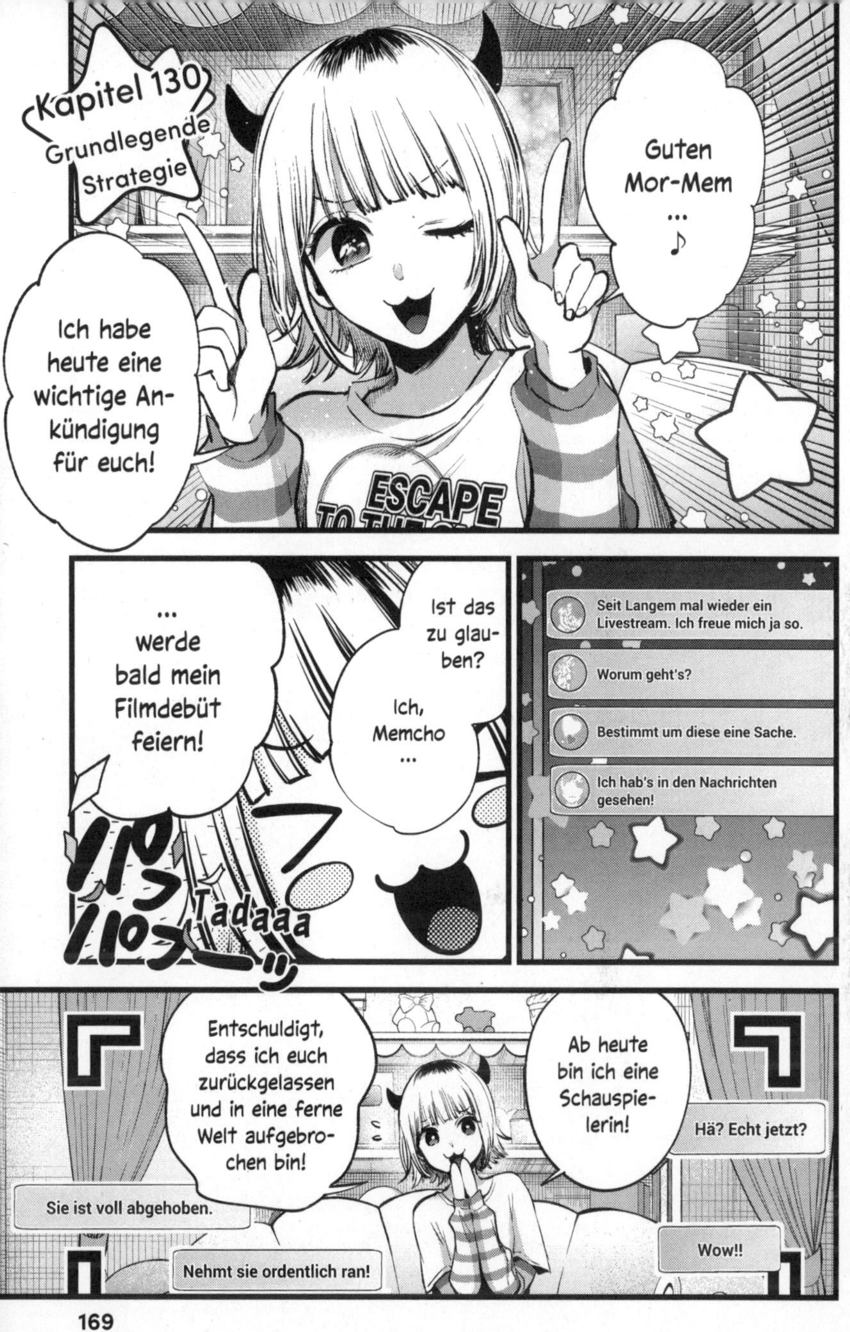
Kapitel 130
Grundlegende Strategie
Guten Mor-Mem ... ♪
Ich habe heute eine wichtige Ankündigung für euch!
ESCAPE
Ist das zu glauben?
Ich, Memcho ...
... werde bald mein Filmdebüt feiern!
Tadaaa
Seit Langem mal wieder ein Livestream. Ich freue mich ja so.
Worum geht's?
Bestimmt um diese eine Sache.
Ich hab's in den Nachrichten gesehen!
Ab heute bin ich eine Schauspielerin!
Entschuldigt, dass ich euch zurückgelassen und in eine ferne Welt aufgebrochen bin!
Hä? Echt jetzt?
Sie ist voll abgehoben.
Wow!!
Nehmt sie ordentlich ran!

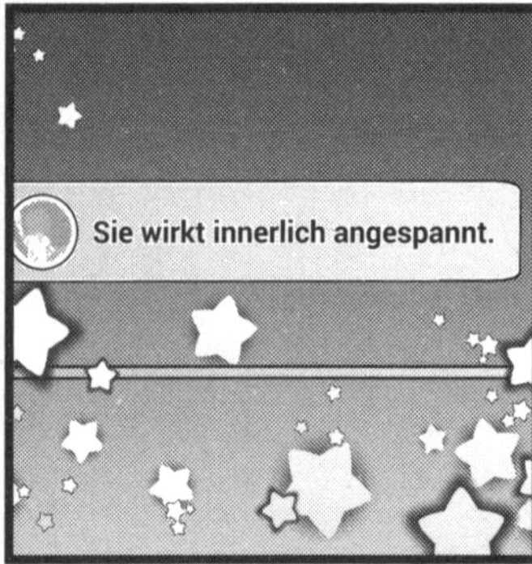
Sie wirkt innerlich angespannt.

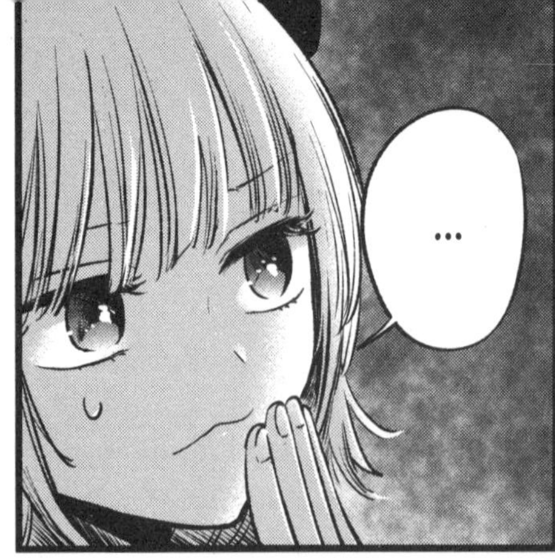
...

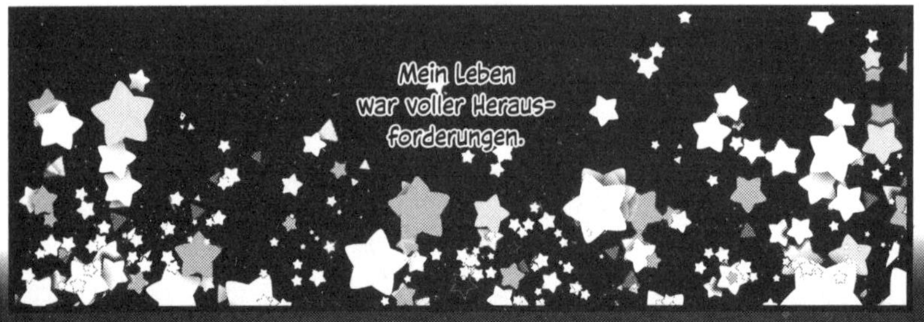
Mein Leben war voller Herausforderungen.

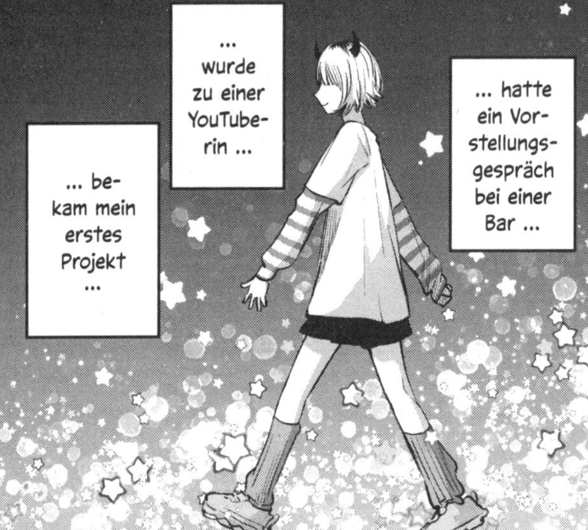
Ich habe die Schule pausiert ...
... hatte ein Vorstellungsgespräch bei einer Bar ...
... wurde zu einer YouTuberin ...
... bekam mein erstes Projekt ...

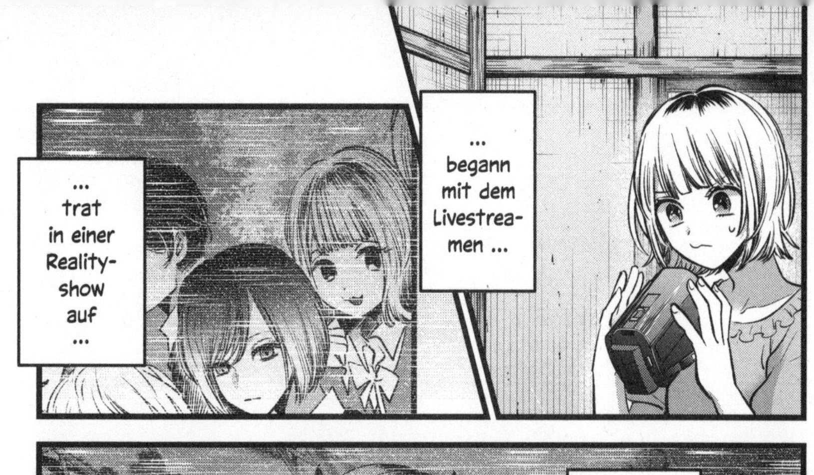

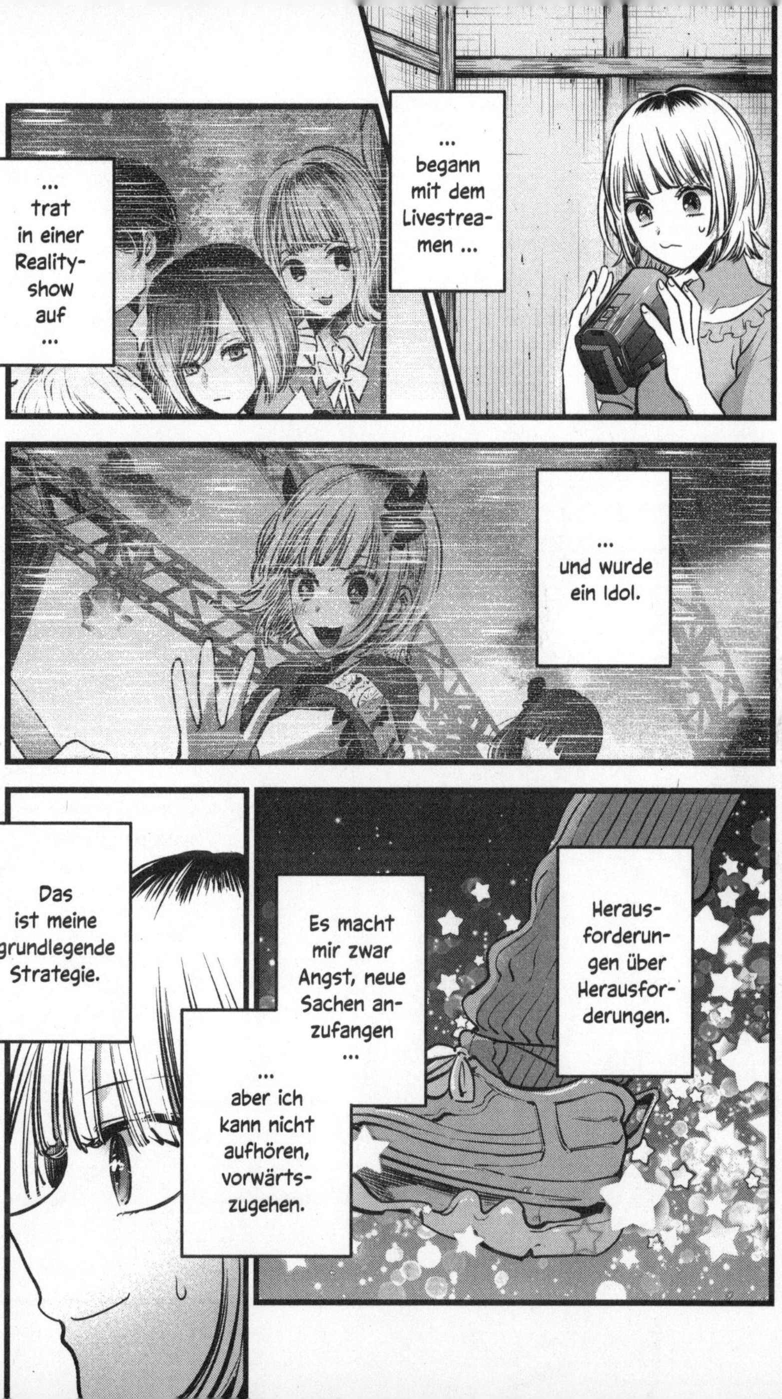

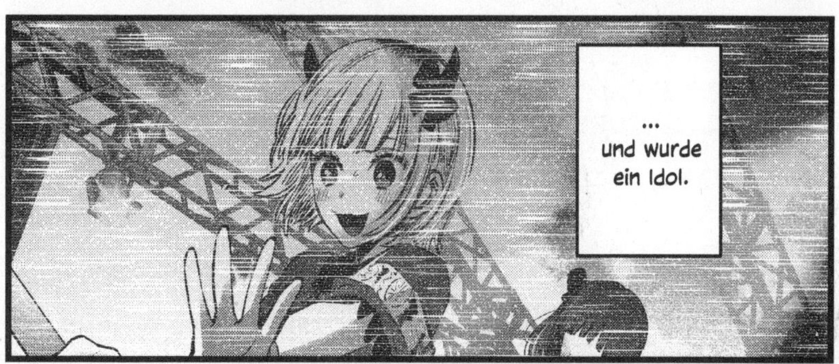

Heraus- forderun- gen über Herausfor- derungen.

Es macht mir zwar Angst, neue Sachen an- zufangen ...

... aber ich kann nicht aufhören, vorwärts- zugehen.

Das ist meine grundlegende Strategie.

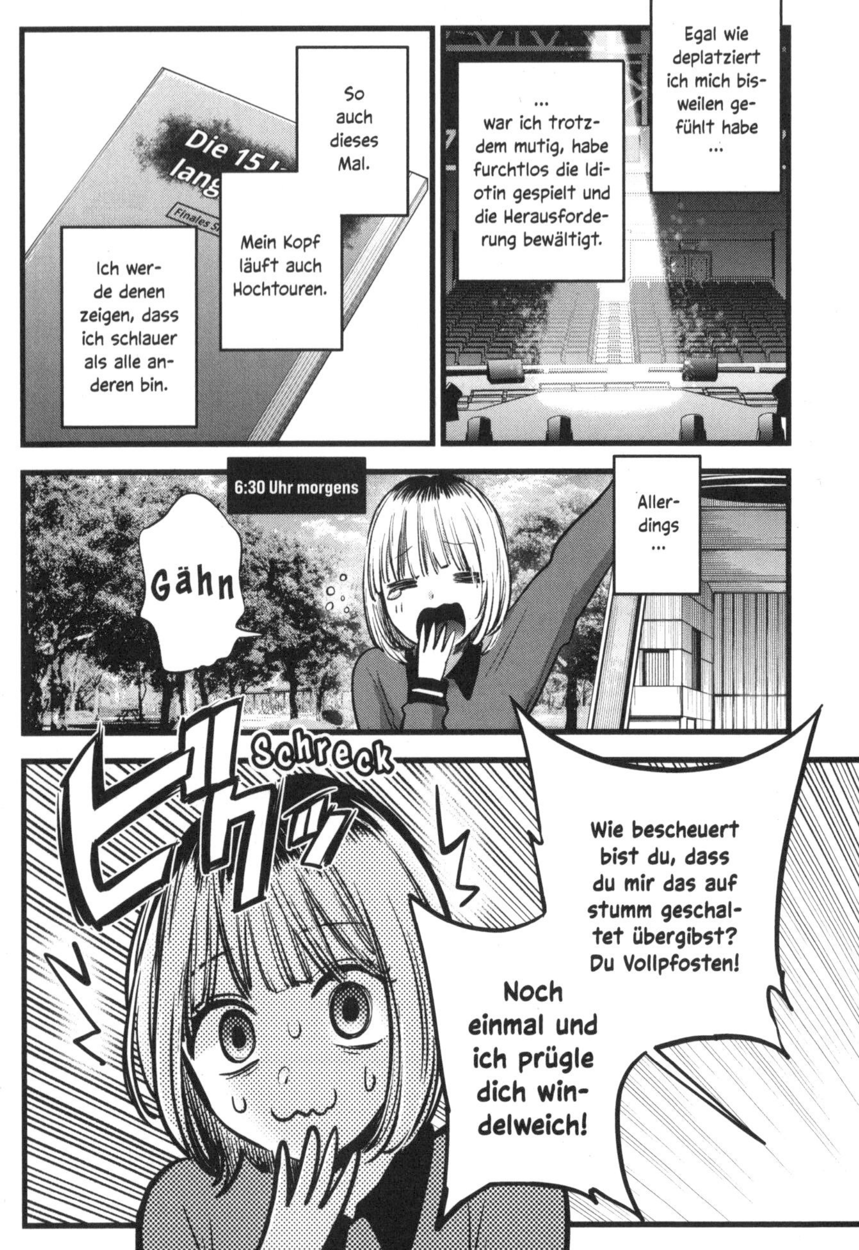
Egal wie deplatziert ich mich bisweilen gefühlt habe ...
... war ich trotzdem mutig, habe furchtlos die Idiotin gespielt und die Herausforderung bewältigt.
So auch dieses Mal.
Mein Kopf läuft auch Hochtouren.
Ich werde denen zeigen, dass ich schlauer als alle anderen bin.
6:30 Uhr morgens
Allerdings ...
Gähn
Schreck
Wie bescheuert bist du, dass du mir das auf stumm geschaltet übergibst? Du Vollpfosten!
Noch einmal und ich prügle dich windelweich!

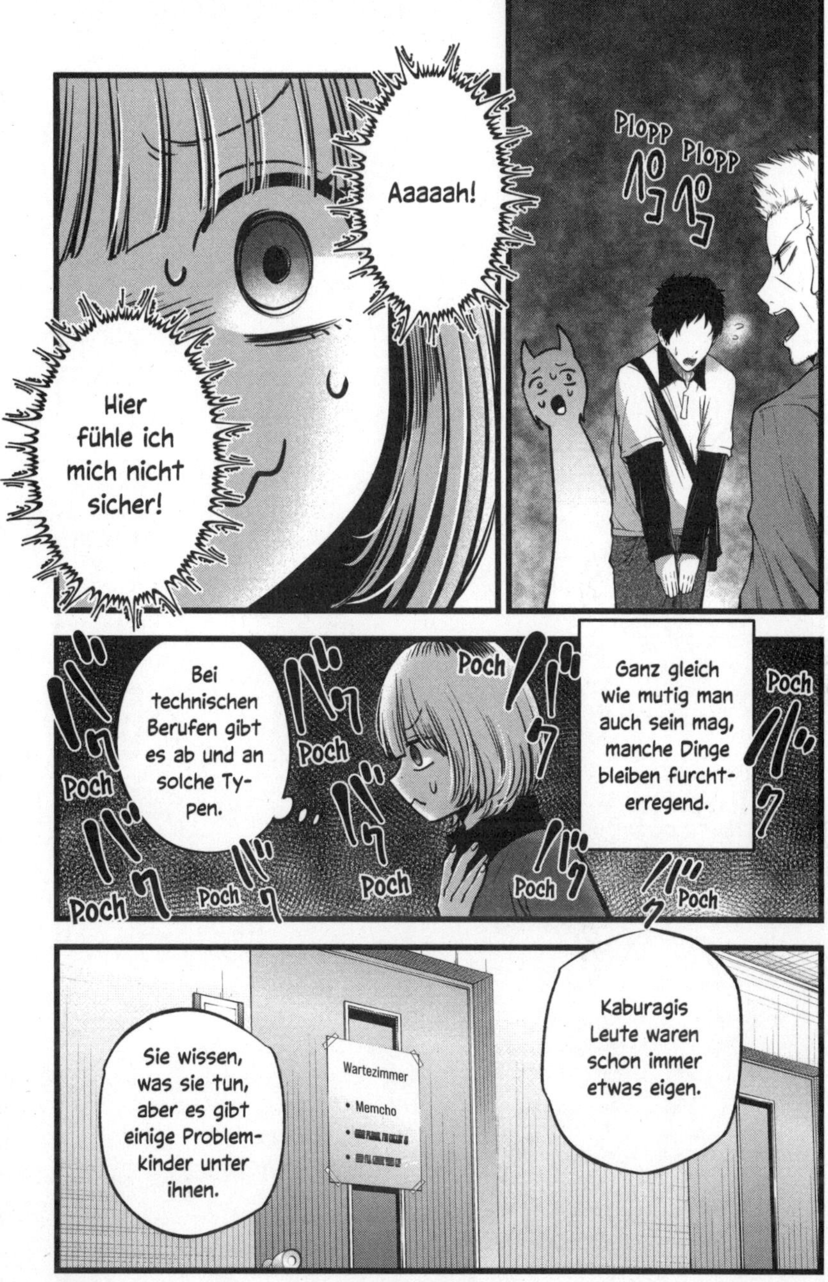

Plopp
Plopp
Aaaaah!
Hier fühle ich mich nicht sicher!
Ganz gleich wie mutig man auch sein mag, manche Dinge bleiben furchterregend.
Poch
Poch
Poch
Poch
Bei technischen Berufen gibt es ab und an solche Typen.
Poch
Poch
Poch
Poch
Poch
Kaburagis Leute waren schon immer etwas eigen.
Wartezimmer
• Memcho
Sie wissen, was sie tun, aber es gibt einige Problemkinder unter ihnen.

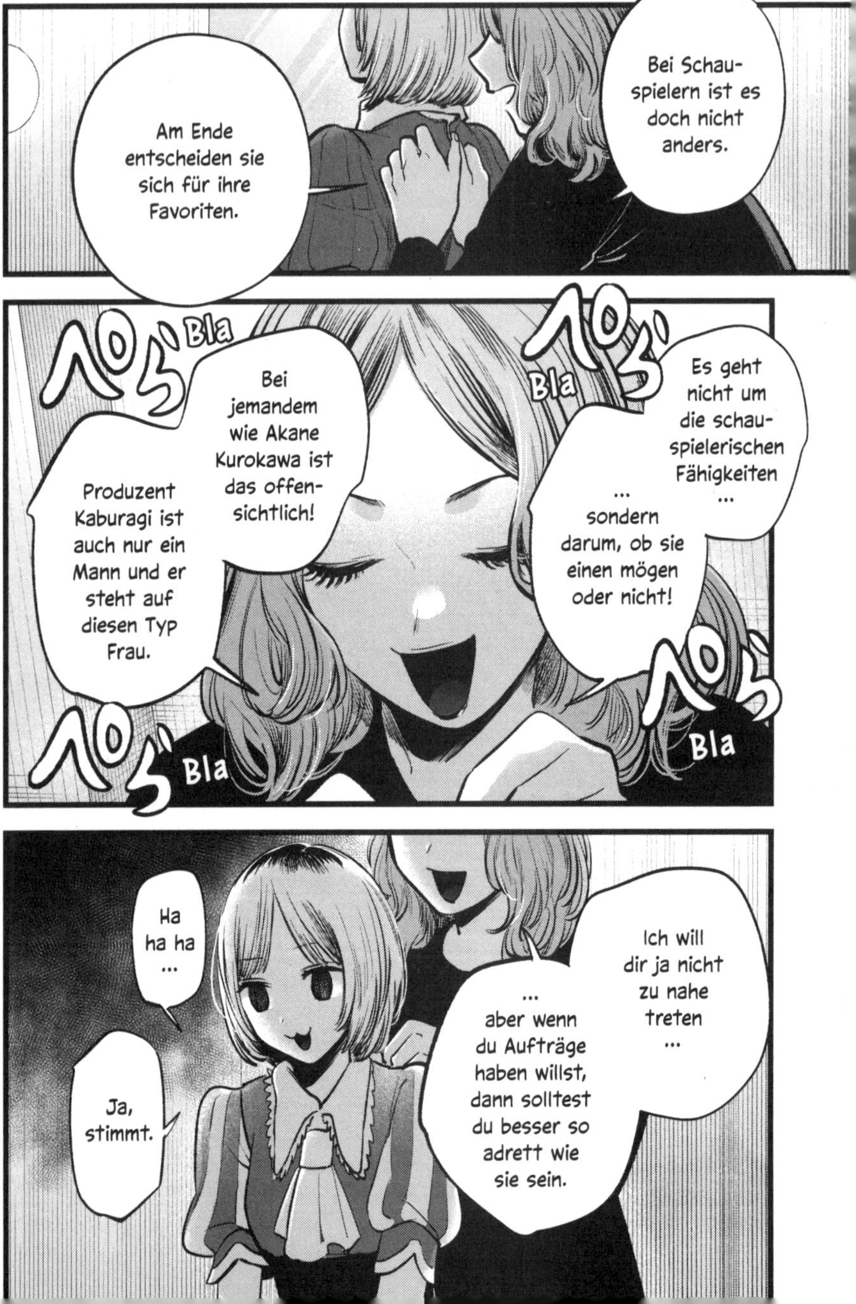

Bei Schauspielern ist es doch nicht anders.

Am Ende entscheiden sie sich für ihre Favoriten.

Bla

Es geht nicht um die schauspielerischen Fähigkeiten ...

... sondern darum, ob sie einen mögen oder nicht!

Bla

Bei jemandem wie Akane Kurokawa ist das offensichtlich!

Produzent Kaburagi ist auch nur ein Mann und er steht auf diesen Typ Frau.

Bla

Bla

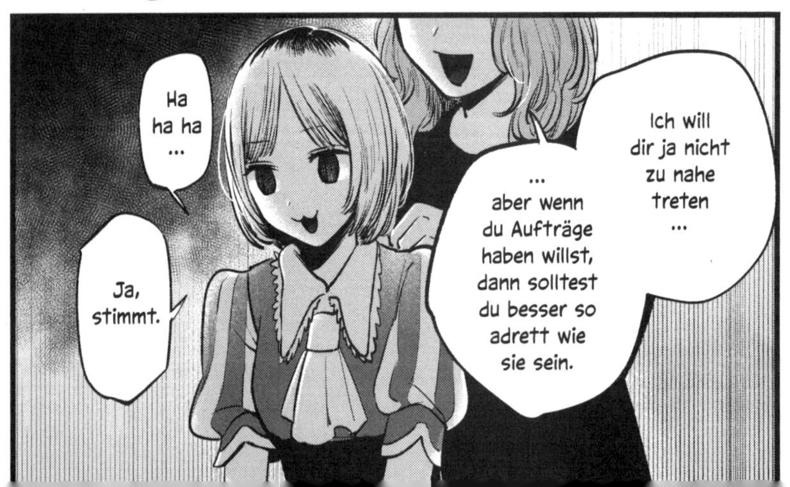

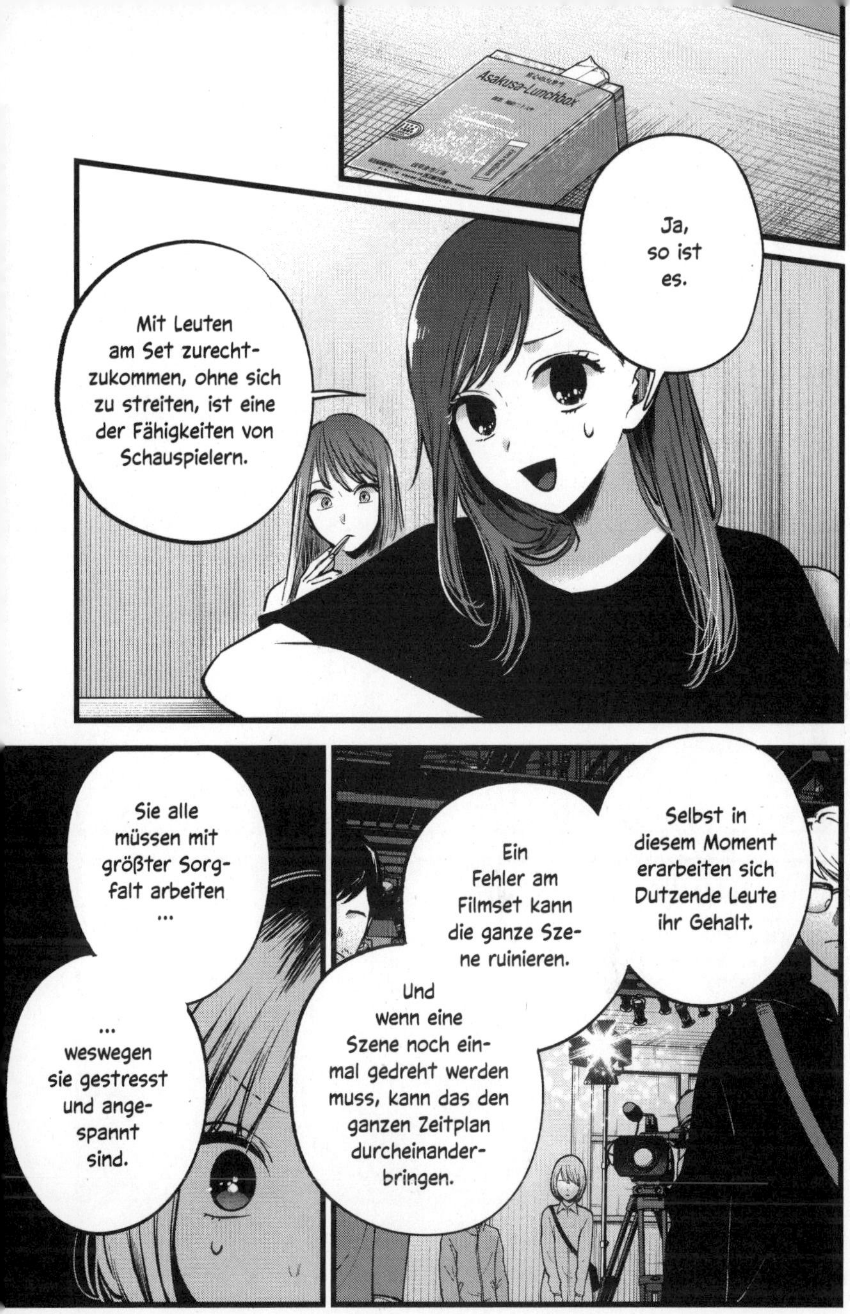

Asakusa-Lunchbox

Ja, so ist es.

Mit Leuten am Set zurecht-zukommen, ohne sich zu streiten, ist eine der Fähigkeiten von Schauspielern.

Selbst in diesem Moment erarbeiten sich Dutzende Leute ihr Gehalt.

Ein Fehler am Filmset kann die ganze Sze-ne ruinieren.

Und wenn eine Szene noch ein-mal gedreht werden muss, kann das den ganzen Zeitplan durcheinander-bringen.

Sie alle müssen mit größter Sorg-falt arbeiten ...

... weswegen sie gestresst und ange-spannt sind.

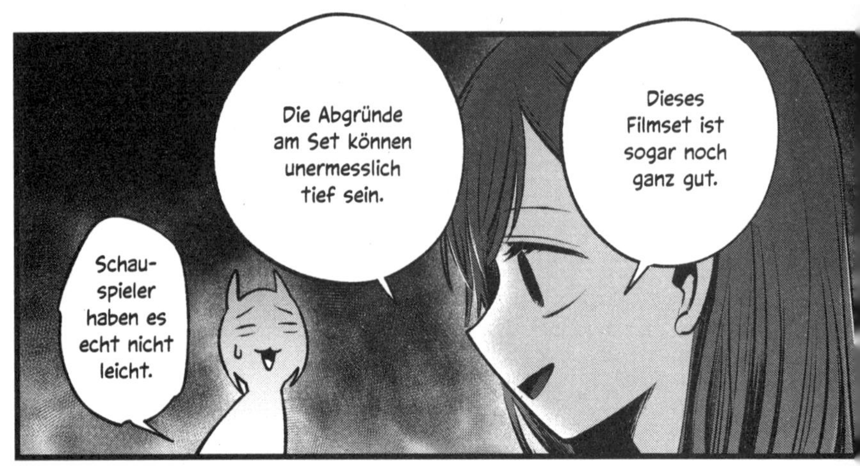

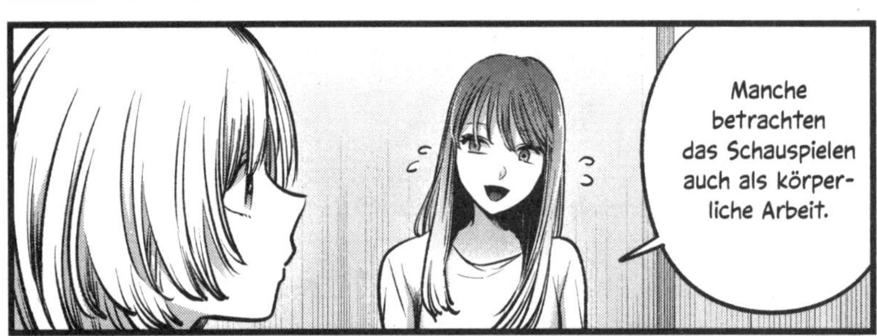

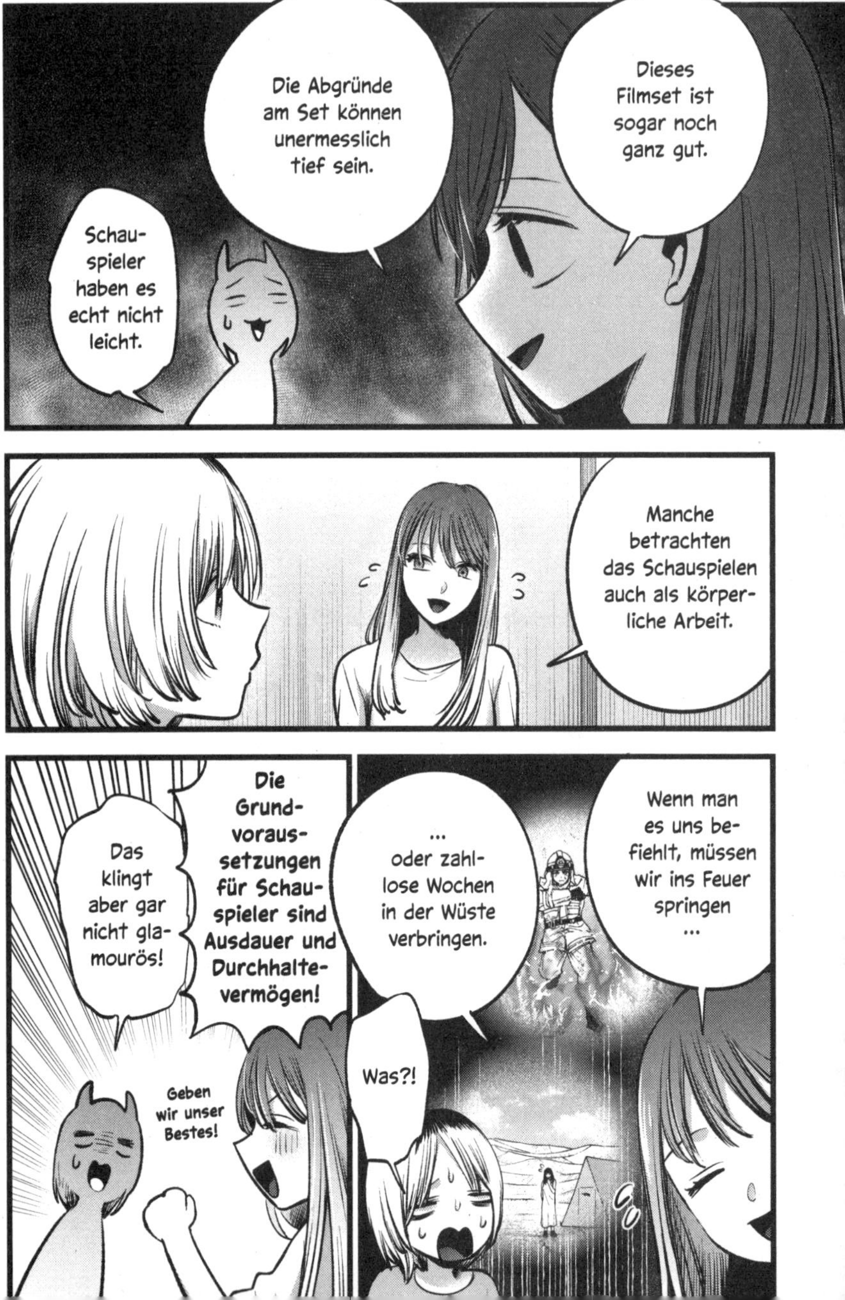

Wenn man es uns befiehlt, müssen wir ins Feuer springen ...

... oder zahllose Wochen in der Wüste verbringen.

Was?!

Die Grundvoraussetzungen für Schauspieler sind Ausdauer und Durchhaltevermögen!

Das klingt aber gar nicht glamourös!

Geben wir unser Bestes!

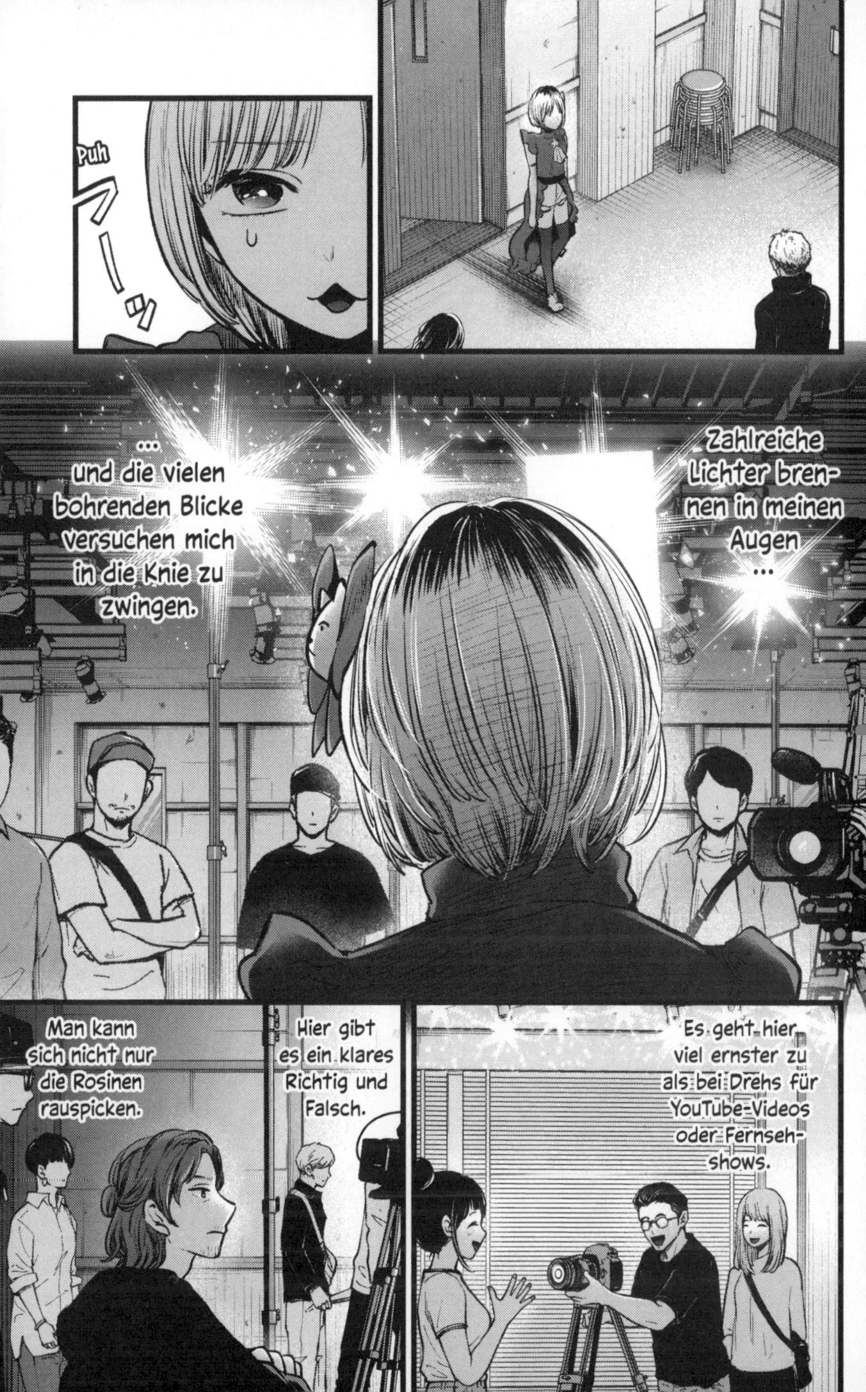
Puh
Zahlreiche Lichter brennen in meinen Augen ...
... und die vielen bohrenden Blicke versuchen mich in die Knie zu zwingen.
Es geht hier viel ernster zu als bei Drehs für YouTube-Videos oder Fernsehshows.
Hier gibt es ein klares Richtig und Falsch.
Man kann sich nicht nur die Rosinen rauspicken.

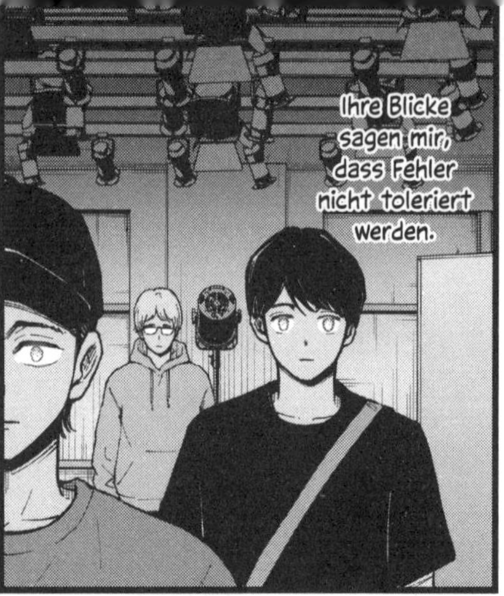
Ihre Blicke sagen mir, dass Fehler nicht toleriert werden.

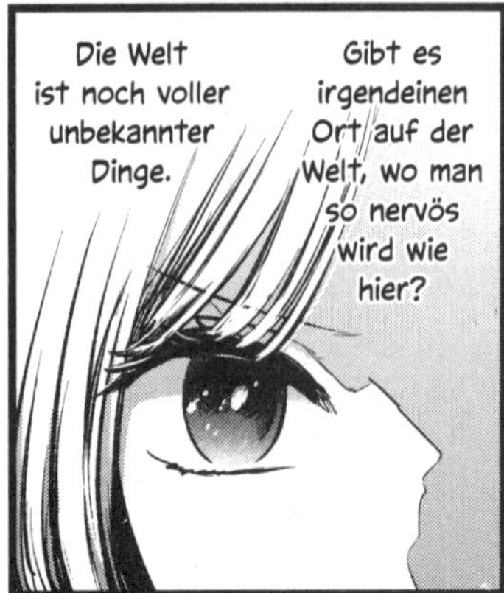
Gibt es irgendeinen Ort auf der Welt, wo man so nervös wird wie hier?
Die Welt ist noch voller unbekannter Dinge.

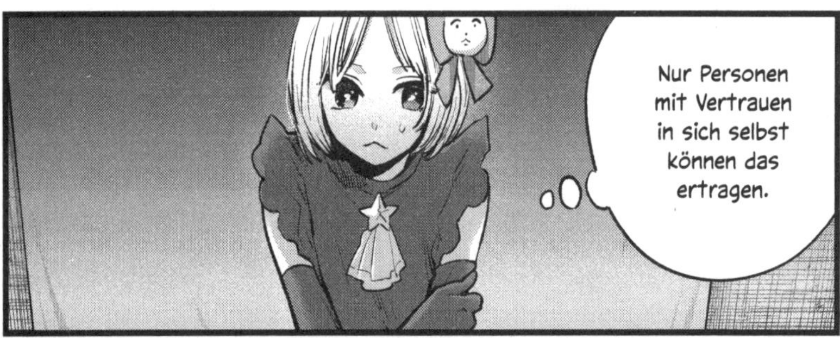
Nur Personen mit Vertrauen in sich selbst können das ertragen.

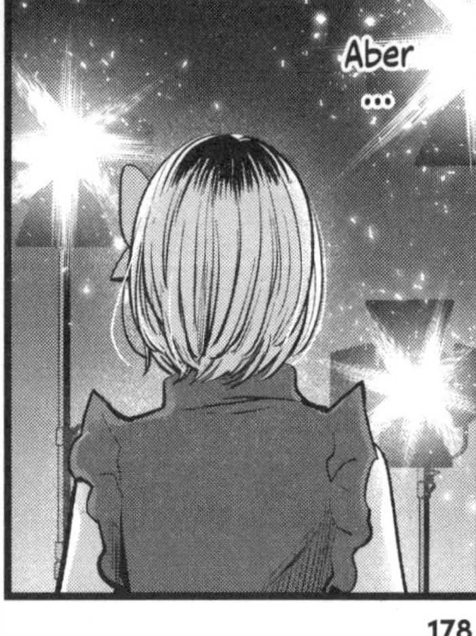
Aber ...

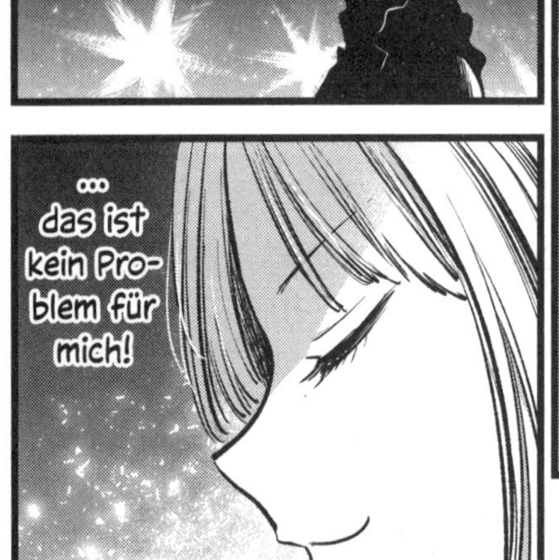
... das ist kein Problem für mich!

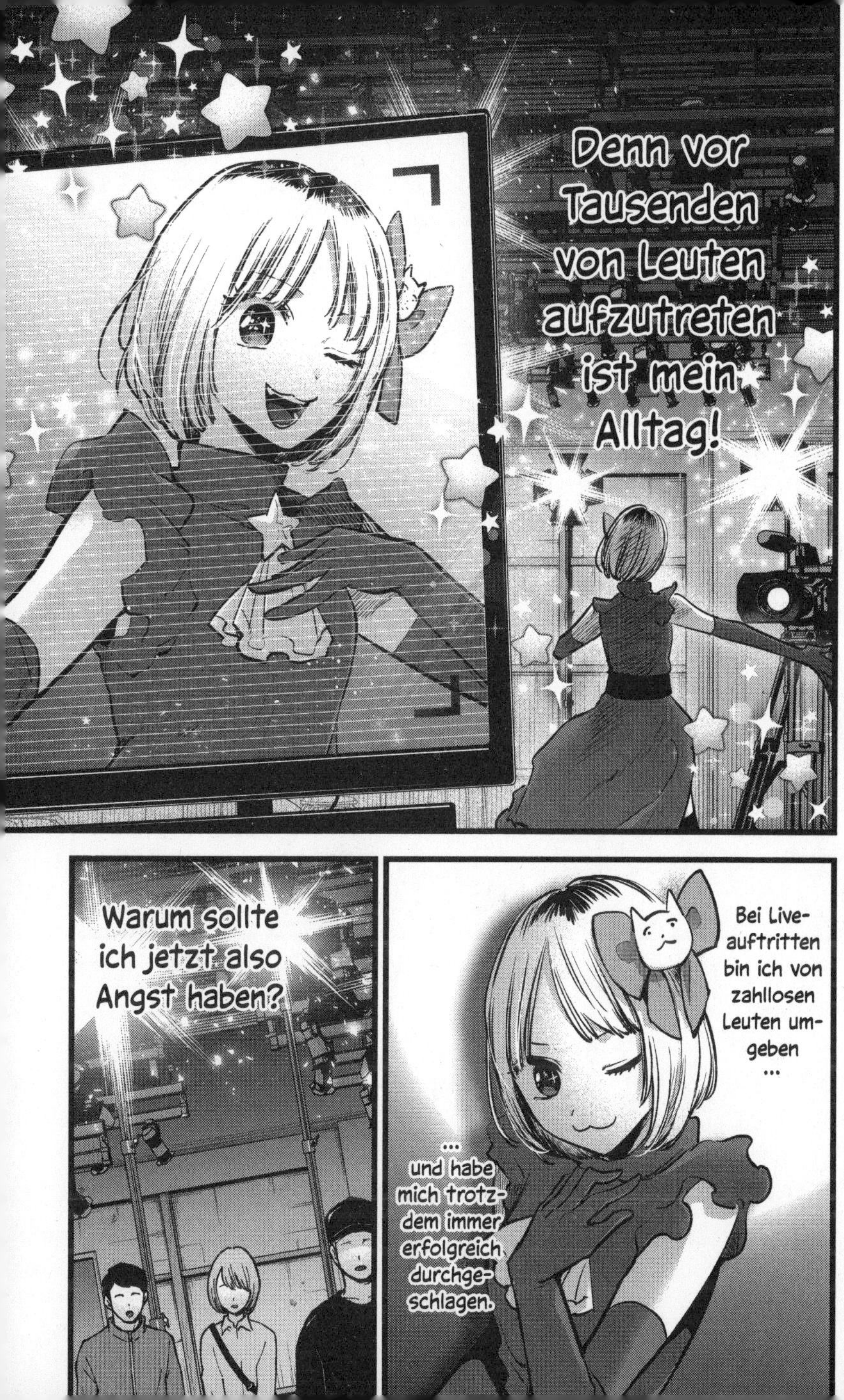

Denn vor Tausenden von Leuten aufzutreten ist mein Alltag!

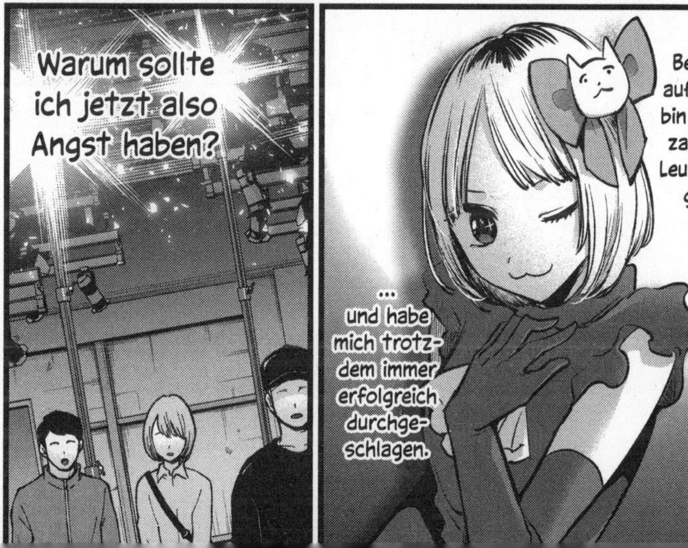

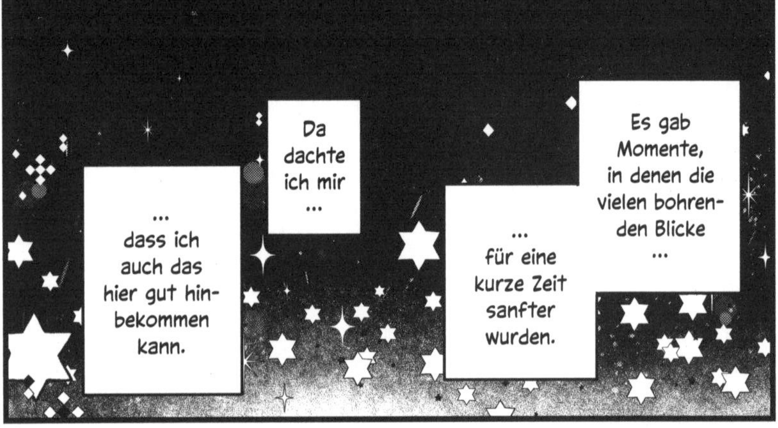
Es gab Momente, in denen die vielen bohrenden Blicke ...
... für eine kurze Zeit sanfter wurden.
Da dachte ich mir ...
... dass ich auch das hier gut hinbekommen kann.

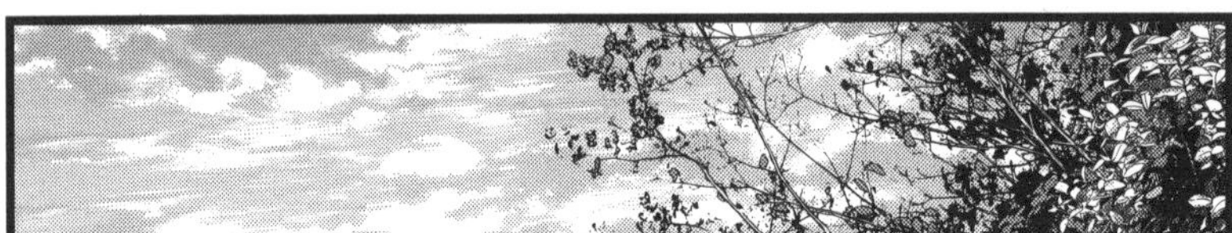

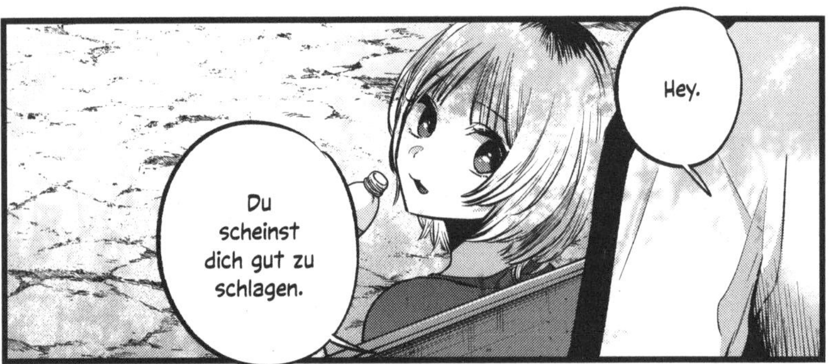
Hey.
Du scheinst dich gut zu schlagen.

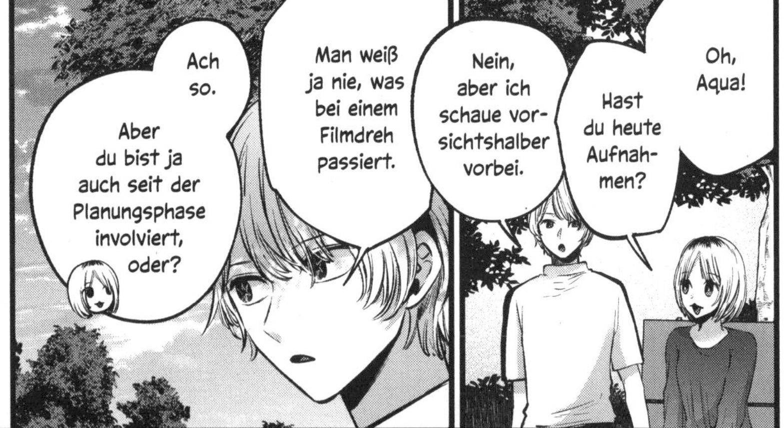
Oh, Aqua!
Hast du heute Aufnahmen?
Nein, aber ich schaue vorsichtshalber vorbei.
Man weiß ja nie, was bei einem Filmdreh passiert.
Ach so.
Aber du bist ja auch seit der Planungsphase involviert, oder?

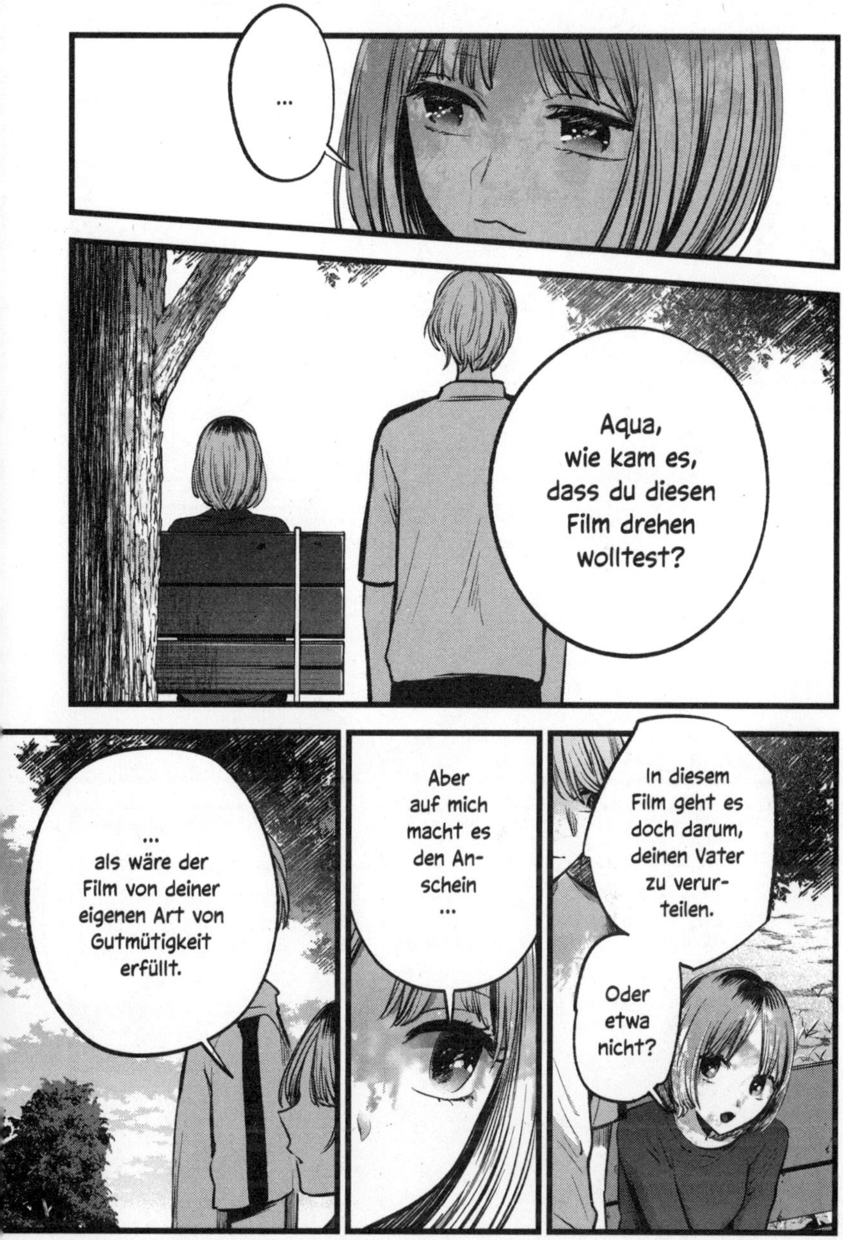

...

Aqua, wie kam es, dass du diesen Film drehen wolltest?

In diesem Film geht es doch darum, deinen Vater zu verurteilen.

Oder etwa nicht?

Aber auf mich macht es den Anschein ...

... als wäre der Film von deiner eigenen Art von Gutmütigkeit erfüllt.

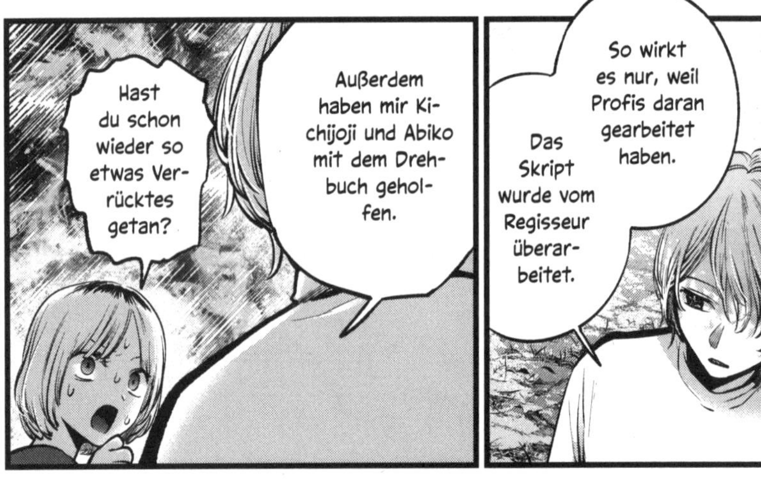
So wirkt es nur, weil Profis daran gearbeitet haben.
Das Skript wurde vom Regisseur überarbeitet.
Außerdem haben mir Kichijoji und Abiko mit dem Drehbuch geholfen.
Hast du schon wieder so etwas Verrücktes getan?

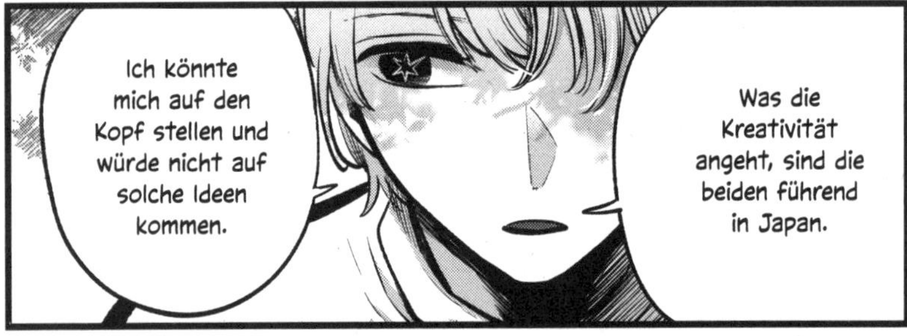
Was die Kreativität angeht, sind die beiden führend in Japan.
Ich könnte mich auf den Kopf stellen und würde nicht auf solche Ideen kommen.

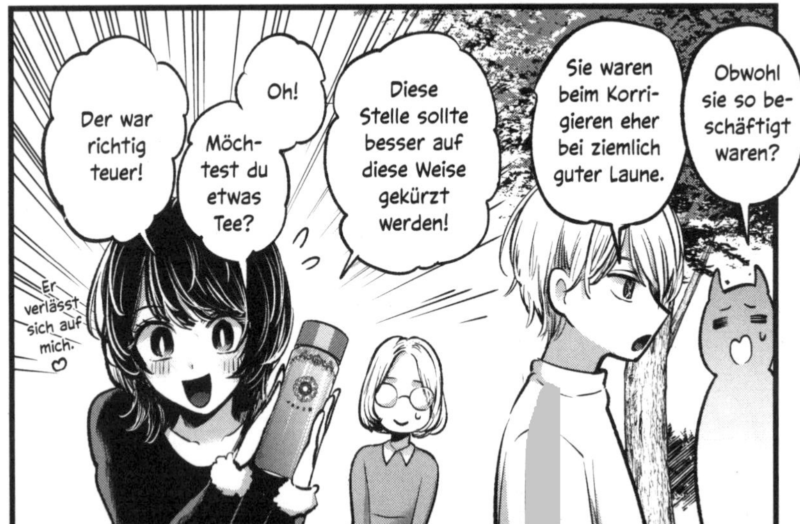
Obwohl sie so beschäftigt waren?
Sie waren beim Korrigieren eher bei ziemlich guter Laune.
Diese Stelle sollte besser auf diese Weise gekürzt werden!
Oh!
Möchtest du etwas Tee?
Der war richtig teuer!
Er verlässt sich auf mich. ♡

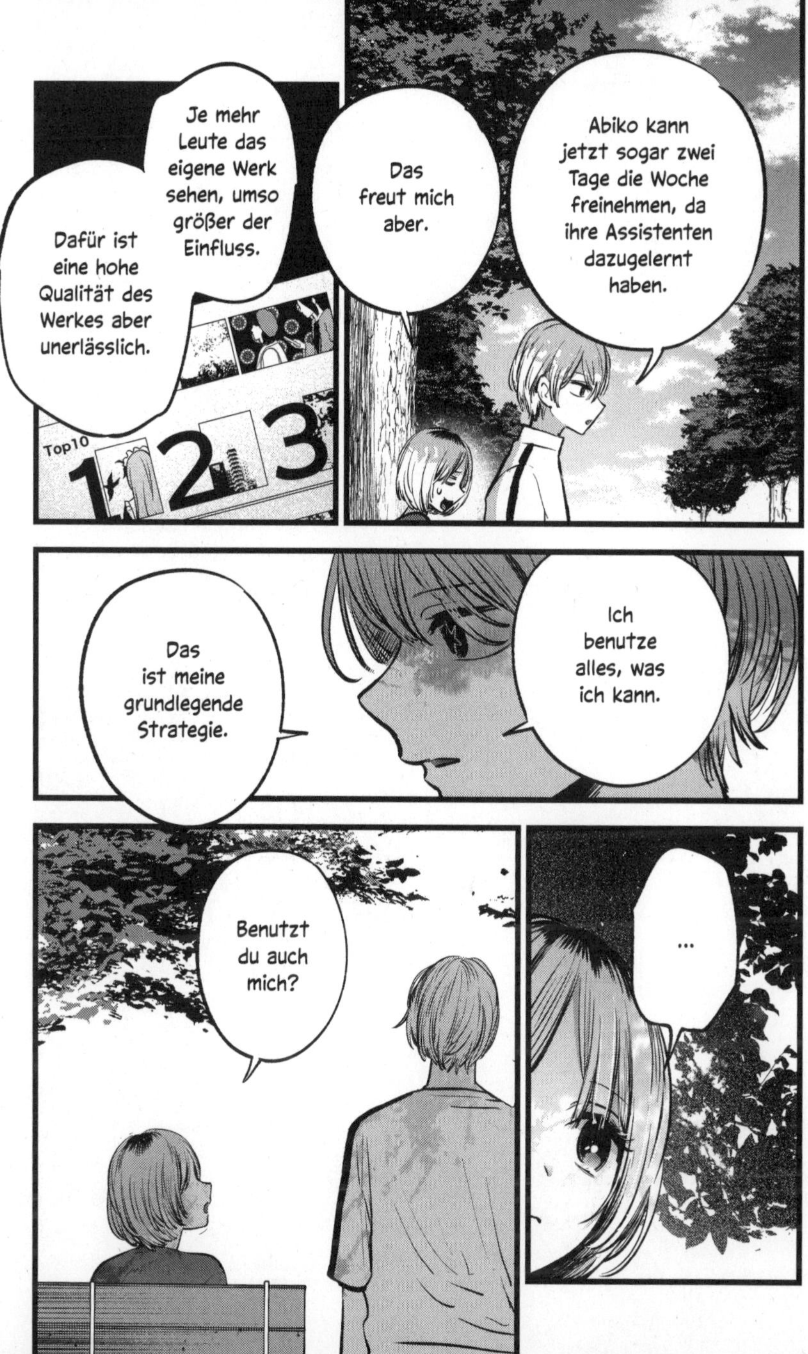
Abiko kann jetzt sogar zwei Tage die Woche freinehmen, da ihre Assistenten dazugelernt haben.
Das freut mich aber.
Je mehr Leute das eigene Werk sehen, umso größer der Einfluss.
Dafür ist eine hohe Qualität des Werkes aber unerlässlich.
Top10
1
2
3
Ich benutze alles, was ich kann.
Das ist meine grundlegende Strategie.
...
Benutzt du auch mich?

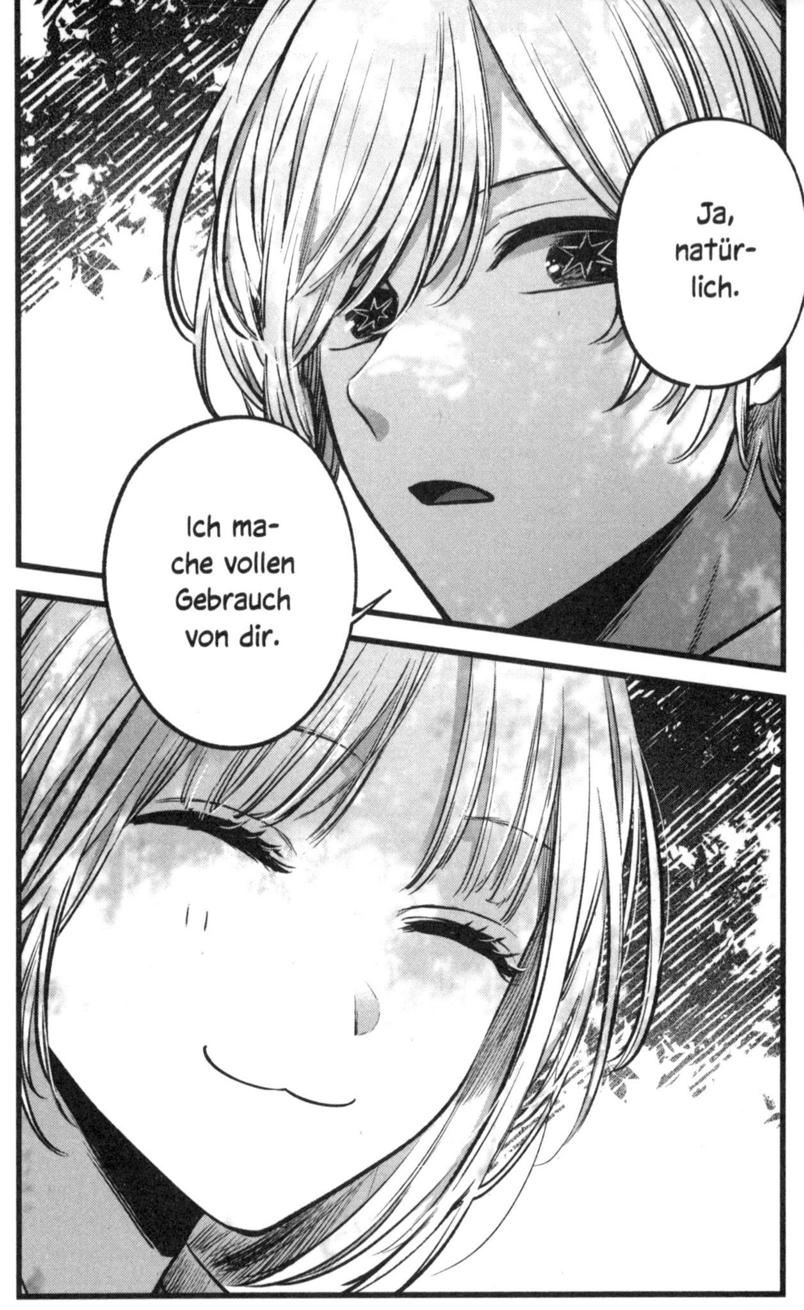
Ja, natür-lich.
Ich ma-che vollen Gebrauch von dir.

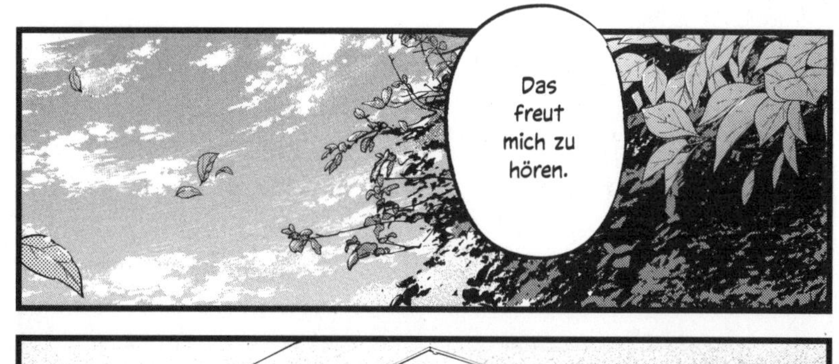
Das freut mich zu hören.
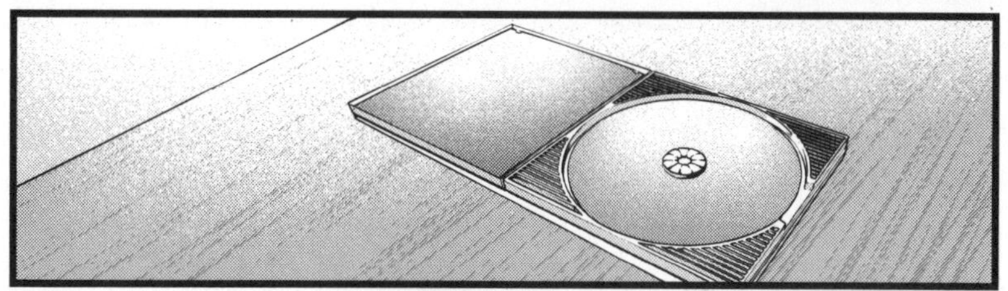
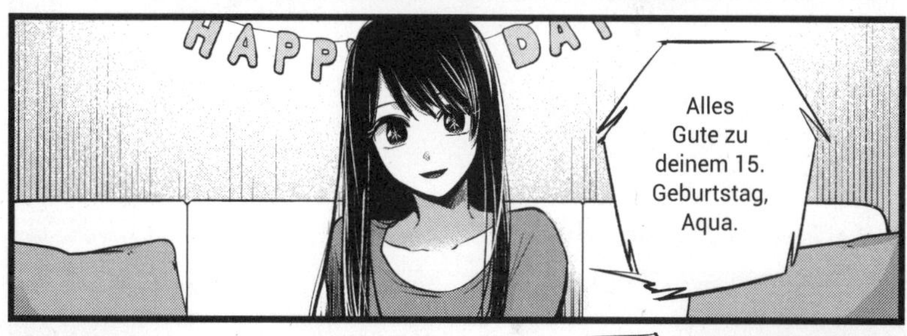
HAPP
DA
Alles Gute zu deinem 15. Geburtstag, Aqua.
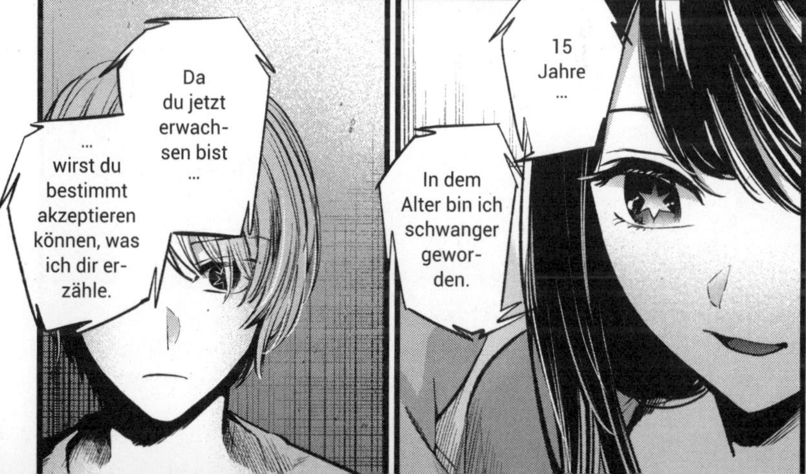
15 Jahre …
In dem Alter bin ich schwanger geworden.
Da du jetzt erwachsen bist …
… wirst du bestimmt akzeptieren können, was ich dir erzähle.

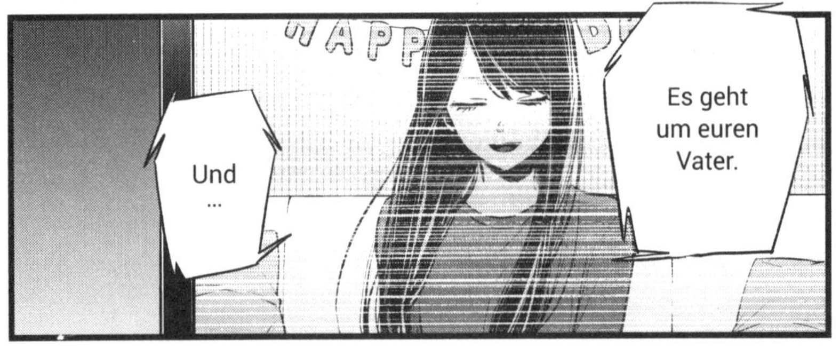

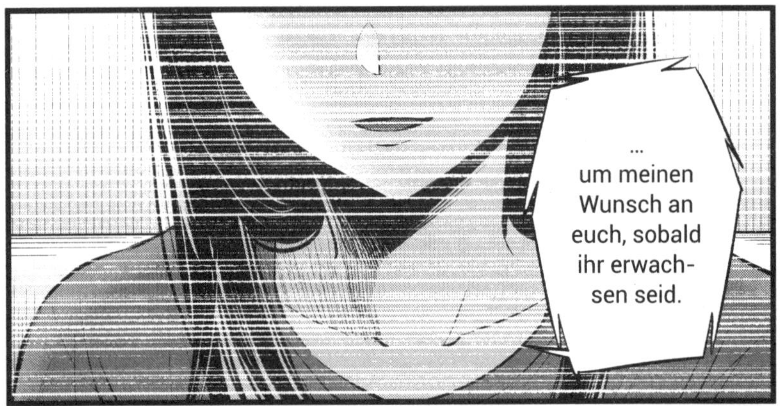

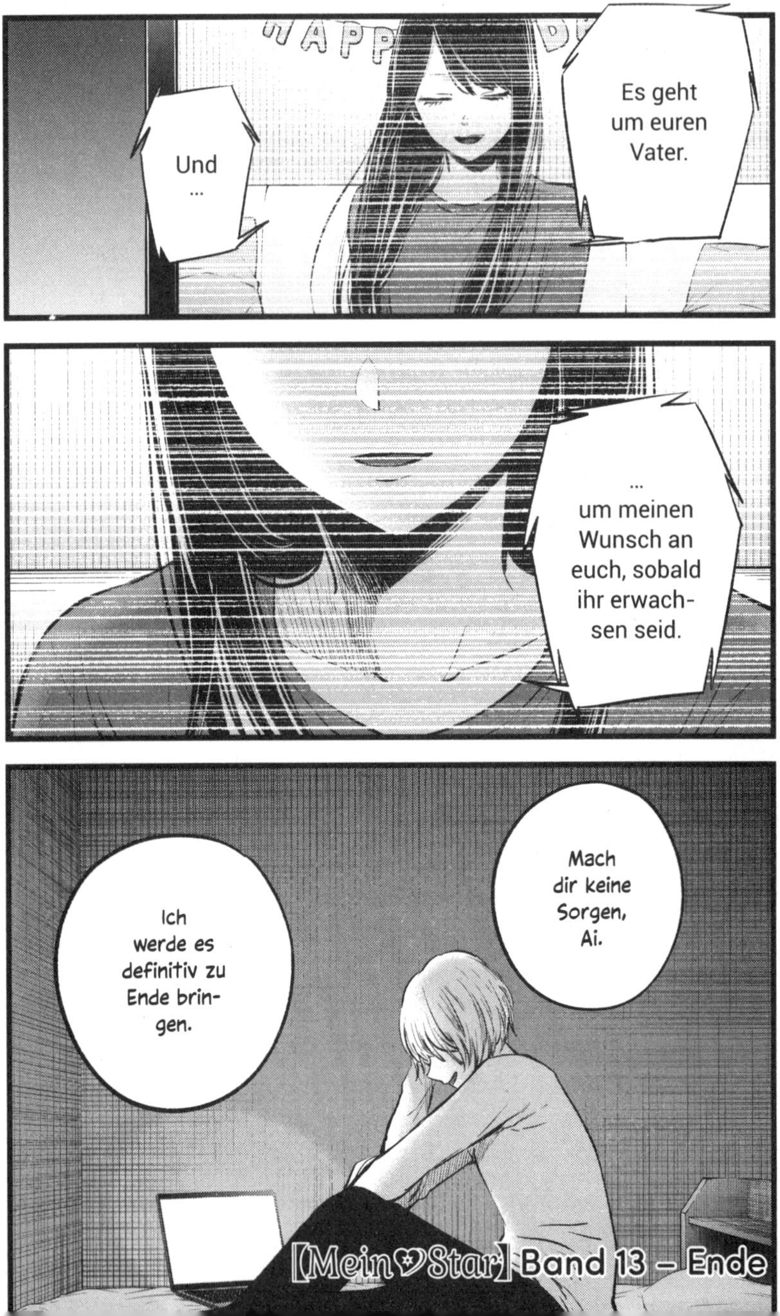

Mach dir keine Sorgen, Ai.

Ich werde es definitiv zu Ende brin-gen.

【Mein♡Star】 Band 13 – Ende

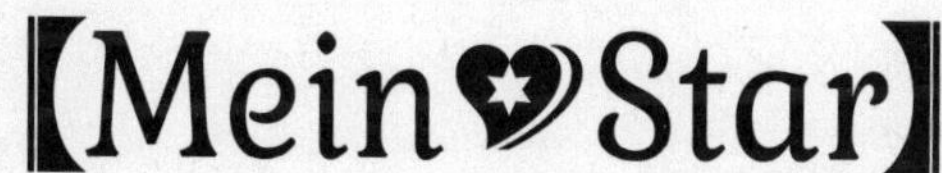

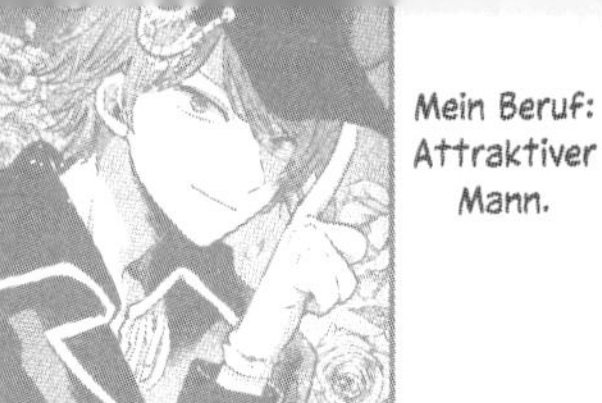

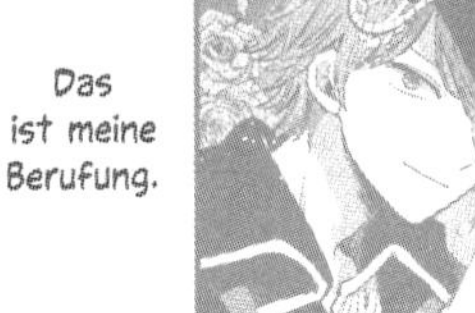

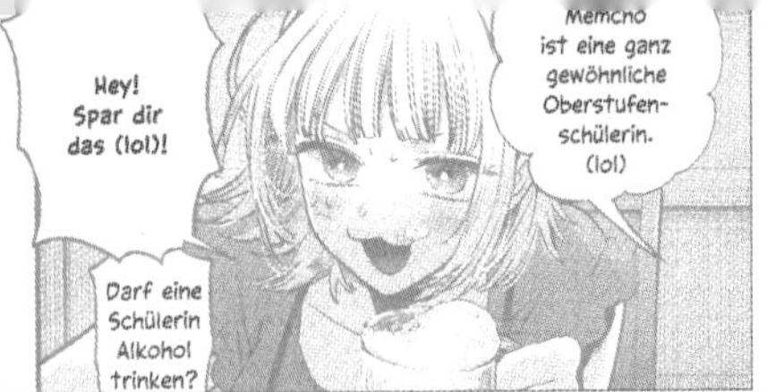

Kurzgeschichten aus der Feder von Mengo Yokoyari

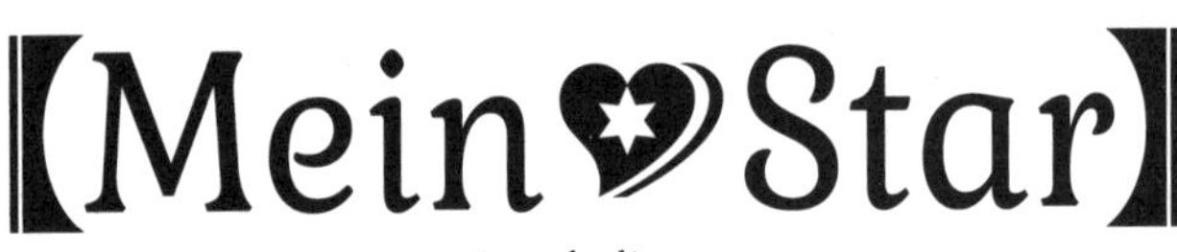

- Interludium -

Mengo Yokoyari

Aka Akasaka × Mengo Yokoyari

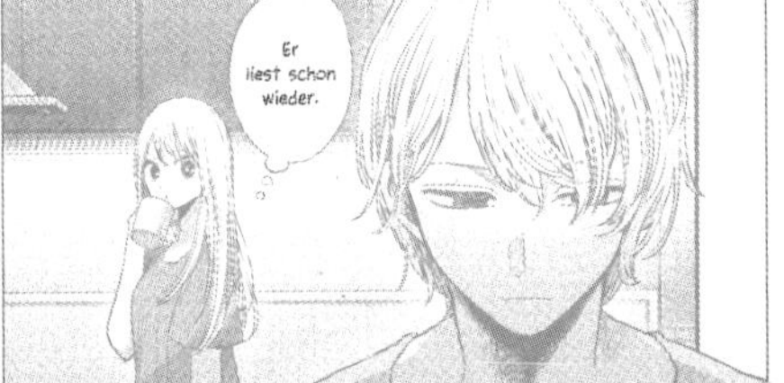

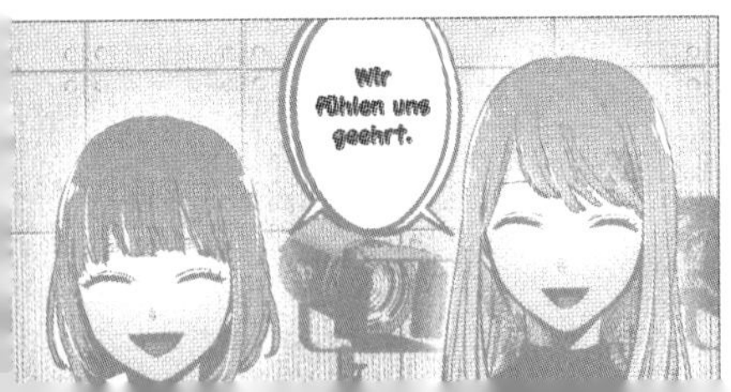

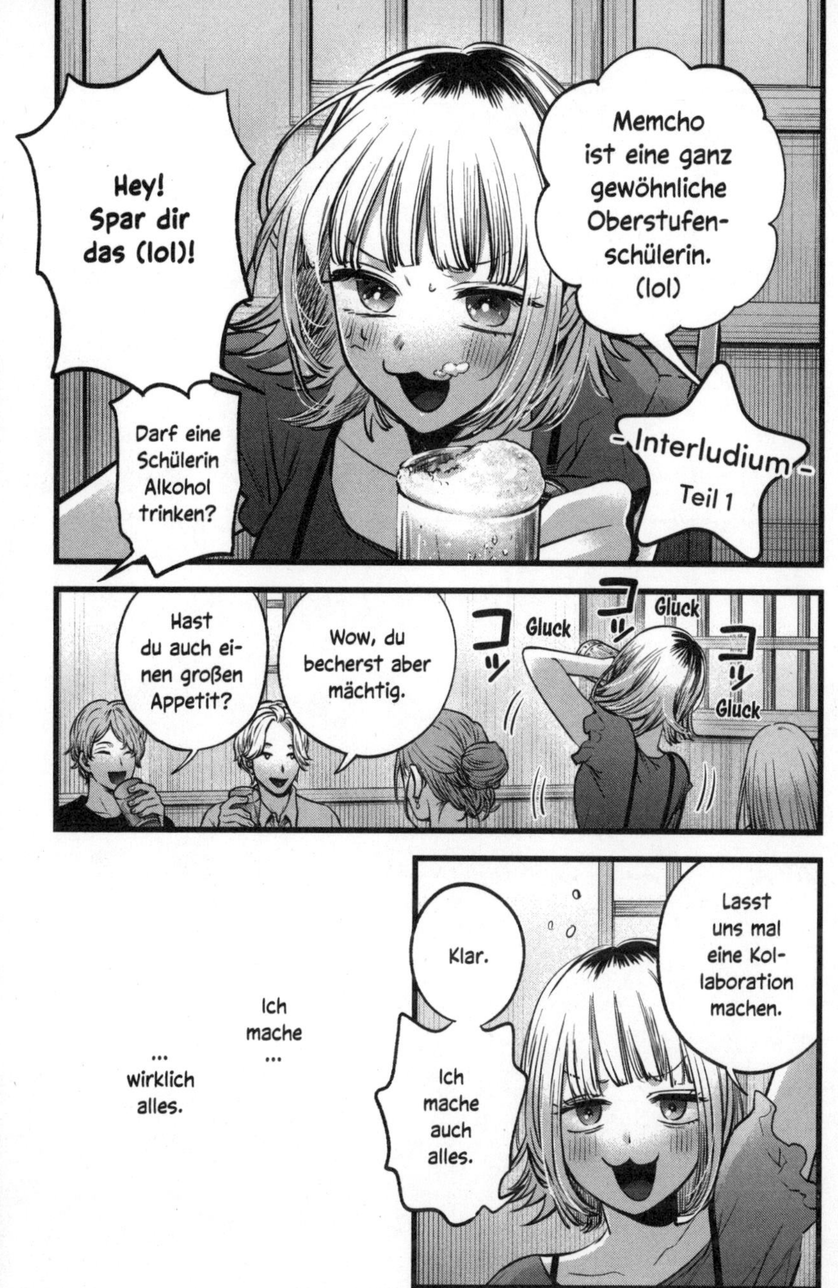

Memcho ist eine ganz gewöhnliche Oberstufenschülerin. (lol)
-Interludium-
Teil 1
Hey! Spar dir das (lol)!
Darf eine Schülerin Alkohol trinken?
コッ
Gluck
コッ
Gluck
コッ
Gluck
Wow, du becherst aber mächtig.
Hast du auch einen großen Appetit?
Lasst uns mal eine Kollaboration machen.
Klar.
Ich mache auch alles.
Ich mache ...
... wirklich alles.

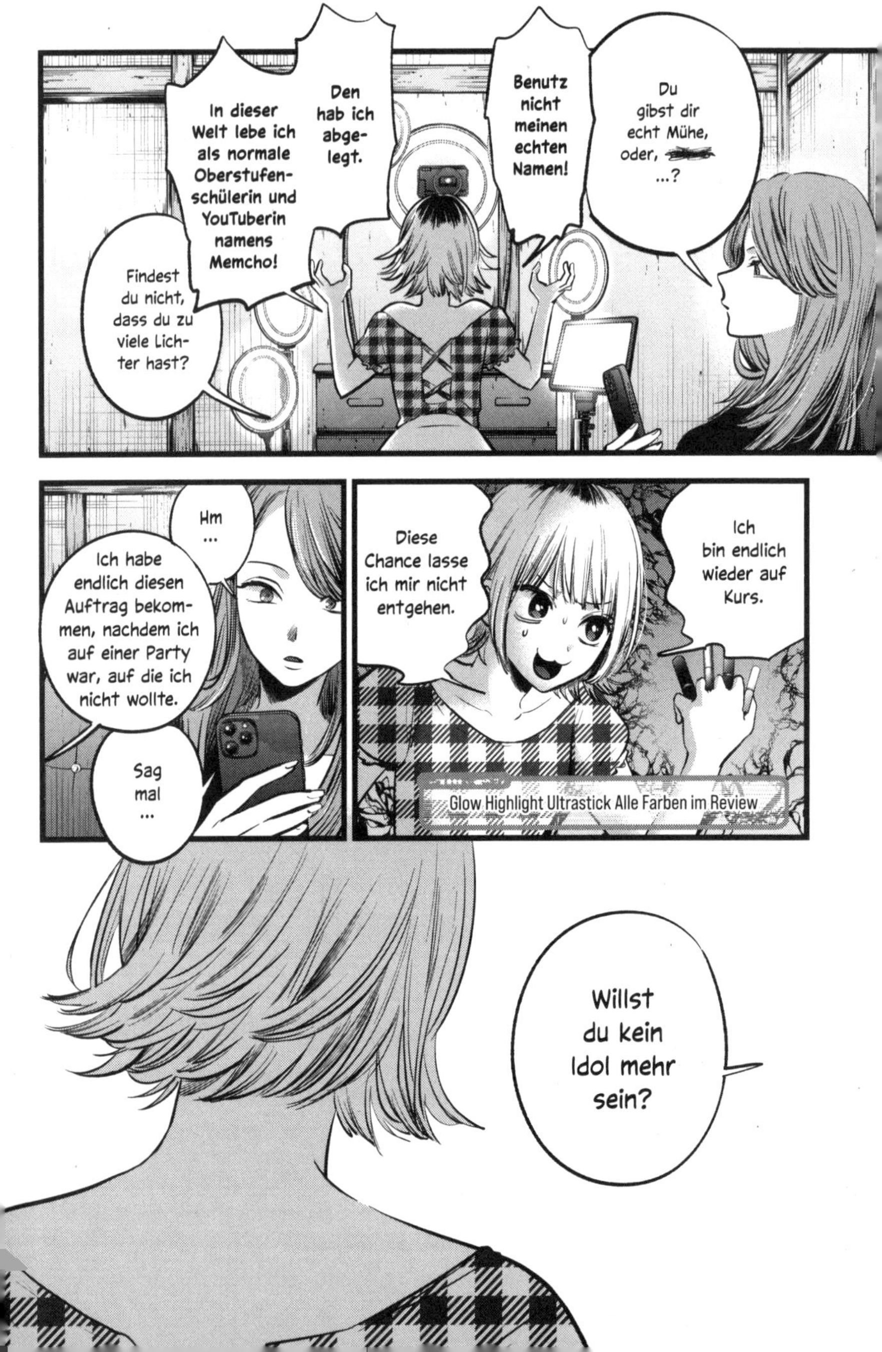

Du gibst dir echt Mühe, oder, ...?

Benutz nicht meinen echten Namen!

Den hab ich abgelegt.

In dieser Welt lebe ich als normale Oberstufenschülerin und YouTuberin namens Memcho!

Findest du nicht, dass du zu viele Lichter hast?

Ich bin endlich wieder auf Kurs.

Diese Chance lasse ich mir nicht entgehen.

Glow Highlight Ultrastick Alle Farben im Review

Hm ...

Ich habe endlich diesen Auftrag bekommen, nachdem ich auf einer Party war, auf die ich nicht wollte.

Sag mal ...

Willst du kein Idol mehr sein?

Für meinen ~~Traum~~ tue ich alles.

Für Geld ...

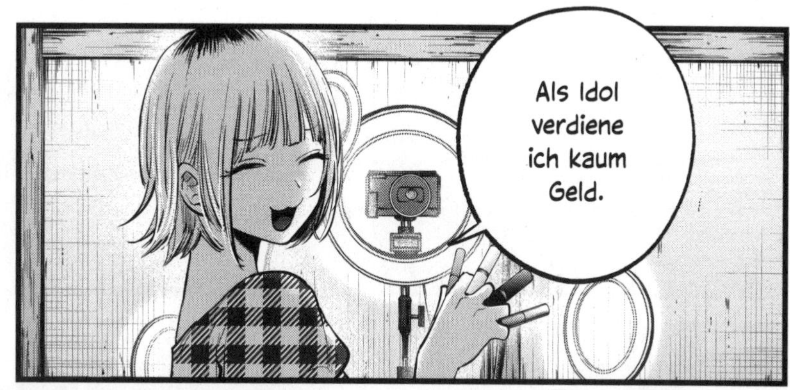

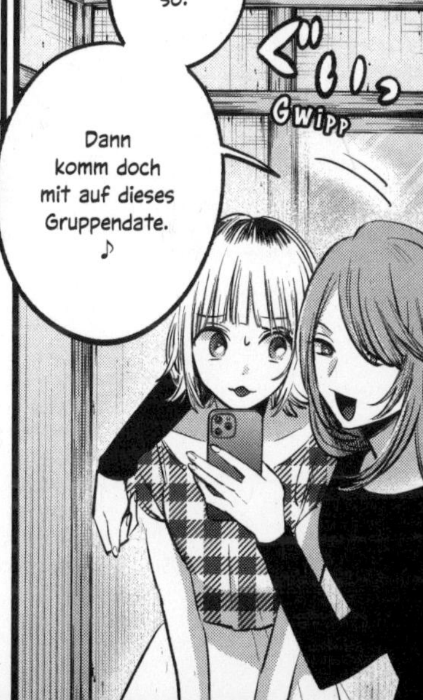

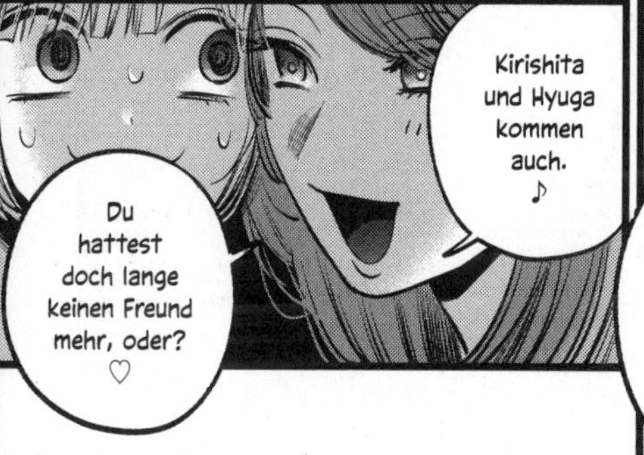

Für Geld würde ich alles tun.

Also los ...

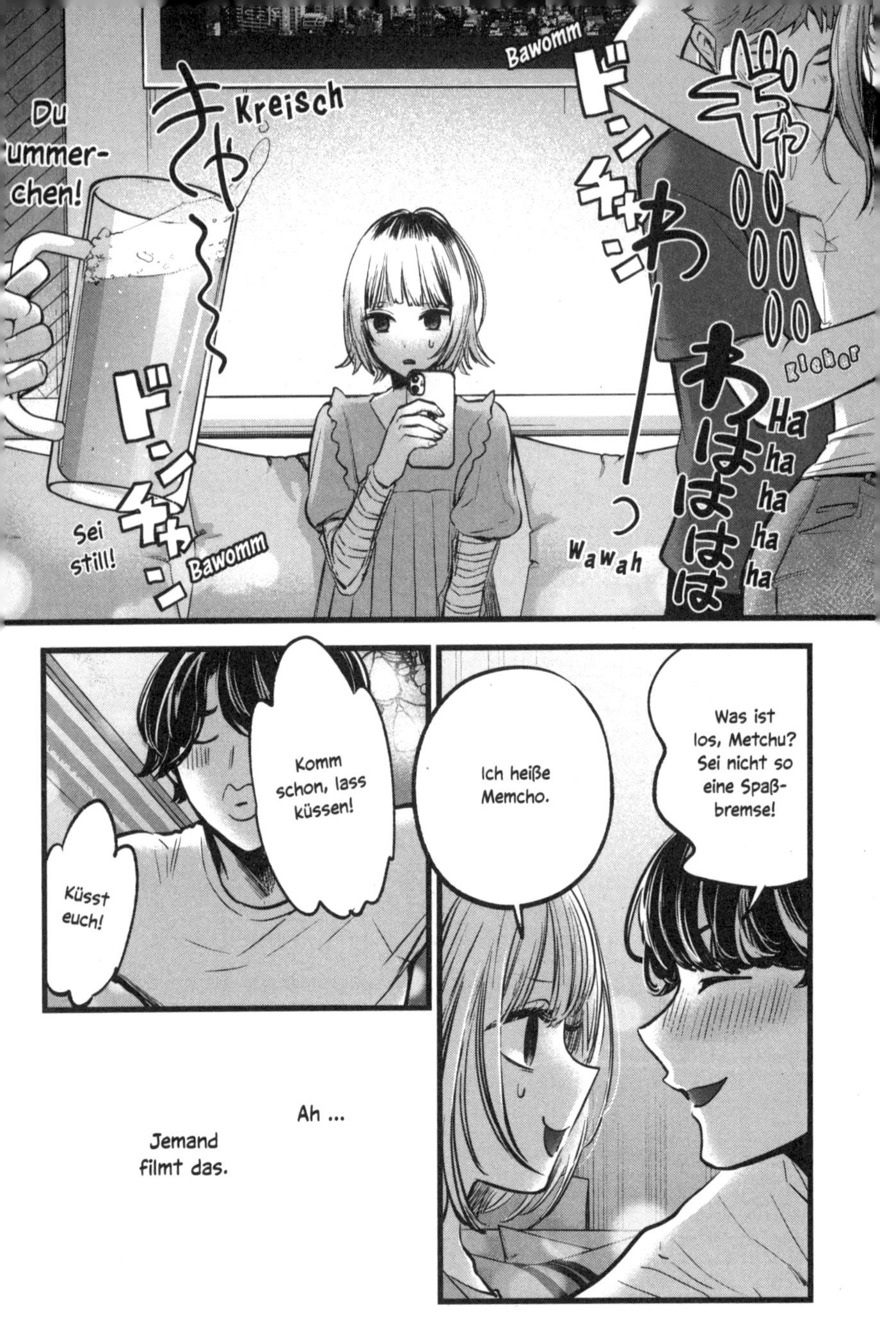

Bawomm
ギャーーーー
ドンチャン
わーっ
Wawah
Kicher
あはははは
Ha ha ha ha ha
Kreisch
きゃ〜〜〜
Du ummer-chen!
ドンチャン
Sei still!
Bawomm

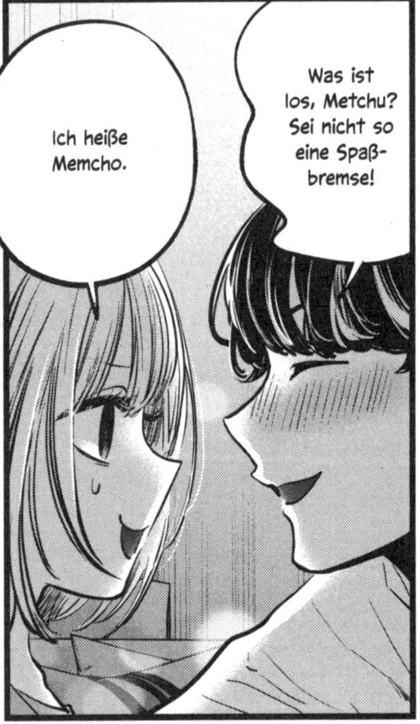

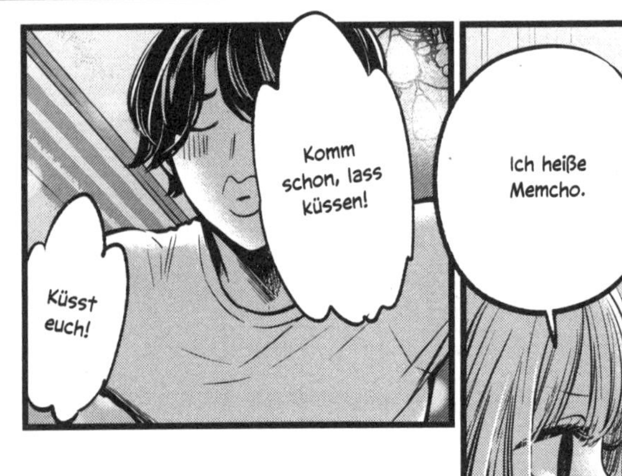

Ah ...

Jemand filmt das.

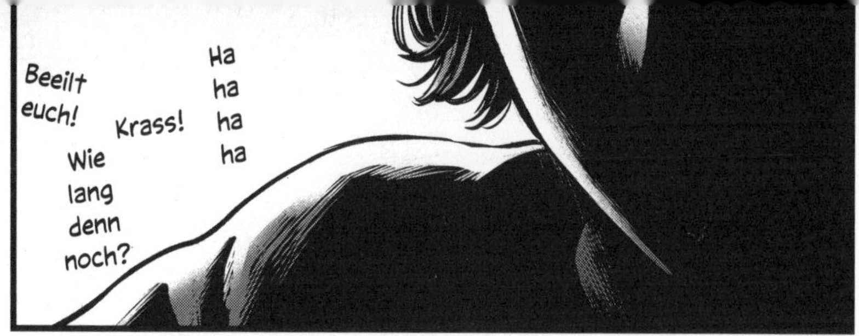

Vielleicht denke ich zu viel nach?

Womöglich bin ich viel zu gehemmt?

Aber wenn das durchsickert, gibt das einen Shitstorm.

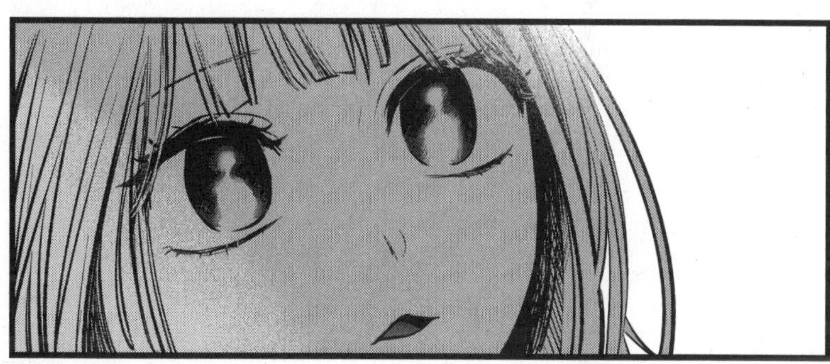

Dann wird mein Traum, »das« zu werden …

… wirklich niemals in Erfüllung gehen.

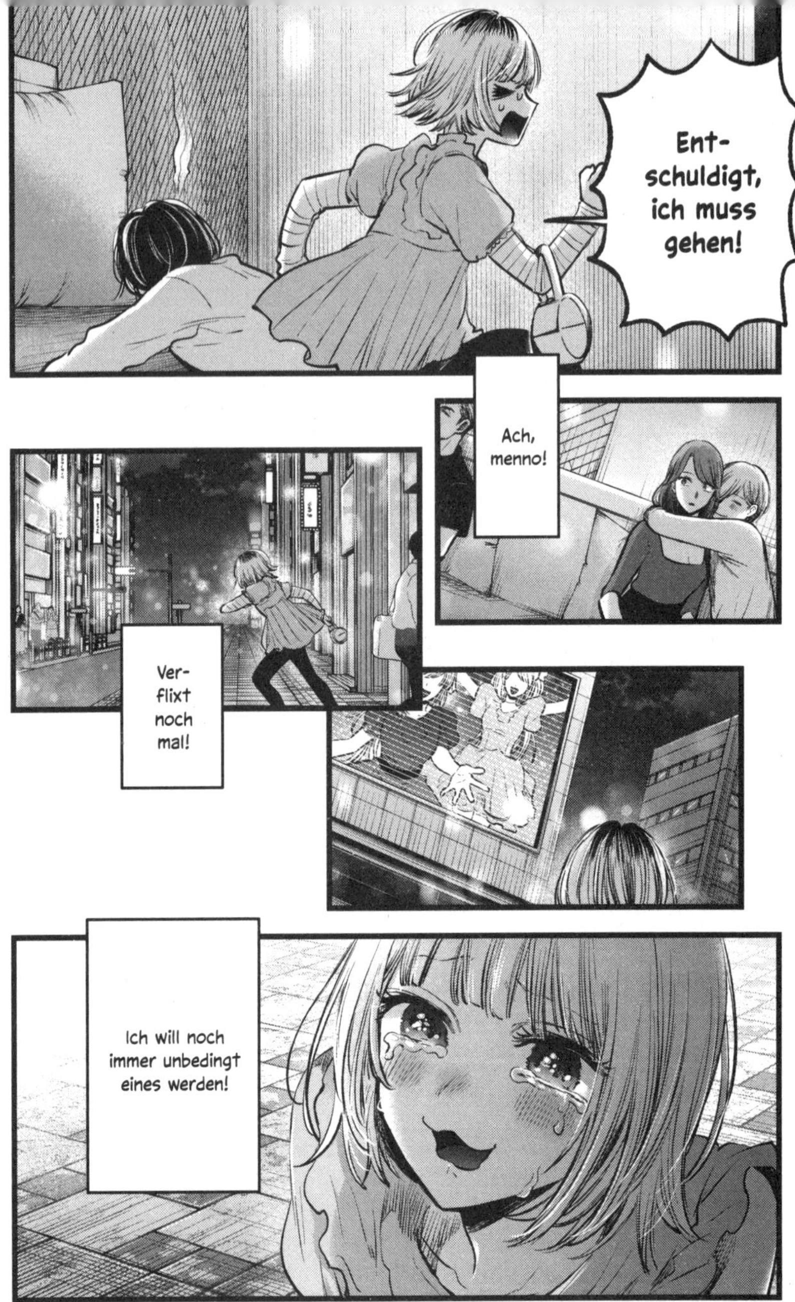
Ent-
schuldigt,
ich muss
gehen!
Ach,
menno!
Ver-
flixt
noch
mal!
Ich will noch
immer unbedingt
eines werden!

Mein Beruf: Attraktiver Mann.

Das ist meine Berufung.

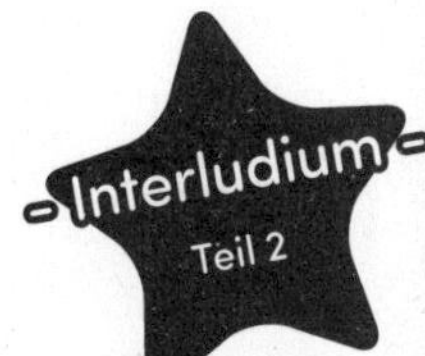

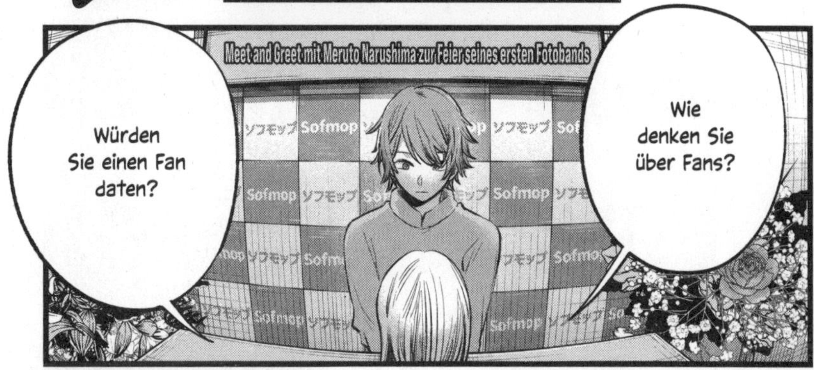

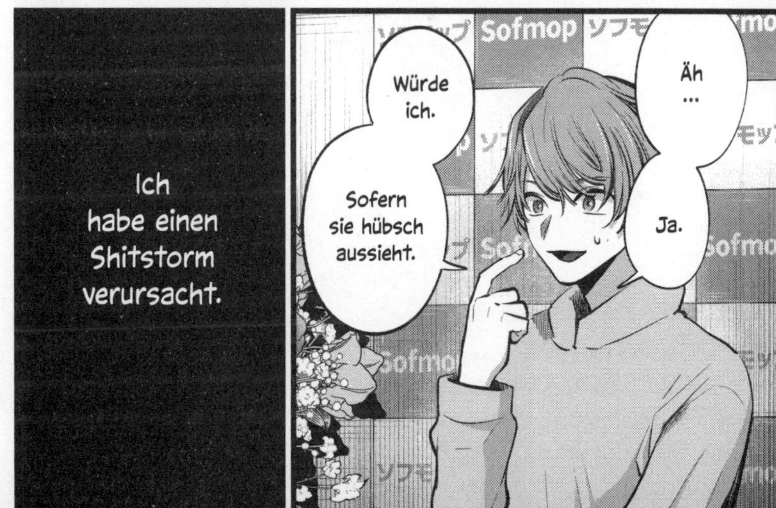

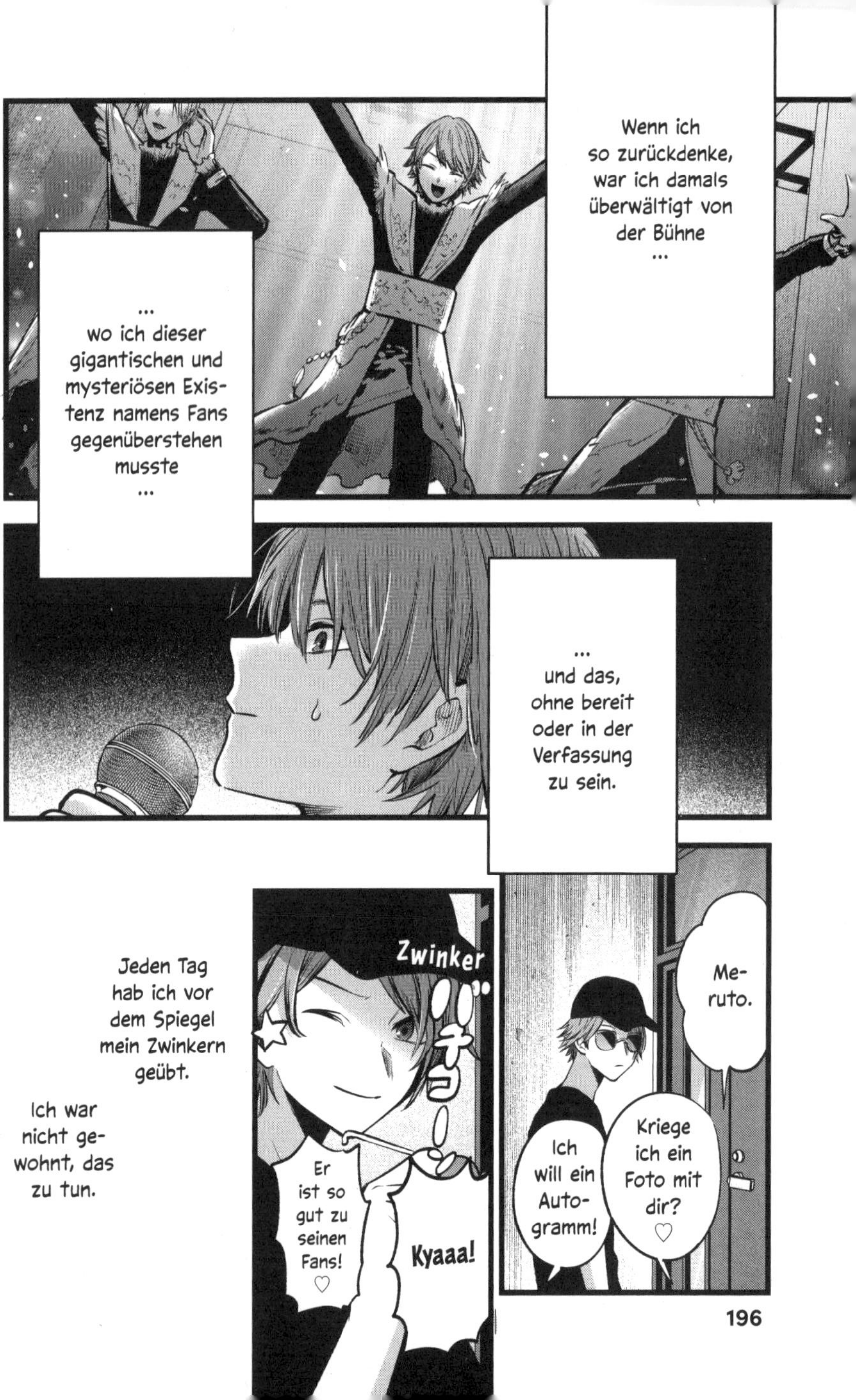

Wenn ich so zurückdenke, war ich damals überwältigt von der Bühne ...

... wo ich dieser gigantischen und mysteriösen Existenz namens Fans gegenüberstehen musste ...

... und das, ohne bereit oder in der Verfassung zu sein.

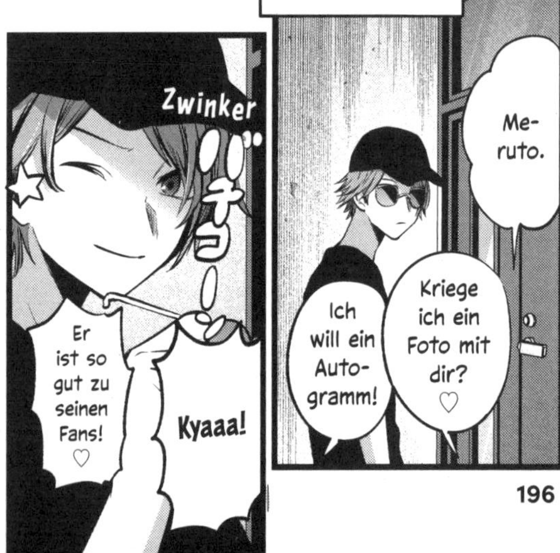

Jeden Tag hab ich vor dem Spiegel mein Zwinkern geübt.

Ich war nicht gewohnt, das zu tun.

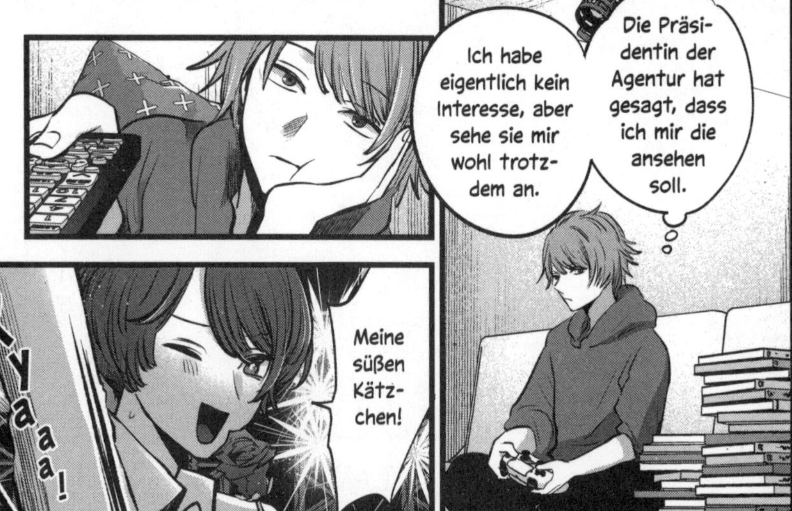
Die Präsidentin der Agentur hat gesagt, dass ich mir die ansehen soll.
Ich habe eigentlich kein Interesse, aber sehe sie mir wohl trotzdem an.
Meine süßen Kätzchen!
Kyaaa!

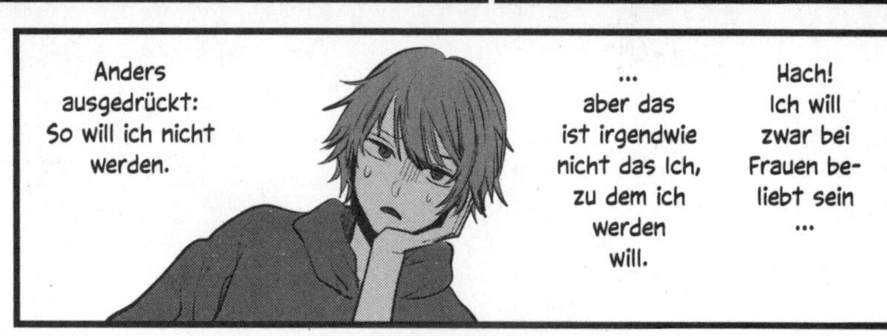
Hach! Ich will zwar bei Frauen beliebt sein ...
... aber das ist irgendwie nicht das Ich, zu dem ich werden will.
Anders ausgedrückt: So will ich nicht werden.

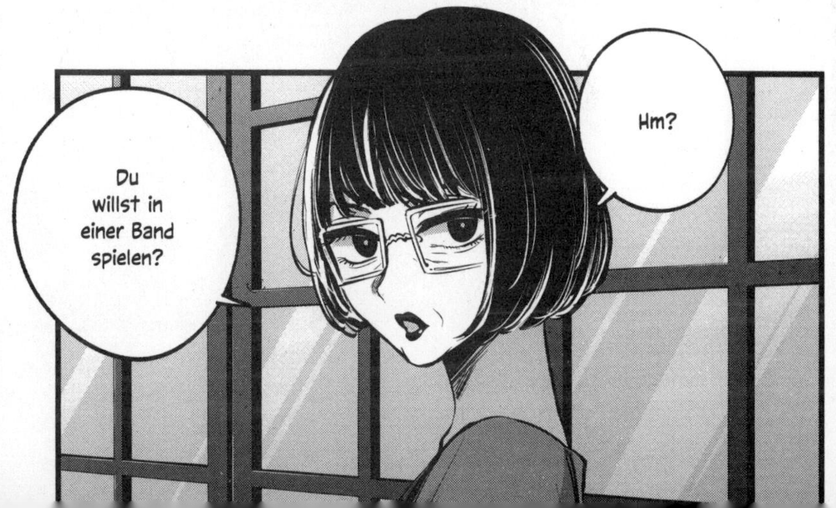
Hm?
Du willst in einer Band spielen?

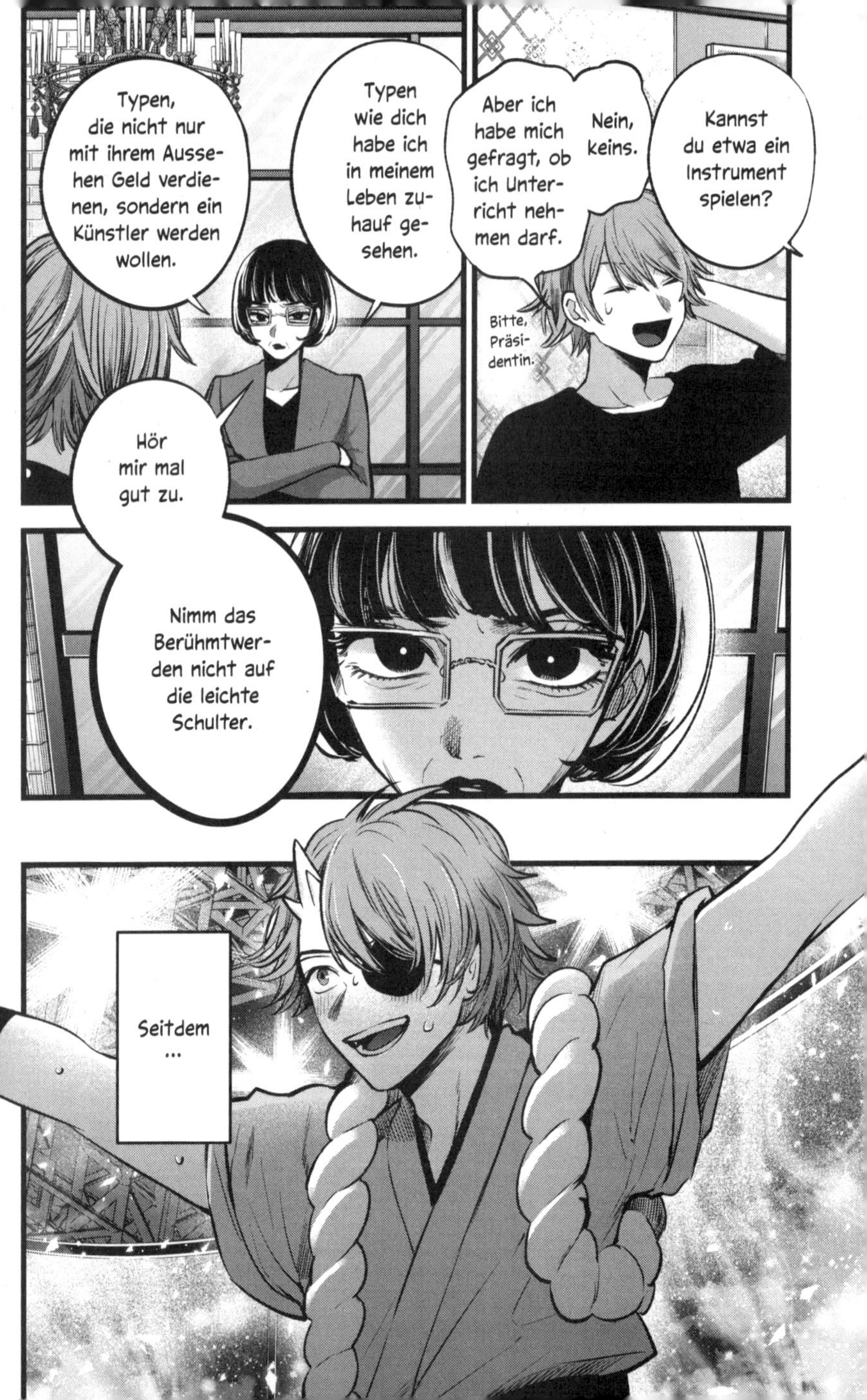
Kannst du etwa ein Instrument spielen?
Nein, keins.
Aber ich habe mich gefragt, ob ich Unterricht nehmen darf.
Bitte, Präsidentin.
Typen wie dich habe ich in meinem Leben zuhauf gesehen.
Typen, die nicht nur mit ihrem Aussehen Geld verdienen, sondern ein Künstler werden wollen.
Hör mir mal gut zu.
Nimm das Berühmtwerden nicht auf die leichte Schulter.
Seitdem …

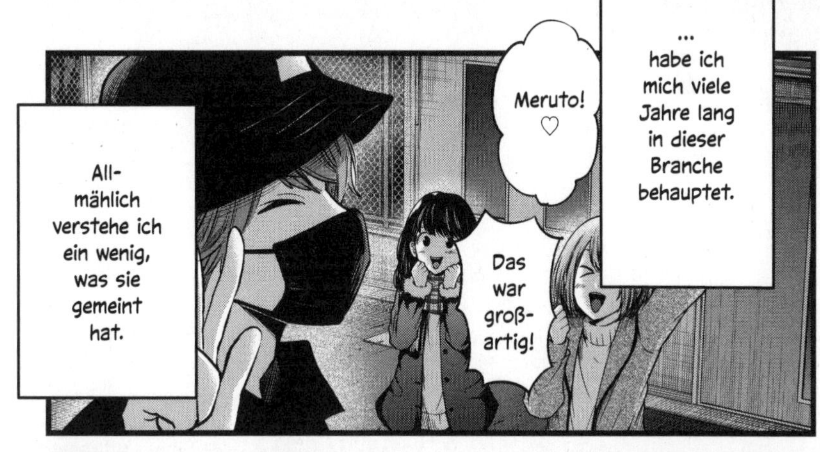

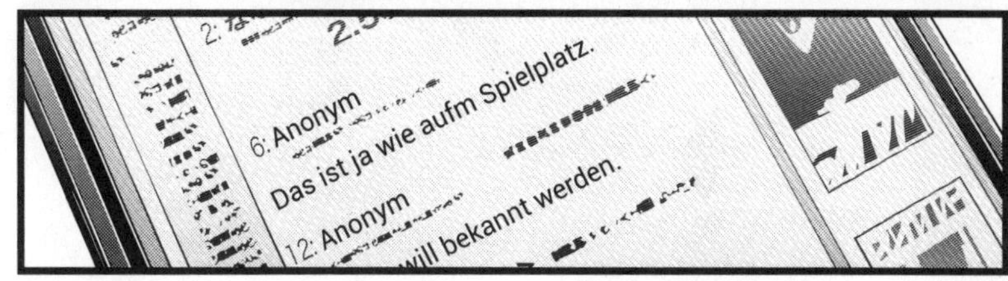

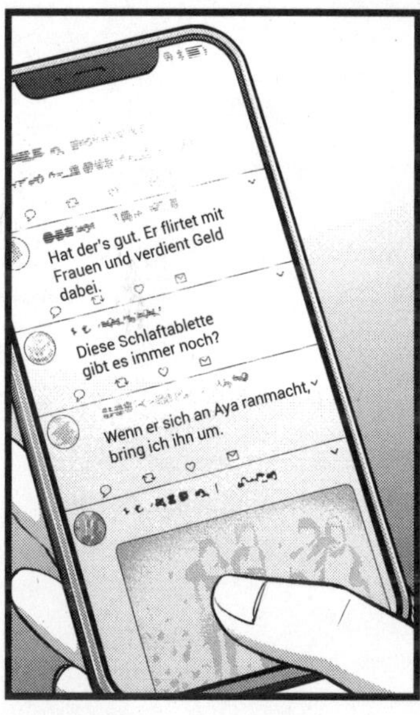

Wie sehr ich auch an meinen Fähigkeiten feile ...

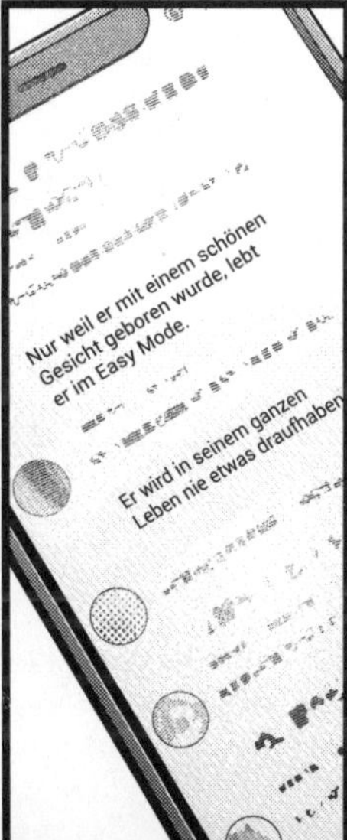

... dieser Ruf haftet mir weiter an.

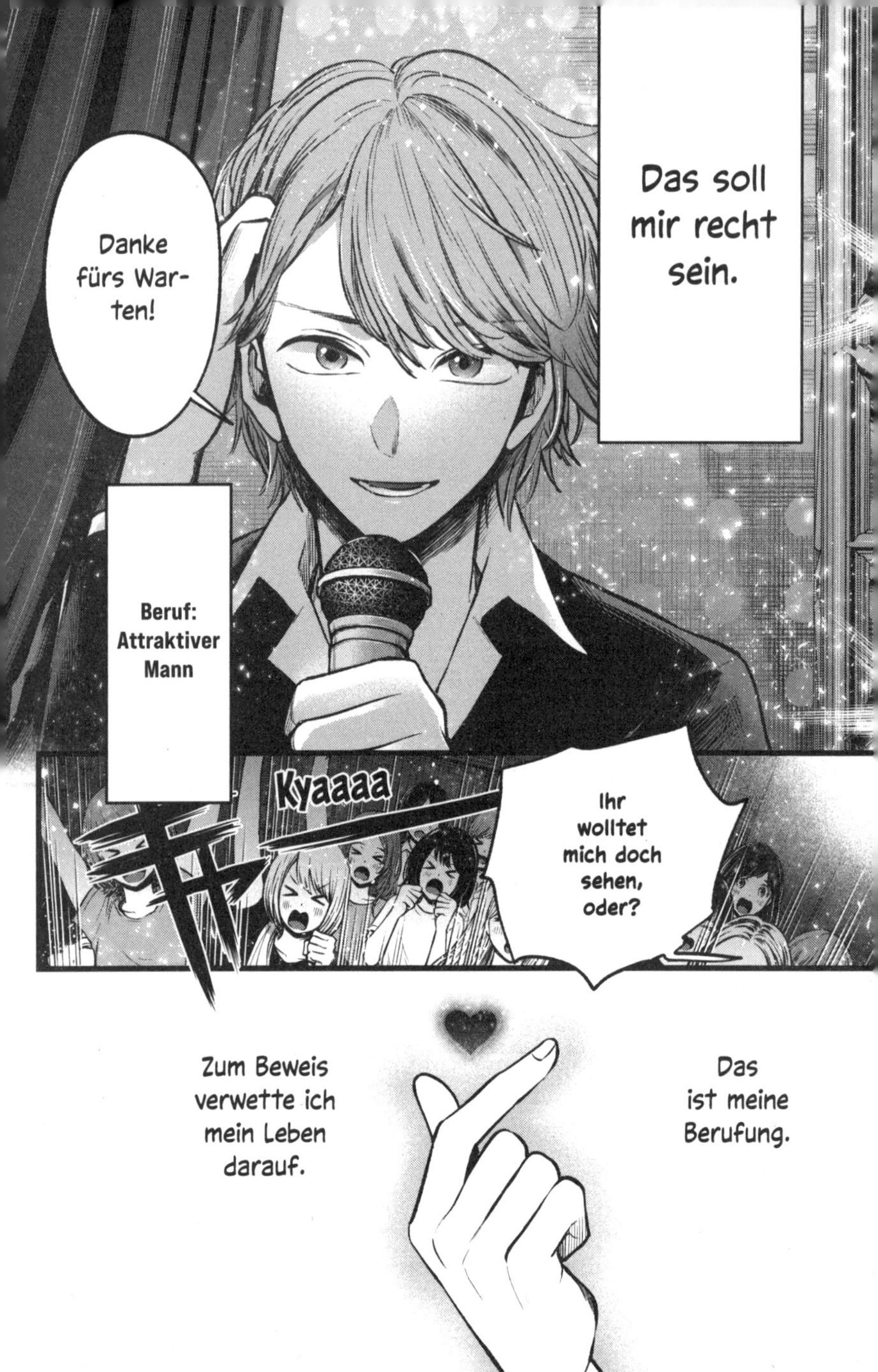
Das soll mir recht sein.
Danke fürs Warten!
Beruf: Attraktiver Mann
Ihr wolltet mich doch sehen, oder?
Kyaaaa
Das ist meine Berufung.
Zum Beweis verwette ich mein Leben darauf.

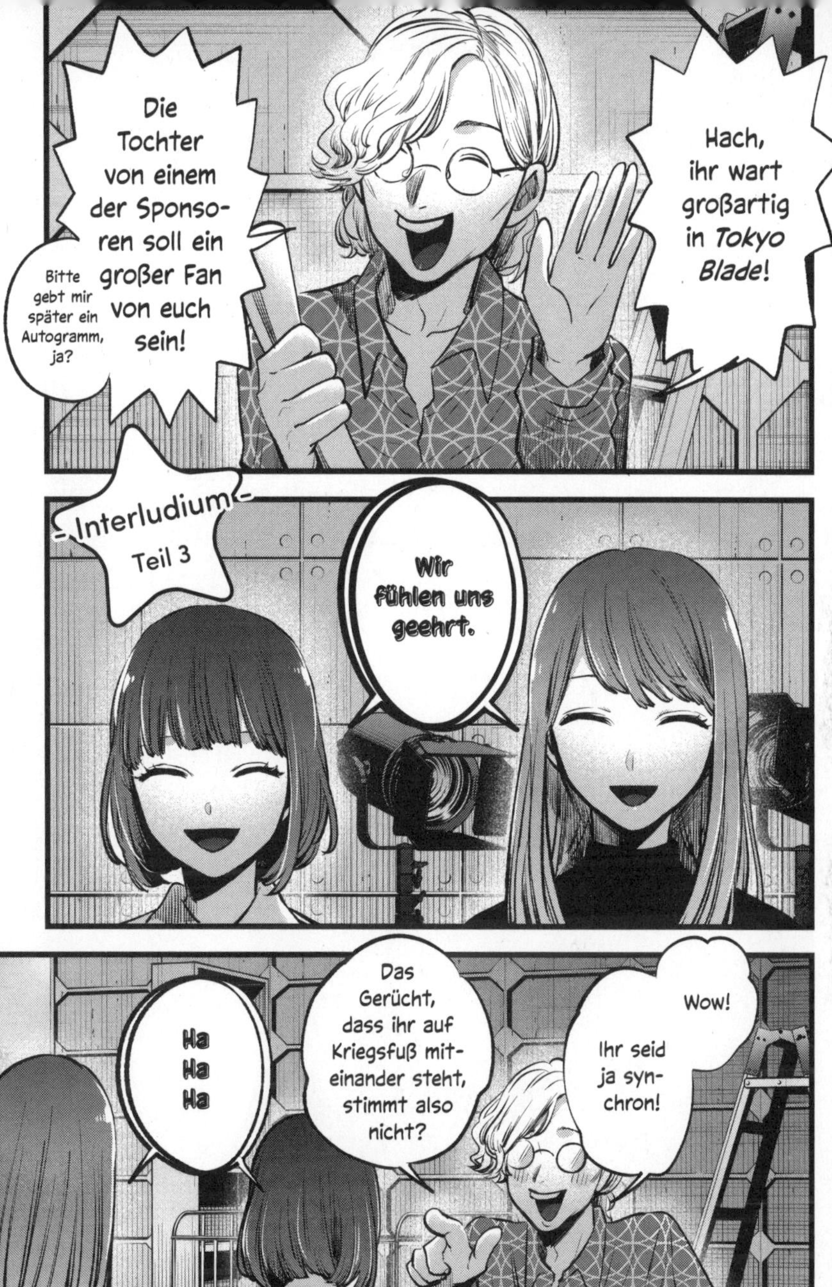
Hach, ihr wart großartig in *Tokyo Blade*!
Die Tochter von einem der Sponsoren soll ein großer Fan von euch sein!
Bitte gebt mir später ein Autogramm, ja?
- Interludium - Teil 3
Wir fühlen uns geehrt.
Wow! Ihr seid ja synchron!
Das Gerücht, dass ihr auf Kriegsfuß miteinander steht, stimmt also nicht?
Ha Ha Ha

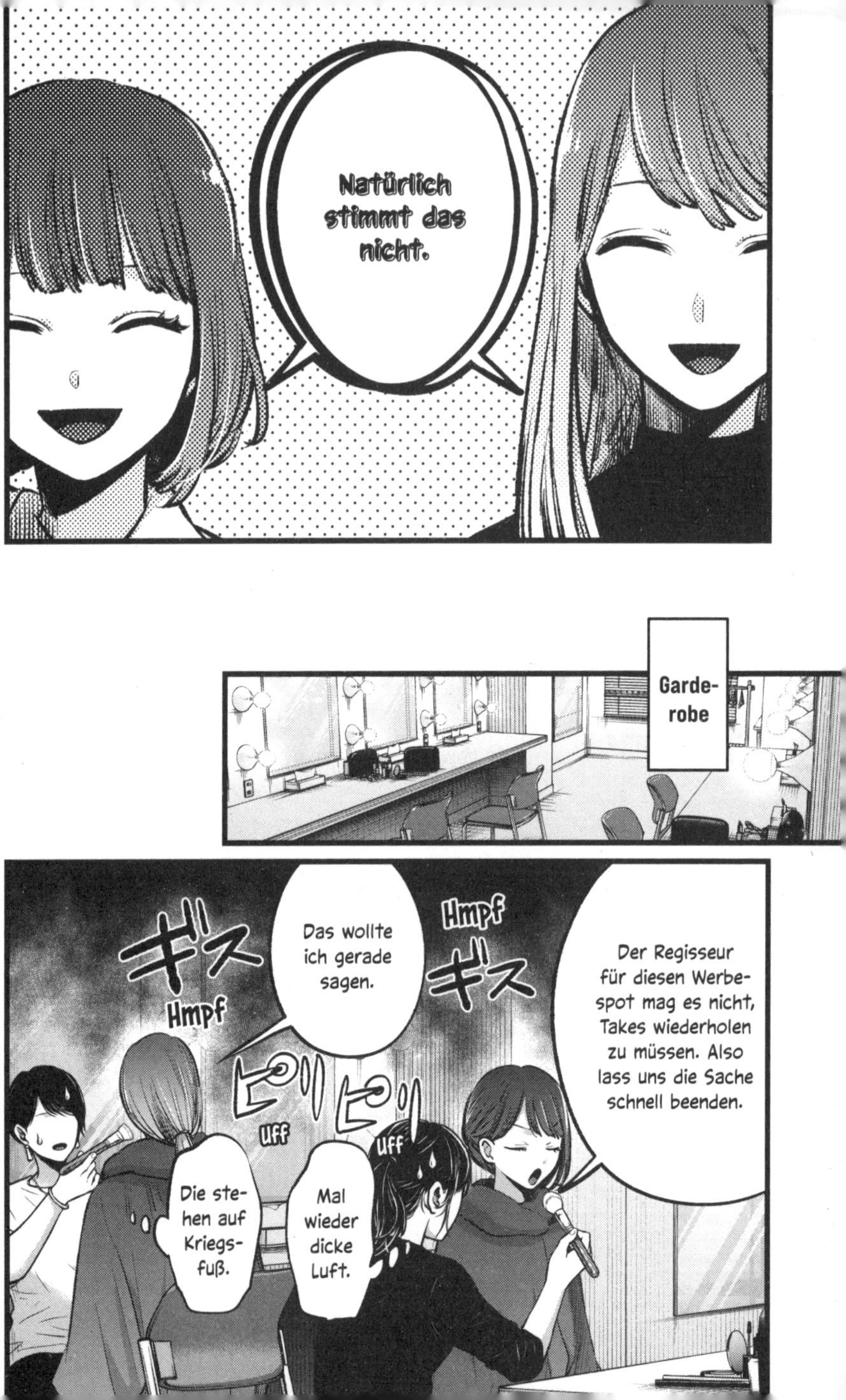

Natürlich stimmt das nicht.

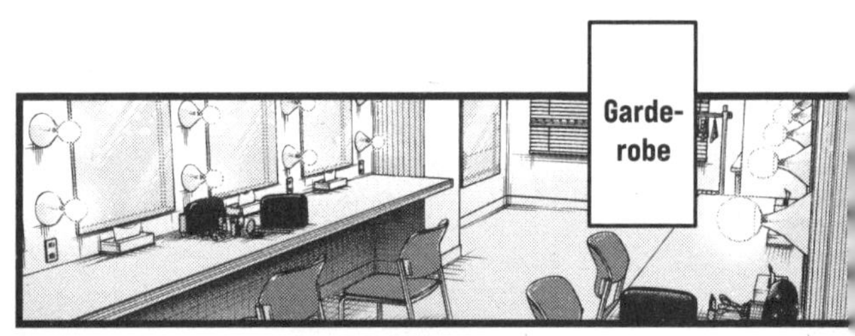

Der Regisseur für diesen Werbespot mag es nicht, Takes wiederholen zu müssen. Also lass uns die Sache schnell beenden.

Hmpf

Das wollte ich gerade sagen.

Hmpf

Uff

Uff

Mal wieder dicke Luft.

Die stehen auf Kriegsfuß.

Arrogante Nervensäge.

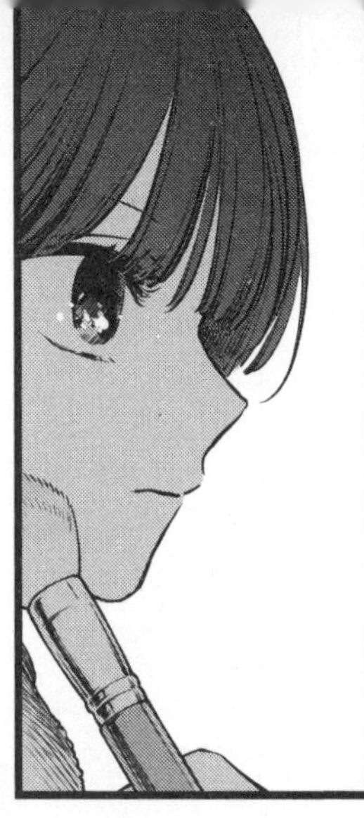

Plagegeist.

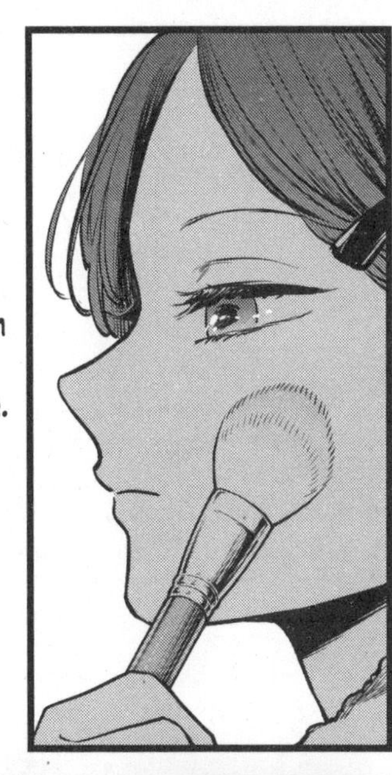

Dorn im Auge.

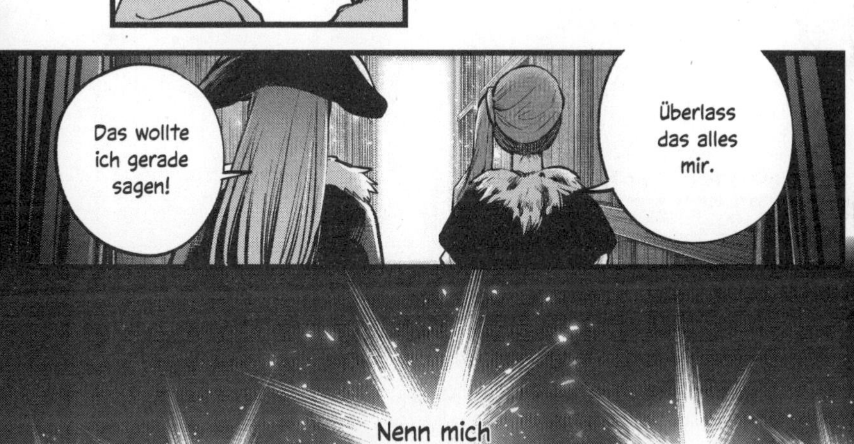

Nenn mich doch, wie du willst.

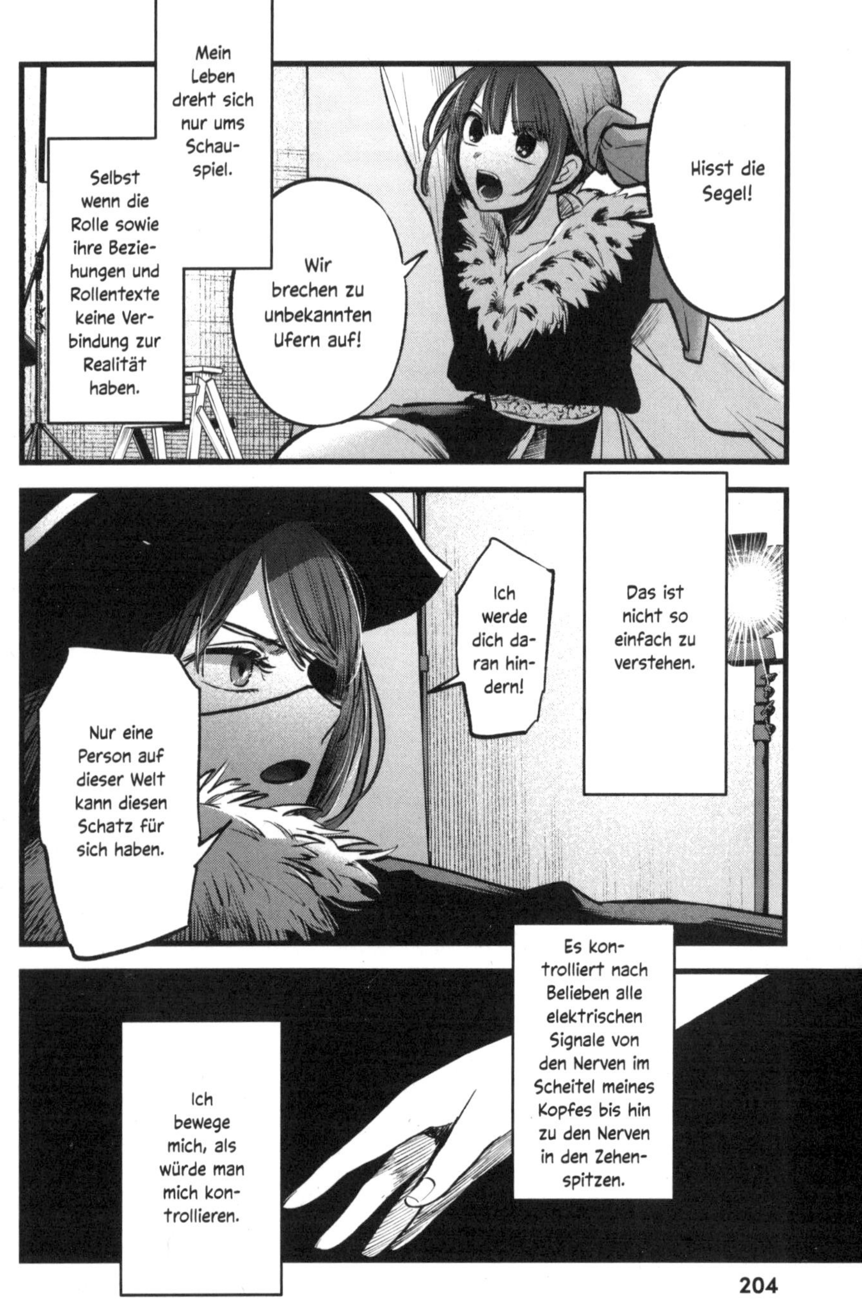
Mein Leben dreht sich nur ums Schauspiel.
Hisst die Segel!
Wir brechen zu unbekannten Ufern auf!
Selbst wenn die Rolle sowie ihre Beziehungen und Rollentexte keine Verbindung zur Realität haben.
Das ist nicht so einfach zu verstehen.
Ich werde dich daran hindern!
Nur eine Person auf dieser Welt kann diesen Schatz für sich haben.
Es kontrolliert nach Belieben alle elektrischen Signale von den Nerven im Scheitel meines Kopfes bis hin zu den Nerven in den Zehenspitzen.
Ich bewege mich, als würde man mich kontrollieren.

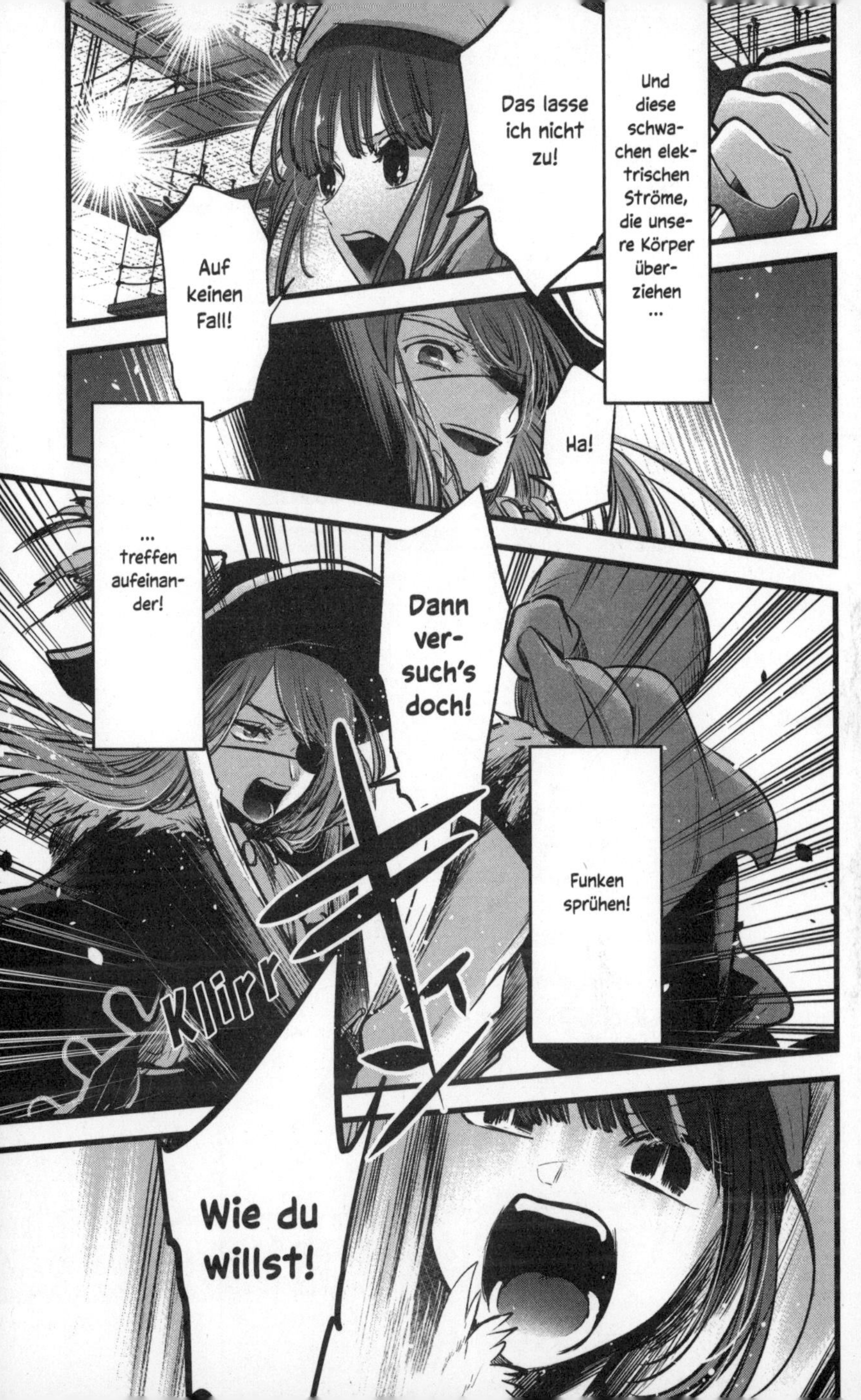
Und diese schwachen elektrischen Ströme, die unsere Körper überziehen ...
Das lasse ich nicht zu!
Auf keinen Fall!
Ha!
... treffen aufeinander!
Dann versuch's doch!
Funken sprühen!
Kliirr
Wie du willst!

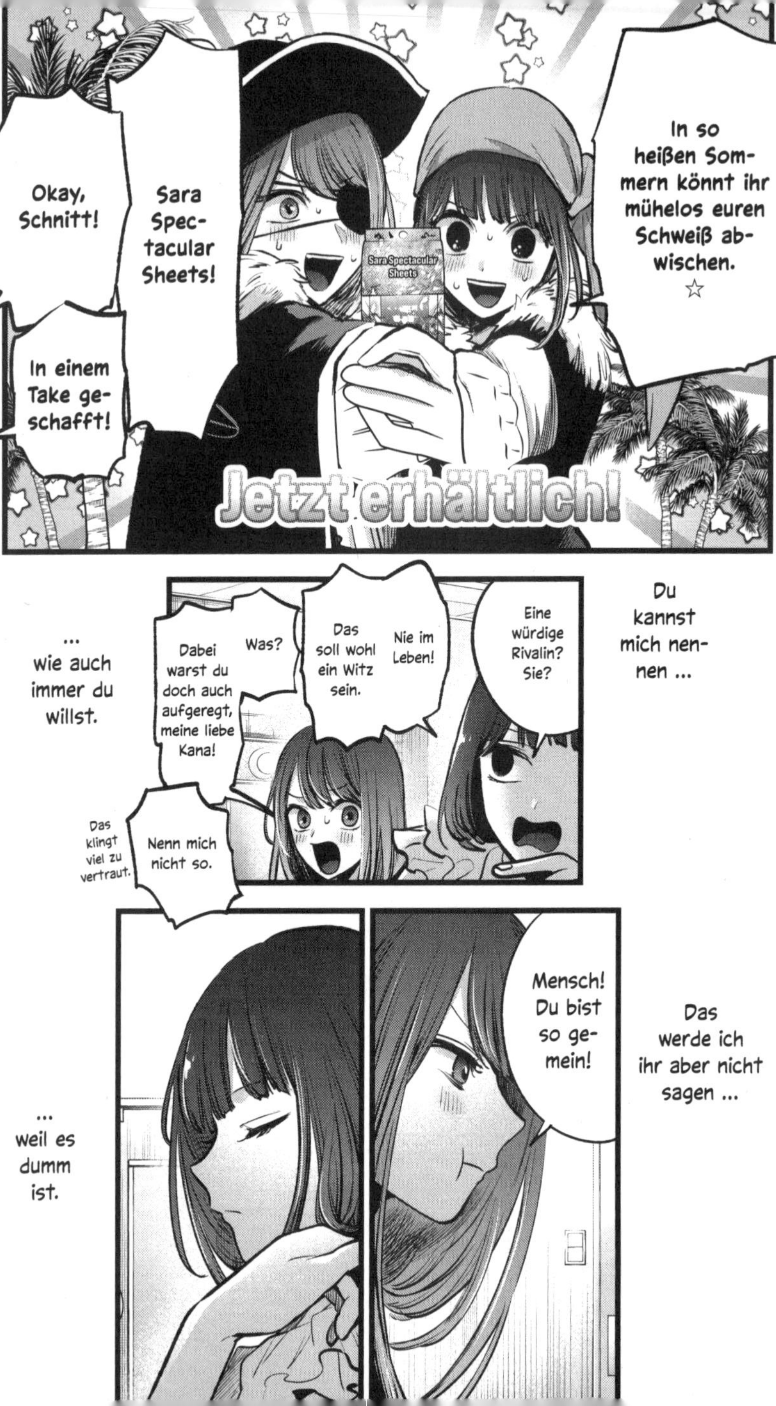

In so heißen Sommern könnt ihr mühelos euren Schweiß abwischen. ☆

Sara Spectacular Sheets

Sara Spectacular Sheets!

Okay, Schnitt!

In einem Take geschafft!

Jetzt erhältlich!

Du kannst mich nennen ...

Eine würdige Rivalin? Sie?

Nie im Leben!

Das soll wohl ein Witz sein.

Was?

Dabei warst du doch auch aufgeregt, meine liebe Kana!

Nenn mich nicht so.

Das klingt viel zu vertraut.

... wie auch immer du willst.

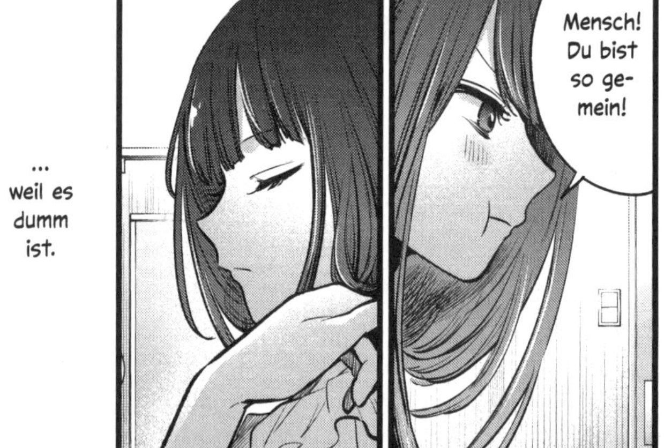

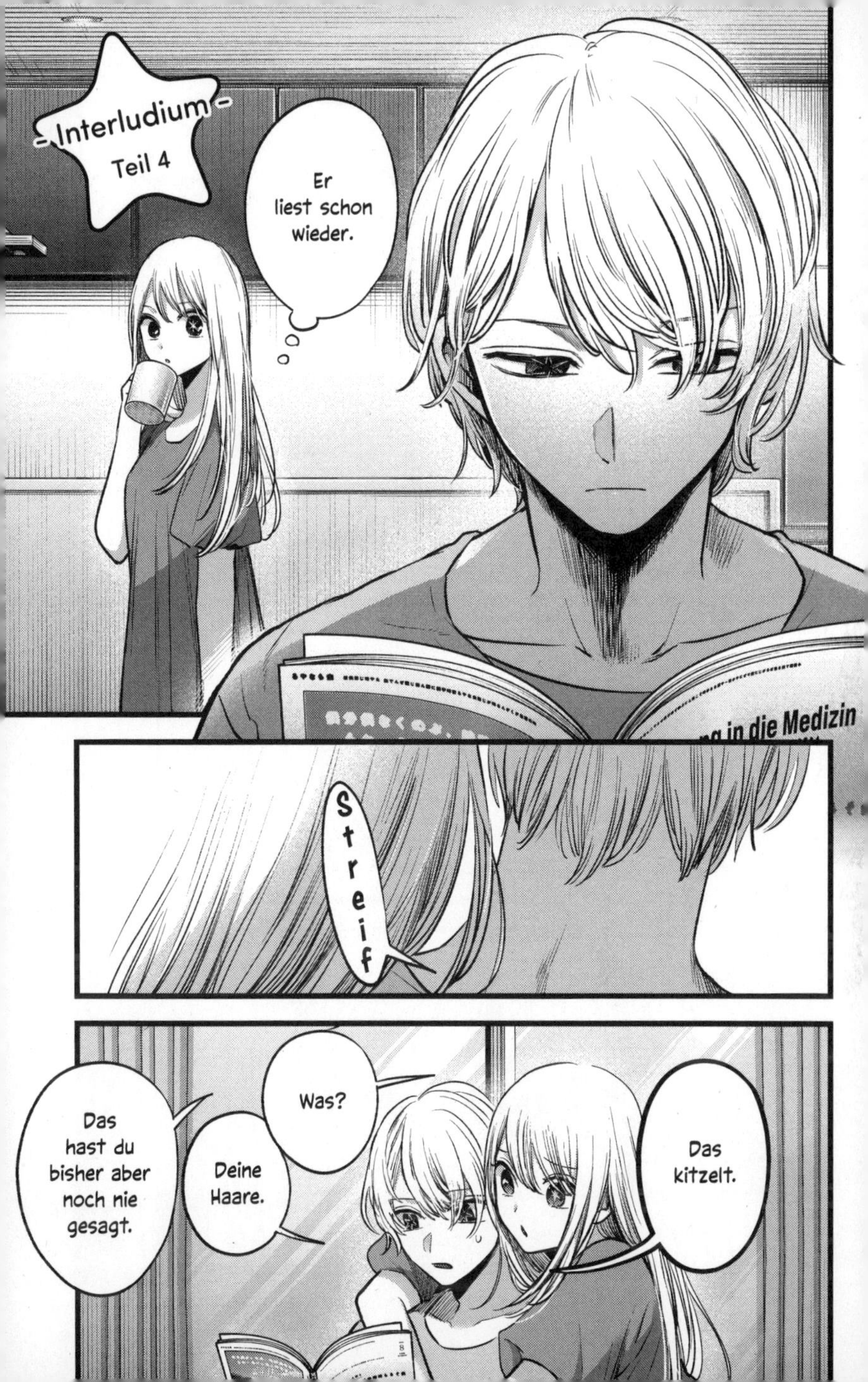

Interludium
Teil 4
Er liest schon wieder.
ng in die Medizin
Streif
Das kitzelt.
Was?
Deine Haare.
Das hast du bisher aber noch nie gesagt.

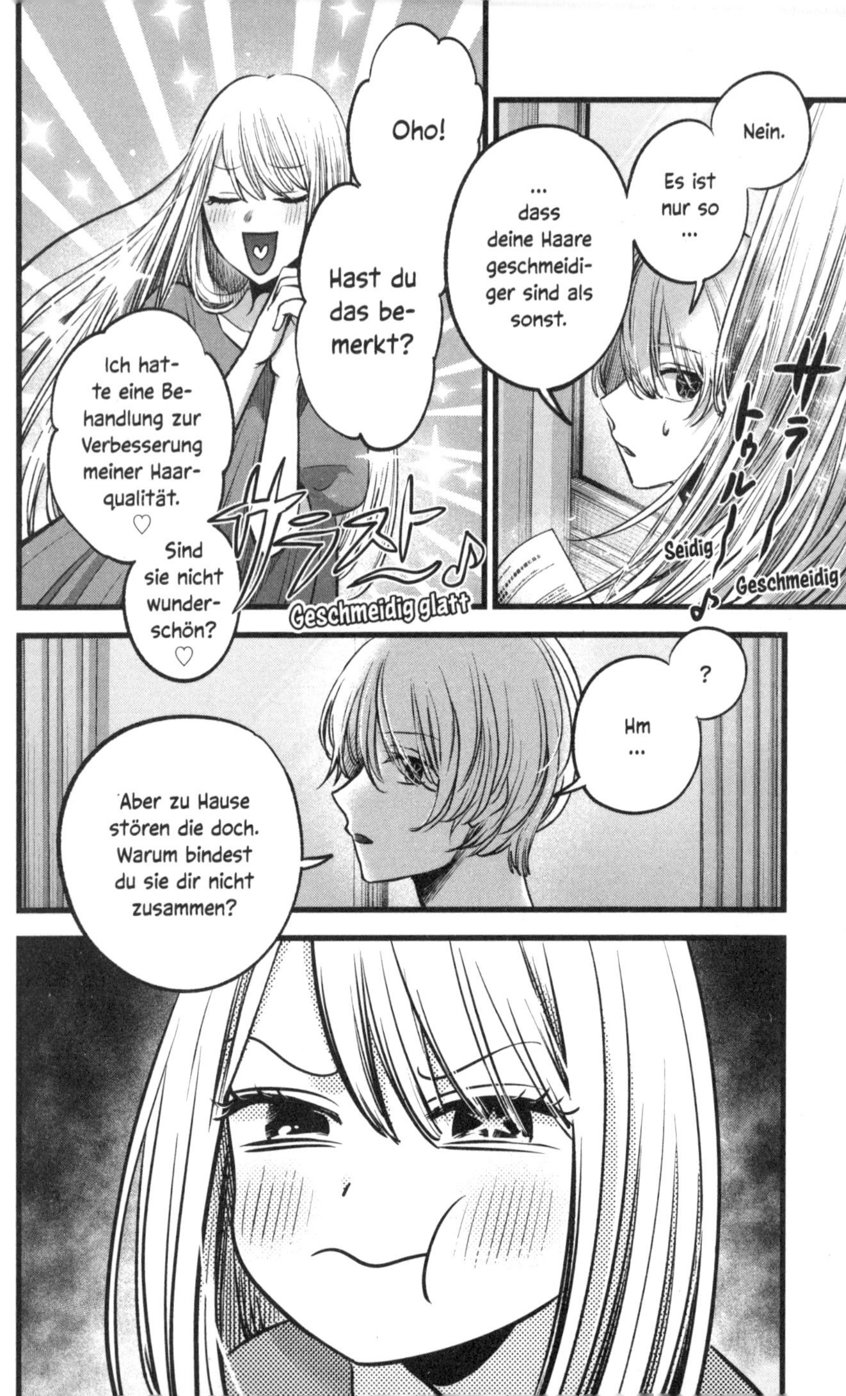
Nein.
Es ist nur so …
… dass deine Haare geschmeidiger sind als sonst.
サラ～トゥルー♪
Seidig
Geschmeidig
Oho!
Hast du das bemerkt?
Ich hatte eine Behandlung zur Verbesserung meiner Haarqualität. ♡
Sind sie nicht wunderschön? ♡
サラスト～♪
Geschmeidig glatt
?
Hm …
Aber zu Hause stören die doch. Warum bindest du sie dir nicht zusammen?

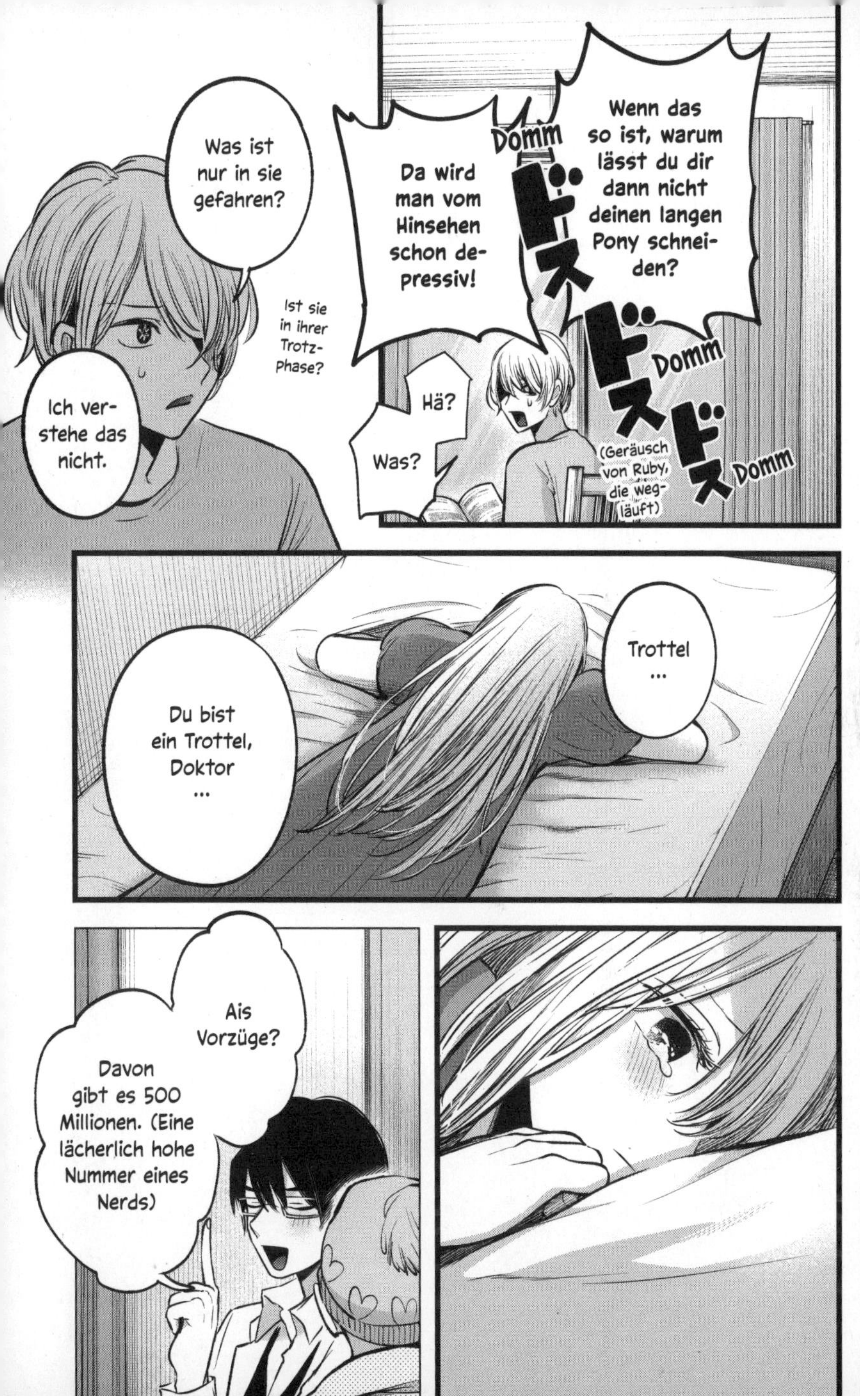
Wenn das so ist, warum lässt du dir dann nicht deinen langen Pony schneiden?
Domm
ドス
Da wird man vom Hinsehen schon depressiv!
ドス
Domm
ドス
Domm
(Geräusch von Ruby, die wegläuft)
Hä?
Was?
Was ist nur in sie gefahren?
Ist sie in ihrer Trotzphase?
Ich verstehe das nicht.
Trottel ...
Du bist ein Trottel, Doktor ...
Ais Vorzüge?
Davon gibt es 500 Millionen. (Eine lächerlich hohe Nummer eines Nerds)

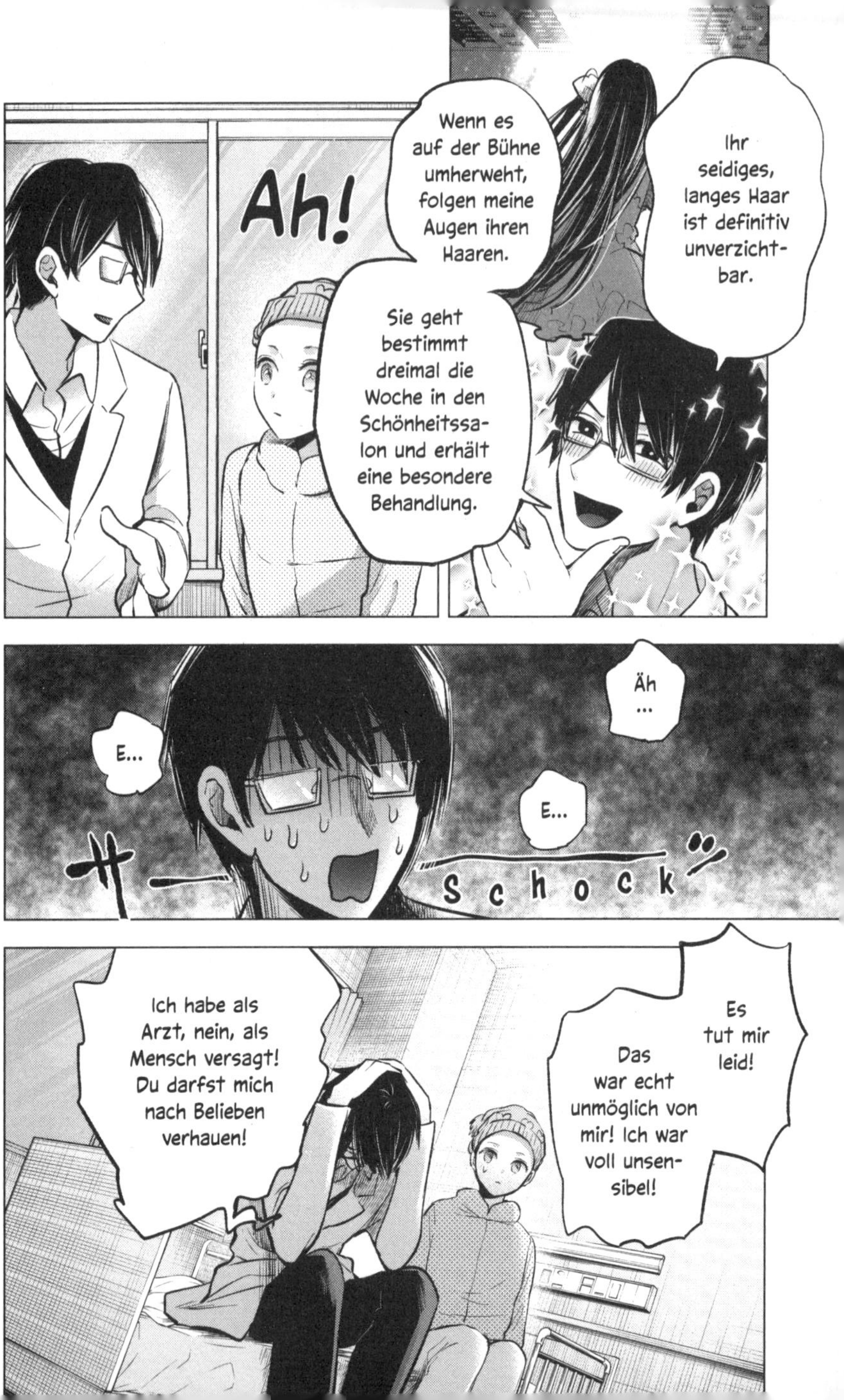

Ihr seidiges, langes Haar ist definitiv unverzicht-bar.
Wenn es auf der Bühne umherweht, folgen meine Augen ihren Haaren.
Ah!
Sie geht bestimmt dreimal die Woche in den Schönheitssa-lon und erhält eine besondere Behandlung.
Äh ...
E...
E...
Schock
Es tut mir leid!
Das war echt unmöglich von mir! Ich war voll unsen-sibel!
Ich habe als Arzt, nein, als Mensch versagt! Du darfst mich nach Belieben verhauen!

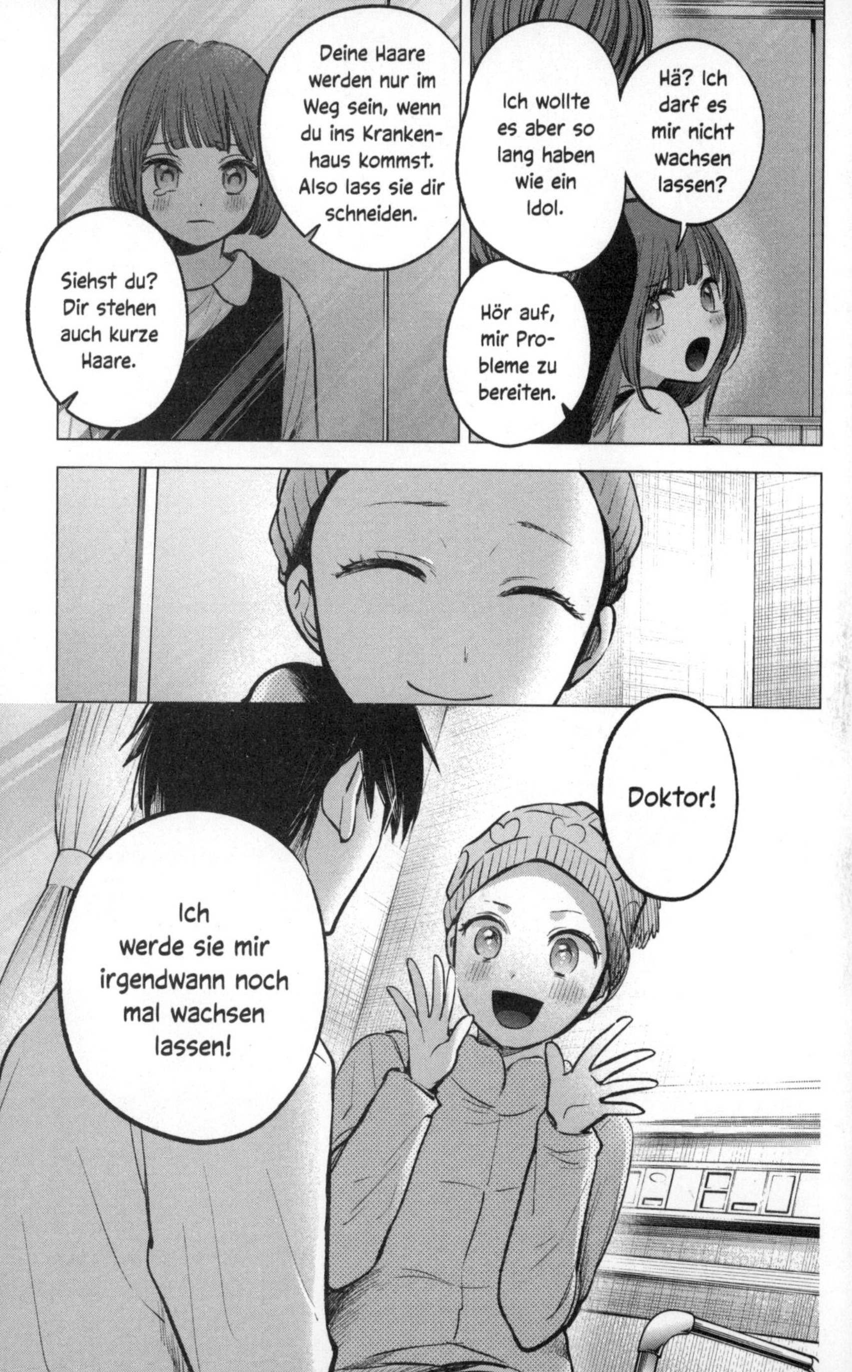
Hä? Ich darf es mir nicht wachsen lassen?
Ich wollte es aber so lang haben wie ein Idol.
Deine Haare werden nur im Weg sein, wenn du ins Krankenhaus kommst. Also lass sie dir schneiden.
Hör auf, mir Probleme zu bereiten.
Siehst du? Dir stehen auch kurze Haare.
Doktor!
Ich werde sie mir irgendwann noch mal wachsen lassen!

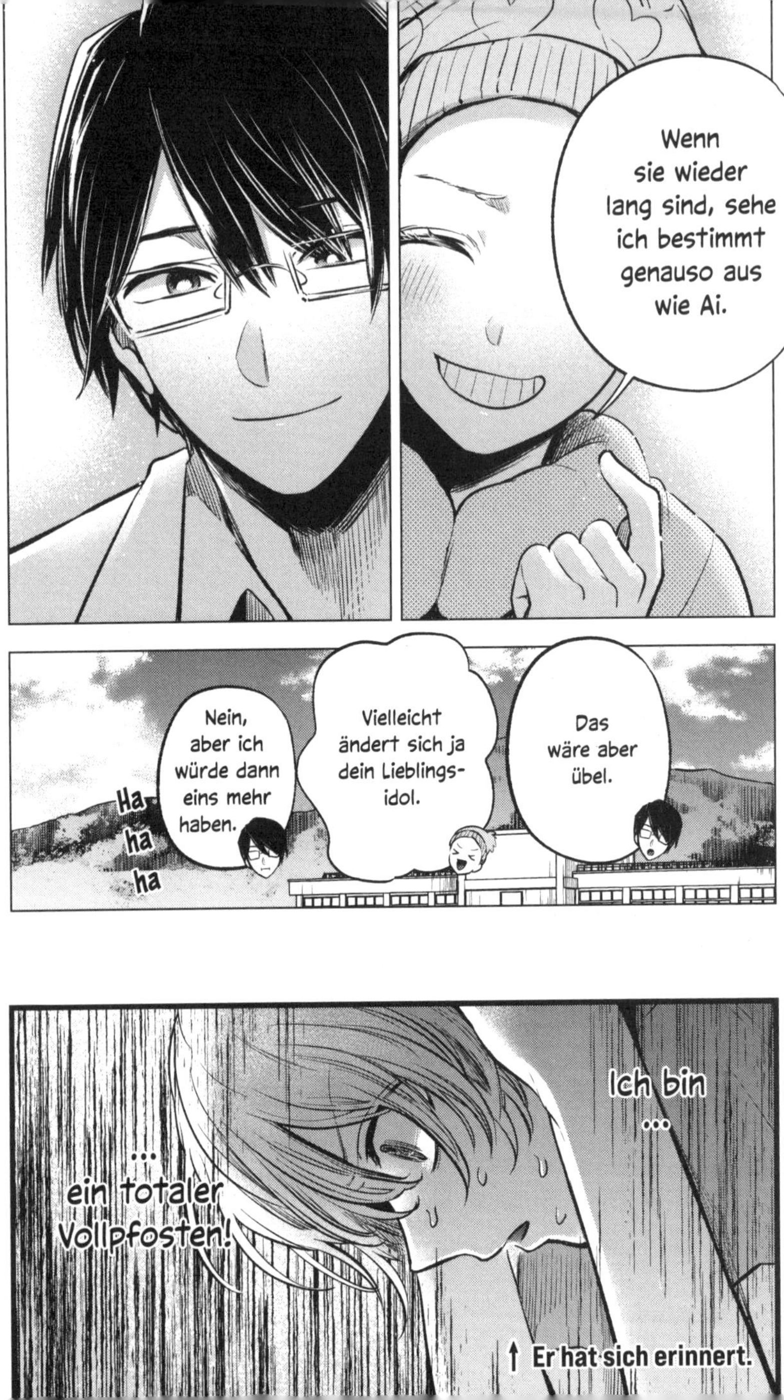

Wenn sie wieder lang sind, sehe ich bestimmt genauso aus wie Ai.

Das wäre aber übel.

Vielleicht ändert sich ja dein Lieblings-idol.

Nein, aber ich würde dann eins mehr haben.

Ha ha ha

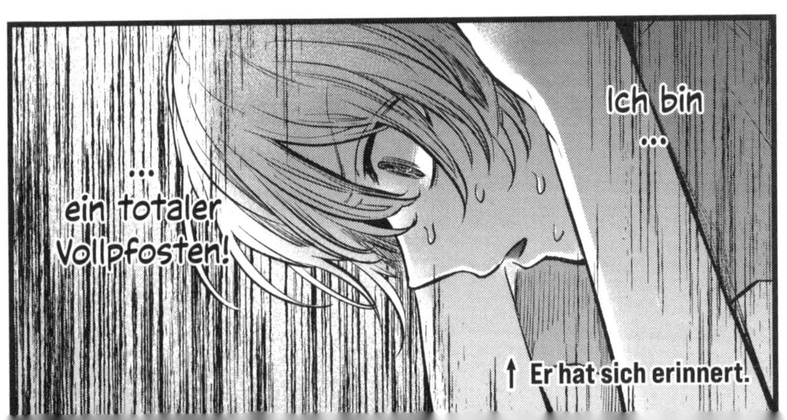

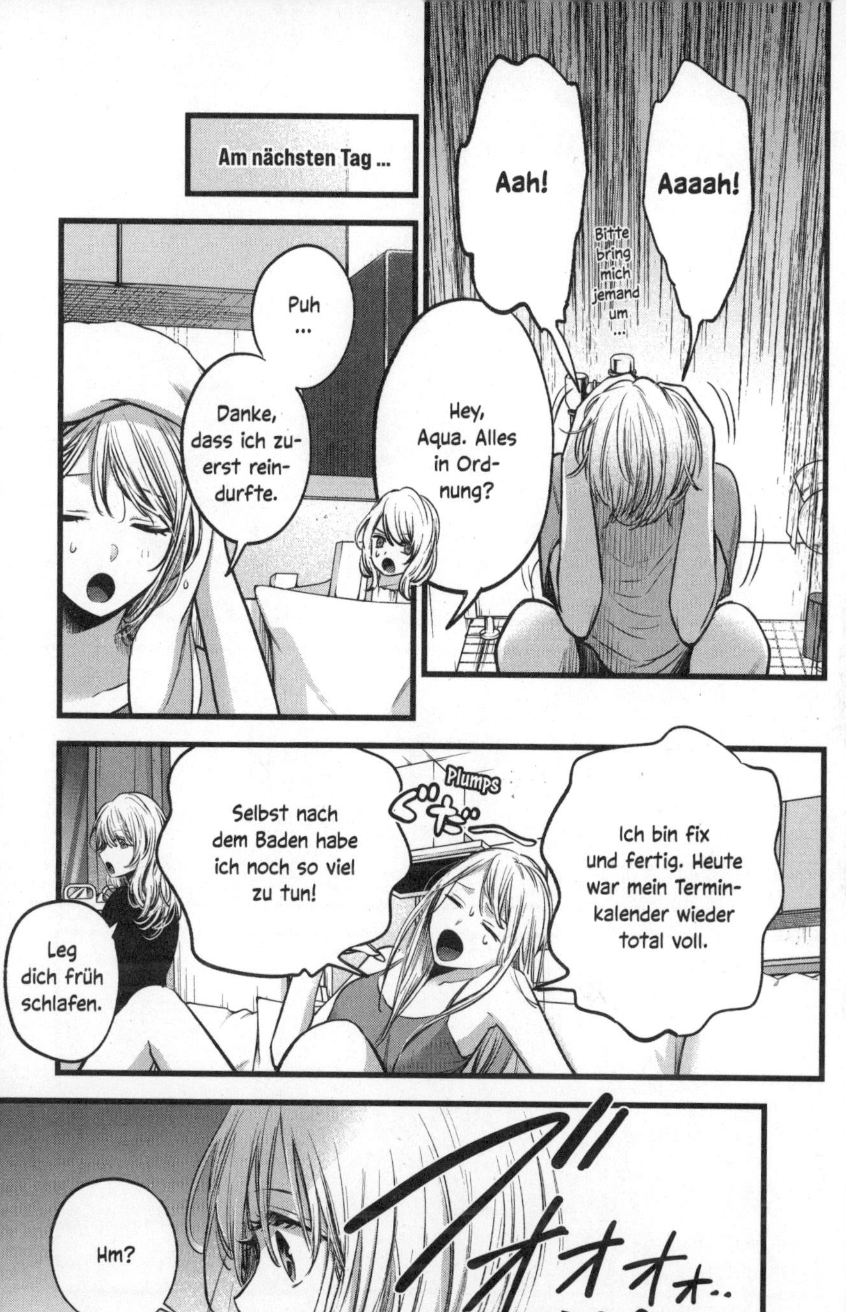
Am nächsten Tag ...
Aaaah!
Aah!
Bitte bring mich jemand um ...
Hey, Aqua. Alles in Ordnung?
Puh ...
Danke, dass ich zuerst reindurfte.
Ich bin fix und fertig. Heute war mein Terminkalender wieder total voll.
Plumps
Selbst nach dem Baden habe ich noch so viel zu tun!
Leg dich früh schlafen.
BWOOOh
Hm?

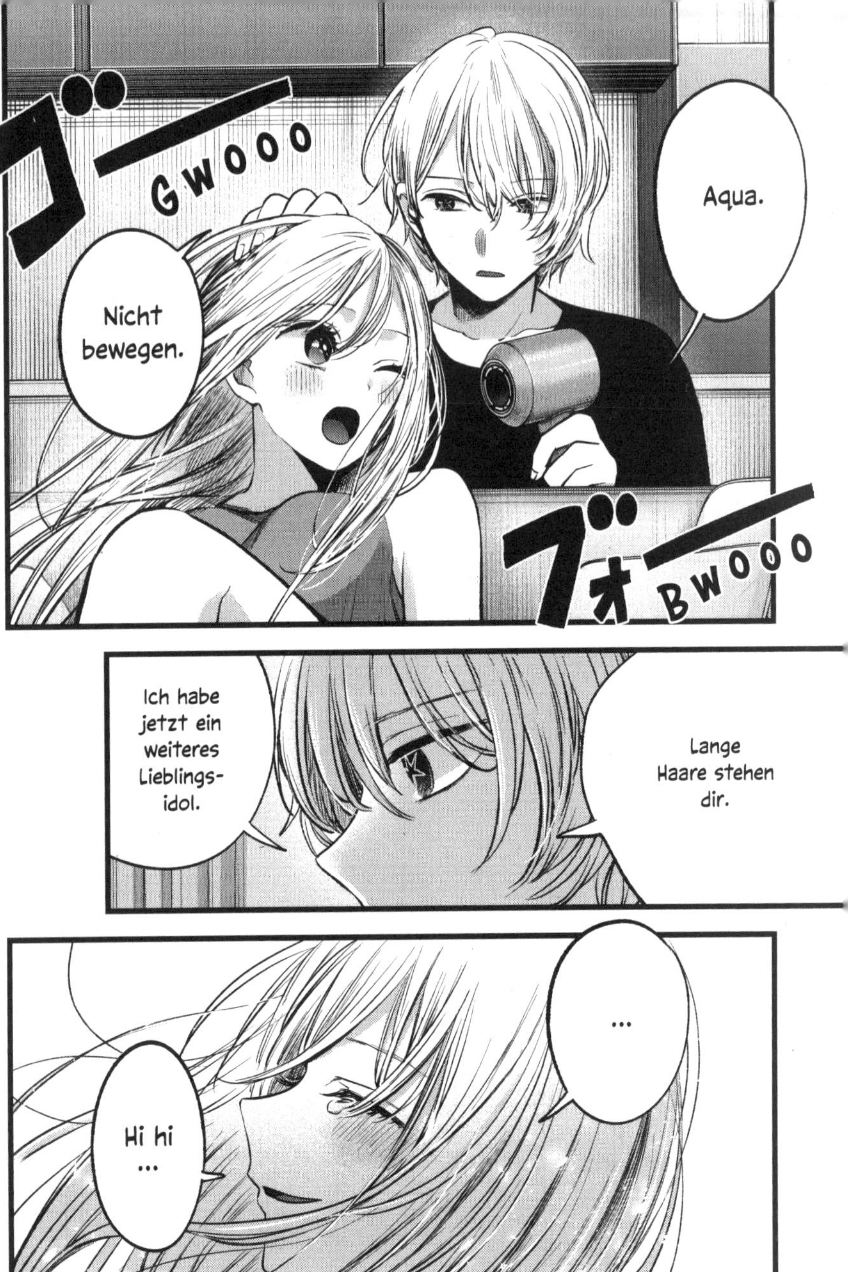

ゴー GWOOO

Aqua.

Nicht bewegen.

ブォー BWOOO

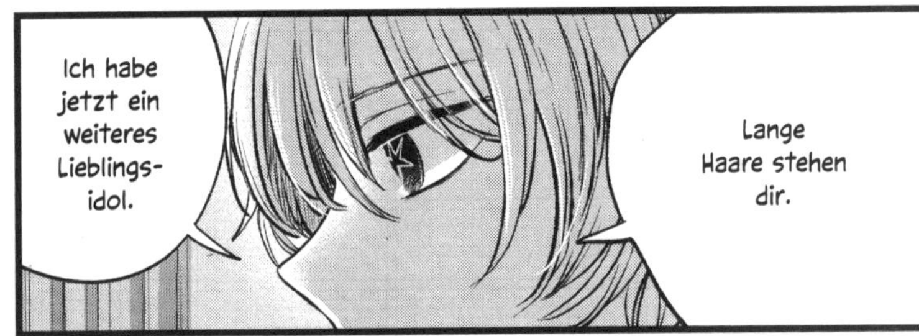

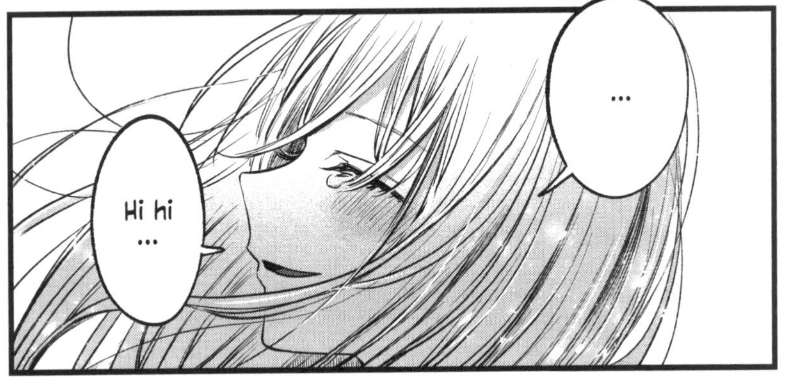

【Mein♥Star】 Interludium – Ende

Aka Akasaka × Mengo Yokoyari

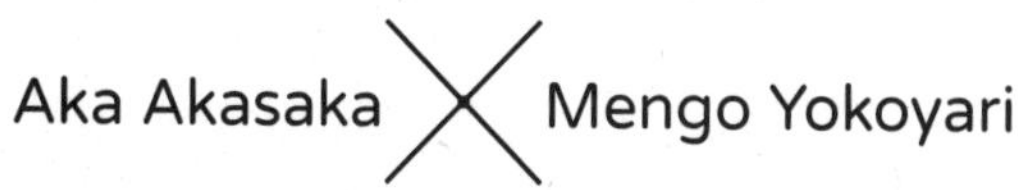

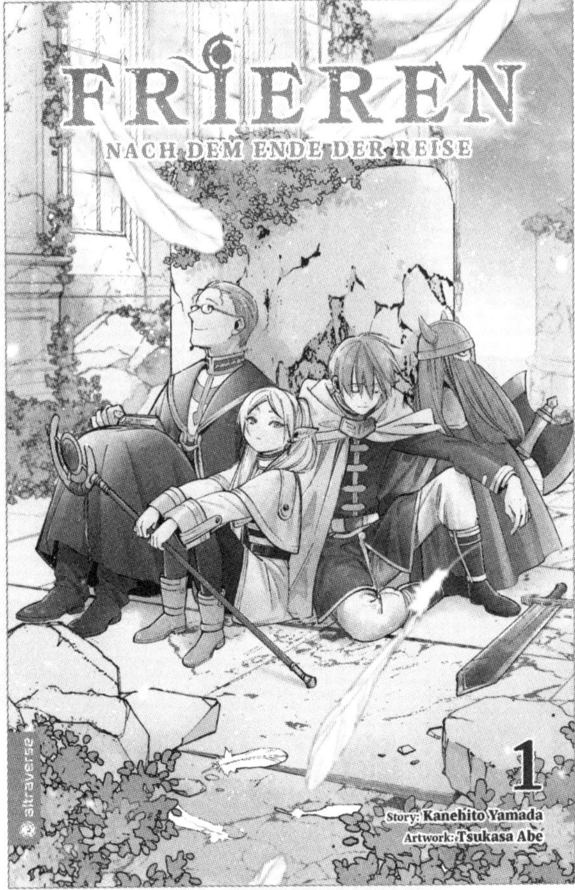

Frieren – Nach dem Ende der Reise

Kanehito Yamada | Tsukasa Abe

Der Magierin Frieren und ihren Kameraden ist es gelungen, den Dämonenkönig zu bezwingen, aber was jetzt? Während die anderen Mitglieder ihrer Gruppe immer älter werden und schließlich sterben, ist es Frieren als Elfe vergönnt, in der Welt weiterzuleben, die sie gerettet hat. Das Ende des Abenteuers ist erst der Anfang von Frierens Geschichte …

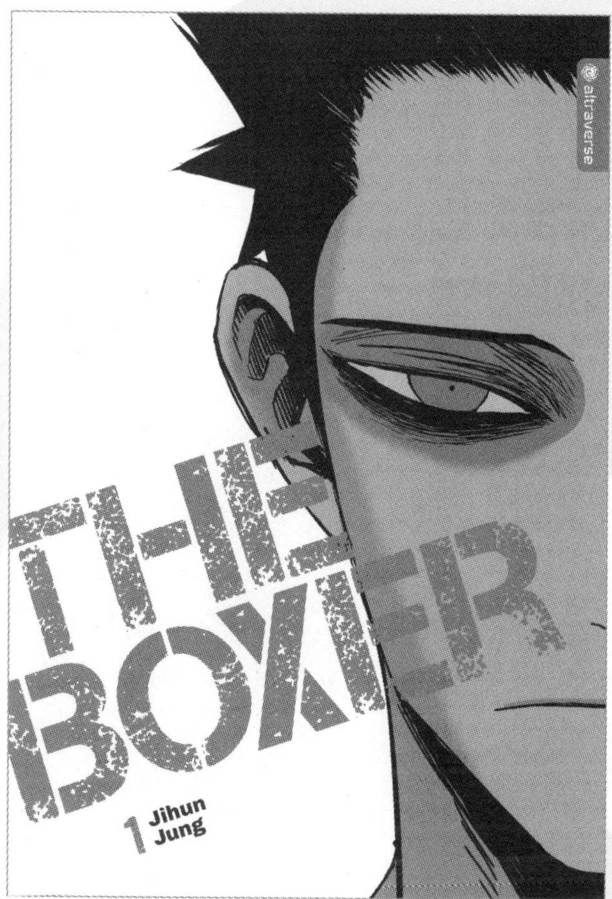

The Boxer

Jihun Jung

Ein legendärer Trainer, der fünf Boxer zu Weltmeistern gemacht hat, ist auf der Suche nach seinem letzten Schüler. Doch wer ist talentiert und tough genug, den Berg zu erklimmen und am Ende den berühmten Gürtel zu tragen, den alle begehren? Die Suche nach dem nächsten Weltmeister beginnt ...

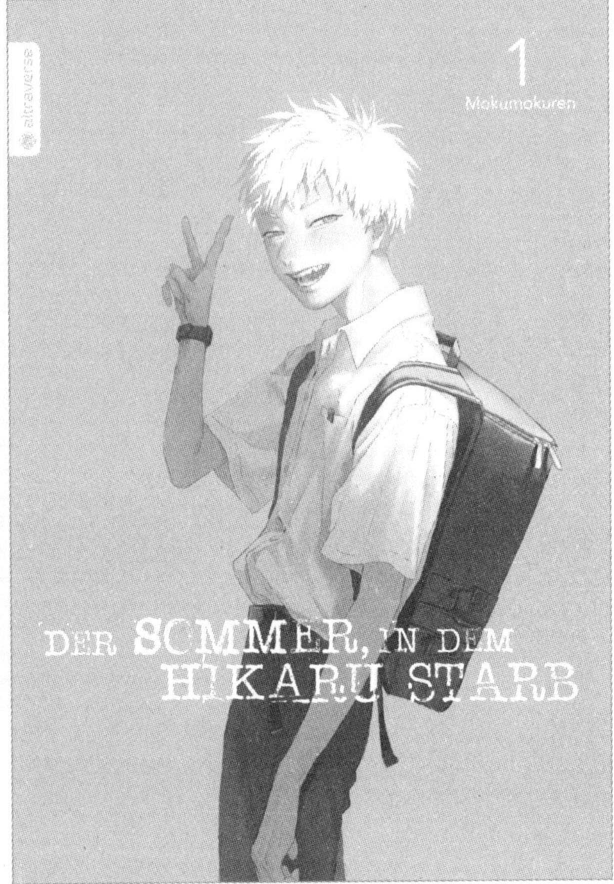

Mystery 16 +

Der Sommer, in dem Hikaru starb

Mokumokuren

Hikaru und Yoshiki wachsen zusammen auf, doch eines Sommers scheint Hikaru nicht mehr der Gleiche zu sein. Yoshiki schafft es jedoch nicht, sich von dem, was einst sein bester Freund war, zu trennen. Dann ereignet sich ein mysteriöser Vorfall …

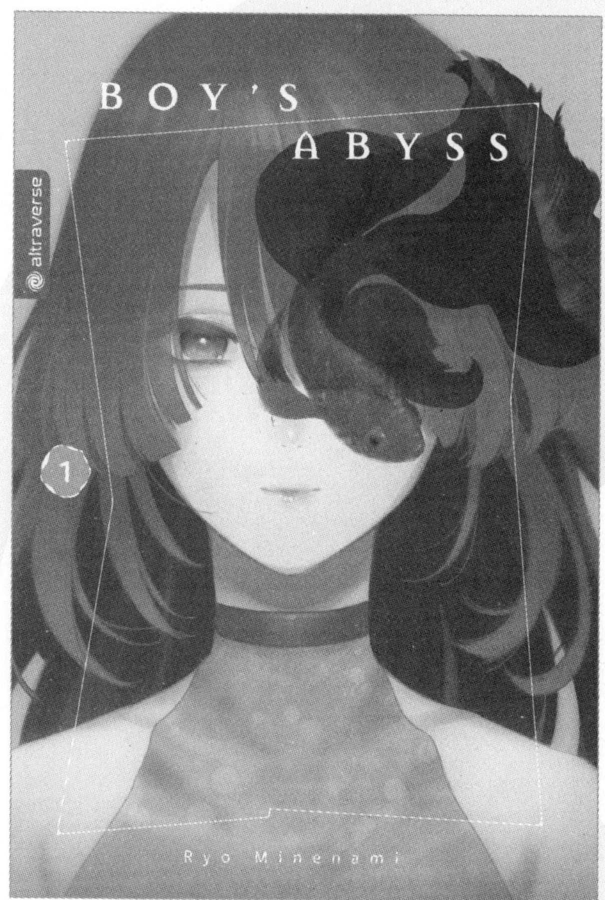

Boy's Abyss

Ryo Minenami

In einer tristen Stadt lebt der Oberschüler Reiji ein trostloses Leben. Während seine Schulkameraden darauf hoffen, irgendwann diesen Ort verlassen zu können, glaubt Reiji, dies nie zu können. Eines Tages jedoch begegnet er einer besonderen Frau, die seinem Leben zugleich Licht, aber auch mehr Dunkelheit schenkt.

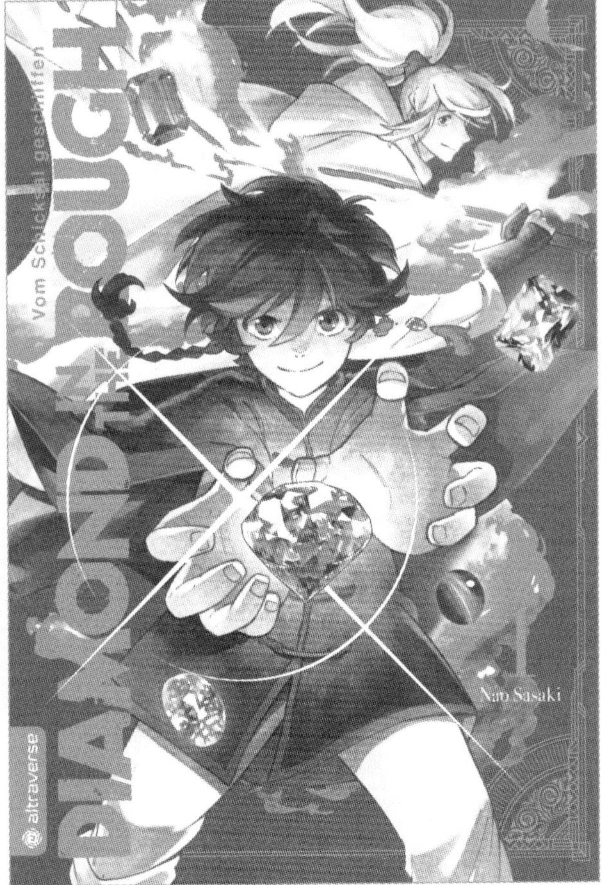

Diamond in the Rough – Vom Schicksal geschliffen

Nao Sasaki

In einer Welt, in der sich alles um Steine dreht, bestreitet Akeboshi sein Leben als reisender Erzhandwerker. In einem unterirdischen Dorf trifft er auf Kai – einen Jungen, dessen linkes Bein und seine gesamte Familie versteinert wurden. Akeboshi beschließt, dem Jungen zu helfen, ohne zu ahnen, welche Bürde er sich damit auflädt.

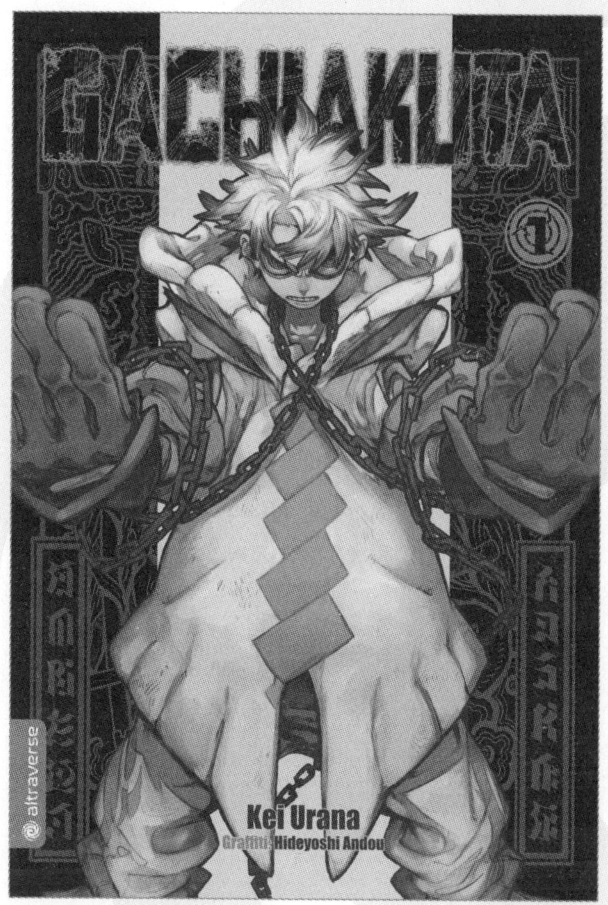

Gachiakuta

Kei Urana | Graffiti: Hideyoshi Andou

Als Bewohner des Slums gehört Rudo zu den Verlierern der Gesellschaft. Als wäre das nicht Strafe genug, wird ihm der Mord an seinem Ziehvater angehängt. Zur Strafe wird er wie Müll in die »Hölle« geworfen, in der gefährliche Müllmonster lauern. Damit beginnt Rudo hinter die Fassade dieser Welt zu blicken ...

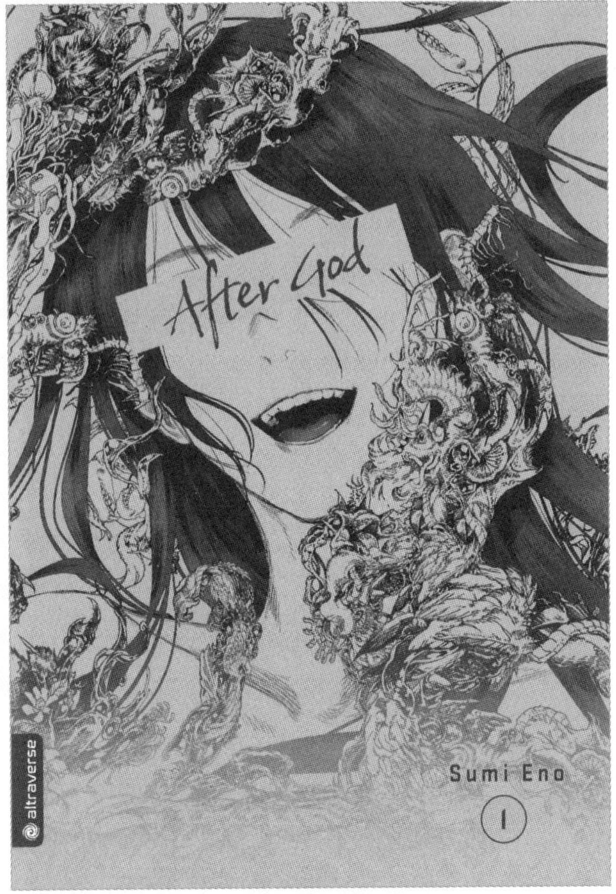

After God

Sumi Eno

Große Teile von Japan sind zu Gefahrengebieten erklärt worden, weil gefährliche Götter über sie herrschen. Der Wissenschaftler Tokinaga erwischt eine junge Frau namens Waka dabei, wie sie durch einen Grenzzaun starrt. Zur Rede gestellt behauptet sie, sie sei nur gekommen, um eine Freundin zu treffen. Tokinaga weiß, dass sie ihn anlügt, doch er ist sich nicht bewusst, dass Waka die Kraft besitzt, das Schicksal der Welt zu verändern ...

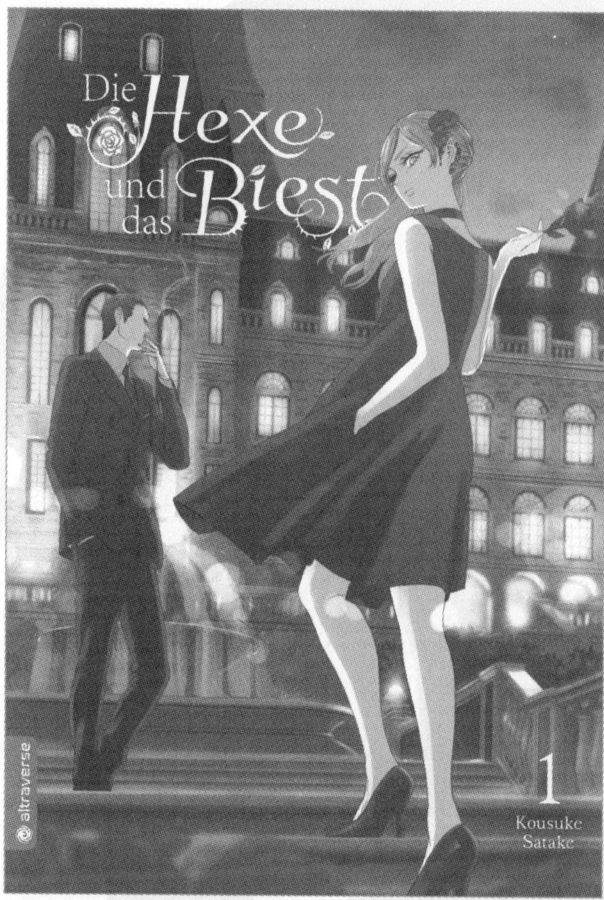

Die Hexe und das Biest

Kousuke Satake

Guideau und Ashaf sind im Dienste einer geheimnisvollen magischen Vereinigung unterwegs, um Hexen und anderes sinistres Volk zu bekämpfen. Doch Guideaus eigentliches Ziel ist es, den Fluch einer Hexe zu brechen, der das Biest in ihr versiegelt hält.

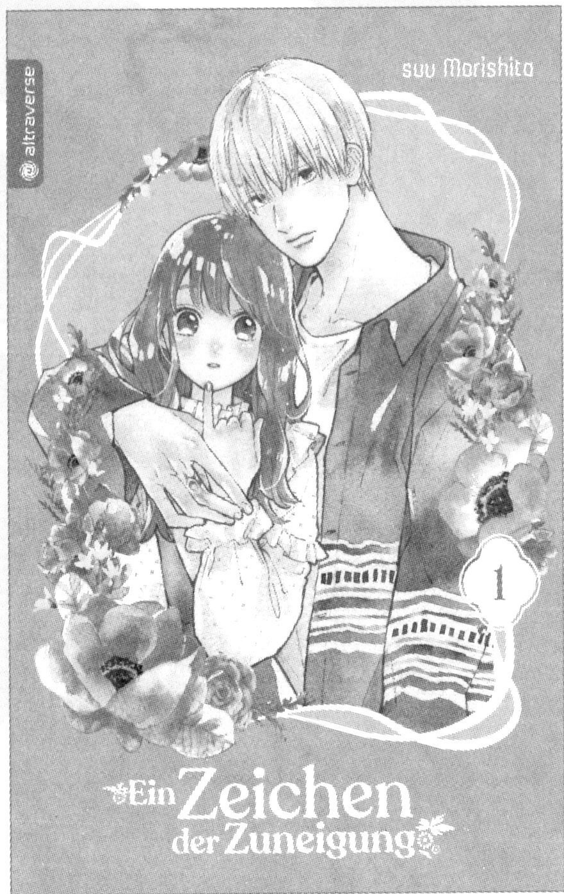

Ein Zeichen der Zuneigung

suu Morishita

Als die gehörlose Studentin Yuki eines Tages in Schwierigkeiten gerät, kommt ihr ihr Kommilitone Itsuomi zu Hilfe. Yuki ist fasziniert von Itsuomi, da er sie trotz ihres Handicaps wie einen ganz normalen Menschen behandelt. Durch ihn beginnt sie nicht nur eine neue Welt zu entdecken, sondern bekommt auch zum ersten Mal Herzklopfen.

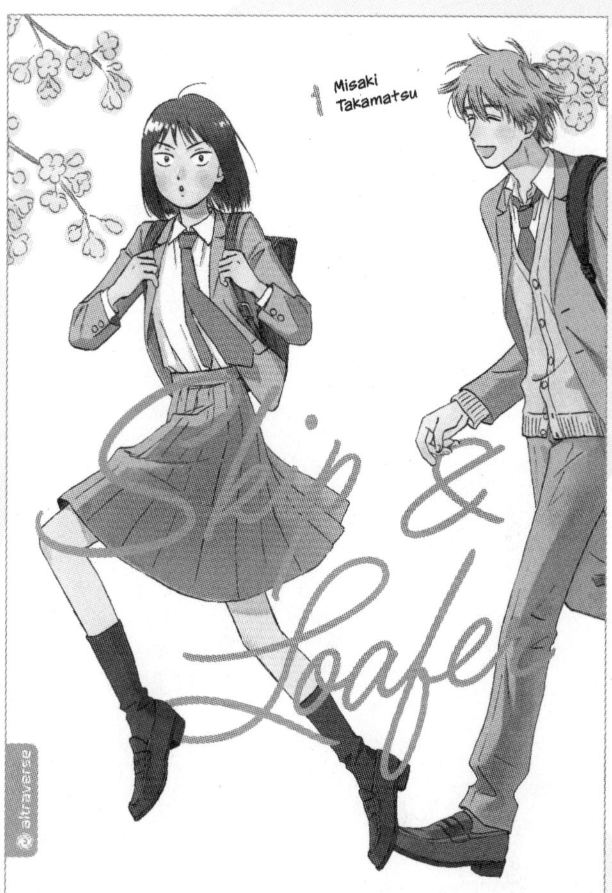

Skip & Loafer

Misaki Takamatsu

Mitsumi will hoch hinaus, um so ihrem verschlafenen Heimatort wieder auf die Beine zu helfen. Dafür entschließt sie sich eine Oberschule in Tokio zu besuchen. Dort angekommen, hält der Großstadtdschungel so manches Fettnäpfchen für sie parat, aber vielleicht auch erste Möglichkeiten in Sachen Liebe …?

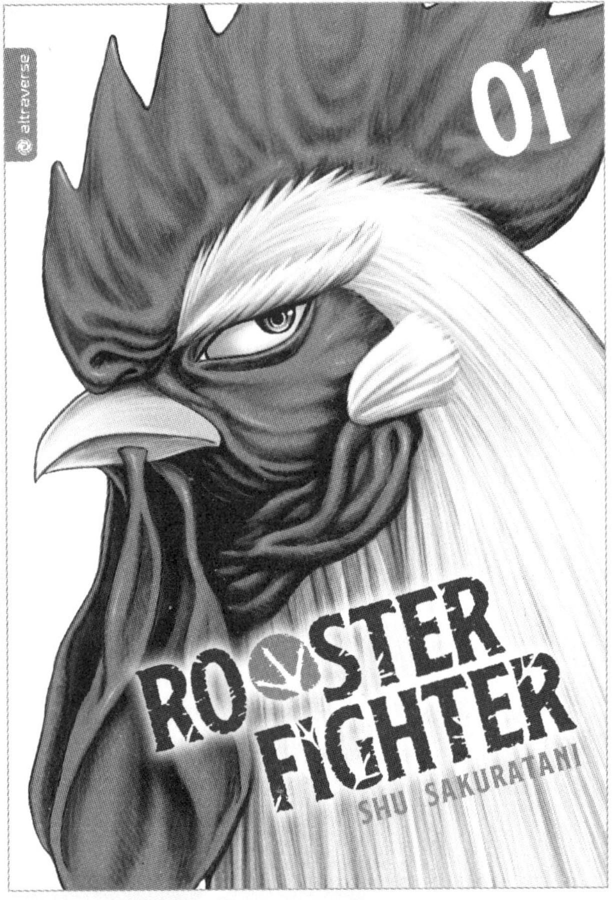

Action 16 +

Rooster Fighter

Shu Sakuratani

Die Erde wird von grausigen und brutalen Monstern aus dem All angegriffen. Sie zerstören ganze Straßenzüge und attackieren rücksichtslos Mensch und Tier. Die Lage erscheint aussichtslos, eine Abwehr der Killermaschinen praktisch unmöglich. Doch dann erhebt sich ein tapferer Hahn und stellt sich den Aggressoren entgegen ... denn manchmal muss ein Hahn tun, was ein Hahn tun muss!

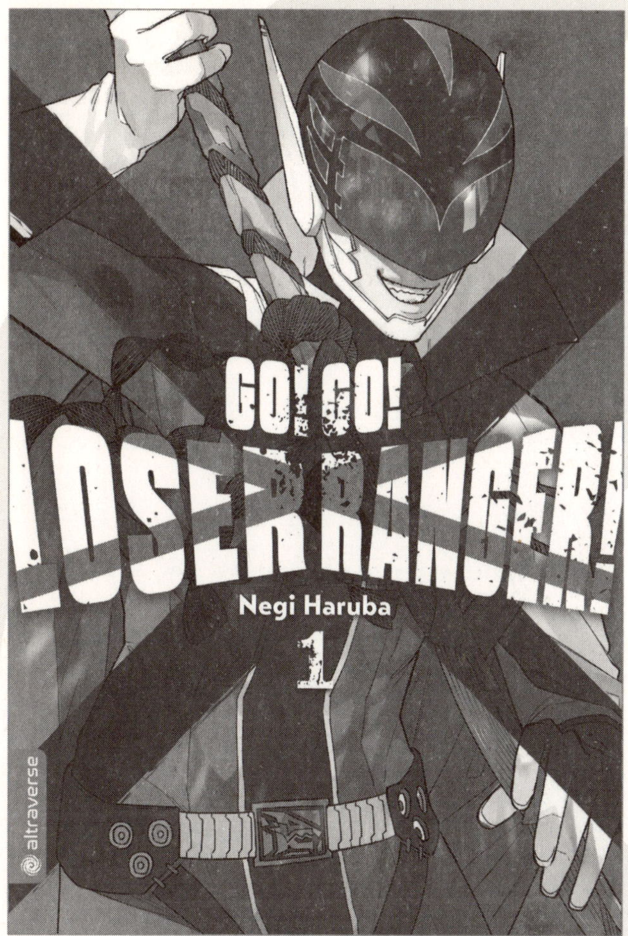

Go! Go! Looser Ranger!

Negi Haruba

Vor dreizehn Jahren sah die Menschheit nach dem Überfall der Monsterarmee ihrem Ende entgegen, doch die Dragon Keeper erhoben sich und begannen, die dunklen Horden zurückzuschlagen ... so die offizielle Propaganda. In Wahrheit sind die Generäle der Monster lange tot und ihre Schergen versklavt. Ein Monster hat allerdings genug und will zurückschlagen.

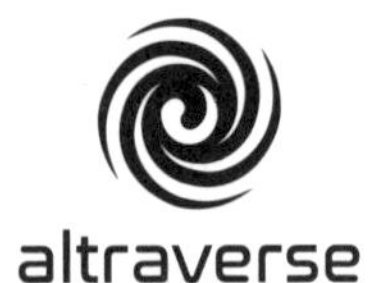

Deutsche Ausgabe / German Edition

Aus dem Japanischen von Sascha Berkel

Redaktion: Jörg Bauer
Herstellung: Esra Doğan
Lettering: Vibrant Publishing Studio

Druck: Nørhaven A/S, Viborg
Printed in Denmark

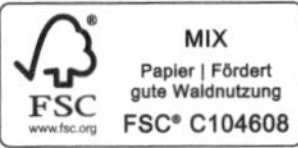

ISBN 978-3-7539-2541-7
1. Auflage 2024

www.altraverse.de